Beiträge zur Berliner Baugeschichte und Denkmalpflege

Beiträge zur Berliner Baugeschichte und Denkmalpflege

Herausgegeben von Dieter Winkler

VEB Verlag für Bauwesen · Berlin

ISBN 3-345-00016-4

1. Auflage
© VEB Verlag für Bauwesen, Berlin 1987
VLN 152 · 905/13/87
P 60/86
Printed in the German Democratic Republic
Gesamtherstellung: IV/10/5 Druckhaus Freiheit Halle
Einband: Wolfgang Janisch
Herstellung und Typographie: Jutta Artz
LSV 8106
Bestellnummer: 562 359 4
02500

Vorwort

Die Frage nach dem Woher und Wohin, die Frage an alle Geschichte, hat für die der Architektur in den letzten Jahren einen aktuellen Aspekt bekommen.

Die Anlage sogenannter autogerechter Städte, der Flächenabriß gewachsener historischer Stadtquartiere, die Errichtung von Gebäuden und Wohnvierteln, deren Form maßgeblich durch die Anforderungen der angewandten Technologie geprägt wurde, wird zunehmend kritisch gesehen. Die Rationalität modernen Bauens soll – das ist der Wunsch vieler – durch Schönheit ergänzt werden. Dies aber ist gesetzmäßig: Wenn das einfache, existentielle Bedürfnis befriedigt ist, drängt es den Menschen, auch nach kulturellen Ansprüchen zu produzieren und zu konsumieren.

Erhaltung, Erneuerung, Modernisierung der auf uns gekommenen Bausubstanz sind zentrale Begriffe unserer Bautätigkeit geworden.

Die Bewahrung charakteristischer Baulandschaften und des unverwechselbaren Gesichts einer jeden Stadt sind Anliegen, in denen sich ökonomische Forderungen ebenso niederschlagen wie kulturelle. Es geht um die Erhaltung von Werten in beiderlei Bedeutung.

Ein weiterer Bezug ergibt sich aus dem veränderten Verhältnis zur Umwelt. Mittlerweile ist klar geworden, daß eine gewachsene, von den Menschen angenommene gebaute Umwelt zum sozialen und psychischen Wohlbefinden genauso beizutragen vermag wie eine gepflegte natürliche.

Ein solches Verständnis der Bedeutung des gebauten kulturellen Erbes – fern aller Nostalgie, die nach einem Überschwappen auch wieder in sich zusammensinken wird – setzt eine zutiefst innere Beziehung zu ihm voraus, die in ihm Fähigkeiten und Fertigkeiten, Wissen und Können, Talent und Fleiß von Angehörigen früherer Generationen achtet und schützt.

Systematische Beschäftigung mit Baugeschichte leugnet nicht den grundsätzlich fortschrittlichen Charakter neuer Bautechnologien; sie will nur wie alles Lernen bereits gewonnene Erkenntnisse sich aneignen und Vorbilder unter dem Aspekt ihrer Verwendbarkeit für das eigene Handeln verarbeiten, sie will das Neue somit in Breite und Tiefe an Dimension gewinnen lassen.

Obwohl die noch vorhandene Berliner Bausubstanz, von einigen Kirchen und Palais, wenigen öffentlichen Gebäuden und Bürgerhäusern abgesehen, kaum älter als 200 Jahre ist, übt die Berliner Baugeschichte auf den, der einmal begonnen hat, sich mit ihr zu beschäftigen, bald eine eigenartige Anziehungskraft aus.

In der Hauptstadt des in der zweiten Hälfte des 18. Jahrhunderts zur europäischen Großmacht aufgestiegenen preußischen Militärstaates bzw. später des Bismarckschen Deutschen Reiches spielten sich vielfältige, wie immer widersprechende Ereignisse und Entwicklungen ab: politisch, ökonomisch, sozial, kulturell, die die Baugeschichte der rasch wachsenden Stadt prägten: positiv wie negativ.

In Berlin bauten Baumeister von europäischem Ruf wie Schlüter, Knobelsdorff, Schinkel; von hier aus traten später aber auch Begriffe wie „Mietskasernenstadt" oder „Berliner Zimmer" ihren Zug durch die Welt an.

Und noch etwas: Wie die wohl keiner anderen deutschen Stadt zeigt die Berliner Baugeschichte, wie Stile, Künstler, Techniken aufeinander wirken. Man sehe sich ein Verzeichnis der Berliner Baumeister und Architekten an, wieviel holländische, italienische oder französische Namen finden wir da, und bei den hier Geborenen lese man nur die biographischen Angaben in den Lexika, um zu erahnen, wo sie was für ihren Beruf erlernt und für wen woanders sie Entwürfe geliefert haben. Berliner Bautätigkeit und Baukunst – das ist also auch ein äußerst interessantes Kapitel friedlichen sich gegenseitig befruchtenden Aufeinandertreffens europäischer Kulturen.

Die Vielfalt, die seinen Gegenstand kennzeichnet, möchte auch das vorliegende Buch widerspiegeln. Neben der künstlerischen Analyse der wiederhergestellten mittelalterlichen Kirche stehen Daten über Leben und Werk eines derzeit nur noch in Fachkreisen bekannten bedeutenden Berliner Stadtbaurates aus dem vorigen Jahrhundert, der Aufsatz über die in der Folge eines politischen Abkommens restaurierte berühmte Brücke wird ergänzt durch die Beschreibung eines von vielen Passanten kaum als Denkmal angesehenen, öffentlichen Zwecken dienenden Postgebäudes, dem ausführlichen Bericht über Wohnen und Wohnungselend in einer der ehemaligen Berliner Vorstädte des 18./19. Jahrhunderts folgt die Arbeit über Anfänge der Reformbauweise zu Beginn dieses Jahrhunderts, und abgeschlossen wird der Band mit der Schilderung des Lebens des ehemaligen „Eisenbahnkönigs", der auf seine Art und Weise Bauen und Wohnen in Berlin beeinflußte.

Indem dieses Buch – aus Anlaß des Berlin-Jubiläums herausgebracht – so die Breite der Thematik und deren Behandlung andeutet, möchte es auch weiterführende Arbeiten zur Berliner Baugeschichte und Denkmalpflege anregen: die hauptberuflicher wie die nebenberuflicher Forscher. Nur beide zusammen, sich ergänzend und fördernd, können die Aufgabe leisten.

Unterstreichen möchte das Buch auch die immer häufiger geäußerte Ansicht, daß nicht nur die „großen" Denkmale unsere Aufmerksamkeit verdienen, sondern ebenso die „kleinen" – weil ja gerade diese ein nicht unwichtiges Element des Lebensmilieus der Menschen, Bestandteil der täglich unmittelbar erlebten gebauten Umwelt sind.

Die hier abgedruckten Texte sind überarbeitete Fassungen von Veröffentlichungen insbesondere in den verdienstvollen „Miniaturen zur Geschichte, Kultur und Denkmalpflege Berlins" des Kulturbundes der DDR, ergänzt durch einige weitere Beiträge. Der Herausgeber dankt den Autoren für ihre Bereitschaft, mit ihm zusammen diesen Band zu erarbeiten sowie dem 2. Bezirkssekretär des Kulturbundes Günter Apelt und dem verantwortlichen Redakteur der „Miniaturen" Dr. Karl Heinz Gerlach für ihre Unterstützung.

Dieter Winkler

Inhaltsverzeichnis

Ernst Badstübner:
Zur kunstgeschichtlichen Bedeutung der Nikolaikirche   9

Uwe Kieling/Felix H. Blankenstein:
Hermann Blankenstein – Berliner Stadtbaurat
für Hochbau 1872–1896   14

Peter Goralczyk:
Restaurierte Skulpturen der ehemaligen Schloßbrücke in Berlin   36

Karl-Heinz Laubner:
Das ehemalige Berliner Postfuhramt   39

Rudolf Skoda:
Wohnhäuser und Wohnverhältnisse der Rosenthaler Vorstadt
von Berlin   42

Renate Sachse:
Der gemeinnützige Wohnungsbau für Beamte und die Entstehung
der Wohnanlage Niederschönhausen von P. Mebes   73

Horst Mauter:
Bethel Henry Strousberg – Aufstieg und Fall des „Eisenbahnkönigs"   82

Die Autoren und ihre Beiträge   99

Bildteil   101

Abbildungsnachweis   172

Zur kunstgeschichtlichen Bedeutung der Nikolaikirche

Ernst Badstübner

Durch den Wiederaufbau der Nikolaikirche in Berlin, die seit der Errichtung eines neuen Wohnviertels im Zentrum der Hauptstadt diesem den Namen gibt, rückt ein Baudenkmal in das Licht öffentlichen wie auch wissenschaftlichen Interesses, dem bisher verhältnismäßig wenig Aufmerksamkeit geschenkt wurde. Dabei dürfte die Nikolaikirche das älteste in Stein errichtete Gebäude der in der ersten Hälfte des 13. Jahrhunderts gegründeten Stadt sein, was nicht nur schriftliche Quellen wahrscheinlich machen, sondern auch Teile der baulichen Substanz: Die aus Granitquadern errichteten Untergeschosse des Turmbaues an der Westseite der im späten 14. und im Laufe des 15. Jahrhunderts gebauten großen Hallenkirche entstammen der Gründungszeit Berlins.

Die stadtgeschichtliche Forschung hält überwiegend daran fest, daß Berlin und seine Schwesterstadt Cölln auf der Spreeinsel „um 1230" ihre städtischen Privilegien erhalten haben. Spätestens zu diesem Zeitpunkt der Stadtrechtsverleihung ist mit dem Beginn des planmäßigen Aufbaus der Siedlung zu rechnen, ein Konzept dafür wird es sicher schon früher gegeben haben. Zu diesem Konzept einer planmäßigen Anlage gehörte auch die Errichtung einer steinernen Kirche, die der zu erwartenden Bedeutung der Stadt in Größe und Gestalt entsprach. Für das neugegründete Berlin war eine Pfeilerbasilika gewählt worden, ein dreischiffiger Bau mit breitem Mittelschiff und schmalen Seitenschiffen, mit einem Querschiff, das der Gesamterscheinung Kreuzform verlieh, mit einem gestreckten längsrechteckigen Chorjoch und einer großen Halbkreisapsis als östlichem Abschluß sowie ebensolchen Apsiden an den Ostseiten der Querschiffarme. Wir sind über den Grundriß dieses ältesten steinernen Sakralbaues in Berlin durch Ausgrabungen informiert, die von der Akademie der Wissenschaften 1956 bis 1958 durchgeführt wurden. Diese Ausgrabungen erbrachten auch den Nachweis von Bestattungen unter und zwischen Fundamenten dieses Gründungsbaues, also eines Friedhofes, der zu einer Siedlung gehört hat, die der planmäßigen Stadtanlage vorausging.[1] Zu dieser Siedlung muß ebenfalls eine Kirche gehört haben, über deren Aussehen und Lage aber trotz eifrigen Suchens nichts ermittelt werden konnte. Vermutlich ist diese erste Kirche auf dem späteren Stadtgelände Berlins ein Holzbau gewesen.[2]

Als man mit der Errichtung einer steinernen Kirche begann, wird festgestanden haben, daß aus der älteren Siedlung am Spreeübergang eine Stadt werden sollte. Mit kreuzförmigem Grundriß entsprach der Erstbau der Nikolaikirche einer Frühform von Pfarrkirchen in den märkischen Gründungsstädten, die von feudal geprägten Vorbildern abhängig war. Mit ihren drei halbkreisförmigen Apsiden erscheint sie noch streng romanisch und erinnert an niedersächsische Dom- und Klosterkirchen.[3] Obwohl wir nicht sicher wissen, wie das Aufgehende, die Wände und ihre Details, aussahen, die Sockel- und Kämpferprofile der Pfeiler, die Arkadenbögen, die Fenster und Türen, wird man äußerste Schlichtheit voraussetzen müssen. Reichere Schmuckformen sind an dem aus Granitquadern errichteten Gebäude nicht zu erwarten, auch keine Gewölbe außer Halbkuppeln in den Apsiden, sondern nur flache Holzdecken. Hinzu kommt der Verzicht auf jeglichen raumgliedernden Rhythmus der Stützen. Die gleichförmige Reihe quadratischer Pfeiler hat die erste Berliner Nikolaikirche mit der Zisterzienser-Klosterkirche in Zinna bei Jüterbog gemeinsam, ebenfalls einem Granitquaderbau, der, herb und schmucklos und deshalb ausgesprochen archaisch in seiner Erscheinung, sich aber durch spitze, also gotische Bögen für Arkaden, Fenster und Portale als ein frühestens im zweiten Viertel des 13. Jahrhunderts errichtetes Bauwerk erweist. Aus diesem Grunde sollte auch der altertümliche Charakter der Berliner Kirche nicht zu einer zu frühen Datierung verführen. Er ist kennzeichnend für die ersten aus Feldsteinen gebauten Stadtkirchen der Mark, die meist erst in Zusammenhang mit der Erhebung einer Siedlung zur Stadt oder einer Stadtgründung im 13. Jahrhundert entstanden sind.

Charakteristisch für diese Kirchen aus der Gründungszeit märkischer Städte ist auch, daß sie an der Westseite durch einen Querbau abgeschlossen waren, der das Kirchenschiff an Höhe und Breite übertraf.[4] Diese Querbauten von kastenförmiger Gestalt nahmen den Platz von Turmfassaden ein, glichen aber mehr einem befestigten Haus. Wie die zugehörigen Kirchen waren sie aus Granitquadern errichtet und mit ihren durch schlitzartige Öffnungen nur wenig durchbrochenen starken Mauern von wehrhafter Erscheinung. Eine Schutz- und Wehrfunktion könnte ihnen im Frühstadium der Entwicklung der Gründungsstädte auch zugekommen sein, als die Kirche vermutlich das einzige in Stein errichtete Gebäude der Siedlung war. Auf jeden Fall ist das Vorbild von Wohntürmen oder Bergfrieden für die eigentümliche Gestaltgebung vorauszusetzen.[5] Es ist auffällig, daß diese Quer- oder Breittürme erhalten blieben, als man die streng-einfachen Feldsteinkirchen durch großzügige Backsteinbauten ersetzte. So geschah es auch in Berlin, und dieser Tatsache verdanken wir die Bewahrung eines Restes vom ältesten und ersten Monumentalbau der späteren Hauptstadt.

Die spitzen Bögen des Westportals und einiger Fenster wie auch die der Gewölbe im Erdgeschoß und der Emporenöffnung zum Langhaus unterstützen die Datierung der Entstehung in das zweite Viertel des 13. Jahrhunderts. Interessant sind die beiden Rundfenster in Emporenhöhe der Westwand. Ihre Ursprünglichkeit ist bezweifelt worden, sie haben aber in Magdeburg und seiner Umgebung ihre romanischen Parallelbeispiele.[6] Als Dachabschluß wird man sich im 13. Jahrhundert ein quergestelltes Satteldach zwischen zwei Giebeln an den Schmalseiten oder ein Walmdach vorstellen können. In spätmittelalterlicher Zeit ist der Westbau zaghaft erhöht und schließlich über der südlichen Hälfte ein Turm mit spitzem achtseitigem Helm aufgeführt worden. Dieses Bild überliefern alte Ansichten, am bekanntesten ist das Gemälde von Johann Heinrich Hintze von 1827 im Märkischen Museum. Seit 1878 trug der mittelalterliche Feldsteinbau den neugotischen Aufsatz aus Backsteinen mit zwei Helmspitzen, die 1945 zerstört und 1982 wieder aufgebracht worden sind.

Die gründungsstädtische Basilika hat in ihrer altertümlichen Gestalt nicht lange bestanden. Noch im Verlauf der zweiten Hälfte des 13. Jahrhunderts – auch das ergaben die Ausgrabungen der Jahre 1956 bis 1958 – ist sie in eine Hallenkirche verwandelt worden. An die Stelle der ungleich breiten und verschieden hohen Schiffe der Basilika traten die gleich breiten und gleich hohen Schiffe der Halle. Man erreichte dies, indem man die basilikalen Seitenschiffe bis in die Fluchten der Querhausfronten erweiterte und bis zur Decke des ursprünglichen Mittelschiffes erhöhte. Durch diese Verbreiterung und Erhöhung der Seitenschiffe schied man das Querschiff als besonders konservatives Element und damit die Kreuzform aus der Baugestalt aus. Es hat den Anschein, als sei es vornehmliches Ziel dieser Bauunternehmung gewesen, die feudale Prägung des Gründungsbaues zugunsten einer Bauform zu überwinden, in der sich stadtbürgerliche Freiheit manifestiert: In die Umbauzeit fallen die ersten Versuche der Stadt, dem markgräflichen Stadtherrn Rechte, die er für sich in Anspruch nahm, abzuringen. Am östlichen Stadtrand, in unmittelbarer Nähe der Mauer, bauten die Mönche vom Orden der Franziskaner aus Backstein ihre Klosterkirche unter landesherrlicher Protektion bezeichnenderweise noch als Basilika. Im neustädtischen Erweiterungsteil Berlins dagegen wurde gleichzeitig die Marienkirche als große dreischiffige querschifflose Hallenkirche errichtet, ebenfalls aus Backstein und mit gotischen Rippengewölben.[7] Backstein als Baumaterial und durchgängige Wölbung sind auch für die umgebaute Nikolaikirche vorauszusetzen. So wenig wir über die Gestalt dieser ersten Halle von St. Nikolai wissen, über den Aufriß der Langhauswände lassen sich doch aufgrund der Grabungsbefunde Vermutungen anstellen. Wahrscheinlich hat sich unter den Fenstern eine Sockelzone mit je zwei Wandnischen in jedem Joch und darüber ein schmaler Laufgang durch die zur Hälfte nach innen gezogenen Strebepfeiler hingezogen, eine Komposition des inneren Wandaufrisses, die sich ähnlich in der 1298 geweihten Neubrandenburger Marienkirche findet und von Lübecker, auch von Rostocker Kirchen des 13. Jahrhunderts angeregt worden sein könnte.[8] Das Vorbild dieser Wandstruktur scheint auf den Neubau des Chores nach 1379 nicht unwesentlich gewirkt zu haben.

1376 und 1380 wurde Berlin von verheerenden Bränden heimgesucht. Der erste könnte die Nikolaikirche in Mitleidenschaft gezogen haben, denn 1379 wird der Neubau eines Chores an St. Nikolai in einem Ablaßbrief des Magdeburger Erzbischofs angezeigt.[9] Damals ist mit der Errichtung der heute stehenden Hallenkirche begonnen worden. Aber die Bauarbeiten wurden schon kurz darauf wieder unterbrochen, vermutlich als Folge des zweiten Brandes. Der Wiederaufbau der Stadt dürfte deren Baukraft so in Anspruch genommen haben, daß an eine Weiterführung des großzügig angelegten Kirchenneubaues nicht zu denken war. An den Chormauern läßt sich ablesen, daß man nur die Außenwände des östlichen Teils bis zu einem Viertel der späteren Höhe hatte aufführen können. Erst um 1400 scheint der angefangene Chor weitergebaut und wohl auch vollendet worden zu sein, und danach hat man auch das ältere Hallenlanghaus durch einen Neubau ersetzt.

Das Konzept des 1379 begonnenen und 1380

unterbrochenen Chorneubaues war das eines Hallenumgangschores, bei dem die Seitenschiffe der dreischiffigen Anlage als Umgang um die polygonale Endung des Mittelschiffes herumgeführt sind. Während die Schiffspfeiler im Grundriß einen dreiseitigen Schluß des Binnenchores markieren, bildet der Umgang mit seiner Außenwand sieben Seiten eines Sechzehnecks. (Zählt man das sich dem Polygon anschließende Halbjoch zum Abschluß – die Gewölbefiguration des Binnenchores legt das nahe –, dann ergeben sich fünf zu neun Seiten von Mittelschiffsendung zu Umgang.) Ein Kranz von Strebepfeilern umsteht – zur Hälfte nach innen genommen und ein Bogensystem tragend – den beinahe halbkreisförmigen Ostschluß der Kirche. Zwischen ihnen sind unter den Fenstern niedrige gewölbte Kapellen angeordnet.[10] Strebepfeiler und Kapellen setzen sich an den Langwänden fort, so daß nicht nur das Polygon von einem Kranz von Kapellen eingefaßt wird, sondern auch die Seitenschiffe von Randkapellen begleitet werden.

Der Hallenumgangschor mit einem Kapellenkranz ist in der städtischen Baukunst Süddeutschlands und Böhmens als Reduktionsform des gotischen Kathedralchores entstanden. Ältere Formen des Bautyps, wie sie vereinzelt seit dem ausgehenden 13. Jahrhundert in Norddeutschland vorkommen (Dome in Verden an der Aller und in Lübeck), haben die Berliner Ausprägung nicht beeinflußt.[11] Vorbilder, die auf die Berliner Nikolaikirche gewirkt haben könnten, wie die Heiligkreuzkirche in Schwäbisch-Gmünd, sind mit dem Namen der Parler verbunden, einer Familie, deren Angehörige während des 14. Jahrhunderts in allen Teilen Mitteleuropas begehrte Baumeister gewesen sind. Peter Parler, der bekannteste und bedeutendste unter ihnen, nach seinem Geburtsort „von Gmünd" genannt – dort hatte sein Vater Heinrich 1351 den Chor der Heiligkreuzkirche zu bauen begonnen –, war 1353 zum Leiter der Prager Dombauhütte berufen worden und blieb in Böhmen bis zu seinem Tode 1399 als Bildhauer und Architekt tätig. Der gotische Dom in Prag, die Königskathedrale Karls IV., ist nach französischem Muster eine Basilika mit Querschiff, Chorumgang und Kapellenkranz. Die Stadtkirchen Böhmens aber zeigen Vereinfachungen, die durchaus mit der Berliner Nikolaikirche verglichen werden können. Wesentlich ist dabei das Einziehen der Strebepfeiler zwischen die Kapellen, so daß außen glatte Wandflächen entstehen, wie es am Chor der Bartholomäuskirche in Kolin der Fall ist. Mit dem Heiligkreuzmünster in Schwäbisch-Gmünd verbindet die Berliner Nikolaikirche die Form des Kapellenkranzes und die dadurch hervorgerufene zweigeschossige Aufrißgliederung. Während jedoch in Schwäbisch-Gmünd durch diese Zweigeschossigkeit eher Reminiszenzen an basilikale Bauten wachgerufen werden, wird in Berlin aus der Kapellenzone ein tragender Sockel, und so entstand durch eine veränderte Proportionierung ein völlig anderes Architekturbild. Die Chorgewölbe in Schwäbisch-Gmünd sind nicht mehr die ursprünglichen, die Figuration der Berliner Umgangsgewölbe, ein Wechsel von Vierstrahl- und Dreistrahl-Rippengewölben über rechteckigen und dreieckigen Feldern, hat ihre Parallele im Chor der Nürnberger Sebalduskirche, einem 1361 begonnenen Hallenumgangschor des besprochenen Typs, der aber der Einsatzkapellen zwischen den Strebepfeilern entbehrt. Zu einer Nachbildung des Sebaldchores im Backsteingebiet ist es schon in den sechziger Jahren des 14. Jahrhunderts in Frankfurt an der Oder gekommen, doch haben dort die Umgangsgewölbe schon einen höheren Anteil von raumverschleifenden Springgewölben.[12] Wenn zu einem späteren Zeitpunkt in Berlin nach der älteren Figuration von St. Sebald in Nürnberg gewölbt wurde, dann wird man davon ausgehen können, daß ein Bauplan existierte, nach dem man sich noch um 1400 richtete.

Das Äußere des Chores der Berliner Nikolaikirche ist mit plastischer Kraft aufgebaut. Als Sockel tritt der Kranz der Kapellen in Erscheinung. Darüber entstehen zwischen den dann frei aufsteigenden Strebepfeilern tiefe Nischen für die Fenster. Ein breiter Putzstreifen schließt den Wandaufriß horizontal ab. Eine mächtige Dachpyramide faßt die Komposition zusammen und gibt ihr proportionalen Halt. Es wird deutlich, daß nicht ein scheinbar schwerelos aufstrebender, sondern ein in sich ruhender, gelagerter, kubisch-plastischer Baukörper das gestalterische Ziel war, eigentlich ungotisch, auf der Schwelle zur architekturgeschichtlichen Überwindung des Mittelalters.

Ein anderes Bild bietet das Innere. Hier ist die charakteristische gotische Mehrschichtigkeit eines transparenten Raumschlusses gewahrt. Nicht nur das Mittelschiff öffnet sich in raumhohen Arkaden zu den Seitenschiffen und zum Umgang, auch die Außenwände sind aufgelöst in raumhohe Spitzbogennischen, die die durch Maßwerkpfosten unterteilten Fenster umgeben, und in einen Laufgang über den Randkapellen, der die zur Hälfte nach innen genommenen Strebpfeiler durchbricht. So bildet nicht eine glatte Wand die feste Raumgrenze, sondern die durchlichtete Staffelung eines differenziert aufgebauten Systems von Baugliedern, von Pfeilern, Bögen und Nischen, die durch raffinierte Überschneidungen Raum optisch wirksam machen. Diese Gegensätzlichkeit von kubisch-plastischer Außengestalt und diaphaner (durchscheinender) Begrenzung des Innenraumes kennzeichnet Bauten der Zeit um und nach 1400.[13] Sie ist an der Katharinenkirche in

Brandenburg durch den Stettiner Baumeister Hinrich Brunsberg zu einem Höhepunkt der deutschen Architekturgeschichte geführt worden.[14] Formelemente, die von der Baukunst des pommerschen Küstengebietes, auch vom uckermärkischen Binnenland hergekommen sind, lassen sich an der Berliner Nikolaikirche ebenfalls, wohl als Folge der schleppenden Bauführung seit 1380, ausmachen. Es sind vornehmlich die Kapellenfenster des Chorumgangs, soweit sie noch original sind, mit ihrem charakteristischen Knick am Ansatz des zum Dreieck neigenden Spitzbogens und der Zickzackstab, der die Chorfenstergewände dekorativ begleitet, Zwischendienste an den Chorpfeilern bildet und am Chordachgesims mit einem Karnies von Joch zu Joch wechselt. Entscheidend aber ist die Übernahme des Laufgangs über den Chorrandkapellen, ein Element, das nicht zum süddeutschen Konzept des Chorumgangs gehört. Da die Randkapellen nicht höher sind als die schon erwähnten, an älteren uckermärkischen Hallenkirchen anzutreffenden Wandsockelnischen, die ja auch in der ersten Nikolaihalle vorhanden gewesen zu sein scheinen und über denen ein solcher Laufgang bereits vorauszusetzen ist, könnte man den direkten Anschluß an das am Ort schon ältere Motiv vermuten, umso mehr, als der neue Chor mit der Halle des 13. Jahrhunderts zunächst erst einmal zusammengefügt werden sollte. Andernfalls müßte während des Bauvorgangs ein Planwechsel erfolgt sein, durch den der Laufgang, nach welchem Vorbild auch immer, ins Konzept aufgenommen worden wäre. Auf jeden Fall haben sich die norddeutschen Formen mit dem süddeutsch parlerschen Bautyp verbunden, dessen Aufnahme in einer Zeit der Landeshoheit Karls IV. und seiner Söhne über die Mark nicht zu überraschen braucht.[15] So geriet der Chor der Berliner Nikolaikirche zu einem exzeptionellen Werk norddeutscher Backsteingotik, dessen architekturgeschichtliche Bedeutung an der Wende von der hohen zur späten Gotik nicht hoch genug bewertet werden kann: Es trägt, wie so manches Werk aus der zweiten Hälfte des 14. Jahrhunderts unter dem Einfluß Böhmens und aus dem Umkreis der Parler, retrospektive und antizipatorische Züge, wobei letztere als Vorläufer der Neuzeit erscheinen.

Daß der Chor der Berliner Nikolaikirche, also das Polygon und die nach Westen anschließenden Joche bis zu den flankierenden Treppentürmen, in der für die Zeit um 1400 zu ermittelnden Bauperiode auch bereits gewölbt worden ist, haben restauratorische Farbuntersuchungen unter Beweis gestellt.[16] Auch die Unterschiede der Rippenprofile in den östlichen und den westlichen Gewölbezonen sprechen dafür, obwohl die Gewölbefigur des Binnenpolygons und wohl auch die annähernd gleiche Pfeilerform in Chor und Langhaus an eine einheitliche Einbringung der Gewölbe erst in Zusammenhang mit dem Bau der Langhausjoche haben denken lassen.[17] In der Gesamterscheinung schließt sich der Langhausbau dem Chorbau an, in den Einzelheiten ist er von dem früher entstandenen Bauteil doch recht wesentlich unterschieden. Durch bauarchäologische Befunde wird nahegelegt, daß möglicherweise anfangs eine stärkere Angleichung an den Chor beabsichtigt, vielleicht sogar eine den Chorbau fortsetzende Anlage bereits vorbereitet war.[18] Erst einem Planwechsel ist dann der altmärkische Formencharakter zu verdanken, die geräumigen, mit runden Bögen zum Schiff geöffneten Seitenkapellen, deren ungegliederte Außenwände durch die auffallenden Kreisblenden geschmückt sind, ferner die flächig gehaltene Hochwandgliederung, mehr profiliert als strukturiert, und der Verzicht auf einen Laufgang, schließlich die Ziergiebel der Liebfrauenkapelle an der Südseite des westlichen Joches; in Stendal und Salzwedel, aber auch in Brandenburg finden sich die Vergleichsbeispiele. In der Sakristei an der Nordseite des Chores schließlich, die in der zweiten Hälfte des 15. Jahrhunderts einen kleineren Vorgänger aus der Chorbauzeit ersetzte, weisen Reste der ersten Raumfassung auf einen Zusammenhang mit dem Chor der Bernauer Marienkirche hin, der gleichfalls unter altmärkischem Einfluß im ausgehenden 15. Jahrhundert erbaut worden ist.[19] Stand die Bauperiode des späten 14. und frühen 15. Jahrhunderts in Beziehung zu überregionalen Architekturentwicklungen, so war der letzte mittelalterliche Bauabschnitt der Berliner Nikolaikirche mehr lokal, mehr märkisch geprägt.

Auch in dieser spätmittelalterlichen Bauzeit behielt man den Turmbau aus der Gründungszeit bei. Es gibt keinerlei Hinweise, die darauf schließen lassen könnten, daß ein neuer, der nunmehrigen Größe des Bauwerks entsprechender Turm oder gar eine mehrtürmige Fassade hätte gebaut werden sollen. Daß die Gründe für die Beibehaltung allein in der Stabilität des Feldsteinmauerwerks gelegen hätten, erscheint wenig glaubhaft. Die gestalterische Misere war offensichtlich und sollte zumindest durch geringe Erhöhung mit Backsteinmauerwerk und durch das Aufbringen einer Turmspitze auf den südlichen etwas höher geführten Teil behoben werden. Alte Ansichten zeigen den Westbau mit diesem asymmetrischen Abschluß, die südliche höhere Hälfte mit einer achtseitigen schiefergedeckten Helmspitze, die nördliche niedrigere Hälfte mit Giebel und Satteldach. Die in allen Bauperioden zu beobachtende Rücksichtnahme auf den Turm als Rest des Gründungsbaues dürfte tiefere Bedeutung gehabt haben: Die Stadt scheint über gestalterische Freiheit zu ihrer Repräsentation an diesem Bauteil nicht verfügt zu haben.[20]

Nach der Mitte des 19. Jahrhunderts allerdings erforderte der Zustand des über 600 Jahre alten Bauwerks eine grundlegende Erneuerung. Von einem Restaurierungsplan, den Friedrich August Stüler um 1860 vorgelegt hatte, kam an den Türmen nichts zur Ausführung. 1876 wurde der damalige Stadtbaurat Hermann Blankenstein aufgefordert, erneut einen speziellen Entwurf für die Türme der Nikolaikirche auszuarbeiten. Auch für ihn war die „Erhaltung des alten Granitunterbaues, welcher der Kirche ihren altertümlichen Charakter verleiht, geboten". Dem neugotischen Aufbau gab er die Gestalt eines Zwillingsturmes – er folgte den Vorstellungen Stülers – aus Ziegelmauerwerk mit etwas reicheren Details „mit Rücksicht auf die Umgebung und namentlich auf die Nachbarschaft des Rathauses". Der vorgesehene Abschluß mit zwei hohen Helmspitzen geriet wegen des Abweichens vom historisch überlieferten Aussehen in das Kreuzfeuer unterschiedlicher Meinungen bei den zeitgenössischen Berliner Architekten.[21] Vor allem Johannes Otzen trat mit Gegenentwürfen hervor, von denen aber nur einer auf die ursprüngliche asymmetrische Gestalt Bezug nimmt. Alle anderen sahen gleichfalls – ganz im Sinne der Architekturauffassungen des Historismus des 19. Jahrhunderts – die vervollständigende Doppeltürmigkeit anstelle der als fragmentarisch empfundenen asymmetrischen Eintürmigkeit vor. Das vollendete Architekturwerk und nicht der Torso war das baukünstlerische Ideal, das man im Hinblick auf das sich wandelnde Stadtbild zu verwirklichen trachtete. Mit stadtgestalterischen Argumenten wurde deshalb schließlich auch Blankensteins Entwurf zur Ausführung bestimmt. Lediglich von der beabsichtigten Aufbringung gemauerter Helme – sie galten als typische Kennzeichen historischer märkischer Architektur – ist aus materialtechnischen Gründen abgegangen worden. Die Turmspitzen wurden über hölzernem Stuhl mit Schiefer gedeckt. Sie waren Ende 1878 vollendet. Seitdem bildeten die beiden Turmspitzen der Nikolaikirche die städtebauliche Dominante des Altberliner Stadtkerns und waren charakteristischer Bestandteil der Stadtsilhouette des zur Millionenstadt wachsenden Berlins.

Anhang

Anmerkungen

[1] Erwin Reinbacher: Die älteste Baugeschichte der Nikolaikirche in Alt-Berlin. Ergebnisse der archäologischen Stadtkernforschung in Berlin, mit Beiträgen von Edgar Lehmann, Chr. Müller, Willy Nitschke und Arthur Suhle, Berlin 1963

[2] Heinz Seyer: Ausgrabungen in der Nikolaikirche und die Anfänge Berlins. In: Das Altertum **28** (1982), S. 137

[3] Edgar Lehmann: Bemerkungen zu den beiden Vorgängerbauten der spätgotischen Nikolaikirche zu Berlin. In: Reinbacher 1963 wie Anm. 1, S. 80–85

[4] Ernst Badstübner: Westbauten märkischer Stadtkirchen. Gestalt, Funktion und Bedeutung einer Bauform der Kolonisationszeit. In: Regionale, nationale und internationale Kunstprozesse, Jena (1983), S. 96–104

[5] Hans-Joachim Mrusek, Gestalt und Entwicklung der feudalen Eigenbefestigung im Mittelalter, Berlin 1973, S. 149 ff., betont die Vorbildwirkung des Westbaues am Havelberger Dom aus dem 12. Jahrhundert.

[6] Willy Nitschke: Die beiden Vorgängerbauten der spätgotischen Nikolaikirche zu Berlin. In: Reinbacher 1963 wie Anm. 1, S. 65. – Die Vergleichsbeispiele aus dem 12. Jahrhundert in Magdeburg: Liebfrauenkirche und Peterskirche. Ferner sind die Marienkirche in Leitzkau und die Dorfkirche in Pretzien zu nennen.

[7] Ernst Badstübner: Die Marienkirche zu Berlin. Berlin[4] 1985

[8] Lehmann 1963 wie Anm. 2, S. 89

[9] Richard Borrmann: Die Bau- und Kunstdenkmäler von Berlin. Berlin 1893, S. 222, und Gustav Leh: Die St. Nikolai-Kirche zu Berlin. Berlin 1961, S. 11 f.

[10] Günther Schade: St. Nikolai in Berlin, ein baugeschichtlicher Deutungsversuch des Hallenchores mit Kapellenkranz. In: Jahrbuch für brandenburgische Landesgeschichte **17** (1966), S. 52–61. Vgl. auch ders., Der Hallenumgangschor als bestimmende Raumform der bürgerlichen Pfarrkirchenarchitektur in den brandenburgischen Städten von 1355 bis zum Ende des 15. Jahrhunderts. Phil. Diss. Halle 1962. – Otto Kletzl, Planfragmente aus der Prager Dombauhütte in Ulm und Stuttgart, Stuttgart 1939, S. 90, ergänzt einen Bauriß mit „Einsatzkapellen" unter Hinweis auf die Berliner Nikolaikirche.

[11] Hans-Joachim Kunst: Die Entstehung des Hallenumgangschores. Der Domchor zu Verden an der Aller und seine Stellung in der gotischen Architektur. In: Marburger Jahrbuch für Kunstwissenschaft **18** (1969), S. 1–104

[12] Günther Schade: Zur Baugeschichte der Frankfurter Marienkirche. In: Jahrbuch für brandenburgische Landesgeschichte **15** (1964), S. 7–21

[13] Erwin Panofsky, Gothic Architecture and Scholasticism, Cleveland/New York 1957, S. 43, bringt diese Erscheinung mit dem Nebeneinander und Gegeneinander von Mystizismus und Naturalismus im späten Mittelalter in Zusammenhang.

[14] Nikolaus Zaske: Gotische Backsteinkirchen Norddeutschlands. Leipzig 1968, S. 143 ff.

[15] Georg Dehio: Geschichte der deutschen Kunst. Band 2, Berlin und Leipzig 1930, S. 76

[16] Die Ergebnisse werden demnächst in „Denkmale in Berlin und der Mark Brandenburg" veröffentlicht.

[17] Borrmann 1893 wie Anm. 9, S. 223. – Das auffallendste Merkmal des Binnenchorgewölbes ist eine Scheitelrippe, die das Chorhaupt baldachinartig betont, eine im 15. Jahrhundert verbreitete Erscheinung, die sich ähnlich aber schon im nach 1380 erneuerten Chorgewölbe der Marienkirche findet. Die Pfeilerform, ein Achteck mit vorgelegten Halbrunddiensten an jeder Seite, tritt in Berlin bereits im 13. Jahrhundert in der Franziskaner-Klosterkirche auf, dort noch in basilikalem Verband, um dann in der Marienkirche zum ersten Mal in einer Hallenkirche Anwendung zu finden. Beim Neubau der Nikolaikirche hielt man an dieser traditionsfähigen Form fest bis ins 15. Jahrhundert. Man könnte von einem „Berliner Pfeiler" sprechen.

[18] Veröffentlichung der Ergebnisse wie Anm. 16

[19] Ernst Badstübner: Stadtkirchen der Mark Brandenburg. Berlin 1982, S. 168 f.

[20] Badstübner 1983 wie Anm. 4, S. 100

[21] Deutsche Bauzeitung **10** (1876), S. 415–418 und S. 486–487, **11** (1877), S. 76, 87, 125–126, **14** (1880), S. 381–384 und 389–390

Hermann Blankenstein – Berliner Stadtbaurat für Hochbau 1872–1896

Uwe Kieling/Felix H. Blankenstein

Vorbemerkung

Mit der Proklamation des Deutschen Reiches am 18. 1. 1871 in Versailles wurde Berlin Reichshauptstadt.[1] Am 21. März 1871 konstituierte sich im Preußischen Abgeordnetenhaus Leipziger Str. 75/76 der Deutsche Reichstag. Das ehemalige Palais Hardenberg – 1804–1809 Eigentum und bis 1822 Wohnsitz des preußischen Staatskanzlers[2] – war seit 1849 Tagungsstätte des Abgeordnetenhauses und wurde 1867 auch vom Norddeutschen Reichstag bezogen, für diesen umgebaut und erweitert durch den Bauinspektor H. Blankenstein[3] – fünf Jahre später höchster kommunaler Baubeamter der Hauptstadt.

Scheint hier die Verknüpfung der Karriere des Architekten mit dem politischen Aufstieg der Stadt nur äußerlich zu sein, so ist das umfangreiche Lebenswerk des ersten bedeutenden Berliner Stadtbaurates – noch heute das Stadtbild mit prägend – nur aus der konkreten geschichtlichen Situation erklärbar, abgesehen von seinen ihn zu dieser Rolle prädestinierenden persönlichen Eigenschaften.

Familiäres Umfeld und gesellschaftliche Situation

Die Vorfahren Blankensteins

Hermann Blankenstein war nicht der erste Baumeister in der Familie, geboren wurde er als Sohn des Wasserbauinspektors Johann Georg Blanckenstein (20. 1. 1793 Berlin bis 11. 5. 1860 Grafenbrück)[4], seit 1827 Chef der Finowkanal-Kommission mit Sitz in Grafenbrück. Die Siedlung dieses Namens[5] entstand ab 1745, 1750 erstmals als zum Amt Liebenwalde gehörend urkundlich erwähnt, als Verwaltungssitz des 1743–1746 auf Befehl Friedrichs II. erbauten Kanals zwischen Oder und Havel. Der dreiköpfigen Baukommission gehörte als oberster Bauleiter der Baudirektor J. G. Kemmeter an, am Bau wirkte auch einer der Lehrer D. Gillys, der Ing.-Leutnant I. J. Petri, mit.[6] Nach weiteren funktionsbedingten Ausbauten hatte der Kanal 1767 mit 35,6 km Länge (17 Schleusen) seine vorerst längste Ausdehnung erreicht. Ausgelegt war er für den Alten Finow-Maßkahn ($l = 40{,}2\,m$, $b = 4{,}6\,m$, Tiefgang $= 1{,}40\,m$, Tonnage 140 t)[7].

Grafenbrück war ein vergessener Winkel, dem 1745 gebauten Schleusenmeisterhaus gesellten sich bis 1860 das Inspektorenhaus und ein Wohnhaus hinzu sowie 10 Wirtschaftsgebäude mit Försterei und einer Wasser-Getreidemühle; die Siedlung hatte 1797 11, 1858 21 Einwohner. Dem Wasserbauinspektor Blanckenstein, nach dem Lateinschulbesuch in Berlin und dem durch die Teilnahme an den Befreiungskriegen unterbrochenen Bauakademiestudium (1816 Kondukteur-, 1824 Wasserbaumeisterprüfung) bis 1827 Graben-Inspektor in Neustadt (Dosse), oblag – auch an anderen Wasserwegen seines Arbeitsgebietes – die Ausführung von Schleusen- und Buhnenbauten, Uferbefestigungen, Rammarbeiten, Ausbesserungs- und Unterhaltungsarbeiten sowie die Errichtung von Kennzeichnungen. 1835/36 leitete er den Neubau der zweischiffigen Grafenbrücker Schleuse, deren hölzerner Vorgängerbau von 1746 schon 1788 in eine massive Kammerschleuse umgebaut worden war. Die eigens für die Bauten des Finowkanals eingerichteten Ziegeleien standen seit 1820 unter Aufsicht des Geh. Oberbaurates C. L. Schmid[8].

J. G. Blanckenstein war seit dem 27. 9. 1825 mit der Fleischer- und Gastwirtstochter Dorothea Sophie geb. Herrmann (24. 4. 1807 Neustadt (Dosse) bis 12. 4. 1847 Grafenbrück) verheiratet; außer der ersten Tochter wurden alle Kinder an der Schleuse geboren. Nähere Kontakte verband die Familie in dieser Abgeschiedenheit nur mit der anderen standesgemäßen Beamtenfamilie des kgl. Oberförsters Bauermeister; wechselseitige Tauf-Patenschaften wurden üblich. In den 40er Jahren erkrankte Blankenstein am grauen Star, 1847 war er auf einem Auge völlig erblindet. Dieses Leiden trat auch in späteren Generationen der Familie auf (Tochter Hermine, Sohn Hermann, Enkelin Bertha). Neben dem frühen Tod der Ehefrau traf ihn auch der Tod der Töchter Emma und Bertha hart. Diese Töchter und die Eltern Blanckenstein wurden auf dem später aufgelassenen Kirchhof Ruhlsdorf bestattet.

Die Familie Blankenstein läßt sich über den Vater des Stadtbaurates bis in das 17. Jahrhundert zurückverfolgen. Im Dreißigjährigen Krieg ergriff ein zugewanderter Andreas Blankenstein (um 1615 ? bis 29. 12. 1678 Gerbitz) in Gerbitz nordöstlich Bernburgs von einem wüsten Kossätenhof mit einer halben Hufe Acker Besitz. Seine vier Söhne wurden ebenfalls Bauern.[9]

In den Wanderjahren kam dieser Blankenstein nach Berlin in die Schmiede J. Michael, Alte Schützenstr. 6[10]; nach des Meisters Tod legte er am 29. 11. 1768 die Meisterprüfung ab und wurde gegen die Gebühr von drei Talern am 1. Dezember Berliner Bürger. Die von ihm am 26. 1. 1769 in der Georgenkirche geheiratete Meisterwitwe Maria Sabina geb. Hempel (1724–1791) brachte ihm vier Kinder im Alter zwischen 25 und vier Jahren in die Ehe. Bereits am 22. 3. 1792 ehelichte Blankenstein, wiederum in der Georgenkirche, die Rheinsberger Bäckermeistertochter Dorothea Sophie geb. Voigt (30. 5. 1763 ? bis 20. 12. 1818 Berlin). Einziges Kind dieser zweiten Ehe war der spätere Grafenbrücker Wasserbauinspektor. Ein Jahr nach des Vaters Tod heiratete die Mutter, wie gehabt, den gerade zu Meisterwürden gelangten ehemaligen Gesellen ihres verstorbenen Mannes Johann Gottlieb Hofrecht († nach 1826). Neben drei Stiefgeschwistern hatte Johann Georg III. gegen den Stiefvater einen schweren Stand, besonders seine Berufswahl löste eine langjährige Verstimmung aus. Mit dem Abschluß des Studiums ließ er sich seinen Erbteil (2728 Taler) auszahlen und verließ Berlin.

Stadtentwicklung und Bauverwaltungen im 19. Jahrhundert

Um Hermann Blankensteins Rolle im Berliner Bauen einordnen zu können, bedarf es eines Rückblicks auf die historische Situation und speziell die Bedingungen im Bauwesen der Stadt, in diesem beschränkten Rahmen ohne Anspruch auf umfassende Darstellung. Die Stadt hatte mit der um 1830 einsetzenden industriellen Revolution, an deren Beginn Blankenstein geboren wurde, eine steile, teilweise stürmische, Entwicklung genommen. Ausgang des 18. Jahrhunderts war Berlin mit etwa 184000 Einwohnern[11] eine mittlere Großstadt, bis zum Ende der Befreiungskriege waren es 192000. Die Städteordnung von 1808 begrenzte das Stadtgebiet auf das Areal innerhalb der Zollmauer von 1734, bedeutende bebaute Vorstadtgebiete und unbebaute Erweiterungsflächen wurden abgetrennt, und die Einwohnerdichte zog stark an. Die zügige Bebauung von Freiflächen im Stadtgebiet scheiterte an der zögernden Ablösung der bäuerlichen Weiderechte für diese und an der alleinigen Verantwortung des Staates für den Bau städtischer Straßen.

1831/32 revidierte die Regierung die Stadtgrenze. Ohne Moabit, Wedding und einige kleinere Gebiete erreichte Berlin fast seine Ausdehnung von vor 1808 wieder. Bis zu den Eingemeindungen von 1861 – Wedding, Gesundbrunnen, Moabit, Neu-Schöneberg und Tempelhof – blieb das Stadtgebiet unverändert. Diese und kurz danach folgende Eingemeindungen führten zu einer Vergrößerung des Stadtgebietes von 3511 ha auf 5923 ha – und ab 1867 zum Fall der Zollmauer.

Das von Beginn an ohnehin geringe Mitspracherecht der 1809 erstmals gewählten Stadtverordnetenversammlung wurde vom Staat sukzessive zugunsten des Magistrats weiter eingeschränkt. Die revidierte Städteordnung von 1831 und das kgl. Regulativ von 1834 verurteilten das Stadtparlament schließlich zur Bedeutungslosigkeit, und der Magistrat wurde zum bürokratisch organisierten Erfüllungsorgan der Staatsgewalt mit besoldeten Berufsbeamten, dem hauptsächlich die Armenfürsorge, die Gewerbeaufsicht und das Schulwesen unterstanden. Bauwesen, Polizei und Gerichtsbarkeit waren staatliche Zuständigkeiten.

Mit der Reorganisation der Staatsbehörden nach den Befreiungskriegen wurde 1816 der Regierungsbezirk Berlin gegründet, die Stadt, Teile der Kreise Teltow und Niederbarnim sowie Charlottenburg umfassend. Wie auch andere Regierungsbezirke bereits zum Ende des Jahres 1821 wieder aufgehoben, verblieben ihm doch zahlreiche städtische Rechte und Funktionen. Die städtische Bebauungsplanung oblag – neben anderen eigentlich kommunalen Aufgaben – dem kgl. Polizeipräsidium, das zahlreiche Befugnisse im Bauen hatte. So hatte die Stadt auch den von J. Hobrecht[12] 1861 erarbeiteten – von ihr nicht beauftragten – Bebauungsplan zu finanzieren und gleichzeitig mit seinen Folgen fertigzuwerden.

Ab 17. 11. 1828 unterstand der Magistrat direkt der Regierung der Kurmark in Potsdam, erst mit der Provinzialordnung vom 29. 6. 1875 schied Berlin als Reichshauptstadt aus dem Bestand der damaligen Provinz Brandenburg aus und erhielt die nach dem „Berliner Unwillen" 1448 verlorene Rechtsträgerschaft über die öffentlichen Plätze und Verkehrswege zurück.

Die infolge der industriellen Revolution ständig zunehmende Bevölkerungszahl, der Konzentrationsprozeß von Industrie, Handel und Verwaltung sowie die Eingemeindungen ließen bis 1865 die Einwohnerzahl auf 658000 steigen, am Ende des Gründerbooms 1873 betrug sie schon 900620. Die einschneidenden Wandlungen in der Sozialstruktur und im äußeren Bild der Stadt verdeutlichen auch die folgenden Zahlen: Von 1819 bis 1847 stieg die Zahl der Gewerbegebäude von 102 auf 634 – um 500 % gegenüber 30 % bei den Wohngebäuden; von 2000 im Jahre 1851 erhöhte sich die Zahl der Gewerbeanmeldungen 1860 auf über 6200. Der nach der Wirtschaftskrise Ende der 50er Jahre folgende wirtschaftliche Aufschwung mündete 1871 in die von den französischen Reparationen getragenen Gründerjahre.

Die beiden ältesten in Berlin ansässigen Baubehörden gründete Friedrich II. mit anderen Administrationen auf dem Höhepunkt der feudalabsolutistischen staatlichen Zentralisierung. Als erste gesamtstaatliche Baubehörde entstand 1770 das Oberbaudepartement, dem die Provinzial-Baudirektoren und erstmals eine Baumeister-Prüfungskommission unterstanden. Am 1. 6. 1804 wurden die eigentlichen Aufgaben dieser Behörde – die Revision der Kostenanschläge, Prüfung und Überarbeitung der Entwürfe – den Provinzial-Baudirektoren übertragen. 1809 als Technische Oberbaudeputation neu gegründet, hatte diese Behörde bis 1848 als beratendes und repräsentierendes Organ weitreichende Befugnisse. Die restaurative Konsolidierung des preußischen Staates nach der Revolution von 1848/49 hatte auch tiefgreifende Auswirkungen auf die Baubehörden. Entscheidende Befugnisse wurden von den Provinzial-Baudirektoren auf die Abt. Bauwesen des 1848 gegründeten Ministeriums für Handel, Gewerbe und öffentliche Arbeiten als oberster Staatsbaubehörde übertragen.

Im Gefolge der Behördenreorganisation in Preußen nach der Reichsgründung wurde dann 1879 das Ressort für öffentliche Arbeiten mit der Abt. Bauwesen zum bis 1920 existierenden Ministerium der öffentlichen Arbeiten vereinigt. Die nunmehrige Technische Baudeputation wurde als reines Beratungsorgan ohne administrative Kompetenzen im März 1850 neu formiert und ging am 1. 10. 1880 in der Akademie des Bauwesens auf.

Die zweite aus feudalabsolutistischer Zeit überkommene Baubehörde war das 1788 aus dem Potsdamer Baucomptoir hervorgegangene kgl. Oberhofbauamt[13], zuständig für alle Bauten des kgl. Hauses und darüber hinaus vielfach mit übergreifenden Aufgaben betraut. Unter napoleonischer Besetzung funktionslos, wurde es am 25. 5. 1810 zur Schloßbaukommission umgebildet, die bis zum 21. 4. 1921 bestand.

Die bürgerlichen Reformen im Vorfeld der Befreiungskriege wirkten sich auch auf das Bauwesen aus.[14] Die 1809 installierte Regierungsbaukommission für die Kurmark und Berlin (ab 9. 5. 1816 nur für Berlin) ging am 1. 1. 1822 in der neugegründeten Ministerial-Baukommission auf. Ihr unterstand u. a. die Verwaltung aller nicht vom Staat genutzten, aber ihm gehörenden Grundstücke einschließlich der öffentlichen Straßen, Plätze, Brücken und Wasserläufe, des Tiergartens (ab 1827) sowie die Abwicklung ausgewählter Bauvorhaben (staatl. Verwaltungen, Museen, Theater, Hochschulen, Krankenhäuser, Kirchen u. a.). Diese Behörde mit wechselnder ministerieller Unterstellung wurde in der Weimarer Republik in die Preußische Bau- und Finanzdirektion übernommen.[15]

Als zentrale Bauverwaltungen entstanden mit der fortschreitenden Ausprägung kapitalistischer Produktionsverhältnisse und der Konsolidierung des Staatsapparates zahlreiche ministerielle Baubehörden, so schon in den 20er Jahren im Kriegsministerium, später auch im Kultusministerium[16], im Ministerium der öffentlichen Arbeiten u. a. Behörden. Die bis in die 70er Jahre vorwiegend privatkapitalistischen Eisenbahngesellschaften verfügten in ihrem Einzugsgebiet – mehrere auch in Berlin – ebenfalls über leistungsfähige Bauverwaltungen.

Mit der Reichsgründung im Januar 1871 verwirrte sich das Bild noch weiter. Die kgl.-preußische Residenz war gleichzeitig Hauptstadt des Deutschen Kaiserreiches, infolgedessen siedelten sich mit den Reichsbehörden auch deren Bauverwaltungen in Berlin an, u. a. bei der Reichseisenbahnverwaltung, beim Generalpostamt (später Reichspostamt mit dem Charakter eines Ministeriums) und beim Reichskanzleramt.

Keine Bauverwaltung im engeren Sinn und ohne administrative Befugnisse, sondern eine tangierende kulturpolitische Einrichtung war das Amt des Denkmalkonservators. Bereits von Schinkel seit 1815 gefordert, wurde diese Institution erst nach seinem Tode am 1. 7. 1843 geschaffen, mit den Zirkularverfügungen des Kultusministeriums vom 24. 1. 1844 wurde es diesem unterstellt und erhielt von dort auch seine Geschäftsinstruktionen. Bis zur Einrichtung der Provinzialkonservator-Stellen am 4. 11. 1891 blieb die staatliche preußische Denkmalpflege im wesentlichen ein Ein-Mann-Unternehmen.

Alle diese Administrationen ließen auf dem Territorium der Stadt bauen und kooperierten gegebenenfalls eng miteinander, aus historischer Sicht sind Kompetenzen und Verantwortungen oftmals verwischt. Die geringste Rolle in dieser fast unübersehbaren Vielfalt spielte bis in die 60er Jahre die eigentlich für das Bauen in der Stadt verantwortliche Behörde, die Bauverwaltung der Kommune Berlin. Sowohl die geringen Kompetenzen des Magistrats und die ihm fehlenden finanziellen Mittel[17] wie auch die übermächtige Rolle der zentralen staatlichen Bauverwaltungen waren dafür die Ursache. Die kommunale Baubehörde hatte jahrzehntelang keinen Spielraum zur dringend notwendigen Realisierung ihrer eigentlichen Aufgaben. Das Werkeverzeichnis des ersten, 1809–1849 amtierenden Stadtbaurates F. W. Langerhans[18] mit vorwiegend Kircheninstandsetzungen und Friedhofsbauten belegt dies deutlich.

Mitte der 60er Jahre unterstanden von den etwa 700 öffentlichen Gebäuden 372 der Staats- und Militärverwaltung, 107 waren Schul- und Lehrgebäude, 61 kirchliche Bauten und nur 87 gehörten der Ortspolizei- und Stadtverwaltung. Von den städtischen Bauten bis zur Erhebung Berlins zur Hauptstadt des Norddeutschen Bundes 1867 waren nur der Inselspeicher (1824/27), das Friedrich-Wilhelm-Hospital (1847/49), einige Kirchen und die städtischen Schulen (bis 1840 zwölf, 1840 bis 1850 drei, 1850/60 fünf) von Bedeutung. Für die Verwirklichung der Bebauungspläne des kgl. Polizeipräsidiums wurden 1851/60 ganze 318 225 M (31 822,50 M/Jahr) ausgegeben, 1861/76 dagegen 3 788 616 M (136 788,50 M/Jahr), 1877/81 waren es schon 6 183 316 M (1 236 663,20 M/Jahr)[19].

Im Jahr der Reichsgründung bestand Berlin aus 16 Stadtteilen: Alt-Berlin, Stralauer Vorstadt, Friedrich-Wilhelm-Stadt, Alt- und Neu-Moabit, Wedding, Alt- und Neukölln, Friedrichswerder, Luisen- (Köpenicker-) Vorstadt, äußere (Potsdamer Vorstadt) und innere Friedrichstadt, Tempelhofer und Schöneberger Revier. Die Einwohnerzahl war von 1865 bis 1871 um 25,6 % auf 826 271 gestiegen, 1877 hatte Berlin als 7. Stadt der Welt die Millionengrenze überschritten. Im Vergleich zu anderen Millionen- und Großstädten stieg in Berlin aber die Einwohnerdichte unverhältnismäßig an, Anfang der 70er Jahre waren es hier 53 Einwohner/Grundstück, in London acht.

In der Krise von 1873, gemeinhin Gründerkrach genannt, brach die Euphorie der Reparationsmilliarden zusammen. Bis 1880 schüttelten Krise und Stagnation den preußischen und andere deutsche Staaten, der beträchtlich staatlich geförderte Ausbau als Reichshauptstadt ging, wenn auch verlangsamt, trotzdem stetig weiter. So konnten in dieser Zeit solche wichtigen Vorhaben wie das Kanalisationssystem (ab 1873) von J. Hobrecht, die Stadt- u. Ringbahn (1867/83) von E. Dircksen und das erste städtische Krankenhaus (1868/74) von Gropius & Schmieden[20] realisiert werden. Der Prozeß der City-Bildung, d. h. die Konzentration der Verwaltungs-, Geschäfts-, Bank- und Versicherungsbauten, der Handels- und Warenhäuser im Zentrum und die Verdrängung der Massenwohnungsbebauung und der letzten Industriebetriebe in die Randbezirke der City bzw. der Stadt, setzte dagegen erst in den 80er Jahren voll ein.

Die Diskrepanz zwischen jahrzehntelanger Stagnation auf kommunalem Gebiet – das Schul- und das Gesundheitswesen waren zurückgeblieben, die städtische Ver- und Entsorgungswirtschaft hatte Kleinstadtniveau, die kommunalen Verwaltungen amtierten unter unzulänglichen Bedingungen – und den relativ plötzlichen Anforderungen an Berlin als kapitalistische Industrie- und Hauptstadt stellte die städtische Bauverwaltung vor große Aufgaben. Der Druck der organisierten Arbeiterbewegung tat ein übriges. Zwangsläufig mußte das kommunale Bauen eine neue, bis dahin unbekannte Dimension erreichen.

Das Amt des Stadtbaurates erfuhr eine unübersehbare Aufwertung, gleichzeitig aber wurden seine Aufgabengebiete streng begrenzt. Sie umfaßten die jahrzehntelang vernachlässigten rein kommunalen Einrichtungen, auf Standortplanungen, Entwurf und Ausführung staatlich-zentraler Vorhaben wie auf den privaten (Massen-)Wohnungsbau hatte er nach wie vor keinen Einfluß.

Leben und Werk Hermann Blankensteins

Jugend und erste Berufsjahre

Als zweites Kind des Wasserbauinspektors J. G. Blanckenstein wurde nach der Tochter Emma Wilhelmine Ernestine (2. 7. 1826 Neustadt (Dosse) bis 3. 4. 1831 Grafenbrück) am 10. 1. 1829 Hermann Wilhelm Albert geboren, getauft am 12. Februar.[22] Neben der Weltabgeschiedenheit war die Kindheit der fünf Geschwister von der Strenge des Vaters geprägt, er sei „recht hart gewesen, da er wohl eine schwere Jugend hatte" schrieb später Hermine B. in einem Brief.

Nach – orts- und zeitbedingter – anfänglich häuslicher Unterrichtung und nach Privatschulbesuch in Eberswalde (1839 bis 1842) kam Hermann B. nach Berlin auf das Kgl. Friedrich-Wilhelm-Gymnasium Kochstraße 13, wo er 1846 die Reifeprüfung ablegte.[23] Unter väterlichem Einfluß schlug er die Baulaufbahn ein und nahm am Abschnitt Driesen (Drezdenko)–Bromberg (Bydgoszcz) der Ostbahn die Feldmesserlehre auf, die Prüfung legte er im März 1848 vor der Regierungsprüfungskommission in Potsdam ab. Nach der Vereidigung am 10. Juni blieb Blankenstein an der Ostbahn tätig, dem kurzen Militärdienst ab 1. 5. 1849 folgte im Oktober das Studium an der Bauakademie. Gemäß dem üblichen Studiengang folgte dem Bauführerexamen (1851) ein mehrjähriges Praktikum. Blankenstein absolvierte dieses 1851/52 beim Landbauinspektor W. Salzenberg[24] in Hirschberg (Jelenia Góra) als Zeichner bei der Auswertung der Bauaufnahme der Hagia Sophia in Konstantinopel, danach 1852/53 bei der Wiederherstellung des Schlosses Freyburg a. d. Unstrut und von April 1853 bis Herbst 1854 bei der Rekonstruktion der katholischen Kirche in Calle bei Meschede in Westfalen. Als erster eigener entstand hier 1853/54 der Entwurf für die Kirche in Brilon unweit Meschedes.

In dieser Zeit lernte er seine spätere Frau Johanna Auguste Bruns (9. 4. 1837 Salzkotten bis 31. 1. 1922 Berlin) kennen, die er am 10. 10. 1857 in Meschede heiratete[25]. Johanna war die Tochter des Bauinspektors, gräfl.-westfäl. Generalmandators und Rentmeisters August Heinrich Bruns (26. 7. 1804 Bückeburg bis 18. 8. 1870 Meschede). Ihre Brüder, Louis Wilhelm August (um 1838 Salzkotten bis 4. 1. 1887 Liegnitz (Legnica)) und August Christian Otto (27. 11. 1835 verm. Aurich bis 3. 1. 1881 Erfurt), wurden ebenfalls Architekten[26]. Otto B. war nach 1880 auch Kurator der Provinzialkunst- und Bauhandwerksschule Erfurt[27].

Über Hermanns Schwiegermutter Berta[28] läßt sich ein Familienzweig bis in das 14. Jahrhundert zurückverfolgen. Der Ahnherr war – in der Forschung nicht unumstritten – der in den Kreuzzügen gefangengenommene türkische Offizier Sadoch Selim Soltan, 1305 als Johann Soldan christlich getauft und in Deutschland ansässig.[29] Gesichert ist die Heirat der Anna Soldan, Vorfahrin J. W. v. Goêthes in 10. Generation, um 1500 mit Heinrich Lukenhenn (später gen. Lauck). Bertas Vater Ch. Gottschalk unterbrach 1813 sein Theologiestudium und kämpfte als Kriegsfreiwilliger. Für Tapferkeit erhielt er nach der Schlacht an der Katzbach das Eiserne Kreuz II. Klasse[30].

Doch zurück zu H. Blankenstein; dem Bauführerpraktikum folgte 1854/56 das weiterführende Bauakademiestudium mit dem Abschluß als Landbaumeister. 1854 wurde er Mitglied des Architektenvereins. Diese Organisation war unter Führung E. Knoblauchs und A. Stülers als Fachbildungs-Verein am 5. 6. 1824 gegründet worden[31], zu Blankensteins Zeiten schon eine staatstreue Beamten-Standesorganisation und die Mitgliedschaft in ihr zumeist existenznotwendig (Auftragsvergabe, Wettbewerbsteilnahme u. a.). Blankenstein war in zahlreichen Fachausschüssen des Vereins sehr aktiv bis zum Ende seiner Laufbahn tätig. Ebenfalls im Jahr 1854 wurde er zum Seconde-Leutnant im 1. Aufgebot des 16. Landwehrregiments in Meschede ernannt, 1860 erfolgte im 2. Landwehrregiment Stettin die Versetzung in das 2. Aufgebot.[32]

Nach Studienabschluß arbeitete Blankenstein bei der Ministerial-Baukommission unter H. Waesemann. In dieser Zeit wurde als sein erster Berliner Bau die noch während des Studiums entworfene Annenkirche fertiggestellt. Am 1. 7. 1857 erfolgte auf persönlichen Wunsch seines zukünftigen Dienstvorgesetzten E. Prüfer[33] Blankensteins Versetzung nach Stettin (Szczecin) als Landbaumeister mit einem Jahresgehalt von 600 Talern zuzüglich 300 Taler Dienstentschädigung.[23] Während der Stettiner Zeit legte er 1862 die Regierungsbaumeisterprüfung im Wasser-, Wege- und Eisenbahnbau ab. Ein Jahr später wurde er als Bauinspektor nach Stargard/Po. (Stargard Szcz.) versetzt.

Den Blankensteins wurden in regelmäßiger Folge sechs Kinder geboren: Otto August Johannes (21. 8. 1858 Stettin bis 29. 9. 1929 Berlin), Berta (23. 9. 1859 Stettin bis 14. 12. 1940 Detmold), Hans (10. 12. 1860 Stettin bis nach 1934), Margarete (verm. 1863 Stargard), Paul Ludwig Hermann (25. 8. 1864 Stargard bis 6. 4. 1922 Berlin) und Johanna (30. 8. 1866 Berlin bis 26. 5. 1888 Berlin).[34]

Otto B. studierte nach dem Abitur am Friedrich-Wilhelm-Gymnasium 1880/83 an der Technischen Hochschule Hochbau, wechselte gegen den lang anhaltenden Widerstand des Vaters dann zur Kunstakademie, wo er 1884 das Zeichenlehrerexamen ablegte[23]. Nach neun Jahren Schuldienst eröffnete er eine „Mal- und Zeichenschule für Damen". Seine einzige Tochter Walburg Irmgard (geb. 1920 Berlin) rettete einige Dokumente aus dem Familienarchiv.

Nach dem Abitur am vom Vater gebauten Ascanischen Gymnasium studierte Paul B. Jura (1887 erste, 1892 zweite Staatsprüfung), war kurzzeitig am Amtsgericht Rixdorf tätig und wurde im Juli 1892 juristischer Hilfsarbeiter beim Magistrat und 1893 Magisterassessor. Mit der Erhebung von Schöneberg zur Stadt (1897) erhielt Paul B. ein Stellenangebot als Syndikus und Stadtrat der neuen Stadtverwaltung, am 9. 5. 1898 trat er diese Stelle an. Am 5. 2. 1906 folgte er für zwölf Jahre dem in eine andere Stadt versetzten 2. Bürgermeister im Amt. 1918/20 war er beim Statistischen Reichsamt angestellt, mit der Bildung von Groß-Berlin wurde er Mitglied des Bezirksausschusses Berlin[36]. Verheiratet war Paul B. seit 1892 mit Anita geb. Schmitz (11. 7. 1864 Saginaw/USA bis 30. 1. 1955 Berlin).[37] Der älteste Sohn Hermann B. d. J. (geb. 16. 10. 1893 Berlin) heiratete 1922 die jüngste Tochter des Stadtbauinspektors E. Streichert, Constanze (21. 7. 1900 Berlin bis 28. 6. 1985 Karl-Marx-Stadt).

Eine bestimmende Rolle in der Familie spielte Berta B., so genannt nach der früh verstorbenen Schwester ihres Vaters. Sie hatte ein sehr inniges Verhältnis zu ihrem Vater und konnte ihn als einzige in Familienangelegenheiten beeinflussen, ihre Resolutheit war sprichwörtlich. Da Berta erst mit 44 Jahren heiratete, blieb sie lange im elterlichen Haushalt, sie betreute auch den 1900 erblindeten E. Streichert und war die Patentante seiner Tochter Constanze wie auch ihres Neffen Hermann. Ihre späte Ehe blieb kinderlos.

Die Frau des Stadtbaurates, Johanna, überlebte ihren Mann um zwölf Jahre. Sie galt, wie ihr Mann und Tochter Berta, als streng, sogar für unnahbar. Engen Kontakt hatte sie vor allem zur Schwiegertochter Anita, mit der sie auch die Hausmusik pflegte.

Auf Empfehlung seines Studienfreundes F. Adler[38], seit 1863 Professor für mittelalterliche Baukunst an der Bauakademie, kam H. Blankenstein im September 1865 zur Ministerial-Baukommission zurück, zusätzlich erhielt er 1866 ein Lehramt bei Adler (Gotische Baukunst). Bei der Ministerial-Baukommission hatte er eine Reihe von in Berlin bekannter oder bekannt werdender Kollegen[39]. Gemeinsame Projekte mit diesen sind nicht bekannt, nur Emmerich vollendete die Zwölf-Apostel-Kirche nach Blankensteins Ausscheiden 1872. Als Dienstaufgaben entwarf Blankenstein das Charité-Barackenlazarett, den An- und Umbau des Abgeordnetenhauses, das Gebäude des Statistischen Büros und des Meteorologischen Instituts, das Hauptgebäude des Augustahospitals und die Zwölf-Apostel-Kirche, mit J. H. Strack den Umbau der Seitenhallen des Brandenburger Tores und den Nachbau der Berliner Gerichtslaube im Schloßpark Babelsberg. Aufgrund der Überschneidungen von Kompetenzen und Aufgabenbereichen verschiedener Bauverwaltungen kam es zeitweise zu einer engen Zusammenarbeit Blankensteins mit Strack, zu dieser Zeit Hofbaurat bei der von L. F. Hesse geleiteten Schloßbaukommission und Professor an der Bauakademie[40]. Auch außerdienstlich dürfte er Kontakte zu bekannten Fachkollegen gepflegt haben. Im nahen Umkreis seiner damaligen Wohnung Dessauer Str. 35 wohnten 1868 in Nr. 40 P. Spieker, in Nr. 22 F. Schwechten[41], in Nr. 4 H. Schmieden und in Nr. 20 sein Schwager L. Bruns.

War Blankenstein schon während seines Bauführerpraktikums bei Salzenberg und am Schloß Freyburg mit denkmalpflegerischen Problemen konfrontiert, so befaßte er sich ab 1865 im Auftrag von F. v. Quast[42], den er wahrscheinlich schon in Freyburg bei dessen Wiederherstellung der Kapelle der Neuenburg kennengelernt hatte, intensiv mit dieser Problematik in Vorbereitung der 2. Etappe der Wiederherstellung der mittelalterlichen Marienburg (Malbork). Blankenstein reiste auch zu Bauaufnahmen zur Marienburg. Am 9. 9. 1868 traf er dort mit Quast und fünf Bauakademiestudenten ein; über das Ergebnis hielt er am 31. 10. einen Vortrag im Architektenverein. Eine für Ende Juli 1869 angekündigte Reise mit A. Meydenbauer zu Meßbildaufnahmen fand jedoch nicht statt[43]. Auf der Basis der 1872 abgeschlossenen Vorarbeiten leitete Conrad Steinbrecht 1882 bis 1922 die weitere Rekonstruktion der Marienburg, für deren erste Phase ab 1817 K. F. Schinkel verantwortlich gewesen war.

Mit der Annexion Westpreußens durch Friedrich II. 1772 hatte der Verfall der bis auf das Ende des 13. Jahrhunderts zurückgehenden Anlage begonnen, die einst von großer Vorbildwirkung für die Backsteinarchitektur der umliegenden Ostseeländer und die Entwicklung des gotischen Gewölbes war. Die Burg wurde als Kaserne, Manufakturgebäude und Speicher genutzt. Erst die 1799 bis 1802 veröffentlichten Stiche der Marienburg von F. Gilly und F. Rabe sowie ein aufsehenerregender Artikel von M. v. Schenkendorf mobilisierten die Öffentlichkeit.[44] Erste Sicherungsmaßnahmen endeten durch die napoleonische Besetzung. Die Befassung mit der Marienburg hatte jedoch Anfang des 19. Jahrhunderts die Negierung der Backsteingotik gegenüber der Hausteingotik durch die Fachwelt aufgehoben.

Blankensteins Mitarbeit im Architektenverein[45], 1880/89 und 1891 als Vorstandsmitglied, war vielfältig in der Thematik der zu lösenden Probleme und immer auf praktische unbürokratische Lösungen gerichtet. In besonderem Maße engagierte er sich für die Festlegung eines einheitlichen deutschen Ziegelformates. Der zur Lösung dieses Problems am 13. 4. 1869 gegründeten Kommission gehörten auch C. Schwatlo, F. Hoffmann und später E. Römer, H. Lauenburg und F. Adler[46] an. Die Verwendung des von der Kommission am 13. 11. 1869 vorgeschlagenen Normalziegels mit den Abmessungen 25,0/12,0/6,5 cm wurde ab 1. 1. 1871 für Staatsbauten verbindlich, am 14. 1. 1871 durch Erklärung des Architektenvereins auch für die von seinen Mitgliedern zu errichtenden Privatbauten.

Maßgeblich war Blankenstein auch an der Gründung der Dachorganisation „Verband Deutscher Architekten- und Ingenieur-Vereine" (VAIV) im Jahre 1871 beteiligt. Er gehört neben Schwatlo, Römer, Adler und R. Lucae[47] der am 23. 10. 1869 gegründeten Kommission zur Prüfung der Notwendigkeit der Gründung eines „Allg. deutschen Techniker-Vereins" an, die dieses Vorhaben am 8. 1. 1870 mit der Begründung ablehnte, die vorhandenen Vereine könnten diese Aufgabe mit erfüllen. Auf Empfehlung der Kommission wurde aber die – z. T. veränderte – Konzeption von K. E. O. Fritsch für einen Dachverband angenommen. Am 7. 5. 1870 erstattete Blankenstein den Bericht der Kommission zur Ausarbeitung des Statuts, das wie der Verbandsname am 21. 5. 1870 vom Architektenverein angenommen und den einschlägigen deutschen Fachvereinen vorgeschlagen wurde. Blankenstein fungierte dann einige Jahre als Schriftführer des Verbandes.

Auch als Jury-Mitglied für den ab 1852 jährlich stattfindenden Schinkel-Wettbewerb, dessen preisgekrönte Entwürfe als Abschlußarbeit für das Regierungsbaumeister-Examen an der Bauakademie anerkannt wurden, fungierte Blankenstein häufig. Am 31. 8. 1877 wurde er in die „Kgl. technische Ober-Prüfungs-Kommission für Bau- und Maschinentechniker" berufen.[48]

Blankenstein befaßte sich im Architektenverein auch mit den Möglichkeiten des Schutzes des geistigen Eigentums im Kunstgewerbe (1871), mit der Einführung von zentralen Statistiken im Gewerbe- und Bauwesen (1871 bzw. 1899) und mit der Finanzierung der Wiederherstellung des Straßburger Münsters (1870) sowie der Problematik einer Zeitschrift zur Publizierung ausgeführter Entwürfe (1877). Neben der Mitarbeit bei der Einführung eines einheitlichen Ziegelformates ergriff Blankenstein auch Initiativen zur Standardisierung von Baumaterial-Kennziffern (1869) und von Maß-Abkürzungen (1877). Sein praktischer Sinn offenbarte sich u. a. in seinem engagierten Auftreten auf der 6. Abgeordnetenversammlung des VAIV (24./25. 8. 1877 in Coburg) gegen die „Vereinsberichterei". Die wachsende berufliche Belastung setzte später seinen Vereins-Aktivitäten zunehmend Grenzen. Nach 1868 hielt Blankenstein nochmals 1886 den Festvortrag auf dem seit 1846 jährlich veranstalteten Schinkelfest des Architektenvereins, das sich zu einer bedeutenden periodischen Fachtagung entwickelt hatte.

Im Architektenverein kam es auch zur Konfrontation mit J. Hobrecht, der sich mit dem vom kgl. Polizeipräsidium beauftragten Bebauungsplan von 1861 völlig zu Unrecht den Ruf des Erfinders der Mietskaserne erworben hatte. Breite Radialen und – nicht durchgängig – Ringstraßen schlossen mit ebenso geführten Hauptstraßen tiefe straßenlose Quartiere ein. Aufgrund der Eigentumsverhältnisse enthielt der Plan keine Parzellierung und keine Erschließungsstraßen.[49] Dies veranlaßte schon Hobrechts Mitarbeiter G. Assmann vorausschauend zu der Warnung, den Bau der Erschließungsstraßen nicht den Unternehmern zu überlassen, da „hierbei die Interessen der [Bau-]Gesellschaft leicht mit den öffentlichen Interessen kollidieren würden".[50] In Fortsetzung des äußeren müsse ein innerer Bebauungsplan erarbeitet werden. Das besorgten dann allerdings doch die Bauunternehmer mit der maximalen Baulandausnutzung auf der Grundlage der nur feuerpolizeilich orientierten, soziale und hygienische Belange weitgehend negierenden Bauordnung von 1853 und ihrer Ergänzungen.[51]

Die Vorgänge um diesen Plan illustrieren aber auch, wie wenig die Stadt mit der städtischen Bebauungsplanung und dem Wohnungsbau zu schaffen hatte. Ganz in diesem Sinne konnte der konservative Ministerial-Baukommissions-Beamte Blankenstein – wie auch später der Stadtbaurat – keine grundsätzliche Kritik am Bebauungsplan üben. Die o. g. Kontroverse im Februar 1871 im Architektenverein entzündete sich daher auch an architektonisch-ästhetischen Einwänden. Kritisiert wurde von Blankenstein der Schematismus des Planes und vor allem die unharmonische, zerrissene Platzgestaltung, hervorgerufen durch die Vielzahl der in den Plan vorgesehenen Plätze jeweils einmündenden Straßen und die Plätze zentral querenden Hauptstraßen. Der Bevorzugung des Fahrzeugverkehrs gegenüber den Fußgängern – eine fast aktuell anmutende Kritik – und dem durch Straßenschluchten fehlenden architektonischen Erlebniswert der Plätze stellte er die Gestaltung des Gendarmenmarktes und der zentralen Plätze Londons[52] mit tangential geführten Hauptstraßen gegenüber.

Von den Aufgaben Blankensteins aus dieser Zeit sind in kulturgeschichtlicher Hinsicht der Nachbau der Gerichtslaube in Babelsberg und der Umbau der Torgebäude des Brandenburger Tores[53] von Interesse. Mit der Verlegung der Steuerhäuser an die ab 1. 1. 1861 gültige Stadtgrenze verloren die Tore in der ab 1734 errichteten Akzisemauer ihre Funktion.[54] Den sofortigen Abriß verhinderte das preußische Kriegsministerium, das bei Unruhen diese Mauer zur Abriegelung der Innenstadt nutzen wollte. Mit der Verfügung des Handelsministers[55] vom 9. 11. 1865 wurde die Ministerial-Baukommission beauftragt, ein „... Projekt darüber aufzustellen, wie das Torgebäude des Brandenburger Tores nach dem Abbruch der Stadtmauer zum Abschluß zu bringen ist, damit es auch vom Tiergarten aus einen angemessenen und würdigen Anblick gewähre. Es ist dabei festzuhalten, daß die monumentalen Flügelgebäude, welche einen integrierenden Teil des Torgebäudes bilden, beizubehalten, dagegen die mittleren Anbauten, in welchen Ställe angebracht sind, vielleicht abzubrechen sind"[56]. Bereits am 26. Dezember bekam die Ministerial-Baukommission die gewünschten Entwürfe von der zuständigen Bauinspektion mit einem Begleitschreiben zugestellt: „... Ich erlaube mir hierzu zu bemerken, daß von den vier von mir bearbeiteten Entwürfen der ad I, welcher am weitesten geht, schon vor Eingang obiger Verfügung von mir in Angriff genommen war, weshalb auf Beibehaltung der größeren Flügelgebäude in demselben nicht berücksichtigt ist. Nach wiederholten Rücksprachen mit H. Regierungs- und Baurat Herrmann[57], sowie mit dem Herrn Handelsminister sind dann die drei anderen beschränkteren Entwürfe ... ausgearbeitet worden. Blankenstein." Die vom Handelsministerium nicht akzeptierten weitgehenden Eingriffe wurden in den bis zum bestätigten Entwurf vom 9. 4. 1866 folgenden Varianten, sämtlich revidiert von H. Herrmann, zurückgenommen. Die im rechten Winkel zum Tor stehenden Zoll- und Wachhäuser blieben erhalten, die seitlich des Tores dieses mit den Seitenhallen verbindenden Stallgebäude wurden durch offene Säulenhallen[58] ersetzt und die Fassade zum Tiergarten bzw. am ehem. Maueranschluß angepaßt gestaltet.

Am 2. 8. 1867 erging als kgl. Kabinettsorder die Anweisung zur Ausführung dieses Entwurfes, abschließend revidiert im Auftrag der Oberbaudeputation durch J. H. Strack und ergänzt von diesem durch eine aquarellierte Ansicht des Tores. Von Strack vorgenommene Änderungen in der Gestaltung des Umbaus (u. a. Kassettendecke in der Säulenhalle) waren geringfügig. Bei dem 1868 abgeschlossenen Umbau wurden auch die Statuen des Mars (J. G. Schadow) und der Minerva (J. D. Meltzer) von den Lindenfronten der Seitenhallen in die Säulenhallen versetzt. Die Grisaille-Deckenmalereien in den Durchfahrten von Ch. B. Rode[57] wurden beim Umbau beseitigt. Nach weitgehender Kriegszerstörung wurde das Tor bis 1958 in der Form von 1868 – mit abermals verändertem Siegeszeichen – wiederhergestellt.

Die Vorgänge um die Berliner Gerichtslaube – nur verständlich in ihrer Zeit – waren wiederum mit den Namen Strack und Blankenstein verbunden. Beim Abriß des letzten Anbaues des alten Rathauses, nordwestlich der neuen Baufluchten gelegen, fand sich hinter einer barock überarbeiteten Renaissance-Fassade ein gotischer Bau. Das zweigeschossige Gebäude mit den lichten Innenmaßen von 8,0 m × 8,5 m beherbergte im ehemals an drei Seiten offenen und Anfang des 16. Jahrhunderts zugemauerten Erdgeschoß den Schöffenstuhl, das öffentliche mittelalterliche Stadtgericht, und stammte aus der 2. Hälfte des 13. Jahrhunderts, so alt wie das zweite Berliner Rathaus.[60] Die vier Kreuzgewölbe stützten sich auf eine Mittelsäule mit einem friesgeschmückten Kapitell[61]. Das Obergeschoß, die Ratsstube, wurde 1555 mit einem Netzgewölbe erneuert und trug am Kapitell die Wappen von vier Ratsherrengeschlechtern. Am südwestlichen Strebepfeiler befand sich der Pranger, gekrönt von der Terrakotta-Spottfigur des Kaak. Da die Stadt weder einen neuen Standort noch Mittel für die Neuaufstellung hatte (?), wurde innerhalb von sechs Tagen 1871 der damals wahrscheinlich älteste Profanbau Berlins abgerissen.

Blankenstein berichtete über seine trotz der erzwungenen Oberflächlichkeit bei der bauarchäologischen Untersuchung gewonnenen Erkenntnisse am 8. April im Architektenverein. Letztendlich als Armutszeugnis für das bürgerliche Geschichtsbewußtsein ist der Nachbau des wichtigsten historischen Kommunalgebäudes 1871/72 auf kaiserliche Veranlassung im Babelsberger Schloßpark zu werten. Die Entwürfe fertigten Strack und Blankenstein, sie entsprachen einer Gotikvorstellung des 19. Jahrhunderts. Die ausgeführte Variante mit Verwendung von Originalbauteilen (Bauleitung R. Persius[62]) ist vermutlich vom Original weiter entfernt als andere Entwürfe Blankensteins. Der mißlungene Nachbau auf kaiserlichem Besitz war ein Problem der bürgerlichen Denkmalpflege und ist nicht mit heutiger Elle zu messen. Daß nun an einem dritten Standort – in der Berliner Poststraße – eine dritte Gerichtslaube als gastronomisch genutzte Kopie des Zustandes um 1870 entstand, ist dagegen ein Problem des Erbe- und Denkmalpflegeverständnisses unseres gegenwärtigen Städtebaues.

Die erste Etappe seiner Berufslaufbahn 1856 bis 1872 war für Blankenstein eine Übergangsperiode. Die Zeit der Ausbildung war geprägt von der letzten Phase der auch äußerlich sichtbaren Ablösung der feudalabsolutistischen Gesellschaft durch die kapitalistische, die Karriere des Stadtbaurates begann im Vorfeld der Herausbildung des Monopolkapitalismus. Neben gesellschaftspolitischen Konsequenzen hatte dies auch weitgehende Folgen in der Bauaufgabe, Architektur und Bautechnik.

Stadtbaurat der Reichshauptstadt (1872–1884)

Das städtische Bauwesen wurde vor Blankensteins Amtszeit durch zwei Stadtbauräte, je einen für Hoch- und für Tiefbau, geleitet. Der Stadtbaurat für Hochbau, A. Meyer, starb am 15. 7. 1870, im Herbst wurde routinemäßig dieses Amt öffentlich ausgeschrieben.[63] Als Gehalt waren 1600 Taler und eine periodische Steigerung angeboten, die Meldefrist lief am 1. 2. 1871 ab.

Am 9. 2. 1871 bildete die Stadtverordnetenversammlung eine Deputation zur Beratung der eingegangenen Meldungen. Sie machte jedoch keine personellen Vorschläge, sondern forderte den Magistrat auf, im Zusammenhang mit der Neubesetzung eine schon früher erörterte Reorganisation des städtischen Bauwesens durchzuführen. Erst im Herbst des Jahres 1871 kam wieder Bewegung in die lange ruhende Angelegenheit. Der Stadtbaurat für Tiefbau, A. Gerstenberg[64], bat vor Ablauf seiner bis 1873 dauernden Amtszeit um Suspendierung vom Dienst. Dieses Ersuchen wurde am 2. 11. 1871 angenommen, der Stadtbauinspektor Th. Rospatt übernahm kommissarisch den Posten. Gleichzeitig legte die Stadtverordnetenversammlung einen Entwurf für die Reorganisation vor: An der Spitze ein „Baudirektor", ihm nachgeordnet zunächst zwei Abteilungschefs, die „Oberstadtbauinspektoren" für Hochbau und Tiefbau. Zu ihnen sollten später die für Kanalisation, Baupolizei und andere Ressorts stoßen. Die Wahl des Baudirektors und der Abteilungsleiter war auf Lebenszeit vorgesehen. Auf der dritten Ebene sollten Stadtbauinspektoren amtieren.

Der Entwurf ging mit der Entscheidung, eine Wahl vorerst auszusetzen, an den Magistrat. Dieser schwieg sich jedoch aus und ließ dreimal die ihm gesetzte Frist verstreichen. Am 14.12.1871 beschloß die Stadtverordnetenversammlung nach dem Bericht der eingesetzten Deputation, auf deren Vorschlag zwei Stadtbauräte zu wählen. Am 21.12.1871 wurde die neue Ausschreibung veröffentlicht: „Die am hiesigen Orte vacanten Stellen der beiden Stadt-Bauräthe sollen neu besetzt werden. Wir fordern Bewerber, welche vollständige Qualifizierung im Wasser-, Wege- und Hochbau besitzen, hierdurch auf, ihre Meldung unter Beifügung der Zeugnisse spätestens bis zum 21. Febr. 1872 dem unterzeichneten Stadtverordneten-Vorsteher zugehen zu lassen und dabei anzugeben, in welchem Zweige sie bisher vorzugsweise tätig gewesen sind. Das Gehalt beträgt nach den Normativ-Bestimmungen 1600 Thlr. mit periodischen Steigerungen von drei zu drei Jahren, kann aber mit Rücksicht auf das bisherige Einkommen der Bewerber ansehnlich erhöht werden, ohne dafür schon jetzt eine bestimmte Grenze zu setzen. Die Wahl findet nach Vorschrift der Städte-Ordnung zunächst auf 12 Jahre statt".[65]

Es gingen Bewerbungen von 28 Architekten ein, nach weiterer Auswahl wurde im März 1872 die Wahl auf den 7.4.1872 festgesetzt. Damit verbunden wurde der Vorschlag an den Magistrat, eine Verständigung über die überfällige Reorganisation der Bauverwaltung zu erzielen und nur einen Stadtbaurat zu wählen; in der schon erwähnten Deputation hatten die Befürworter der „Ein-Mann-Führung" die Oberhand gewonnen. Zunächst jedoch erfolgte die Wahl eines Baurates am 7.4.1872 unter drei Bedingungen: Er hatte außer seinem Gehalt keinen Anspruch auf andere „Dienstnutzungen oder Gebühren", durfte keine Privatbauten ausführen, keine Nebenämter übernehmen und seinen Erben stand die früher übliche Gnadenjahresbesoldung nicht zu. Zur Wahl waren nur Blankenstein und der Stadtbauinspektor Rospatt zugelassen. Letzterer erhielt lediglich eine der 92 Stimmen, Blankenstein dagegen 85 (sechs ungültige). Im Anschluß wurde auch das vereinbarte Jahresgehalt bekanntgegeben; in langen Verhandlungen hatte Blankenstein seine Forderung von 4000 Talern durchgesetzt. Am 11.4.1872 nahm er formell die Wahl an.

Vom Magistrat erging schon eine Woche später das Ersuchen, nun auch den zweiten Stadtbaurat zu wählen, die Stadtverordnetenversammlung verwies wieder auf die geplante Reorganisation und setzte die Wahl aus. Nach einigem Hin und Her, wobei der Magistrat auf die sich ansammelnden Aufgaben der Bauverwaltung verwies, die Stadtverordnetenversammlung dagegen forderte, die einmalige Chance des fast gleichzeitigen Ausscheidens beider Stadtbauräte zu nutzen und nun endlich den als „vorzüglich geeignete Kraft" bezeichneten Blankenstein an die Spitze zu stellen, setzte sich der Magistrat durch. Schon bei der Gehaltsfestlegung für den Tiefbau-Stadtbaurat kam es zur erneuten Auseinandersetzung, da der Magistrat beide Stellen gleichhoch besolden wollte, die Stadtverordneten dagegen dem zweiten nur 2500 Taler zubilligten. Nach turbulenten Sitzungen – der Vorsteher hatte die Amtsverschwiegenheit proklamiert – einigte man sich auf 3000 Taler und den Wahltermin 1.5.1873. Gewählt wurde der schon kommissarisch eingesetzte Rospatt mit 66 gegen acht Stimmen, Vorgänger des am 1.5.1885 dieses Amt antretenden J. Hobrecht.

Durch dieses Interregnum hatte Blankenstein keinen leichten Beginn, es fehlte besonders an geeigneten Mitarbeitern. Im Dezember 1872 genehmigte die Stadtverordnetenversammlung Blankenstein einen Diätensatz für die Einstellung „irgendeiner Arbeitskraft zur vorläufigen Unterstützung" aus einem Spezialetat, im Juni 1873 durften weitere „Techniker für Hilfsleistungen" eingestellt werden. Im Oktober 1873 endlich war dann die Diskussion um die Bauverwaltung beendet: Am 2.10.1873 wurde die Stadt-Bau-Deputation und Straßen-Durchlegungs-Deputation durch die „magistratualische Bau-Deputation" ersetzt. Sie war in die Abteilungen I (Hochbau) und II (Tiefbau) gegliedert und wurde bei übergreifenden Problemen zu einem gemeinsamen Plenum vereinigt. Jeder Abteilung gehörten Magistratsmitglieder und Stadtverordnete an, wobei die Zahl der letzteren allmählich gesenkt wurde.

Neben dem organisatorisch-strukturellen Aufbau der städtischen Bauverwaltung entsprechend den Anforderungen aus dem Status einer Reichshauptstadt war Blankensteins Aufgabenfeld in der ersten Amtsperiode vor allem durch Schul- und einige Gesundheitsbauten geprägt.

Die Uneinheitlichkeit des Berliner Schulwesens im 19. Jahrhundert war nicht allein ein Resultat der sich besonders in der Bildungsvermittlung offenbarenden sozialen Widersprüche und Differenzierungen, sondern – wie schon bei den Bauverwaltungen ausgewiesen – auch der unmittelbaren Kompetenzausübung staatlicher Verwaltungen in städtischen Angelegenheiten bzw. der Überschneidung beider Bereiche. Ein bis in die 70er Jahre ungelöstes Problem waren aber auch der nicht voraussehbare Bevölkerungszuwachs und die steigenden Bildungsanforderungen im Gefolge der industriellen Revolution. Das ohnehin – vor allem im Volksschulbereich – rückständige Berliner Schulwesen offenbarte zur Zeit des Amtsantritts von H. Blankenstein einen immensen Nachholebedarf.

Etwa die Hälfte der schulpflichtigen Kinder besuchte noch bis nach 1850 die erst 1820 mit der Armenverwaltung dem Magistrat unterstellten Armenschulen, der andere Teil ging in die Parochial- und Privatschulen oder betrat sogar nie ein Schulhaus. Die notwendige Schulreform beschränkte sich auf die Einteilung des Stadtgebietes in 14 Armenschulbezirke (1826), erst 1857 wurde die 15. Armenschule gegründet[66]. Eine spürbare, wenn auch trotzdem ungenügende und wie im Gesundheitswesen nach zähem Ringen sozialdemokratischer und bürgerlich-liberaler Politiker durchgesetzte Verbesserung stellten erst die in der Verfassung von 1872 verankerten Bestimmungen dar. Noch 1869 konnte die Stadtverordnetenversammlung nach einer Debatte über das kommunale Haushaltsdefizit feststellen, daß dessen Ursachen weitgehend im Luxus (!) der Schulneubauten begründet läge und die Streichung der Aula und der Warmwasserheizung – statt dessen Rückkehr zur Ofenheizung – notwendig sei.[67] Der größere Anstieg der Gemeindeschülerzahl im Verhältnis zur Gesamtbevölkerung war aber nicht allein eine Folge der allmählichen Durchsetzung des Schulzwanges und des Wegfalls des Schulgeldes ab 1. 1. 1870, sondern auch der Vergrößerung des kinderreichen Proletarieranteils an der Stadtbevölkerung.[68] In vier Jahrzehnten stieg die Zahl der Gemeindeschulen auf 211 (1. 1. 1895).

Schulen gehören zu den schon zeitig typisierten Bauten. Die frühen Berliner Gemeindeschulen hatten in der Regel 10 bis 12 relativ niedrige Klassenzimmer, Aula und Turnhalle fehlten und Jungen- und Mädchenklassen waren – wenn auch mit getrennten Aufgängen – unter einem Dach untergebracht.[69] Nach 1863 wurde die Zahl der Klassen in den vorhandenen Schulen auf mindestens 14 erhöht. Neubauten wurden als getrennte Mädchen- oder Knabenschulen mit je 15 bis 17 Klassenräumen und – bei der häufigen Ausbildung als Doppelschule mit gemeinsamer – Aula sowie Turnhalle errichtet. 1872 wurden die Vorschriften erweitert: 17 bis 18 Klassenräume von je 54 m² Fläche (9 m × 6 m; 3 Fenster) mit 60 bis 70 Plätzen in den unteren und 50 in den oberen Klassen, lichte Raumhöhe 4 m, Aula (mind. 140 Pl.), Turnhalle (190 m², später bis 240 m²), Amts- und Konferenzzimmer sowie Garderoben. Neben dem eigentlichen Schulhaus auf dem hinteren Grundstücksteil gehörte straßenseitig zum Komplex ein Rektoren- und Lehrerwohnhaus mit Wohnungen auch für Schuldiener und Heizer; Turnhalle, Toiletten und Funktionsbauten standen seitlich des Schulhofes, dessen Größe 1,5 m² je Schüler betragen sollte.

Mit der Bauordnung vom 15. 1. 1887 wurden statt der bisher zwei nun 3 bis 4 Aufgänge gefordert, die Konferenzräume wurden vergrößert, getrennte Aufenthalts- und Sanitärräume für Lehrerinnen eingeführt und Physik- und Zeichenräume eingeordnet; in den Kellern wurden Brausebäder eingerichtet.

An höheren Lehranstalten (Gymnasien, Real- und Gewerbeschulen sowie Töchterschulen) bestanden bis 1848 in Berlin nur 12, wovon sieben städtisch und fünf staatlich verwaltet wurden. Bis 1876 kamen elf hinzu, 1894 waren es 46 (37 städtische und neun staatliche).[70] Neben dem umfangreichen Gemeindeschul-Bauprogramm erfolgte in Blankensteins Büro außer der Vorbereitung des Baues von Gymnasien und Realgymnasien auch der Entwurf der zwischen 1884 und 1895 gegründeten elf städtischen höheren Bürgerschulen (ab 1887 Realschulen).[71] Auch das höhere Schulwesen konnte im Landesmaßstab keinem Vergleich standhalten. So kam 1870 in Berlin eine höhere Knabenschule auf 42000 Einwohner, in Köln, Breslau und Königsberg aber auf 25000–30000; 19 höhere Knabenschulen standen ganze vier für Mädchen gegenüber, etwa 80 % der schulpflichtigen Mädchen (12000) besuchte Privatschulen.[72]

Die Gymnasien umfaßten drei Vorschul- und 18 Gymnasialklassen (je 56 m²) mit je nach Klassenstufe 40 bis 60 Plätzen, eine Aula (500 Pers.), Physikraum, Zeichen- sowie Musiksaal, Lehrer- und Schülerbibliothek, naturhistorisches Kabinett, Kartenzimmer sowie Amtsräume. Die Ober-Realschulen besaßen außerdem einen Chemieraum, die Realschulen unterschieden sich nur durch die geringere Kapazität (12 Klassen und zwei Reserveklassen, Aula für 300 Pers.) und das zusätzliche Observatorium von den Gymnasien. Alle hatten eine Turnhalle von etwa 250 m².

Die Blankensteinschen Schulbauten[73] ordneten sich nahtlos in die allgemeinen Gestaltungsgrundsätze des Stadtbaurates ein. Die Hauptgebäude waren von strenger Symmetrie und sparsam mit Terrakottaschmuck und Formziegeln gestaltet, Sandstein fand in einigen Fällen für Gesimse und Fenstereinfassungen Verwendung. Auf dem hohen Sockelgeschoß erhoben sich 3 bis 4 Stockwerke, die Flure waren gewölbt und hatten einen Massivfußboden. In der Anordnung der einzelnen Funktionsgebäude auf dem Grundstück gab es nur wenige Variationen. Blankensteins Nachfolger L. Hoffmann brach mit diesem Schematismus und ging sowohl im Grundriß wie in der Fassade von der vorhandenen konkreten Grundstücksgeometrie aus, ohne die verschiedenen Funktionsbereiche unbedingt in einzelnen Gebäuden unterzubringen; die Backsteinbauten wurden von Putzbauten abgelöst.

Mit der City-Bildung – zeitlich in den letzten Amtsjahren Blankensteins beginnend – wurden die innerstädtischen Schulen immer mehr entvölkert und die der Randbezirke überbelegt. Bereits 1889–1895 wurden in den Randgebieten 53 Schulen gebaut, unter Hoffmans Leitung entstanden fast ausschließlich Schulen außerhalb der eigentlichen Innenstadt. Da in dieser aber die im zweiten Weltkrieg meistzerstörten Gebiete lagen, blieben nur wenige Blankenstein-Schulen erhalten.

Zweite Amtsperiode (1884–1896)

Nach dem Hinweis auf den baldigen Ablauf der Amtszeit Blankensteins wurde wie üblich ein Ausschuß der Stadtverordnetenversammlung eingesetzt. Dieser berichtete am 22. 11. 1883 der Versammlung und empfahl, die Stelle des Stadtbaurates nicht auszuschreiben, was gleichbedeutend mit der alleinigen Kandidatur Blankensteins war. Die Wahl erfolgte schon während der Sitzung am 29. 11. 1883. Nachdem die üblichen Bedingungen für den zu Wählenden verlesen wurden (keine private Auftragsübernahme, kein Anspruch auf etwaige Gnadenjahresbesoldung der Erben usw.), wurden die Stimmzettel abgegeben. Acht waren unbeschrieben (ungültig), 85 Stimmen wurden für Blankenstein abgegeben, eine für den der Baudeputation angehörenden Stadtverordneten Fritze. Die Wahl wurde auch durch den Oberpräsidenten von Berlin bestätigt.[74]

Wenn auch nicht auf das Jahr genau, fällt doch Blankensteins zweite Amtsperiode in eine Zeit veränderter gesellschaftlicher Bedingungen. Nach Überwindung der seit 1873 andauernden Krise und Stagnation zwischen 1880 und 1890 setzte die Ablösung des Kapitalismus der freien Konkurrenz durch den Monopolkapitalismus ein. War schon vorher der Ausbau Berlins zur Reichshauptstadt staatlich gefördert worden, so verringerte nunmehr der sich verstärkt ausprägende Klassenkompromiß zwischen Bourgeoisie und Adel auch den Gegensatz zwischen Stadt und Staat, die herrschenden gesellschaftlichen Kräfte hatten ein gleiches Interesse am Ausbau der Reichshauptstadt, allerdings auch gezwungen durch das Erstarken der in der Sozialdemokratie organisierten Arbeiterbewegung.

Deshalb bestimmen die dritte Schaffensperiode Blankensteins – die zweite als Stadtbaurat – nunmehr neben Schulbauten vor allem städtische Verwaltungsbauten, Gesundheitseinrichtungen und Bauten der Versorgungswirtschaft. Stellvertretend für viele Bauvorhaben dieser Zeit seien die Markthallen, der Viehhof, die Krankenhäuser und das Polizeipräsidium genannt. Auf die vom Kapital diktierten Flächenabrisse im historischen Stadtkern und den Prozeß der City-Bildung hatte der Stadtbaurat keinerlei Einfluß. Sein Aufgabengebiet war zwar wesentlich erweitert, sein Einfluß aber nach wie vor deutlich begrenzt – siehe Beispiel Reichstagsbau.

Zur Verdeutlichung der Situation einige Anmerkungen zu diesem Vorhaben von nationaler Bedeutung. Wie auch bei anderen für sie wichtigen staatlichen Bauten hatte die Stadt beim Reichstagsbau kein Mitspracherecht. Entsprechend sparsam sind auch Blankensteins Äußerungen zu diesem Thema. Die Ausschreibung des Wettbewerbs war Reichsangelegenheit, die Bauplatzfindung und die Bauausführung oblag der Reichstagsbaukommission.

Gegen den architektonischen Entwurf von L. Bohnstedt[75], überlegener Sieger des ersten Wettbewerbs von 1872, hatte Blankenstein offenbar nichts einzuwenden, massive Bedenken meldete er aber mehrfach gegen die städtebauliche Einordnung an. In einem Brief[76] vom 3. 5. 1879 – in der Phase der endgültigen Standortklärung – an das „Wochenblatt für Architekten und Ingenieure" schrieb er, das Palais Raczynski[77] „nimmt ... einen hervorragenden Rang in der Architektur Berlins ein und gereicht seinem Platz zur hohen Zierde. Eine solche Gruppe sollte man ohne die zwingendsten Gründe nicht zerstören und solche liegen umso weniger vor, als der dadurch zu gewinnende Platz für den beabsichtigten Zweck sehr schlecht gelegen ist. Man würde nämlich nicht umhin können, die Hauptfront des Gebäudes am Königsplatz zu errichten, während Berlin und die Wohnungen der Reichstagsmitglieder auf der entgegengesetzten Seite liegen. Da man aber Niemandem zumuthen kann, der blossen Monumentalität wegen um das Gebäude herumzugehen, so wird ein untergeordneter Eingang der wirklich benutzte werden und Berlin wird wieder um ein Gebäude bereichert mit einem grossartig angelegten Treppen- und Portalbau, welchen Niemand betritt." Der von ihm vorgeschlagene Standort nördlich des Königsplatzes im rechten Winkel zum vorgesehenen – und dann auch realisierten – Standort stieß aber auf den Widerspruch von Bohnstedt und einer um A. Orth[78] gescharten Gruppe prominenter Berliner Architekten.

Für den zweiten Wettbewerb 1882 war Blankenstein als – nicht eingesetztes – Reservemitglied der Jury nominiert, in der aus Berlin F. Adler und R. Persius mitwirkten. Anders als über den Bohnstedt-Entwurf, wo ihm nur der Standort kritikwürdig war, urteilte Blankenstein über den Entwurf des Wettbewerbssiegers P. Wallot[79]. Als Mitglied der Gutachterkommission der Akademie des Bauwesens befürwortete er wie die anderen Gutachter zwar das Projekt in seiner Gesamtheit, gab aber zum Pkt. 9 (Architekton. Gestaltung) des Gutachtens vom Januar 1883 mit anderen Gutachtern[80] ein abweichendes „Separatvotum" ab, in dem es heißt: „In Betreff der architektonischen und dekorativen Ausgestaltung des Gebäudes im Aeußeren und Inneren wurde von verschiedenen Seiten betont, daß es dringend gebothen erscheine, dem Künstler für die spezielle Bearbeitung des Entwurfes ein größeres Maßhalten und Vermeiden aller willkürlichen und übertriebenen Anordnungen zu empfehlen, da es sich ja nicht um die Errichtung eines Prunkpalastes, sondern eines Monumentalbaues für die ernstesten und wichtigsten Staatsgeschäfte des deutschen Volkes handle. Denn nicht in der unangemessenen Häufung architektonischen plastischen Schmuckes, sondern in sparsamer und dadurch um so wirkungsvollerer Anwendung sinnvoller Kunstgestaltungen bestehe das Wesen wahrer Monumentalität ...". Wie in der oben zitierten Kritik von 1879 an der rein repräsentativen funktionslosen Treppenanlage wird hier Blankensteins prinzipielle Ablehnung repräsentativ bestimmter Schein-Monumentalität deutlich; ein Moment, das nicht unwesentlich zur schnellen Vergessenheit seiner funktionsbestimmten nüchternen Zweckbauten im wilhelminischen Berlin beitrug.

Bis heute sichtbar geprägt haben Blankensteins Bauten die städtische Versorgungswirtschaft und das Gesundheitswesen. Schon vorher in der Diskussion gab es seit 1848 offizielle Anträge zur Ablösung der unhygienischen und den wachsenden Straßenverkehr behindernden – deshalb vom Polizeipräsidium unterstützt – öffentlichen Märkte durch Markthallen. Außer Studienberichten von Magistratskommissionen geschah nichts, der Versuch der Berliner Immobilien-Gesellschaft am Schiffbauerdamm in den 60er Jahren scheiterte – nicht zuletzt wegen der Stadtrand- und Verkehrslage – an fehlender Rentabilität.[81] Als 1872 die Deutsche Baugesellschaft eine Konzession zum Bau von 13 Markthallen beantragte, erhielt sie diese vom Polizeipräsidium nur mit der Auflage städtischer Beteiligung zur Verhinderung eines privaten Monopols in der Lebensmittelversorgung. Schlachthofbau, Gründerkrach und kommunalpolitische Kurzsichtigkeit ließen die Stadt von diesem Projekt Abstand nehmen. Bei der gewachsenen Einwohnerzahl und Stadtgröße wurde auch die direkte Verbindung zwischen Produzent und Verbraucher zu einem immer größerem Problem. Am 14.2.1881 setzten Magistrat und Stadtverordnetenversammlung erneut eine Kommission zur Prüfung des Markthallenbaues ein, die zum Schluß kam, alle Wochenmärkte durch Markthallen zu ersetzen und mit Bahnanschluß an der Stadtbahntrasse für den Groß- und Einzelhandel eine Zentral- (Groß-) Markthalle zu bauen.

Der Bau der Großmarkthalle (I) begann im Juli 1883 westlich der Stadtbahn zwischen Panorama- und Kaiser-Wilhelm-Straße. Von ihrer Fläche von 11600 m^2 lagen 9493 m^2 auf städtischem und 2107 m^2 auf Stadtbahngebiet, davon 1725 m^2 in sieben Stadtbahnbögen. Neben den drei Kundeneingängen besaß die Halle von der Kaiser-Wilhelm-Straße aus eine 8m breite Versorgungsdurchfahrt. Wie alle Blankenstein-Bauten war die Großmarkthalle – und die Einzelhandelmarkthallen – ein terrakottageschmückter Backsteinbau, im Inneren durch gußeiserne säulengestützte Galerien in drei Schiffe gegliedert. Die tagsüber an den Stadtbahnendpunkten Rummelsburg und Charlottenburg gesammelten Waren gelangten nachts zur Markthalle, die in Richtung Bhf. Börse über ein 380 m langes Verschiebe- und Ausziehgleis sowie über sechs hydraulisch betriebene Lastenaufzüge verfügte; die maximale Entladeleistung betrug 30 t/Tag.

Gleichzeitig mit der Großmarkthalle wurden am 3.5.1886 die ersten drei Einzelhandelsmarkthallen eröffnet. Sowohl in Konstruktion wie Gestaltung glichen sie ihrem zentralen Pendant. Sie waren aber – außer später der frei stehenden Halle X – im Hintergelände von Miets- oder Geschäftshäusern eingebaut und hatten höchstens eine Längs- und/oder Giebelfront straßenseitig gestaltet. Beliefert wurden sie über eine auch als Kundeneingang dienende 9 m breite Durchfahrt, außer der kleineren Halle X besaßen sie etwa 350 Verkaufsstände. Die straßenseitigen Bauten beherbergten z.T. Funktions- und Verwaltungsräume der Markthalle sowie Angestelltenwohnungen.

Im Herbst 1891 begann zwischen Kaiser-Wilhelm- und Rochstraße der Bau der Großmarkthalle II, bei einer Fläche von 9200 m^2 wie die 1. Halle ausgestattet und mit dieser durch einen Tunnel unter der sowie eine Brücke über die Kaiser-Wilhelm-Straße verbunden. Am 1.7.1893 wurde diese Halle in Betrieb genommen. Betrug 1887/88 der Warenumschlag in Halle I 6880 t, so wurden 1893/94 in beiden Hallen 53700 t umgeschlagen. Bis 1893 waren 13 Einzelhandelsmarkthallen gebaut, davon aber schon vier wegen mangelnder Rentabilität geschlossen.[82] Das Markthallenbauprogramm wurde direkt von H. Blankenstein abgearbeitet, als Bauleiter fungierte vorwiegend A. Lindemann.[83] Erhalten sind nur die Ackerhalle (MH VI) sowie in Berlin(West) die Hallen IX und X, Fragmente blieben von den Hallen VII und XI.

Eine gleiche Bedeutung wie der Markthallenbau hatte für die städtische Versorgungswirtschaft, noch 1877 bei Überschreitung der Einwohner-Millionengrenze nur als kleinstädtisch zu bezeichnen, der Bau eines Vieh- und Schlachthofes. Der seit 1787 bestehende gesetzliche Schlachtzwang[84], d.h. Schlachtung von Großvieh nur in städtischen Schlachthäuser, wurde nie durchgesetzt. Die Privatisierung des Schlachtbetriebes führte zu unglaublichen hygienischen Zuständen in den bis 1881 etwa 250 privaten Schlachthäusern. Mit dem Viehhandel sah es ähnlich aus, es gab zwar bevorzugte, aber keine zwingend vorgeschriebenen Plätze.

Die Vorgeschichte des Vieh- und Schlachthofes hat eine verblüffende Ähnlichkeit mit der der Markthallen: Weigerung der Stadtverwaltung zur Finanzierung, Gerangel zwischen Magistrat und Stadtverordneten und schließlich privatkapitalistische Initiative. Diese ergriff wiederum B.H. Strousberg. 1868 begann nach Entwurf von A. Orth der Bau des Viehmarktes an der Brunnenstraße, 1870 wurde der Teilbetrieb aufgenommen und 1876 – inzwischen aufgrund eigener Schwierigkeiten von Strousberg an eine von ihm gegründete Aktiengesellschaft verkauft – war er nebst Schlachthof vollendet. Der Versuch des nun aufgeschreckten Magistrats, wenigstens den Schlachthof aufzukaufen, scheiterte am geforderten Preis. Um das am 18. 3. 1868 neu erlassene Gesetz über den Schlachtzwang durchsetzen zu können, sah sich die Stadtverwaltung nun endlich zu Taten gezwungen.

Im Frühjahr 1876 kaufte die Stadt von der Gesellschaft „Berliner Neustadt" 38,62 ha der Lichtenberger Feldmark an der Ringbahn für 627210 Mark.[85] Am 26. 11. 1877 begannen die Ausschachtungsarbeiten, im Sommer 1879 die Arbeiten am Ringbahnanschlußgleis. Der erste Viehmarkt wurde am 4. 3. 1881 abgehalten, die Abnahme der gesamten Anlage erfolgte am 31. 5. 1881. Die Gesamtkosten beliefen sich auf 11 723 Mio Mark und blieben damit unter dem Kostenvoranschlag.

Der Komplex war für seine Zeit auf das modernste ausgestattet und genügte für lange Zeit allen hygienischen Anforderungen. Von besonderem Vorteil war der Bahnanschluß (Viehbahnhof 8,5 ha mit 15 km Gleis), um den Blankenstein – sonst sparsam bis zum Geiz – gegen falsche Sparsamkeit lange und zäh in allen zuständigen Gremien gekämpft hatte. Zum Viehhof gehörte neben den Verwaltungsgebäuden und den Rinder- (5000 Tiere), Kälber- (3500), Schweine- (13000) und Hammelverkaufshallen (12000) mit den zugehörigen Ställen auch ein Börsengebäude, in dem sowohl Inlands- wie Auslandsgeschäfte abgewickelt wurden. Der durch einen Zaun abgetrennte Schlachthof an der Thearstraße – westlich des Viehhofes – besaß Einrichtungen zur sofortigen Weiterverarbeitung von Abfällen, Häuten, Därmen usw. und von verseuchtem Fleisch, ebenso einen Seuchenhof und veterinärpolizeiliche Einrichtungen. Zwischen Thaer- und Landsberger Straße entstand in den 90er Jahren – ohne Mitwirkung Blankensteins – eine mit dem Hauptkomplex durch Tunnel verbundene Erweiterung unter Leitung A. Lindemanns.

Der Viehhof erfüllte bis in unsere Tage – mehrfach erweitert durch Ausnutzung der Reserveflächen und durch Kühlhäuser jenseits der Landsberger Straße – seine Funktion. Von der städtischen Bebauung eingeholt und technisch von der Zeit überholt, wurde er seit den 60er Jahren unseres Jahrhunderts schrittweise stillgelegt und neuen Nutzungen zugeführt, die städtische Versorgung haben moderne Fleischkombinate außerhalb der Stadt übernommen.

Am besten und in größerer Zahl erhalten sind Blankensteins Krankenhausbauten[86]. Eine ähnliche Situation wie in der Volksbildung und der Versorgungswirtschaft fand Blankenstein im städtischen Gesundheitswesen vor. Diese charakterisiert am besten die Tatsache, daß das erste städtische Krankenhaus[87] im Oktober 1874 (!) eröffnet wurde – Berlin hatte bereits fast eine Million Einwohner – das zweite 1890 ... Bis zu dieser Zeit lag die Krankenfürsorge der Reichshauptstadt ausschließlich bei konfessionellen oder privaten Einrichtungen bzw. wurden staatliche Anstalten genutzt[88]. Die städtisch besoldeten zwei Wundärzte und 45 Armenärzte fielen in der Praxis kaum ins Gewicht. Ausgebaut und funktionsfähig waren allein das militärische Lazarett-Wesen und die Militärärzte-Ausbildung. Dieser Zustand führte in Seuchenzeiten sofort zu kritischen Situationen, die die Einrichtung von behelfsmäßigen Seuchenstationen erforderten, so 1866 (Cholera) und 1871 (Pocken). Im Jahre 1874 lag die Sterblichkeitsziffer in Preußens Städten um 7,6 % höher als auf dem Lande, in den Proletarierviertln Berlins war sie 1869 zweieinhalbmal so hoch wie in den bürgerlichen Wohngegenden.

Bei der Ministerial-Baukommission hatte Blankenstein bereits 1866/67 das Barackenlazarett der Charité errichtet sowie 1869 das Augusta-Hospital Scharnhorststraße für den am 16. 6. 1866 gegründeten Berliner Frauen-Lazarett-Verein begonnen. Die besonders üble Situation der Geisteskranken begann sich erst mit dem Bau der Irrenanstalt Dalldorf (ab 1905 Wittenau) durch Blankenstein 1877/79 zu verbessern.[89] Trendrechnungen im Jahr 1883 ergaben, daß gleichzeitig zwei weitere Anstalten notwendig waren, die Finanzierung wurde am 5. 11. 1889 vom Magistrat bestätigt. Zuerst wurde die Städt. Irrenanstalt Herzberge (Lichtenberg)[90] in den Jahren 1889 bis 1893 auf einem 96 ha großen Gelände errichtet. Wie in Dalldorf sind um eine durch das Hauptgebäude gehende Symmetrieachse Pavillons und Landhäuser angeordnet. Nach der Aufnahmeprozedur und Diagnose in den Aufnahme- u. Beobachtungshäusern wurden die Patienten je nach Zustand in die Siechen-, Detentions- (Unruhige bzw. Vorbestrafte), gewöhnliche Häuser oder Landhäuser eingewiesen, die insgesamt eine Kapazität von 470 weiblichen und 580 männlichen Patienten hatten.

Die Städt. Heil- u. Pflegeanstalt für Epileptische Wuhlgarten (Biesdorf)[91], erbaut 1890/93, folgte im wesentlichen den gleichen Gestaltungsprinzipien, wenn auch ohne die strenge Symmetrie im Grundriß der Anlage. Auf 90 ha waren 1000 Erwachsene und 100 Kinder untergebracht, 60 Männer und 40 Frauen waren auf dem Rittergut Lichtenberg[92] stationiert.

Eine Ausnahme unter den Blankensteinschen Bauten ist sowohl in den Dimensionen als auch in der Funktion das Polizeipräsidium Alexanderstraße. Es ist sein einziger Bau dieser Größe und sein einziges Verwaltungs- u. Gefängnisgebäude. Bereits schwer beschädigt, wurde der Bau in den letzten Apriltagen 1945 – von Wehrmachts- und SS-Einheiten zur Festung gemacht – fast völlig zerstört; 1955 wurde die Ruine beseitigt.

Zwangsläufig verschärften sich in den Zeiten verstärkter sozialer Spannungen und politischer Klassenkämpfe die staatlichen Restriktionen. So können im 19. Jahrhundert in Berlin – und nicht nur da – mehrere Gefängnis- und Justiz- Bau-„Generationen" festgestellt werden. Sie sind mit wenigen Namen ausgesprochener Spezialisten verbunden, die in der Regel zu dieser Problematik auch Studienreisen durch Europa unternahmen.[93] Obwohl das Kgl. Polizeipräsidium als Staatsbehörde dem Innenministerium unterstand, erfolgte der Entwurf für den neuen Bau eigenartigerweise ohne Mitwirkung der eigentlich dafür zuständigen Ministerial-Baukommission allein im Büro Blankenstein (s. a. Anm.[15]).

Das Grundstück in der Alexanderstraße – von der Lage fast spiegelbildlich zum späteren Amtsgericht in der heutigen Littenstraße nördlich der S-Bahn gelegen – hatte schon eine anrüchige Tradition.[94] Als das hier angesiedelte Arbeitshaus zu klein wurde, baute H. Blankenstein in Rummelsburg einen neuen Arbeitshaus-Komplex (1877/79) neben dem Friedrich-Waisenhaus.[95] Damit wurde das Terrain frei für den Neubau.

Das bis dahin am Molkenmarkt gelegene Polizeipräsidium hatte unter den Werktätigen der preußischen Hauptstadt einen üblen Ruf. Von den Opfern der Demagogenverfolgungen über die der vorrevolutionären Ereignisse der 40er Jahre – 1847 fand hier der erste Kommunistenprozeß Berlins statt – bis zu Streikenden der 70er Jahre und den Verfolgten des Sozialistengesetzes – der „Molkenmarkt" war Synonym für Unterdrückung und Polizeiwillkür. Mit dem Anstieg der Bevölkerungszahl, der Vergrößerung des Stadtterritoriums und der wachsenden Stärke der Arbeiterklasse genügte der Komplex am Molkenmarkt nicht mehr den Anforderungen. Ein Teil war noch Bestand des ehemaligen kurfürstlichen Mühlenhofes aus dem 15./16. Jahrhundert, Hauptgebäude war das Palais Schwerin, mitgenutzt wurde auch ein Teil des gegenüberliegenden Ephraimpalais[96].

Begonnen wurde das Polizeipräsidium im Frühjahr 1880, bezogen wurde es zum größten Teil am 1. 10. 1889, fertiggestellt war es im Frühjahr 1890. Von dem 15777 m² großen Grundstück waren 10610 m² bebaut, das leicht geschwungene Gebäude hatte an der Alexanderstraße eine Front von 196 m, zum Alexanderplatz von 92 m und gruppierte sich um einen glasgedeckten Mittelhof und acht Nebenhöfe; es war nach Schloß und Reichstag das drittgrößte Gebäude Berlins. Die Nutzfläche des viergeschossigen Gebäudes betrug 24365 m², wovon auf Büro- und Aufenthaltsräume 16848 m², auf Dienstwohnungen 2457 m² sowie auf Stallungen und Remisen 2570 m² entfielen.

Außerdem waren in dem Bau eine Reitbahn und ein Polizeigefängnis für 328 männliche und 94 weibliche Insassen untergebracht. Wie alle Blankenstein-Bauten war das Polizeipräsidium ein Klinker-Verblendbau, die Eck-Kuppeln an der Alexanderstraße waren mit Kupfer gedeckt. Die Nischen des Alexanderplatz-Eckturmes schmückten Standbilder des Kurfürsten Friedrich Wilhelm, König Friedrichs I., Kaiser Wilhelms I. und Kaiser Friedrichs III.[97]

Ende einer Ära

Mit Ablauf seiner 24jährigen Amtszeit stand Blankenstein im 68. Lebensjahr. Aus welchen Motiven auch immer, stellte er sich der Wahl zu einer dritten Amtsperiode, die er mit 80 Jahren beendet hätte. Das war für jene Zeit nichts Ungewöhnliches, es gab genügend leitende Baubeamte dieser Altersgruppe im Staatsdienst[98]. Vermutlich hinderte ihn eine konservative Grundhaltung und sein charaktertypischer Starrsinn an der Erkenntnis, daß die architektonische Entwicklung sowohl in der Materialwahl wie auch in der Gestaltung seine Auffassungen überholt hatte. A. Messel drückte die Situation in dem Glückwunschbrief an seinen Jugendfreund, Blankensteins Amtsnachfolger L. Hoffmann, nach dessen Wahl drastisch aus: „... Ich freue mich darüber, daß der verfluchten Kunstpfuscherei von Amtswegen an dieser Stelle ein mächtiger Riegel vorgeschoben wird.[99]"

Bei dem am 19. 9. 1895 eingesetzten Ausschuß für die Neuwahl eines Stadtbaurates bewarben sich nach zweimaliger Ausschreibung 20 Architekten, L. Hoffmann ließ sein Interesse nur inoffiziell und vertraulich mitteilen. Am Tage seiner alleinigen Kandidatennominierung durch den Ausschuß lehnte Hoffmann die ihm auch angebotene Stellung als Leiter der Bauabteilung des Innenministeriums im Range eines Oberregierungsrates ab. In der am 6. 2. 1896 erfolgten Wahl Hoffmanns erhielt dieser 104 von 108 Stimmen, vier weitere entgegen der Ausschußempfehlung auch zugelassene Bewerber erhielten je eine Stimme – darunter auch der anwesende Blankenstein ...

Am 4. Juni nahm Blankenstein letztmalig in seiner Funktion an einer Versammlung der Stadtverordneten teil, ab 6. 6. 1896 führte A. Lindemann bis zu Hoffmanns Amtsantritt im Herbst die Geschäfte.[100] Die umgehende – fast routinemäßige – Ernennung des Stadtbaurates a. D. zum Stadtältesten war für Blankenstein weniger als ein Trostpflaster. Er zog sich völlig aus dem öffentlichen Leben zurück und widmete sich nur noch der Familie. Mit dem Amtswechsel wurden auch die engsten Mitarbeiter Blankensteins in andere Funktionen umgesetzt, um dem persönlichen Stab Hoffmanns Platz zu machen.[101]

Hermann Blankenstein starb in den ersten Stunden des 6.3.1910 nach längerer Krankheit und wurde am 9. März um 14.30 Uhr auf dem Jerusalemer Friedhof Baruther Straße beigesetzt.

Bau- und Gestaltungsprinzipien

Sowenig sich die biographische Forschung bisher mit H. Blankenstein befaßte, so spärlich sind auch die Versuche einer architekturhistorischen und stilkritischen Wertung seines Werkes[102]. Überstiegen die Ehrungen Blankensteins in seiner Amtszeit schon nicht das seiner Stellung angemessene Maß[103], so geriet er nach 1896 gänzlich in Vergessenheit[104]. Neben der – damals so gesehen – stilistischen Überlebtheit seiner Bauten trug dazu sicher auch wesentlich die Persönlichkeit und Produktivität seines 28 Jahre amtierenden Nachfolgers bei.

An dieser Stelle soll und kann keine Stilanalyse der Blankensteinbauten vorgenommen werden, es soll jedoch auf einige grundsätzliche Prinzipien der Baugestaltung hingewiesen werden, die sich in seinem gesamten Werk finden. Ein Prinzip war die ausschließliche Verwendung von Backstein und Terrakottaschmuck. Ausgangspunkt war Blankensteins frühzeitige Befassung mit der Backsteingotik (Marienburg) und sein Selbstverständnis als Vertreter der spätklassizistischen Schinkelnachfolge. Das Baumaterial kam auch der sprichwörtlichen Sparsamkeit des Stadtbaurates entgegen. Es war für ihn landschaftstypisch und weniger als andere Materialien verwitterungs- und verschmutzungsanfällig. Der Backstein bot auch die seinen Intentionen entsprechenden gestalterischen Möglichkeiten.

Oberstes Prinzip der Fassadengestaltung und Grundrißanordnungen sowohl des Gebäudes wie größerer baulicher Anlagen war die aus seiner Antikenverehrung resultierende strenge Symmetrie und Axialität. In Verbindung mit der übersichtlichen Baukörpergestaltung, ruhigen Flächen und sparsamer Ornamentik zeugen seine Bauten bei aller praktischen Nüchternheit auch von einer unpathetischen Zurückhaltung im Stadtbild.

Neben der sparsamen plastischen Gliederung der Fassaden durch flache Risalite und Gesimse war die Polychromie des Backsteins ein weiteres Gestaltungsmittel, wie die anderen sparsam angewandt und heute zumeist unter der Großstadt-Schmutzkruste verborgen. Die Verwendung dunkler, meist roter Ziegel in der Sockelzone ruft den Eindruck der Standfestigkeit hervor. Die horizontale Ziegellagerung wird durch geschoßteilende Schmuckbänder farbig oder plastisch betont. Die Wandflächen bestehen in der Regel aus gelben Klinkern, teilweise durch farbige Ziegelornamentik aufgelockert. Die Fugen aller Bauteile wurden farblich dem umgebenden Material angeglichen, um eine Flächenwirkung zu erzielen. Die Gestaltung großer Fassadenflächen ließ Blankenstein an gestalterische Grenzen stoßen; sowohl das Polizeipräsidium wie auch der Hauptbau des Obdachs Fröbelstraße zeugen davon. Monumentalität war ihm wie Pathos fremd.

Bestimmte Zonen der Fassade, wie Hauptportal, Fenstergewände, Sockel-, Gurt- und Kranzgesimse, wurden durch teils farbige Terrakotten betont[105]. Zwar kehrten die Motive der Ornamente ständig wieder, sie sind aber für jeden Bau als Serie individuell gestaltet.

Der Vorwurf, daß Blankenstein mit seinem nüchternen, phantasielosen „Kasernenstil" den Niedergang der Berliner Bauschule beschleunigt hätte, ist nur aus seiner Zeit zu verstehen. Die bis auf Schinkel[106] zurückgehende Traditionslinie des nachklassizistischen Ziegelbaues, gepflegt schon von F. A. Stüler, E. Knoblauch und M. Gropius, war auch ohne Blankenstein bereits ab etwa 1870 im Niedergang begriffen. Die Identifikation der Bourgeoisie mit der Neorenaissance als dem eigentlich bürgerlichen Baustil[107], die Forderung nach Monumentalität und Prunk beim Ausbau Berlins zur Reichshauptstadt mit vielerlei Formen der Effekthascherei ließen Blankensteins Bauten schon in den 80er Jahren des 19. Jahrhunderts als überholt erscheinen. Blankensteins Weg in das architektonische Abseits der 90er Jahre war unumgänglich, da er zwar versuchte, die spätklassizistischen Ideale mit den neuen Anforderungen zu vereinen, aber bei der zwangsläufigen Beschränktheit der Formensprache des Backsteinbaues nie nach neuen Ausdrucksmitteln suchte und nichts zur schöpferischen Weiterentwicklung der von ihm gepflegten Traditionslinie beitrug[108]. Mit Sarkasmus wehrte er alle Forderungen nach „Modernität" seiner Bauten ab.

Andererseits hatte Blankenstein als städtisch besoldeter Baubeamter in seiner Amtszeit objektiv keine Möglichkeiten, sein gestalterisches Können an Bauaufgaben zu erproben, die seine ganze künstlerische Kreativität gefordert hätten. „Blankenstein wollte keine historisierende Bühnenarchitektur. Wer auf Hinterhöfen Schulen baut, in Arbeitervierteln Markthallen errichtet und für körperlich und geistig kranke Menschen mit möglichst wenig Aufwand Heilstätten zu planen hat, empfindet ohnehin jedes kostenverschlingende Beiwerk als höchst überflüssig."[102] Die bis zur Nüchternheit tendierende Schlichtheit seiner Bauten korrespondiert aber in hohem Maße mit der Zweckmäßigkeit der konstruktiven Lösungen. Genügte der Vieh- und Schlachthof Jahrzehnte den ständig wachsenden Anforderungen, so fänden die Markthallen – wären sie noch vorhanden – auch heute ihren Platz im Netz der städtischen Handelseinrichtungen[109]. Charakteristisch auch für die anderen Blankensteinbauten ist eine lange Nutzungsdauer ohne die Notwendigkeit aufwendiger Umbauten. Sind in seinem Werk auch keine spektakulären Bauten zu finden, so sind sie noch heute nutzbar und erfüllen in unserer Zeit auch eine spezifische Forderung an ein Denkmal.

Anhang
Anmerkungen

[1] Sowohl die Absage FWsIV, die Kaiserkrone anzunehmen am 3. 4. 1849 – als Präsident der Nationalversammlung – als auch die Zusage WI. am 18. 12. 1870 – als Präsident des Norddeutschen Reichstages – nahm groteskerweise jeweils Eduard v. Simson (1810–1899) entgegen.

[2] Karl August v. Hardenberg (1750–1822), Staatskanzler 1810–1822, durch unvollkommene und widersprüchliche Fortsetzung der Steinschen Reformen spielte er schließlich der Restauration in die Hände; das Palais wurde 1814/15 von K. F. Schinkel und 1848/49 von Georg Heinrich Bürde (1795–1865) umgebaut.

[3] Der Versuch dieser ersten biographischen Darstellung stützt sich im wesentlichen auf folgende Quellenbereiche:
– Unterlagen aus einer durch den Enkel Werner B. begonnenen Familienforschung, die sich in geringen Teilen als Fotokopien oder hand- bzw. maschinenschriftliche Abschriften im Besitz der weitverzweigten Familie befinden und sich jeweils auf den entsprechenden Familienzweig beziehen (FB). Die Herkunft der verlorenen Originale war anhand der Kopien oft nicht zu ermitteln. Der private Nachlaß von Hermann B. wie auch die Originale der Forschungsunterlagen von Werner B. wurden im Winter 1945/46 durch amerikanische Besatzungssoldaten als Heizmaterial vernichtet, nach Crossen (Krosno) ausgelagerte Teile gingen verloren.
– Archivalien des Berliner Stadtarchivs und des Zentralen Staatsarchivs Merseburg, die bezüglich der Person des Stadtbaurates in nur wenigen Fällen vorhanden sind. Die Personalakte von Hermann B. soll bis 1945 im Stadtarchiv vorhanden gewesen sein, sie konnte nicht aufgefunden werden und befindet sich evtl. im Geh. Staatsarchiv Dahlem.
– Informationen des Stadtarchivs und des Heimatmuseums Eberswalde sowie des VEB Wasserstraßenbetrieb und -unterhaltung Eberswalde
– Bibliotheksbestände (Bücher, Periodika, Dissertationen u. a.), die in ihrer Gesamtheit hier nicht nachgewiesen werden können
– biographische Forschungen zu den in Berlin tätigen Architekten, die in der Miniaturen-Reihe der Gesellschaften für Denkmalpflege und für Heimatgeschichte (BV Berlin) mit ausführlichen Quellennachweisen veröffentlicht sind: U. Kieling/U. Hecker: Berliner Architekten und Baumeister bis 1800. Biogr. Lexikon. Berlin 1983 – U. Kieling: Berliner Baubeamte und Staatsarchitekten im 19. Jahrhundert. Biogr. Lexikon. Berlin 1985/U. Kieling: Berliner Privatarchitekten und Eisenbahnbaumeister im 19. Jahrhundert. Biogr. Lexikon (in Vorbereitung). Wenn nicht anders ausgewiesen, beziehen sich biographische Anmerkungen auf diese Quelle.

[4] nach dem von W. Blankenstein auf der Basis amtlicher Dokumente begonnenen Stammbaum der Familie sowie anderen Familiendokumenten, s. a. Anm. [5]

[5] schriftl. Mitteilung WBU vom 6. 3. 1984 – R. Schmidt: Der Finowkanal. Zur Geschichte seiner Entwicklung. Eberswalde 1983 (auszugsweise Abschrift HME vom 4. 7. 1984)/ Autorenkollektiv: Um Eberswalde, Chorin und Werbellinsee. Werte unserer Heimat, Bd. 34, Berlin 1981./Autorenkollektiv: Historisches Ortslexikon für Brandenburg. Teil 4/Barnim. Weimar 1980 – H. Berghaus: Landbuch der Mark Brandenburg und des Markgrafenthums Niederlausitz in der Mitte des 19. Jahrhunderts, oder, geographisch-historisch-statistische Beschreibung der Mark Brandenburg. Teil 2, Brandenburg 1854, S. 184–201 (§ 39)

[6] Friedrich David Gilly (1748–1808), ab 1788 Baudirektor u. a. von Pommern, Kur- und Altmark, Ost-, West- und Südpreußen; Johann Gottfried Kemmeter († 1748), Lehrer von G. W. v. Knobelsdorff (1699–1753) in Rheinsberg und ab 1731 Baudirektor bei der Kurmärk. Kammer; Isaak Jacob Petri (1701–1776), u. a. 1747/48 Bau des Invalidenhauses in Berlin

[7] Der Kanalbau-Gedanke reichte bis in das Jahr 1540 zurück, aber erst 1605–1620 zwischen Alter Havel bei Liebenwalde und Möllensee bei Finow (heute Wiese) Bau eines 39,4 km langen Kanals mit 11 Schleusen und Anschluß an die Oder über die kanalisierte Finow. Im Dreißigjährigen Krieg völliger Verfall, 1700 nicht mehr auffindbar. Als dritter Kanalbau 1905–1914 Bau des Hohenzollernkanals, heute Oder-Havel-Kanal, zwischen Liepe und Oranienburg (64,4 km); Ablösung von dessen vierfacher Schleusentreppe 1927 bis 1934 durch Schiffshebewerk Niederfinow. Die Kanalbauten waren nicht nur von immenser Verkehrsbedeutung, in ihrem Umland entstand auch eine Gewerbe- bzw. Industriegasse in dem ansonsten überwiegend landwirtschaftlich genutzten Gebiet.

[8] Carl Ludwig Schmid († um 1849), befreundet mit K. F. Schinkel u. ab 1842 Direktor der Preußischen Oberbaudeputation

[9] Der jüngste Sohn war Martin (um 1651 Gerbitz bis 13. 3. 1722 Gerbitz); über dessen Sohn Hans (*8. 5. 1682 Gerbitz; Braumeister auf dem fürstl. Amt Wulfen) setzt sich die Linie mit Johann Georg I. (7. 6. 1718 Wulfen bis 17. 2. 1773 Gerbitz; Huf- u. Waffenschmied) und Johann Georg II. (31. 8. 1742 Gerbitz bis 22. 4. 1794 Berlin) fort./ Kirchenbücher der Gemeinden Pobzig, Gramsdorf, Latdorf und Gerbitz; der Sitz der gemeinsamen Pfarrei wechselte mehrfach./Auszüge (W. Blankenstein) aus dem „Saalbuch des Fürstl. Amtes Nienburg" von 1661, das Original lag bis 1945 im Staatsarchiv Zerbst.

[10] Johann Michael († 1768 Berlin) heiratete in die von seinem Schwiegervater Johann Georg Hempel 1723 erworbene Schmiede ein. Unter Meister Blanckenstein warf sie hohen Gewinn ab, mehrfach wurden von ihm Häuser beliehen bzw. mit Gewinn gehandelt. Das Unternehmen existierte bis kurz nach 1851, mit dem Flächenabriß in den 80er Jahren fiel auch dieses Haus./Testamente Königstadt No. 1087, No. 1229. Geh. Staatsarchiv Dahlem, Prov. Brand., Rep. 5 A, Berlin./Hypothekenbuch der Königs-Stadt. Geh. Staatsarchiv Dahlem, Vol. II, Sign. Prov. Brand. Rep. 5 A Stadtger. Bln. Tit. 1, Sect. 1 u. 9, Vol. II

[11] Einwohnerzahlen und andere statistische Angaben vorwiegend nach R. Dietrich: Von der Residenzstadt zur Weltstadt. In: Das Hauptstadtproblem in der Geschichte. Tübingen 1952/L. Gabriel: Die Gründungs- und Baugeschichte des ersten städtischen Krankenhauses Berlins im Friedrichshain in den Jahren 1860–1875. Diss. Berlin 1971

[12] James Friedrich Ludolf Hobrecht (1825–1902), 1. 4. 1859 bis 15. 12. 1861 Leiter des „Kommissariums zur Ausarbeitung der Bebauungspläne für die Umgebung Berlins" beim Polizeipräsidium, am 19. 5. 1869 Berufung zum Chefinge-

¹² nieur der Berliner Kanalisation, 1885–1897 Stadtbaurat für Tiefbau; sein Bruder Arthur Johnson H. (1824–1912) war als Oberbürgermeister 1873–1878 Blankensteins Chef.
¹³ Erster Direktor des Oberbaudepartements war Johann Boumann (1706–1776), erster Leiter der Zentralbehörde des Oberhofbauamtes K. G. Langhans.
¹⁴ Schon die Gründung der Bauakademie als bis 1866 einziger preußischer Lehranstalt für die Ausbildung von (Regierungs-)Baumeistern war deutlicher Ausdruck des Einzuges bürgerlichen Gedankengutes in das Bauen. Die Ausbildung der Architekten in vorkapitalistischer Zeit erfolgte autodidaktisch und letztendlich unsystematisch, Gegenstand des Interesses waren die Bauten der herrschenden Klasse, im 18. Jahrhundert also die des Adels. So war die Ausbildung in der 1790 gegründeten Architektonischen Lehranstalt an der Akademie der Künste – die 1776 von Friedrich II. installierte militärisch orientierte „Ecolé de genie et d'architecture" existierte nur kurzzeitig – auf die künstlerische Gestaltung der höfischen Prachtbauten gerichtet, konstruktive Probleme und Nutzbauten wurden gänzlich außer acht gelassen. Zahlreiche Initiativen arrivierter Architekten, wie F. Becherer (1747–1823; 1790/99 Ltr. der Architekton. Lehranstalt), A. Eytelwein (1764–1849; 1824/31 Direktor der Bauakademie), D. Gilly, Ch. Genelli (1763–1823), H. A. Riedel (1748–1810), führten mit Unterstützung der Minister A. v. Heinitz (1725–1802) und F.L. v. Schroetter (1743–1815) gegen königlichen Widerstand am 13. 4. 1799 zur Gründung der Bauakademie. Mit wechselndem Schwergewicht bildete sie nach einheitlichem Lehrplan Regierungs- und später auch Privatbaumeister aus, sowohl konstruktive Probleme wie auch neue, kapitalistische Bauaufgaben und neue Materialien berücksichtigend. Mit der Gewerbeakademie vereint, später wurde auch die Bergakademie angeschlossen, ging die Lehranstalt 1879 in der Technischen Hochschule Berlin-Charlottenburg auf.
¹⁵ E. Grünert: Die Preußische Bau- und Finanzdirektion in Berlin. Entstehung und Entwicklung 1822–1944. Köln/Berlin (West) 1983/K. Schrader: Die Verwaltung Berlins von der Residenzstadt des Kurfürsten Friedrich Wilhelm bis zur Reichshauptstadt. Diss. Berlin 1963/P. O. Rave: Schinkel als Beamter – Ein Abschnitt preußischer Bauverwaltung. In: ZdB 1923, S. 88–94
¹⁶ Ministerium der geistlichen, Medizinal- und Unterrichts-Angelegenheiten mit dem Konservator der Kunstdenkmäler und den Provinzialkonservatoren, dem vortrag. Rat für Revision der Schulbauten, dem Leiter der „Preußischen Meßbildanstalt für Denkmalaufnahmen" (seit 1885) und dem „Architekten der Kgl. Museen"
¹⁷ Die Stadt war selbst zum dringend notwendigen Rathausbau nicht in der Lage. Statt der geforderten 60 000 bis 80 000 Taler bewilligte Friedrich Wilhelm III. ganze 15 000; Schinkels Neubauentwurf wie auch der Umbauentwurf von F. W. Langerhans (beide 1817) blieben unausgeführt.
¹⁸ Friedrich Wilhelm Langerhans (1780–1851); sein Sohn Paul L. (1819–1909) war Stadtverordnetenvorsteher und Schwiegervater von G. Knoblauch, sein Enkel Paul L. (1847–1888) Mediziner u. Entdecker des nach ihm benannten Insulin produzierenden Gewebes (L.-Inseln).
¹⁹ G. Pinkenburg: Vom Bauwesen der Stadt Berlin. In: ZdB 1893, S. 397–398, 410–412, 421–422 und 1894, S. 206–207, 214–215
²⁰ J. Hobrecht s. Anm.¹²; Ernst Aug. Dircksen (1830–1899), 1867/70 und 1874/83 Leiter des Ring- und Stadtbahnbaues; Martin Carl Philipp Gropius (1824–1880), assoziiert ab 1866 mit Heino Schmieden (1835–1913)

²¹ Taufschein Hermann B. im FB (Bescheinigung lt. Kirchenbuch; Ev. Pfarramt Ruhlsdorf, 14. 6. 1933)/Kirchenbuch Ev. Pfarramt Ruhlsdorf; die Geburtsregistrierungen der Kinder erfolgten in der Schreibweise Blankenstein, bei Hermann B. wurde dies nachgebessert.
²² Ihm folgten die Schwestern Mathilde Friederike Wilhelmine (17. 8. 1830 Grafenbrück bis 8. 1. 1911 Itzehoe), Berta Johanna Auguste (12. 3. 1833 Grafenbrück bis 7. 7. 1858 Grafenbrück) und Hermine Caroline Marie (10. 3. 1836 Grafenbrück bis 3. 6. 1910 Schneidemühl (Pila)). Mathilde heiratete den Pfarrer Rudolf Kothe in Plaue (Havel), Kinder Hedwig (*28. 3. 1864) und der spätere Prof. Erich K. (* 29. 1. 1867); Hermine heiratete am 18. 8. 1861 den jüd. Arzt Gottwalt Josef Loewenhardt, zwei Söhne wurden Arzt, einer Offizier.
²³ Die zahlreichen Nachrufe beinhalten im wesentlichen die gleichen lückenhaften Informationen, am sachkundigsten in A. Lindemann: Hermann Blankenstein. Wochenbl. des AV, Nr. 16 vom 16. 4. 1910, S. 114–115/J. Jost: Hermann Blankenstein. ZdB 1910, S. 149
²⁴ Wilhelm Salzenberg (1803–1887), nahm 1847 in kgl. Auftrag bei laufenden Rekonstruktionsarbeiten in fürf Monaten die Hagia Sophia auf, 1854 erschien sein aufsehenerregendes Tafelwerk „Altchristliche Baudenkmale von Konstantinopel vom 5. bis 12. Jahrhundert".
²⁵ Taufschein für J.A. Gottschalk im FB (Bescheinigung lt. Taufbuch; Kathol. Pfarramt Salzkotten, 20. 6. 1933)/Trauschein für H. Blankenstein und J. A. Bruns im FB (Bescheinigung lt. Trauregister; Ev. Kirche zu Meschede, 5. 11. 1938)/Handschriftl. Antrag H. Blankensteins zur Aufnahme in die kgl. Militärwitwenkasse im FB (Grünhof b. Stettin, 18. 12.1857)/Trauschein für H. Blankenstein und J. A. Bruns als Anlage zum Antrag vom 18. 12. 1857 im FB (Beglaubigt von Pfarrer Heidsieck am 3. 12. 1857 u. Bürgermeister Merten am 4. 12. 1857 in Meschede)
²⁶ s. a. Anm.4/ Louis B., Kommilitone von A. Lindemann (s. Anm⁸³), 1866 als Bauführer bei der Ministerial-Baukommission (u. a. Zeichner an Blankenstein-Entwurf f. die Seitenhallen Brandenburger Tor, s. Anm⁵⁸), 6. 2. 1869 Baumeisterprüfung, nach Anstellung bei der Ministerial-Baukommission ab 1874 Kreisbaumeister in Paderborn, Direktionsmitarbeiter der Lippe-Schiffahrtsgesellschaft und Kreisbaumeister in Aurich, ab 1884 bei der Regierung in Liegnitz/ Otto B., 1868 Baumeisterprüfung, nach bisher unbekannter Anstellung 1872 bei der Regierung in Düsseldorf, 1874 Bauinspektor in Trier u. 1879 in Koblenz; als Reg.- u. Baurat 1880 Versetzung nach Erfurt
²⁷ hervorgegangen 1804 aus der Zeichenschule des Malers Johann Georg Wendel (1754–1834); dessen Tochter Friederike Wilhelmine (1811–1866) heiratete 1834 den Architekten August Soller (1805–1853), ihre Schwester Caroline war die Mutter des Architekten R. Lucae (s. Anm.⁴⁷).
²⁸ Bertha Amalie Sophie Albertine B., geb. Gottschalk (4. 8. 1812 Paderborn bis 1869 Meschede)
²⁹ Soldan, bezeichnet als „guter Chirurg und Lateiner", starb 1328. Mit Johannes Soldan, 1473 als Theologiestudent in Erfurt nachgewiesen, beginnt die bis in das 19. Jh. reichende Reihe der Pfarrer in der Familie, seit der Reformation protestantisch./ R. Sommer: Familienforschung und Vererbungslehre. Leipzig 1907¹, 1922²
³⁰ Die schlesische Armee unter G.L. v. Blücher (1742–1819) zwang mit dem Sieg bei Wahlstatt (Legnickie Pole) am 26. 8. 1813 Napoleons Truppen zum Abzug aus Schlesien. Christian Christoph Gottschalk (1781–1858), Sohn eines

Pfarrers und der Johannette Elisabeth Soldan (*um 1757), kämpfte als Musketier im 12. Inf.-Reg., in der Ordensliste unter Nr. 1484 eingetragen. Das Kreuz gelangte durch einen vorgeschriebenen Vererbungsmodus in den Besitz F. Blankensteins.

[31] Carl Heinrich Eduard Knoblauch (1801–1865), Bruder des Unternehmers und Gewerbepolitikers Carl K. (1793–1859) und Vater der Architekten Heinrich Gustav K. (1833 bis 1916), verheiratet mit einer Enkelin des Stadtbaurates F. W. Langerhans, und Edmund K. (1841–1883); Friedr. Aug. Stüler (1800–1865), leitete mit G. Knoblauch die Vollendung der Neuen Synagoge Berlin von E. Knoblauch d. Ä.

[32] Rang- und Quartierliste der Königlich-Preußischen Armee und Marine nebst Anciennitätslisten der Generalität und Stabsoffiziere, Berlin 1856–1880/ H. Blankenstein ist dann 1864/65 beim 2. Pommerschen Landwehrregiment Nr. 9 verzeichnet, ab 1866 gehörte er in Berlin offensichtlich keiner militär. Formation mehr an; er wurde auch nie befördert, noch 1898 unterschrieb er als „Leutnant a. D., Geheimer Baurat".

[33] Hermann Friedrich Waesemann (1813–1879), 1861–69 Bau des Roten Rathauses, Blankensteins späterer Amtssitz; Gustav Emil Prüfer (1805–1861), Reg.- und Baurat bei der Regierung Stettin, gehörte zu Blankensteins Lehrern an der Bauakademie.

[34] Hans B. war Offizier, nahm nach fünfjährigem Dienst 1888 den Abschied und wurde vom Vater (Mitgl. des Markthallenkuratoriums) in die Markthallenverwaltung vermittelt (Inspektionsassistent MH V, ab 1891 Inspektor der MH X); 1899 Ausscheiden aus städt. Diensten, später genannt als Hauptschriftltr. des Vereins zur Wahrung der Interessen der chem. Industrie und einer der Direktoren des Vereins inaktiver Offiziere; das weitere Schicksal dieses für die Familie offenbar gesellschftl. nicht tragbaren Sohnes ist unbekannt. Die Lebensdaten von Margarete waren nicht zu ermitteln, sie starb jung an „Schwindsucht".

[35] Lehrer waren die Maler Julius Schrader (1815–1900) u. Paul Thumann (1834–1908); in FB befindet sich das von Otto B. gemalte Porträt der Mutter und ein Selbstbildnis, Porträts des Vaters (Rathaus) und des Bruders Paul (Heimatarchiv) befinden sich noch in Berlin-Schöneberg.

[36] als Organ der Verwaltungsgerichtsbarkeit am 30. 7. 1883 geschaffen und von Magistrat und Stadtverordnetenversammlung gewählt

[37] Der Vater war 1853 in die USA ausgewandert, 1871 kehrte die verwitwete Mutter mit den Kindern nach Berlin zur Schwester zurück, die mit dem Bauakademiedirektor F. Grund verheiratet war, der 1861 als Wasserbaurat in Stettin Kollege Blankensteins war./Söhne von Paul B.: Hermann (s. u.; Berufsoffizier, ab 1945 Musiker u. Musikkritiker), Werner (19. 11. 1894 Berlin bis 27. 4. 1945 Potsdam; Reichsarchivrat am Geh. Staatsarchiv Potsdam, Begründer der Blankensteinschen Familienforschung), Gerhard Felix (*25. 5. 1898 Berlin; Wasserbaurat i. R. in Wittstock), Volker (9. 1. 1900 Schöneberg bis 9. 6. 1984 ebd.; Fernmelde-Ing., Mitarbeiter bei den ersten Fernsehversuchen der Reichspost).

[38] Johann Heinrich Friedrich Adler (1827–1908) machte sich besonders in Forschung und Lehre um den märk. Backsteinbau verdient; an den durch seinen Schwiegersohn Wilhelm Dörpfeld (1853–1940) vorgenommenen Grabungen in Olympia nahm 1872/77 auch Blankensteins späterer Mitarbeiter E. Streichert teil.

[39] Georg Joachim Wilhelm Neumann, ab 1878 durch Adoption G. J. W. v. Mörner (1826–1907); Emil Boethke (1828 bis 1996); Friedrich Albert Cremer (1824–1891); Adolf Hermann Lohse (1807–1867); Paul Emmanuel Spieker (1826–1896), fungierte 1885/86 kommissarisch auch als preuß. Denkmalkonservator; Otto Ferdinand Lorenz (1838–1896); Ludwig Giersberg (1824–1883, als Techn. Leiter der Ministerial-Baukommission 1867–1869 einer der Vorgesetzten Blankensteins; Luis Schrobitz (?); Julius Emmerich (1834–1917)

[40] Johann Heinrich Strack (1805–1880); Ludwig Ferdinand Hesse (1795–1876)

[41] Franz Heinrich Schwechten (1841–1924)

[42] Wilhelm Robert Alexander Ferdinand v. Quast (1897 bis 1877) gehörte zu den Begründern einer modernen Kunstgeschichtsschreibung und der preuß. Denkmalpflege, er wurde am 1. 7. 1843 zum ersten preuß. Denkmalkonservator berufen.

[43] Meldungen in der DBZ 1868 und 1869. Albrecht Meydenbauer (1834–1921) entwickelte das Meßbildverfahren als Grundlage der modernen Photogrammetrie und war 1885 bis 1909 erster Direktor der „Meßbildanstalt für Denkmalaufnahmen".

[44] Friedrich Gilly (1772–1800), Sohn von D. Gilly, und Martin Friedrich Rabe (1775–1856), als Stecher wirkte Joh. Friedr. Frick (1774–1850); Max Ferdinand v. Schenkendorf (1783 bis 1817), sein Artikel „Ein Beispiel von der Zerstörungssucht in Preußen" erschien in der Berliner Zeitschrift „Der Freimütige".

[45] Jahrbuch des AV 1911. Berlin (1911)/ K. E. O. Fritsch: Vereinigung Berliner Architekten 1879–1904. Berlin 1904/ Hundert Jahre Architekten-Verein zu Berlin 1824-1924. Berlin 1924/ DBZ, 1867 ff./ P. Wallé: Der Architektenverein zu Berlin 1824–1899. In: DBZ 1899, S. 273–280

[46] Carl Schwatlo (1831–1884); Friedrich Eduard Hoffmann (1818–1900), Architekt und Erfinder des Ziegelringofens; Eduard Römer (1814–1895); Heinrich Lauenburg (1832 bis 1890)

[47] Johannes Theodor Volcmar Richard Lucae (1829–1877), bestimmte ab 1859 wesentlich die Lehre an der Bauakademie, ab 1873 Direktor (s. a. Anm.[27]); Karl Emil Otto Fritsch (1838–1915), besonders verdient um Fachzeitschriften und -vereine, Schwiegersohn von Th. Fontane (1819–1898)

[48] Die Kommission wurde durch Erlaß des Handelsministers vom 31. 8. 1877 installiert, ihr gehörten u. a. an: Friedrich Grund (1814–1893), Bauakademiedirektor 1866–1873, Onkel von Paul Blankensteins Frau und wie Heinrich Ludwig Alexander Herrmann (1821–1889) mit H. Blankenstein noch aus Stettin bekannt; Emil Karl Alexander Flaminius (1807–1893); Johann Wilhelm Schwedler (1823–1894), bedeutender Statiker und Stahlbauer des 19. Jahrhunderts, das statische System der „Schwedlerkuppel" wird noch heute verwendet; Carl Christian August Dieckhoff († 1891); Hermann Oberbeck (1835–1894); Friedrich Ludwig Hagen (1829–1892), ab 1876 als Oberlandesbaudirektor Nachfolger seines Vaters; Ernst August Leopold Grüttefien (1837 bis 1890); Johann Heinrich Strack, Ludwig Giersberg, Richard Lucae, Paul Spieker, Friedrich Adler.

[49] W. Hegemann: Das steinerne Berlin – Geschichte der größten Mietskasernenstadt der Welt. Berlin 1930, S. 295–330/ J. F. Geist, K. Küvers: Das Berliner Mietshaus 1740–1862. München 1980, S. 481–505

[50] Franz Gustav Assmann (1825–1895), 1858/61 Mitgl. der Bebauungsplan-Kommission u. zeitweise Stellvertreter Hobrechts, trat vor allem durch sozialkritische Publikationen zum Wohnungsproblem hervor./ Zeitschr. für Prakt. Baukunst, Heft 8, 1871, S. 309–310./ DBZ 1871

[51] P.-F. Willert: Berliner Bauordnungsvorschriften aus 1853 bis 1925. Berlin(West) 1975

[52] heute noch erhalten u. a. St. Paul's Churchyard u. Lincoln's Inn Fields von Christopher Wren (1632–1723), Waterloo Place und Picadilly Circus von John Nash (1752–1835)

[53] erbaut ab 1789 durch Karl Gotthard Langhans (1732–1808), vollendet 1794 mit der Quadriga von Johann Gottfried Schadow (1764–1850); Instandsetzungen 1814 mit dem Wiederaufbau der von Napoleon entführten Quadriga durch Johann Christian Moser († 1846), 1840 durch Gottlieb Christian Cantian (1794–1866) und 1851

[54] Den Abrissen fielen solche kulturhistorisch bedeutenden Bauten wie das Rosenthaler (1781/88) u. das Oranienburger (1786/88) von Carl v. Gontard (1731–1791) sowie das Hamburger Tor (1789) von Georg Christian Unger (1743–1812) zum Opfer.

[55] Minister für Handel, Gewerbe und öffentliche Arbeiten Heinrich August Friedrich v. Itzenplitz (1799–1883)

[56] Zitiert nach E. v. Siefarth: Aus der Geschichte des Brandenburger Tores. Berlin 1892

[57] H. Herrmann (s. Anm.[48]) war von Mai 1865 bis Okt. 1867 als Mitdirigent der Ministerial-Baukommission einer der Vorgesetzten Blankensteins.

[58] Vorgabe des Handelsministerium vom 15. 9. 1866 nach kriegsbedingter Unterbrechung der Vorarbeiten. Ein Blatt dieser Entwürfe trägt die Unterschrift „gez. von Bruns, Bauführer".

[59] Christian Bernhard Rode (1725–1797), seit 1783 Direktor der Akademie der Künste, u. a. beteiligt am Entwurf der Bildprogramme für das Brandenburger Tor und den Turm der Neuen (Deutschen) Kirche (1781).

[60] Das erste befand sich wahrscheinlich in Höhe des Chores der Nikolaikirche am Molkenmarkt. Nach der Stadterweiterung um den Neuen Markt (Marienkirche) Verlegung des Rathauses um 1290 in den städt. Schwerpunkt. Dieser traditionelle Standort ist bis heute beibehalten.

[61] Das Hartstuck-Relief stellt durch Tier- und Fabelgestalten symbolisiert menschliche Untugenden dar. In Babelsberg bereits bis zur Unkenntlichkeit verwittert und zerstört, kann eine Kopie des Reliefs im Turmzimmer des Ratskellers im Roten Rathaus betrachtet werden.

[62] Ernst Ludwig Reinhold Persius (1835–1912), Sohn von Ludwig Persius (1803–1845); nach Ltg. der Rekonstruktion der Burg Hohenzollern (1864/67) zur Hofbauverwaltung und 1876–1885 Direktor der Schloßbaukommission, 1886 bis 1901 preuß. Denkmalkonservator

[63] Angaben zu Sitzungen der Stadtverordnetenversammlung, Anfragen des Magistrats und öffentliche Ausschreibung aus: Communal-Blatt der Haupt- und Residenzstadt Berlin, 12., 13. und 14. Jahrgang (1871, 1872 und 1873)

[64] Über Stadtbaurat A. Meyer, der im städt. Bauen nicht hervortrat, konnten keine Daten ermittelt werden. Carl Adolph Ferdinand Gerstenberg (1826–1896), 1851 Mitbegründer der Berliner Berufsfeuerwehr und bis zu seiner Berufung als Stadtbaurat 1861 Brandinspektor; nach 1872 Privatbaumeister, Sachverständiger für Brandschäden und Hypothekenschätzungen und Direktor der Preuß. Baugesellschaft

[65] Communal-Blatt der Haupt- und Residenzstadt Berlin v. 7. 1. 1872

[66] 1863 Umbenennung in Gemeindeschulen, später Volksschulen

[67] DBZ v. 24. 6. 1869, S. 310

[68] 1857: 449610 Einwohner/26020 Gemeindeschüler (5,79%), 1870: 774300/49642 (6,41%), 1883: 1232699/124641 (10,11%), 1898: 1800000/rd. 200000 (11,11%), nach F. Jonas: Die Schule und insbesondere das Berliner öffentliche Schulwesen in den letzten fünfzig Jahren. In: Beiträge zur Kulturgeschichte von Berlin. Festschrift zur Feier des fünfzigjährigen Bestehens der Korporation der Berliner Buchhändler. Berlin 1898

[69] bauliche Angaben vor allem nach: Berlin und seine Bauten. Teil 1–3, Berlin 1896

[70] Älteste Berliner höhere Schulen (z. T. wie das Kölln. Gymnasium mit früheren Vorläufern oder wie das Joachimsthalsche Gymnasium andernorts gegründet): 1574 Berlinisches Gymnasium zum Grauen Kloster, 1600 Kölln. Gymnasium, 1607 Kgl. Joachimsthalsches Gymnasium, 1681 Friedrich-Werdersches Gymnasium, 1689 Französisches Gymnasium, 1746 Kgl. Friedrich-Wilhelms-Gymnasium, 1747 Kaiser-Wilhelm-Realgymnasium u. Kgl. Elisabethschule

[71] Während 1885/96 alle städtischen Schulbauten unter Blankensteins Leitung standen, entwarf Friedrich Otto Schultze (1843–1912) alle staatlichen als Mitarbeiter der Ministerial-Baukommission.

[72] F. Goßmann: Denkschrift zum fünfzigjährigen Bestehen der Sophienschule in Berlin. Berlin 1926

[73] 1887 Fertigstellung der Gemeindeschule Tempelhofer Ufer als 100. Neubau; als Bauleiter für Schulen, z. T. mit geringem Entwurfsanteil, wirkten vor allem die Stadtbauinspektoren Vincent Dylewski (1852–1915), Karl Frobenius (1852–1932), Fritz Haack (*1849), Arnold Hanel (*1831), Paul Hesse (*1855), Adolf Reich († 1894) und Fridolin Zekeli (1846–1901).

[74] Communal-Blatt der Haupt- und Residenzstadt Berlin. Jg. 1883/1884

[75] Ludwig Franz Eduard Albert Bohnstedt (1822–1885), geboren in St. Petersburg (Rußland) als Sohn eines ausgewanderten Stralsunder Kaufmanns, studierte 1839/41 in Berlin und kam nach Staatsanstellungen und Privatarchitektentätigkeit in Rußland 1863 nach Gotha. Ungeklärte Probleme in der Standortwahl und chauvinistische Hetze gegen den in einem Kleinstaat lebenden und in Rußland geborenen bayrischen Staatsbürger brachten seinen in der Öffentlichkeit populären Entwurf zu Fall.

[76] H. Blankenstein zum Reichstagsbau zitiert nach M. S. Cullen: Der Reichstag. Die Geschichte eines Monumentes. Berlin(West) 1983, S. 113 u. 153

[77] errichtet 1844/46 nach Entwurf von J. H. Strack, dem sich Blankenstein verpflichtet fühlte, und umgebaut 1867 von Wilhelm Haeger (1834–1901), der ab 1883 im Reichstagsbaubüro tätig war.

[78] August Friedrich Wilhelm Orth (1828–1901), Privatarchitekt u. 1868–1876 Erbauer des ersten (privaten) Vieh- u. Schlachthofes Berlins, den der von Blankenstein errichtete ablöste. Im Streit um das Nikolaikirchen-Projekt war Orth Wortführer der Blankenstein-Partei.

[79] Paul Wallot (1841–1912); neben dem Reichstag, errichtet 1884/94, stammte von ihm in Berlin auch das Reichspräsidentenpalais Sommerstr. 7 (1897–1904).

[80] L. Giersberg, Eduard Jacobsthal (1839–1902), F. Adler, P. Spieker u. R. Persius

[81] H. Mauter: Aufstieg und Fall des „Eisenbahnkönigs" Bethel Henry Strousberg (1823 bis 1884). Miniaturen zur Geschichte, Kultur und Denkmalpflege Berlins, Nr. 5. Hrsg.: Kulturbund der DDR. Berlin 1981/ Architekt der Halle war Georg Friedrich Hitzig (1811–1881), Bauleitung Alfred Lent (1836–1915). Die am 1. 10. 1867 eröffnete Halle schloß bereits nach sieben Monaten, bis dahin leerstehend, diente sie 1870/71 als Militärdepot, 1873–1918 als

Zirkus und Amüsieretablissement, wurde 1919 durch Hans Poelzig (1869–1936) zum Großen Schauspielhaus von Max Reinhardt (1873–1943) umgebaut und endete im März 1945 als nazistisches KdF-„Theater des Volkes" im Bombenhagel; 1945/47 Spielbetrieb eines Privat-Varietes in der Ruine, 1947 Rekonstruktion und Übernahme durch den Magistrat als Friedrichstadtpalast, 1985/86 Abriß aus bautechnisch-statischen Gründen.

[82] Die MH III, errichtet auf dem Gelände der ehem. Kunstgießerei von S. P. Devaranne (1789–1859), beherbergte 1889 bis 1908 das Märkische Museum und 1907–1921 die Stadtbibliothek./ U. Kieling: Siméon Pierre Devaranne. Biographische Notizen zum Berliner Eisenkunstgießer. In: Bildende Kunst, 7/1984, S. 326–328

[83] August Lindemann (1842–1921), 1869 Baumeisterprüfung, 1870 Mitglied u. 1893/95 Schatzmeister des Architektenvereins; rechte Hand Blankensteins in Entwurfsfragen

[84] Accise-Reglement vom 29. 3. 1787

[85] Dieses und folgende Angaben nach H. Blankenstein/ A. Lindemann: Der Zentral-Vieh- und Schlachthof zu Berlin. Berlin 1885

[86] Mit diesen vergleichbar als Bauaufgabe und in der Größenordnung ist auch der Komplex Obdach/Siechenhaus/Hospiz an der Fröbelstraße.

[87] Krankenhaus am Friedrichshain (1868–1874) von Gropius & Schmieden, erster von zahlr. Krankenhausbauten dieser Firma. Sowohl der Bau dieses Krankenhauses wie auch der städt. Kanalisation (J. Hobrecht) und des Vieh- u. Schlachthofes gehen wesentlich auf das unermüdliche Wirken des Arztes Rudolf Virchow (1821–1902) zurück.

[88] Krankenanstalten in Berlin bis 1874: Charité (seit 1726), Universitätskliniken (1810), Diakonissenanstalt Bethanien (1847), St.-Hedwigs-Krankenhaus (1839), Brecht- u. Casper'sche Augenklinik, Elisabeth-Krankenhaus u. -Kinderkrankenhaus, Lazarus-Krankenhaus und Barackenlazarett Moabit (1871)

[89] Vor 1877 befand sich die Städtische Irrenanstalt mit im Arbeitshaus Alexanderstraße, eine zweite gab es in der Wallstraße. Den Auftrag für Dalldorf hatten Gropius & Schmieden erhalten, Blankenstein konnte aber auch deren 2. verbilligte Variante mit seinem Kostenanschlag unterbieten.

[90] heute Krankenhaus für Neurologie u. Psychiatrie Herzbergstr. 79

[91] heute „Wilhelm-Griesinger-Krankenhaus" Brebacher Weg 14

[92] Gut u. Schloß (1868 von Gropuis & Schmieden) gehörten Werner v. Siemens (1816–1892), von dem auch das Anstaltsgrundstück erworben wurde.

[93] Carl Ferdinand Busse (1802–1868): Zellengefängnis Moabit (1842/49), Zellengefängnis Ratibor (1844), Gefängnis Münster (1848/51), Strafanstalt Aachen (1864/72); H. Herrmann (s. a. Anm. [48], [57]): Strafanstalt Plötzensee (1868/72), Kriminalgerichtskomplex Moabit (1879/81), Land- u. Amtsgericht II Hallesches Ufer (1882/85) u. a.

[94] 1756–1758 Bau des Städtischen Arbeitshauses (auch „Ochsenkopf") durch Christian August Naumann (?) nach Entwürfen von Christian Friedrich Feldmann (1706–1765) „An der Cotrescarpe", später Alexanderstr. 3–4, im Bereich des Vorfeldes des ehem. Festungswalles

[95] erbaut 1845/49 durch Stadtbaurat Gustav Holzmann (†1860)

[96] Palais Schwerin Molkenmarkt 3, bis 1704 von Jean de Bodt (1670–1745); Ephraimpalais Poststr. 16, 1761/65 von Friedrich Wilhelm Diterichs (1702–1782)/In Vorbereitung: K.-H. Krüger: Geschichte und Wiederaufbau des Ephraimpalais. Miniaturen zur Geschichte, Kultur und Denkmalpflege Berlins. Berlin 1987

[97] Kurfürst Friedrich Wilhelm (1620–1688), König Friedrich I. (1657–1713), Kaiser Wilhelm I. (1797–1888), Kaiser Friedrich III. (1831–1888); Standbilder von Albert Wolff (1814 bis 1897), Alexander Calandrelli (1834–1908) u. Eduard Aug. Lürssen (1840–1891)

[98] beispielsweise F. Adler (Ruhestand im 76. Lebensjahr), W. Drewitz (1806–1888; 74), A. Eytelwein d.J. (1796 bis 1888; 80), E. Flaminius (1807–1893; 74), F. Fleischinger (1804–1885; 76), A. Geyer (1846–1938; 75), G. Hagen (1797–1884; 78), C. W. Hase (1818–1902; 76), J. Zimmermann (1831–1911; 77)

[99] L. Hoffmann: Lebenserinnerungen eines Architekten. Berlin(West) 1983/Alfred Messel (1853–1909), 1878/88 im Staatsdienst in Berlin, anschließend Hochschullehrer und ab 1896 Privatarchitekt/ Ludwig Hoffmann (1852–1932), errichtete 1887/96 mit Peter Dybwad (1849–1921) das Reichsgericht in Leipzig (heute G.-Dimitroff-Museum), amtierte als Stadtbaurat mit hoher Produktivität bis 1. 4. 1924

[100] zum Amtswechsel: Communal-Blatt der Haupt- und Residenzstadt Berlin, Jg. 1895/96/ Stenographischer Bericht der öffentlichen Sitzungen der Stadtverordneten-Versammlung Berlin, Jg. 1895/96

[101] So auch Emil Streichert (1848–1929), stellv. Stadtbaurat u. Schwiegervater des Blankenstein-Enkels Hermann B., der unter Beibehaltung seines Beamtenstatus als Bauinspektor Verwaltungsdirektor der Städt. Gaswerke wurde, am 1. 4. 1901 trat er wegen Erblindung vorzeitig in den Ruhestand.

[102] M. Klinkott: Hermann Blankenstein und die Architektur seiner städischen Gebäude. In: Berlin – Von der Residenzstadt zur Industriemetropole. Aufsätze zur Ausstellung in Moabit. Berlin(West) (o. J.)., S. 401–412/Zitat: S. 403

[103] 1876–1880 Mitglied der Technischen Baudeputation, 3. 2. 1879 Roter Adlerorden 4. Kl., 14. 2. 1881 Mitglied d. Akademie des Bauwesens (bis 20. 9. 1901), 24. 9. 1886 Kronenorden 3. Kl., Aug. 1892 Offizierskreuz der italien. Krone, Sept. 1894 Ernennung zum Geh. Baurat. Bezeichnend für die Wertschätzung kommunaler Baubeamter ist die anfängliche Nichtübernahme von J. Hobrecht u. H. Blankenstein bei der Umformierung der Techn. Baudeputation in die Akademie des Bauwesens als engagierte Gegner der sog. Wehrenpfennigschen Reform, die die Anforderungen für eine Zulassung zum Baustudium gegenüber anderen Studienrichtungen mit Staatsprüfung herabsetzte.

[104] Verwunderlich ist das auch in Hinblick des Umfanges seines Werkes (s. Werkeverzeichnis); nach seinen Entwürfen wurden 108 Mio Mark verbaut.

[105] Blankenstein hatte eine große Vorliebe für die dem Ziegel verwandten Terrakotten. Auf der ständigen Berliner Bauausstellung stellte 1877 die Fa. March & Söhne einen Terrakotta-Taufstein aus, entworfen von H. Blankenstein.

[106] Friedrichswerdersche Kirche (1824/30), Neuer Packhof (1826/32), Bauakademie (1831/36)

[107] K. Milde: Neorenaissance in der deutschen Architektur des 19. Jahrhunderts. Dresden 1981

[108] Zum Vergleich auch Bauten von P. Spiecker: ehem. Universitätsbibliothek Clara-Zetkin-Str. 28 (1871/74), Institutskomplex Bunsen-/Clara-Zetkin-/Otto-Grotewohl-Str./Reichstagsufer (1873–83)

[109] Der Umbau der „Ackerhalle" zur Kaufhalle hatte wohl andere Motivationen als fehlende Zweckmäßigkeit.

Werkeverzeichnis (Auswahl)

Lfd. Nr.	Bauzeit	Objekt
1.	1855/57	Annenkirche Annenstr. 52/53 (BL Herbig)
2.	1864/65	Pfarrei u. Schule beidseitig Annenkirche
3.	1865/72	Vorbereitung Rekonstruktion Marienburg m. F. v. Quast
4.	1866/67	Barackenlazarett d. Charité
5.	1866/67	Umbau Sitzungssaal u. Anbau Abgeordnetenhaus Leipziger Str. 75/76 Ecke Dönhoffplatz (BL E. Jacobsthal)
6.	1867/68	Gebäude für das Statistische und das Meteorologische Institut Lindenstraße
7.	1867/68	Umbau Seitenhallen Brandenburger Tor (m. J. H. Strack)
8.	1869	Hauptgebäude Augusta-Hospital Scharnhorststr./Invalidenpark
9.	1871/72	Umsetzung bzw. Neuaufbau Gerichtslaube im Schloßpark Babelsberg (m. J. H. Strack; BL R. Persius)
10.	1871/74	Zwölf-Apostel-Kirche Genthiner Ecke Kurfürstenstr. (Vollendung J. Emmerich)
11.	1871/75	Dorotheenstädt. Realgymnasium u. Friedrich-Wilhelm-Gymnasium Dorotheenstr. 13/14 (m. A. Hanel)
12.	1872	Barackenkrankenhaus Moabit Turmstr. 21
13.	1873	Asyl (Wohnheim) f. Krankenpflegerinnen im Augusta-Hospital Scharnhorststr.
14.	1873/74	74. u. 79. GS Pappelallee 30/31
15.	1874	Pfarrhaus An der Apostelkirche 15
16.	1874	Ascanisches Gymnasium Hallesche Str. 24–26 (BL A. Reich)
17.	1874/75	Leibnitz-Gymnasium Mariannenpl. 27/28
18.	1874/76	Sophien-Töchterschule Weinmeisterstr. 16/17 und Sophien-Realgymnasium Steinstr. 32–34
19.	1874/76	Wiederherstellung u. neogot. Turmaufsatz St.-Maria-Magdalena-Kirche Eberswalde (m. Düsterhaupt)
20.	um 1876	52. u. 71. GS Fruchtstr.
21. (?)	1876/77	GDS Schwedter Str. 232/234
22.	1876/78	Wiederherstellung, Umbau u. Doppelturmfassade Nikolaikirche
23.	1877	Waisenhaus u. Schule Alte Jacobstr. 33
24.	1877/79	Städt. Arbeitshaus Rummelsburg
25.	1877/79	Städt. Irrenanstalt Dalldorf (Wittenau)
26.	1877/80	Falk-Realgymnasium u. Charlotten-Töchterschule Lützowstr. 84
27.	1877/83	Zentral-Vieh- u. Schlachthof Landsberger Chaussee (m. A. Lindemann)
28.	1880	Erweiterung Krankenpflegerinnenasyl Augusta-Hospital Scharnhorststr.
29.	1880/82	Altersversorgungsanstalt Kaiser-Wilh.- u. Kaiserin-Augusta-Stiftung Schulstr. 98 (BL P. Erdmann)
30.	1883	Frauenstation Augusta-Hospital Scharnhorststr.
31.	1883/86	Zentralmarkthalle (Halle I) Kaiser-Wilh.-Str./Panoramastr.
32.	1884/85	Margarethenschule Ifflandstr. 9–11
33.	1884/85	GDS Markusstr. 49
34.	1884/85	GDS Bergmannstr. 78/79
35. (?)	1884/86	GS Prenzl. Allee 227/228 Ecke Mühlhauser Str.
36.	1884/86	MH II Lindenstr. 88–90/Friedrichstr. 18 (m. A. Lindemann)
37.	1884/86	MH III Zimmerstr. 90–91/Mauerstr. 83 (m. A. Lindemann)
38.	1884/86	MH IV Dorotheenstr. 28–30/Reichstagsufer (m. A. Lindemann)
39.	1884/87	Lessinggymnasium Pankstr. 9/10
40.	1885/86	Desinfektionsanstalt Grünauer Str. 23/24, Erweiterung 1892/93 (BL K. Frobenius)
41.	1885/86	GDS Reichenberger Str. 131/132
42.	1886/87	169. u. 131. GS Tempelhofer Ufer 2 (100. Schule von Blankenstein!)
43.	1886/87	Städt. Obdach Fröbelstr. 15 (BL F. Haack u. Weber)
44.	1886/88	MH V Magdeburger Platz
45.	1886/88	MH VI Invalidenstr. 158 Ecke Ackerstr. 23
46.	1886/88	MH VII Luckauer Str. Ecke Luisenufer
47.	1886/88	MH VIII Andreasstr. 56
48. (?)	1886/88	GDS Eberswalder Str. 10
49.	1886/89	Städt. Hospital Fröbelstr. 17 u. Siechenhaus Prenzl. Allee 63–77 Ecke Fröbelstr. (BL F. Haack u. Weber)
50.	1886/90	Polizeidienstgebäude (-präsidium) Alexanderstr.
51.	vor 1887	45. GS Auguststr. 67/68
52.	1887	1. Städt. RS Alexandrinenstr. 5/6 (BL K. Frobenius)
53.	1887/90	Krankenhaus Am Urban Grimmstr. 10–16 (BL K. Frobenius)
54.	1888/89	Erweiterung Luisenstädtisches Realgymnasium durch Neubau Sebastianstr. 26
55.	1888/90	174. u. 110. GS Schönhauser Allee 166 a
56.	1888/90	172. u. 185. GS Bremer Str. 13/17
57. (?)	1889	GS Olivaer Str. 18
58.	1889	2. Städt. RS Weißburger Str. 4 a (BL F. Haack)
59.	1889/90	186. u. 111. GS Pflugstr. 12
60.	1889/91	167. u. 175. GS Putbuser Str. 23
61.	1889/93	Städt. Irrenanstalt Herzberge (Lichtenberg)
62.	1890	6. Städt. RS Belle-Alliance-Str. 80 (BL F. Haack)

63.	1890/91	3. Städt. RS Steglitzer Str. 8 a (BL F. Zekeli)
64.	1890	177. u. 191. GS Görlitzer Str. 51
65.	1890/91	MH IX Eisenbahnstr. 40
66.	bis 1891	MH XI Marheinckeplatz
67.	1890/92	163. u. 192. GS Dieffenbachstr. 51
68.	bis 1891/92	MH XIV Reinickendorfer Str. 2 d
69.	bis 1891/92	MH X Arnimplatz
70.	bis 1891/92	MH XII Badstr. 10/10 a
71.	bis 1891/92	MH XIII Wörther Str. 45
72.	1890/93	Anstalt f. Epileptische Wuhlgarten (Biesdorf)
73.	1890/93	Eingangsbau u. Kapelle Städt. Friedhof Friedrichsfelde
74.	1890/93	Umbau Mühlendammbrücken-Bebauung u. Bau Mühlendamm-Schleuse
75.	1891/93	Zentralmarkthalle (Halle II) Kaiser-Wilhelm-Str./Rochstr.
76.	1891/93	39. u. 183. sowie 196. GS Müllerstr. 158/159
77.	1892	5. Städt. RS Stephanstr. 1/2 (BL F. Zekeli)
78.	1892/93	Dorotheen-Töchterschule Turm-/Ecke Wilhelmshavener Str. 1–5
79.	1892/94	168., 182./189. u. 41. GS Stephanstr. 27
80.	1892/95	Auferstehungskirche Friedenstr. 84 (Vor-E; E u. BL A. Menken)
81.	1892/95	Erweiterung Ephraimpalais Poststr. 16
82.	1893	7. Städt. RS Mariannenstr. 47 (BL K. Frobenius)
83.	1893	8. Städt. RS Rheinsberger Str. 4/5 (BL P. Hesse)
84.	1893	4. Städt. RS Friedenstr. 84 (BL V. Dylewski)
85.	1893/94	Wiederherstellung, An- u. Umbauten Marienkirche
86.	1893/94	Arrest-Haus im städt. Arbeitshaus Rummelsburg
87.	1893/95	Erweiterung Städt. Obdach Fröbelstr. 15 (BL V. Dylewski u. M. Knopff)
88.	1894	Zwangserziehungsanstalt Rittergut Lichtenberg
89.	1894	9. Städt. RS Badst. 22 (BL P. Hesse)
90.	1895	10. Städt. RS Auguststr. 21 (BL P. Hesse)
91.	1896	11. Städt. RS Boeckhstr. 9/10 (BL K. Frobenius)
92.	1896	Pavillon d. Stadt Berlin a. d. Gewerbeausstellung Treptow (BL K. Frobenius u. Stiehl)
93.	ex. Bj. n. feststllb.	47. GS Stallschreibergasse 54
94.	ex. Bj. n. feststllb.	zwei Ratswaagegebäude
95.	ex. Bj. n. feststllb.	acht Feuerwachen
96.	ex. Bj. n. feststllb.	zwei Volksbadeanstalten
97.	ex. Bj. n. feststllb.	drei Straßenreinigungsdepots
98.	ex. Bj. n. feststllb.	Wohn- und Wirtschaftsgebäude f. städt. Gasthäuser in Treptow (u. a. Eierhäuschen), im Humboldthain u. Victoriapark
99.	NA 1877/78	Umbau Deutsche (Neue) Kirche Gendarmenmarkt
100.	NA 1878	Entwurf Heilige-Kreuz-Kirche

Veröffentlichungen H. Blankensteins (Auswahl)

– Die Kapelle zu Drüggelte. ZfB 1854, S. 397–402, Bl. 52
– Über die praktische Seite des Kirchenbaus unter Bezugnahme auf Schinkels Entwürfe. Vortrag im AV, ZfB 1868, S. 484 ff., sowie unter dem Titel „Der Bau der evangelischen Kirche als Aufgabe Schinkels und unserer Zeit". Berlin 1868
– Das neue Ziegelformat. DBZ 1869, S. 630–631
– Über die Aufnahme der Marienburg. Vortrag im AV. DBZ 1868, S. 421–423
– Die Lazarettbaracke im Kriege und im Frieden. DBZ 1870, S. 257–259 u. 263–265
– Über Gewölbeformen, namentlich im Mittelalter. Vortrag im AV. ZfB 1871, S. 283–288
– Über die Wagnerische Kanalheizung in den Kirchen Leipzigs. ZfB 1872, S. 37–44
– Der Neubau der Dorotheenstädtischen Realschule und des Friedrichs-Werderschen-Gymnasium zu Berlin. ZfB 1878, S. 5–16
– Bericht über die Untersuchung der Heizungs- und Ventilationsanlagen in den städtischen Schulgebäuden in bezug auf ihre sanitären Einflüsse. Erstattet im Auftrage des Magistrats zu Berlin und mit Genehmigung desselben veröffentlicht. Berlin 1879
– Über bautechnische Statistik. Separatdruck aus dem WAI 1879/80. Berlin 1880
– Altes aus Berlin. WAI 1881, S. 91
– Das städtische Arbeitshaus zu Rummelsburg. WAI 1882, S. 40–41, 51–54, 64–66 u. 73–74
– Die städtische Irrenanstalt zu Dalldorf. Hrsg. Magistrat zu Berlin. Berlin 1883 (mit C. Ideler)
– Der Zentral-Vieh- und Schlacht-Hof zu Berlin, seine baulichen Anlagen und Betriebseinrichtungen. Berlin 1885
– Zu welchem Zweck studieren wir die griechische Baukunst? Festrede zum Schinkelfest des AV. Berlin 1886
– Über die Ergebnisse der Wettbewerbung zum Nationaldenkmal für Kaiser Wilhelm. Vortrag im AV. Berlin 1889
– Karl Boetticher, sein Leben und Wirken. ZdB 1889, S. 315 bis 317 u. 326–329
– Das Gebäude der Stadt Berlin auf der Berliner Gewerbeausstellung 1896. DBZ 1896, S. 500
– Die Umgestaltung des Potsdamer Platzes. DBZ 1897, S. 422 bis 423

Abkürzungen

AV Architektenverein zu Berlin
BL Bauleitung
DBZ Deutsche Bauzeitung
Diss. Dissertation
E Entwurf
FB Familienbesitz Blankenstein
GDS Gemeindedoppelschule
GS Gemeindeschule
HME Heimatmuseum Eberswalde
MH Markthalle
NA Nicht ausgeführter Entwurf
RS Realschule
StAB Stadtarchiv Berlin
StAE Stadtarchiv Eberswalde
VBA Vereinigung Berliner Architekten
WAI Wochenblatt für Architekten und Ingenieure
WBU VEB Wasserstraßenbetrieb u. -unterhaltung Eberswalde
ZdB Zentralblatt der Bauverwaltung
ZfB Zeitschrift für Bauwesen
ZStA Zentrales Staatsarchiv Merseburg
(?) bei Lebensdaten unbekannter Geburts- oder Sterbeort; bei Objekten ungeklärter bzw. umstrittene Autorenschaft

Restaurierte Skulpturen der ehemaligen Schloßbrücke in Berlin

Peter Goralczyk

Der Sinn denkmalpflegerischer Arbeit besteht darin, die Bau- und Kunstwerke in ihrer geschichtlichen Aussage und künstlerischen Wirkung an ihrem originalen Standort, möglichst in ihrem ursprünglichen Zusammenhang zu erhalten oder wiederzugewinnen.

Die in zwei Etappen, am 20. September 1983 und am 26. April 1984, erfolgte Wiederaufstellung der acht 1842 bis 1857 nach einer Idee Karl Friedrich Schinkels von den Bildhauern der Rauch- bzw. Schadow-Schule Gustav Bläser, Friedrich Drake, Karl Hermann Möller, Hermann Schievelbein, Ludwig Wichmann, Albert und Emil Wolff und August Wredow geschaffenen Skulpturengruppen der ehemaligen Schloßbrücke und heutigen Marx-Engels-Brücke hat die Gültigkeit dieses Anliegens glänzend bestätigt.

Am 20. September 1983 waren die Skulpturengruppen

- Nike, einen verwundeten Krieger stützend (von Ludwig Wichmann)
- Auszug in den Kampf, Minerva neben dem Krieger (von Albert Wolff)
- Anstürmender Jüngling, dem Athena schützend zur Seite steht (von Gustav Bläser) und
- Iris, den gefallenen Helden zum Olymp emportragend (von August Wredow)

auf der Unterstromseite, zur Museumsinsel hin, und am 26. April 1984 die Skulpturengruppen

- Nike krönt den Sieger (von Friedrich Drake)
- Athena bewaffnet den Krieger zum ersten Kampf (von Karl Heinrich Möller)
- Pallas Athene unterrichtet den Knaben im Speerwurf (von Hermann Schievelbein) und
- Nike lehrt den Knaben Heldengeschichte (von Emil Wolff)

auf der Oberstromseite, zum Werderschen Markt hin, aufgestellt worden.

Nachdem nach 40jähriger Abwesenheit die nahezu homogen gelblichweißen Skulpturengruppen aus Carrara-Marmor wieder ihren Platz auf den hohen Postamenten aus rotem Granit und grauem grob-kristallinem Marmor (vor der Kriegszerstörung war es schlesischer Marmor, heute ist es Marmor aus Sandanski in der VR Bulgarien) erhalten haben, ist klar, daß sie hier am besten als Einzelkunstwerke in einem wirkungsvollen städtebaulichen Zusammenhang zur Geltung kommen.

Durch die Skulpturen auf den hohen Sockelpostamenten entsteht in der Verbindung der Straße Unter den Linden zum Marx-Engels-Platz eine neue räumlich-architektonische Form, wodurch die Brücke wieder ihr ursprüngliches gestalterisches Gewicht im Ensemble der historischen Bauten von Linden und Marx-Engels-Platz erhält.

Eine Voraussetzung für die Wiederaufstellung war die Sicherung des Bestandes der Marmorskulpturen im Außenraum unter den erschwerenden Bedingungen einer relativ hohen Luftfeuchtigkeit über dem Spreekanal, die – in Verbindung mit dem SO_2- (Schwefeldioxid) Gehalt der Luft – eine natürliche Umwandlung von Marmor, der zu 95 % aus Kalziumkarbonat besteht, in Kalziumsulfat, d. h. in Gips, fördert. Hinzu kommen ein starker Anfall von Kraftfahrzeugabgasen und eine beträchtliche Rauchgas-Emissionsrate, d. h. Faktoren, die der Steinerhaltung, wie die Beobachtungen gezeigt haben, entgegenstehen. Der allgemeine Erhaltungszustand der Figuren, die Festigkeit der Marmoroberfläche konnte – bei sehr unterschiedlichen Einzelbefunden – insgesamt als gut eingeschätzt werden. Mikroskopische Untersuchungen durch Herrn Dr. Beeger am Staatlichen Museum für Mineralogie und Geologie zu Dresden ergaben zwar, daß die Kornbindung der Kalzite durch feine Risse (in Dimensionen zwischen 0,01 bis 0,02 mm) gestört war. Die Oberfläche war aber noch nicht, wie es vergleichbare Skulpturen zeigen, durch eine allgemeine

Auflösung der Kornbindungen im Steinmaterial gekennzeichnet. Es gab auch keine Risse und Schollenbildungen. In kleinen Bereichen war an bestimmten Skulpturengruppen die Oberflächenpolitur des Marmors noch zu erkennen. Die exponierten, der Witterung intensiv ausgesetzten Skulpturenteile, wo das Wasser, unterstützt von den am Stein haftenden Schmutzpartikeln, aus der Atmosphäre in den Marmor eindringen konnte und die Kornbindung besonders durch Frostsprengung zerstörte, hatten die ursprünglich glatte Oberfläche verloren. Hier war eine Aufrauhung, ein „Sanden" zu erkennen, das in Ausmaß und Umfang je nach der Festigkeit des verwendeten Marmors für die einzelnen Figurengruppen differierte. An regengeschützten Stellen hatten sich außerdem aus Kalziumkarbonat, unter wechselnder Beteiligung von Kalziumsulfat, Sinter gebildet, die durch Schmutz- und Rußteile schwarze Schlieren bildeten.

Durch eine von Ing.-Chem. Helmut Materna vom Institut für Denkmalpflege der DDR, Arbeitsstelle Halle, vorgegebene und von der unter Leitung von Jürgen Klimes stehenden Bildhauergruppe des VEB Stuck und Naturstein Berlin ausgeführten Konservierungsbehandlung mit einem in der Steinrestaurierung heute vielfach angewendeten speziellen, kalt härtenden Silikonharz des VEB Chemiewerke Nünchritz in Sachsen sollte nun der beginnende Verfallsprozeß des Marmors gestoppt werden.

Die Voraussetzung dafür war eine gründliche Reinigung der Skulpturen durch die lang andauernde, über vier bis sechs Wochen ausgedehnte Berieselung mit klarem Wasser, wodurch der Schmutz an der Oberfläche einschließlich der versinterten Krusten zum Aufquellen gebracht und mechanisch entfernt werden konnte. Danach wurde die Oberfläche, wo es zur Entfernung festsitzender Verschmutzungen notwendig war, mit feinem Sandpapier oder Bimsstein geschliffen. An den übrigen Stellen der Skulpturen wurde auf diese Weise die sandende Schicht abgetragen und wieder eine relativ glatte Steinoberfläche hergestellt. Auf ein generelles Abschleifen des Marmors zur Herstellung einer geschlossenen, glatt geschliffenen Oberfläche wurde verzichtet.

Parallel zur Reinigung erfolgten die bildhauerischen Ergänzungen. An der Gruppe „Der Gefallene wird in den Olymp getragen" wurden die Hand und das Schwert des Kriegers nach Fotos und Zeichnungen ergänzt, an der Gruppe „Der junge Held wird von Athena unterstützt" das Schwert des Kriegers und teilweise die Lanze der Athena. An der Gruppe „Nike lehrt den Knaben Heldengeschichte" wurde die Schrift auf dem Schild nachgesetzt. Hinzu kamen zahlreiche Ergänzungen an den Flügelspitzen, den Blattspitzen der Kränze, den Gewandsäumen, die mit einer Marmorspachtelmasse aus transparentem Polyesterharz als Bindemittel und feinkörnigem Marmorgrieß angetragen wurden.

Die anschließende Konservierungsbehandlung, nach einer gründlichen Trocknung, bestand aus dem Festigen der stark angegriffenen mürben Steinpartien durch das ein- und mehrmalige sättigende Auftragen der Silikonharzlösung (gelöst in Azeton oder Toluol) in einer Verdünnung von 1:2 bis 1:3, wobei klar war, daß wegen der fehlenden Porosität des Marmors im Gegensatz zum Sandstein eine Verfestigung nur im Mikrobereich der Oberfläche möglich war, sowie einer abschließenden Hydrophobierung der gesamten Oberfläche durch das Auftragen und Aufsprühen der Silikonharzlösung in einer Verdünnung 1:5 bis 1:7. Einzelne dunkle Partien, an denen der Schmutz so tief in das Gefüge eingedrungen war, daß er mit der vorsichtigen Reinigung nicht entfernt werden konnte, wurden durch lasierend aufgetragene Retuschen mit mineralischen Pigmenten (Titan-Weiß usw.) in Silikonharzlösung in der Verdünnung 1:5 bis 1:6 als Bindemittel der helleren Umgebung angeglichen. Auch in die Silikonharzlösung zur Hydrophobierung wurde etwas Farbpigment gegeben.

Eine weitgehend homogen wirkende Oberfläche war damit wieder hergestellt. Der Glanz und die leicht transparente Wirkung, die den Marmor ursprünglich auszeichnete, konnten jedoch nicht wieder erreicht werden.

Regelmäßige restauratorische Untersuchungen der Figurengruppen sollen ergeben, welchen Effekt Reinigung und Konservierung haben und welche Maßnahmen eventuell weiter ergriffen werden müssen, um die Skulpturen an ihrem Standort auf der Brücke zu erhalten.

Eine erste Untersuchung aller Skulpturengruppen durch die Bildhauer des VEB Stuck und Naturstein Berlin und die Vertreter des Institutes für Denkmalpflege im September 1985 hat zu der generellen Feststellung geführt, daß die Restaurierungen sich bewährt haben. Von einem speziell für die Brücke konstruierten fahrbaren Gerüst wurde die Skulpturen untersucht. Nach einer neuerlichen vorsichtigen Reinigung mit klarem Wasser wurde partiell an exponierten Stellen, die an der Oberfläche eine Lockerung der Kornbindung, ein Absanden, zeigten, mit der o. g. Silikonharzlösung erneut gefestigt. Die Marmoroberfläche erwies sich jedoch zu 95 % als fest. In großen Partien war auch die Hydrophobierung noch wirksam. So konnte man sich auch hier auf eine partielle Nachhydrophobierung beschränken. Als günstig hat sich eine jährliche Reinigung erwiesen, da nur so ein Festwerden der Schmutzablagerungen vermieden werden kann. Die Untersuchung hat zusammengefaßt ergeben, daß nach den abgelaufenen zwei Jahren jedenfalls weitergehende

Maßnahmen zum Schutz der Bildwerke, wie eine evtl. Einhausung bzw. ein Ersatz durch Kopien, noch nicht notwendig sind.

Im Zusammenhang mit der Wiederaufstellung der Skulpturengruppen auf der Brücke wurden der Sandstein der Brückenbögen, der Strompfeiler und der Widerlager mit Natursteinvierungen ausgebessert. Der nordöstliche Brückenbogen, nach den Kriegszerstörungen in Beton wiederhergestellt, erhielt überhaupt erst einmal die hier vorgesehene Sandsteinverkleidung.

Die Brücke wurde im Gehwegbereich instandgesetzt. Dabei konnte auch auf der Südseite, der Oberstromseite, die alte Form der Pflasterung, Granitplatten mit Mosaikpflaster in den Randbereichen, wiederhergestellt werden.

Die modernen Beleuchtungsmasten auf der Brücke wurden entfernt und durch vier zweiarmige Kandelaber auf jeder Straßenseite, in der ursprünglichen Anordnung vor den Figurenpostamenten stehend, ersetzt.

Das Vorbild für die neu angefertigten Ausleger war ein noch vorhandener ursprünglich fünfarmiger Kandelaber in der Zinsgutstraße in Berlin-Adlershof. Er mußte den Bedingungen der Elektrifizierung angepaßt und dabei etwas verändert werden. Die Lichtquelle in den traditionellen Leuchten bilden Quecksilberdampflampen, deren weißes Licht durch getönte Scheiben gemildert wird. Das Vorbild für den gußeisernen Lampenmast war ein Kandelaber aus dem Bötzowviertel im Stadtbezirk Prenzlauer Berg.

Die Arbeiten zur Restaurierung der Brücke wurden mit einer Reinigung und einer neuen farblichen Fassung der gußeisernen Brückenwangen und der Kandelaber in der ursprünglichen Tönung, einem Dunkelgrün, das einer patinierten Bronze entspricht, vorerst abgeschlossen. Im Mai 1984 war die Marx-Engels-Brücke in ihrer historischen Form weitestgehend wiederhergestellt.

Inzwischen sind auch die Modelle für die Adlermedaillons, die ursprünglich die Figurenpostamente in halber Höhe schmückten, aus Berlin (West) eingetroffen. Sie werden gegenwärtig in Marmor übertragen und dann als Schlußpunkt der Restaurierung wieder angebracht.

Das ehemalige Berliner Postfuhramt

Karl-Heinz Laubner

Zur Baugeschichte und denkmalpflegerischen Erhaltung

Am Anfang des 18. Jahrhunderts lag das Berliner Posthaus (Hofpostamt) in der Poststraße (an der Ecke Post- und Königstraße). Zu dieser Zeit hielten die ein- und abgehenden Posten in Berlin, nachdem sie die Festungstore passiert hatten, am Posthaus. Die Postillione gaben hier die Ladungsgegenstände – u. a. Briefbeutel, Pakete – ab bzw. empfingen neue. Die eingeschriebenen Reisenden begannen bzw. beendeten am Posthaus ihre Reise oder fuhren mit einer anschließenden Post weiter. Den Berliner Postfuhrbetrieb leitete in jener Zeit das Hofpostamt. Zur Betriebsabwicklung setzte es Postillione ein. Zur besseren Beaufsichtigung des Postfuhrbetriebes und zur schnelleren Einsatzmöglichkeit der Postillione wurde für sie eine gemeinsame Unterkunft erforderlich. Als Standort eines Postillionhauses schlug im Jahre 1705 der preußische General-Erbpostmeister Graf v. Wartenberg das unbebaute Gelände nordwestlich der Straßenkreuzung Oranienburger Straße, Ecke Wassergasse (später Artillerie-, heute Tucholskystraße) vor. Wartenberg, ein Günstling des preußischen Königs Friedrichs I., erwarb 1706 den kurfürstlichen Garten an der Oranienburger Straße und ließ dort 1708 durch Eosander v. Göthe nach dem Abriß der Vorwerksgebäude ein Gartenschloß (genannt Monbijou) errichten.

Für den Bau des Wohngebäudes für Postillione (1705–1713) sammelten die Postbediensteten 5662 Reichstaler. Der König schenkte 1709 weitere 1500 Reichstaler und gab 1000 Reichstaler als Vorschuß hinzu. 1713 wurde das Wohngebäude für die Postillione fertiggestellt und mit dem Bau von Ställen begonnen. Am 14. Oktober 1713 erschien ein Reglement für das Postillionshaus. Genaue Darstellungen und Beschreibungen sind von dem damaligen Postillionshaus nicht mehr vorhanden. Die Gebäudewiedergabe zum Beispiel im Berliner Stadtplan von Busch (1738) ist ungenau. Bis 1766 wurde u. a. außerdem ein weitläufiges zweigeschossiges Gebäude für Postpferde und den Postwagen für die „ordinairen" und die Extraposten errichtet. Aus dem Postillionshaus entstand 1766 eine selbständige, vom hiesigen Hofpostamt abhängige Posthalterei, die Hofposthalterei, mit der Wohnung des königlichen Posthalters. Sie stand nach 1866 noch auf den Grundstücken Oranienburger Straße 35/36 und Artilleriestraße 4a/b. Am 1. Februar 1874 kam das Postfuhrwesen in reichseigene Verwaltung, da der Privatbetrieb den schwierigen betrieblichen Verhältnissen, z. B. im innerstädtischen Postverkehr (Güterpost-, Zustellpostfahrten usw.), wegen des ansteigenden Postverkehrs nicht mehr genügte. Bereits 1873 kaufte die Reichspostverwaltung das Grundstück der Hofposthalterei, um dort die betrieblichen Bedingungen für das Postfuhrwesen zu verändern. Wohngebäude und Ställe befanden sich in einem schlechten baulichen Zustand. Im März 1874 führte eine Krankheit unter den Pferden zu erheblichen Verlusten. Ursachen waren die alten, gesundheitswidrigen Ställe und die Überanstrengung der Pferde. Der Pferdebestand wurde daraufhin von 109 auf 380 erhöht. Neue und größere Räume für das Postfuhramt waren nun erforderlich.

Auf dem 6597 m² großen Grundstück an der Oranienburger Ecke Artillerie- und Auguststraße errichtete Tuckermann 1875–1881 nach dem Plan des Regierungsbaurates C. Schwatlow für 1 277 308 Mark Baukosten eine neue Gebäudeanlage für das Berliner Postfuhramt. Zusätzlich zum Hauptgebäude entstanden auf dem Hof zwei große Pferdeställe, eine Beschlagschmiede, ein Wagenhaus und ein Kessel- und Maschinenhaus mit einem 30 m hohen Schornstein. In den beiden 1348 m² großen Ställen konnten 240 Pferde in zwei Geschossen untergebracht werden. Die unteren Ställe waren in das Erdreich eingelassen, zu den oberen führten Rampen hinauf. Über den Ställen lagen die Schlafsäle der Postillione, die Kleiderkammer und die Sattlerei. In dem Hauptgebäude wurden außer dem Postfuhramt noch das Annahme-Postamt 24, teilweise das Fernsprechamt 3, die Paketausgabe des Paketpostamtes und eine Rohrpostmaschinenstelle für den Stadtrohrpostbetrieb (eingeführt 1876) untergebracht. Ferner enthielten die Gebäude mehre Dienstwohnungen, Unterrichtsräume der Post- und Telegrafenschule (1885–1905), einen 350 m² großen Versammlungsraum mit den erforderlichen Nebenräumen. Das Hauptgebäude konnte vom Postfuhramt allein nicht voll genutzt werden, so daß es in den folgenden Jahrzehnten wiederholt vorübergehend verschiedene andere Postdienststellen aufnahm.

Die in Ziegelverblendung mit farbigen Terrakotten für die Fensterverkleidungen, für Gesimse und schmückende Beiwerke ausgeführte Fassade des dreistöckigen Hauptgebäudes zeigt Formen der italienischen Renaissance. Als schmückendes Beiwerk an der Fassade zwischen den Fenstern im zweiten und dritten Geschoß versinnbildlichen zwölf pausbackige Putten, umgeben von Früchten und Blattwerk, die Aufgabe des Post- und Telegrafenwesens. Die einzelnen Putten stellen einen blasenden Postillion mit einem versiegelten Brief in der linken Hand, einen beim Ablesen eines Morsebandes, den Handel (in einer Hand die Ware, in der anderen einen Geldbeutel) und die Energie (in der Hand ein Blitzzeichen) dar. Die Fensterverkleidung im zweiten und dritten Geschoß zeigt Blattwerk zwischen den Doppelfenstern mit Säulen und Posthörnern. Zwischen den Rundbögen der Fenster im Erdgeschoß befinden sich 26 Porträts (ein Porträt wurde im zweiten Weltkrieg vernichtet) von Männern von der Antike bis zur Neuzeit, deren Entdeckungen bzw. Verdienste für das Post- und Telegrafenwesen bedeutungsvoll waren: Darius I., Sohn des Hystaspes, Herodot, Marcus Agrippa, Marco Polo, Johann Gutenberg, Christoph Kolumbus, Franz v. Taxis, Nikolaus Kopernikus, Luigi Galvani, James Watt, Alessandro Volta, Johann F. v. Seegebarth, Karl August v. Hardenberg, Alexander v. Humboldt, Ferdinand v. Nagler, Carl F. Gauß, Gottlieb H. Schmückert, Benjamin Franklin, George Stephenson, Hans Christian Örstedt, Samuel Morse, August v. d. Heydt, Werner v. Siemens, Carl August Steinheil, Gustav R. Kirchhoff.[1]

An der Ecke Oranienburger und Tucholskystraße liegt in einer mächtigen Bogenöffnung der Eingang zur früheren Schalterhalle des Annahme-Postamtes 24, die durch eine große runde Kuppel mit Kassettendecke (kleine Rosetten) abgeschlossen ist. Der 1937/38 erfolgte Einbau einer Zwischendecke (zwischen Erd- und erstem Geschoß) zum Vermeiden von Zugluft in der Schalterhalle beeinträchtigt die monumentale Wirkung der Schalterhalle und des Kuppelbaus. Außerdem wurde durch die Beseitigung der Verglasung im Turmdach und im oberen Teil der Kuppel nach 1937 ein Lichteinfall von oben in den Kuppelbau unterbunden. Der halbrunde Kuppelbau wird außen durch eine weitere achtseitige Kuppel eingefaßt. Vor ihm befinden sich zwei kleinere Kuppeln, die durch Lindenblätter verziert sind.

Die Fensterfront in der Bogenöffnung, die über drei Stockwerke reicht, schmücken Blattwerk und Posthörner. Am Eingangsportal zur ehemaligen Schalterhalle befinden sich mehrfach wiederholende Schmuckelemente (Blattwerk) und vier Putten, die den Postillion, den Handel, das Telegrafenwesen und die Energie darstellen. Am Dachgeschoß des Eckgebäudes stand zwischen den beiden kleinen Kuppeln eine Gruppe allegorischer Figuren aus Sandstein. Sie stellte Merkur (rechts) in einem Schiff mit den Zeichen des Handels, einen Postillion (links) mit liegendem Pferd und dazwischen die Figur einer Frau dar, den Merkurstab in der rechten Hand und einen Schild in der linken haltend. Die teilweise schwer beschädigte Figurengruppe wurde nach 1953 abgetragen und kommt 1987 auf das Gebäude zurück.

Den Gebäudeteil in der Tucholskystraße schmückt über dem Turnhallenteil eine Balustrade mit zwei allegorischen Figurengruppen, von denen eine im Sockel die Bezeichnung „Kosmos" trägt. Der Gestalter der Figurengruppe ist unbekannt.

Auf dem Posthof ist ein Wandrelief von H. Steinemann, einem Schüler von Friedrich Drake (1805–1882), aus dem Jahre 1878 zu sehen. Das Relief – ohne genaue Bezeichnung – zeigt eine „Schnellpost", wie sie einst üblich war. Die Versorgung der vier Pferde ist gerade beendet. Der eine Pferdebesorger hat die Tiere getränkt und geht mit dem Futtersack über der Schulter zum Posthaus zurück. Ein anderer schirrt die Pferde ein. Der Postillion auf dem Bock ordnet die Zügel. Vorn im Postwagen sitzt als Reisender der Generalpostmeister Stephan, während sich am Fenster der Wagentür ein weiterer Reisender von Frau und Kindern verabschiedet. Im Hintergrund befindet sich ein mittelalterliches Stadtbild, unter anderem mit einem Wehrturm, einer Kirche und einem Haus mit umlaufender Galerie. Ein Storch nistet auf dem Hausdach.

Die Hofseite des Kuppelbaus nimmt in drei „blinden" Fenstern farbig gezeichnete Putten als Postbote (mit Stab), als Postillion und als Telegrafist mit dem Morseband auf. Im Gebäude führt am Eingang Tucholskystraße eine marmorne Treppe vom Erdgeschoß zum ersten Stockwerk hinauf. Der Flur im ersten Stockwerk ist mit bunten Fliesen (um 1880) ausgelegt. Zwei gußeiserne Säulen weisen in diesem Stockwerk noch auf die Gießkunst von einst hin.

Die Kriegsschäden an den Gebäuden waren

erheblich. In der Nacht zum 23. November 1943 beschädigten Brand- und Sprengbomben den Gebäudeteil in der Tucholskystraße. Der Teil in der Oranienburger Straße brannte nach einem Luftangriff am 19. Mai 1944 bis zum ersten Stockwerk aus. Von 1945 bis 1973 war in dem Gebäude das Postfuhramt untergebracht, danach der Postzeitungsvertrieb (Handel) und weitere Dienststellen.

Seit 1973 läßt die Deutsche Post in „kleinen Schritten" durch G. Gohlke die Fassade des früheren „Postfuhramtes" wieder herstellen. Es wurden zunächst Versuche zur Reinigung der Fassade (Schmuckelemente) in der Oranienburger Straße unternommen. Die Wiederherstellungsarbeiten an der Fassade der Balustrade und den zwei Figurengruppen in der Tucholskystraße begannen 1975. Die Sandsteinfiguren an der Balustrade wurden gereinigt, beschädigte bzw. fehlende Teile ersetzt oder ergänzt und gegen weitere Verwitterung die Sandsteinporen zunächst mit Kunstharz geschlossen. 1978 konnte die Renovierung der beschädigten Fensterverkleidung in der Oranienburger Straße abgeschlossen werden. 1979 erfolgte weitgehend das Beseitigen von Schadstellen am Gebäude in der Tucholskystraße. 1982 wurde mit der Ausbesserung weiterer Schadstellen und der Farbgestaltung des Gebäudes in der Oranienburger Straße begonnen, die 1984 abgeschlossen wurde. 1985 begann G. Gohlke mit der Farbgestaltung der Gebäudefassade in der Tucholskystraße. Im gleichen Jahr erfolgte der Einbau der von H. Eichberg handgearbeiteten Tür zur ehemaligen Schaltervorhalle im Kuppelbau. 1986/87 wird mit der Restaurierung des Eckgebäudeteils einschließlich Turm und Kuppelbau begonnen.

Von der Deutschen Post sollte bei den weiteren denkmalpflegerischen Arbeiten im ehemaligen Postfuhramt das Entfernen der 1937/38 eingebauten Zwischendecke im Kuppelbau und eine Wiederverglasung von Turmdach und Kuppelbau vorgesehen werden. Weiterhin wäre zu prüfen, inwieweit der frühere Hörsaal der Post- und Telegrafenschule (später Versammlungsraum mit 340 m^2), der jetzt zweckentfremdet als Turnhalle genutzt wird, in seiner ursprünglichen Form wiederhergestellt werden könnte, um als Raum für Versammlungen, wissenschaftliche Tagungen, Konferenzen usw. genutzt zu werden.

Mit den Restaurierungsarbeiten am ehemaligen Postfuhramt leistet die Deutsche Post denkmalpflegerisch einen Beitrag zur Erhaltung kultureller Werte. Nach Abschluß der Restaurierungsarbeiten wird Berlin an einem historischen Standort einen interessanten Bau zurückerhalten.

Anhang

Anmerkungen

[1] 1. Darius I., Sohn des Hystaspes (521–485 v. u. Z.), König des Persischen Reiches, reorganisierte u. a. das Münz- und Postwesen, dazu den Nachrichtendienst (Anfänge der Nachrichtenübermittlung durch Boten). 2. Herodot (484–425 v. u. Z.) schrieb über seine Reisen durch Asien und Afrika. 3. Marcus Agrippa (um 62–12 v. u. Z.), römischer Feldherr und Staatsmann. Er ließ das Römische Reich vermessen und von ihm eine Karte anfertigen. 4. Marco Polo (1254–1324), der venezianische Kaufmann veröffentlichte einen Bericht über seine Ostasienreise. 5. Johann Gutenberg (gest. 1468), Erfinder des Buchdrucks. 6. Christoph Kolumbus (1451–1506), Entdecker Amerikas. 7. Franz v. Taxis (1460–1517), war seit 1500 Postmeister in den habsburgischen Niederlanden und Burgund. 8. Nikolaus Kopernikus (1473–1543), polnischer Arzt und Astronom. 9. Luigi Galvani (1737–1798), italienischer Mediziner und Naturforscher. 10. James Watt (1736 bis 1819), englischer Ingenieur, erfand 1769 die erste betriebsfähige Dampfmaschine. 11. Alessandro Volta (1745–1827), italienischer Physiker. 12. Johann Friedrich v. Seegebarth (1747–1823), preußischer Generalpostmeister, führte 1821 die Schnellposten ein. 13. Karl August v. Hardenberg (1750 bis 1822), preußischer Staatskanzler. 14. Alexander v. Humboldt (1769–1859), begründete u. a. die moderne Länderdarstellung. 15. Ferdinand v. Nagler (1770–1846), preußischer Generalpostmeister, führte 1824 die Landzustellung ein, 1827 die Berliner Stadtpost, 1838 die Beförderung von Postsendungen auf der Eisenbahn. 16. Carl Friedrich Gauß (1777–1855), Mathematiker. 17. Gottlob Heinrich Schmückert (1790–1862), preußischer Generalpostmeister, entwickelte den Eisenbahnpostdienst, 1850 Einführung von Oberpostdirektionen. 18. Benjamin Franklin (1700–1790), erfand 1752 den Blitzableiter. 19. George Stephenson (1781–1848), der englische Ingenieur baute 1814 die erste Lokomotive. 20. Hans Christian Örstedt (1777–1851), dänischer Physiker. 21. Samuel Morse (1791–1872), erfand 1837 den elektromagnetischen Schreibtelegrafen. 22. August v. d. Heydt (1801–1874), preußischer Staatsminister, ihm unterstand 1848–1867 das Generalpostamt. 23. Werner v. Siemens (1816–1892), Ingenieur, Physiker. 24. Carl August Steinheil (1801–1870), Physiker. 25. fehlt. 26. Gustav Robert Kirchhoff (1824–1887), Physiker.

Wohnhäuser und Wohnverhältnisse der Rosenthaler Vorstadt von Berlin

*Rudolf Skoda**

Vorbemerkung

Nicht nur Art, Größe und Zustand des Einzelraumes, der Wohnung oder des Hauses sind maßgebend für die Einschätzung der Wohnkultur der Menschen. Wesentliche Kriterien sind darüber hinaus die Stellung der Häuser zueinander, die gesamte Erschließung der Siedlung, des Stadtteiles oder der Stadt sowie die verkehrsmäßigen Beziehungen zwischen den betreffenden Wohngegenden und den Produktions-, Versorgungs-, und Kulturzentren...

Gründung der Siedlung

Die verschiedenen Bemühungen seiner Vorgänger, Berlin zu einem einheitlichen Stadtgebilde mit möglichst repräsentativem Charakter zu machen, setzte König Friedrich II. fort. Neben den in der baugeschichtlichen Literatur hinreichend behandelten königlichen Privatbauten und den prächtigen Palästen des Adels, der wohlhabenden Manufakturisten und Kaufherren waren es auch mehrgeschossige Wohnungsbauten, durch die den Hauptstraßen Berlins ein großstädtisches Aussehen verliehen werden sollte.[1] Diese rege Bautätigkeit hatte eine große Anzahl fremder Bauarbeiter herbeigezogen. So befanden sich 1751 unter 535 Zimmergesellen 214 Ausländer (40,0%) und unter 715 Maurergesellen 294 Ausländer (41,0%). Die meisten von ihnen kamen alljährlich aus der Erzgebirgsgegend um Plauen, dem sogenannten „Voigtland", arbeiteten in der Regel von April bis September in der Hauptstadt, um dann – sobald die Arbeiten an den Bauten eingestellt wurden – in ihre Heimat zurückzukehren und dort das ersparte Geld auszugeben. Das widersprach jedoch der preußischen Wirtschaftspolitik so sehr, daß man auf eine rasche Änderung sann. Um das Geld im Lande zu behalten und außerdem den häufig auftretenden Mangel an Arbeitskräften zu beseitigen, sollte den voigtländischen Gesellen eine neue Heimat in Berlin geschaffen werden.

Von Friedrich II. selbst ist der Gedanke aus-

---

* 1968 verteidigte Rudolf Skoda an der Hochschule für Architektur und Bauwesen Weimar seine Dissertation „Wohnhäuser und Wohnverhältnisse der Stadtarmut, dargestellt insbesondere an der Rosenthaler Vorstadt von Berlin zwischen 1750 und 1850" – die erste umfassende Untersuchung zum Bauen und Wohnen in einer der ehemaligen Berliner Vorstädte oder besser: in einer für ihr Wohnungselend berüchtigten Berliner Vorstadt.
Nachdem Geist und Kürvers in Band 1 ihrer Geschichte des Berliner Mietshauses (Johann Friedrich Geist/Klaus Kürvers: Das Berliner Mietshaus 1740–1862, München 1980) sich u. a. auf Skodas Untersuchungen bezogen, in Band 71 der Veröffentlichungen zur Volkskunde und Kulturgeschichte des Zentralinstituts für Geschichte der Akademie der Wissenschaften der DDR (Vom Bauen und Wohnen. 20 Jahre Arbeitskreis für Haus- und Siedlungsforschung in der DDR. Herausgegeben von Hans Jürgen Rach unter Mitarbeit von Lotar Balke, Karl Baumgarten und Hermann Wirth, Berlin 1982) die gekürzte Fassung des Abschnittes der Dissertation über die sogenannten „Wülknitz'schen Familienhäuser" veröffentlicht wurde, erschien mit dem Titel „Das Voigtland" in den „Miniaturen zur Geschichte, Kultur und Denkmalpflege Berlins" des Kulturbundes der DDR 1986 erstmals – nur unwesentlich gekürzt – das wichtigste Kapitel der Arbeit, das Kapitel 4 mit der o. g. Überschrift – ergänzt durch Auszüge aus dem Kapitel 6.
Dieses Kapitel 4 der Dissertation Skodas liegt auch dem hier abgedruckten Text zugrunde. Es wurde aus Raumgründen gestrafft, und leider mußte aus diesen Gründen auch auf den das Kapitel abschließenden Abschnitt „Wülknitz'sche Familienhäuser" verzichtet werden.
Für die Forschung wichtig sind allerdings auch die übrigen Kapitel der Arbeit: 1 (Bedeutung, Ziel, Grenzen der Untersuchung, Forschungsstand 1968), 2 (Zur Methodologie), 3 (Wohnhäuser und Wohnverhältnisse allgemein bzw. in verschiedenen Orten), 5 (Zusammenfassung und Hinweise für eine weitere Bearbeitung des Themenkreises) sowie der Band II der Dissertation mit den Kapiteln 6 und 7: die beispielhafte Dokumentation zur Baugeschichte o. g. Viertels mit den Auszügen aus den Grundstücksakten der Rosenthaler Vorstadt einschließlich der Rekonstruktionszeichnungen.
Dieter Winkler

gegangen, vor der Rosenthaler und Hamburger Landwehr – der König war während des Baues des Invalidenhauses öfter in dieses Gebiet gekommen – eine Siedlung anzulegen. In einer „Kabinets-Ordre" gab er nämlich am 22. 9. 1751 dem damaligen Kommandanten von Berlin, Graf v. Hacke, seine Gedanken bekannt.[2]...

Aus diesem Schreiben gehen eindeutig die wirtschaftspolitischen Erwägungen hervor, die zur Gründung der Siedlung führten. Auch die Wahl des Standortes ist in diesem Sinne zu verstehen, hatte doch Friedrich II. zu Beginn seiner Regierungszeit (1740) den dort befindlichen Wald abholzen lassen, mit dem Ergebnis, daß bald eine große Fläche mit unfruchtbarem Triebsand, der bei heftigem Sturm zu kleinen Sandhügeln zusammengeweht wurde, entstanden war. Mit dem Entschluß, die Bauarbeiter gerade dort anzusiedeln, war offensichtlich der Gedanke verbunden, diese öde Gegend unmittelbar vor der Stadt beseitigen zu können.

Am 30. 5. 1752 erfolgte mit der Verteilung des Landes die Gründung der neuen Ansiedlung, die bald wegen der Herkunft ihrer Bewohner „Neu-Voigtland", bzw. „Voigtland"[3] genannt wurde. Die ersten 30 Parzellen erhielten die ausländischen Maurer- und Zimmergesellen, die zuerst bauen sollten, zugewiesen. Wie ihre Auswahl erfolgte, ist nicht bekannt. Eine Bedingung war jedoch, daß sie verheiratet waren.

Der Planung entsprechend – es sollten 4 „Reihen" angelegt werden – vergab man zunächst in der ersten und zweiten Reihe je 15 Parzellen, auf denen sofort mit dem Bau der Wohnhäuser begonnen wurde. Im Jahre 1754 erfolgte dann die Bebauung der dritten und vierten Reihe mit „Kolonistenhäusern", wie diese Wohnbauten genannt wurden.

Der Siebenjährige Krieg setzte dem weiteren Ausbau der Siedlung zunächst ein Ende. Preußen – durch die eigenen Raubzüge geschwächt – war nach dem Hubertusburger Frieden (1763) auch als Sieger wirtschaftlich nicht in der Lage, die Kriegsfolgen schnell zu beseitigen. Sicher war das auch ein Grund, daß noch im Jahre 1770 der Plan scheiterte, 100 „ausländische" Gärtnerfamilien unmittelbar westlich des sich inzwischen weiterentwickelten „Voigtlandes" anzusiedeln. Es waren offensichtlich nicht die finanziellen Mittel vorhanden, um das Bauland zu kaufen. Der Preis in Höhe von 16 Groschen, den Berliner Bürger für 1 Morgen forderten, wurde als zu hoch befunden. So mußte man sich zunächst damit begnügen, 10 Gärtnerfamilien unmittelbar vor dem Hamburger Tor an einem bestehenden Sandweg – der Ostseite der späteren Gartenstraße – anzusiedeln. Jede Familie erhielt ein Haus und 4 Morgen Land, offensichtlich auch mit dem Ziel, dadurch die Sandwüste vor der Stadt zu beseitigen.

Wenn sich auch die Rosenthaler Vorstadt, wie dieses Gebiet etwa von der Jahrhundertwende an offiziell bezeichnet wurde, in der Folgezeit weiterentwickelte – planmäßige Erweiterungen blieben aus. Erst in den Jahren 1820 bis 1824 wurde mit der Errichtung von 5 mehrgeschossigen Wohnhäusern an der Westseite der Gartenstraße ein größeres Bauvorhaben durchgeführt. Diese Wohnungsbauten sind unter der Bezeichnung „Wülknitz'sche Familienhäuser" bekannt geworden.

Auch die Grundstücks-Bebauung der übrigen Straßen wurde fortgesetzt. Die teilweise noch zweigeschossigen Gebäude wurden entweder – wenn der bauliche Zustand es erforderte – abgebrochen und durch höhere Neubauten ersetzt oder zunächst aufgestockt. Vor allem aber nutzte man die Grundstückstiefe immer mehr aus, indem besonders in der zweiten Hälfte des 19. Jahrhunderts teilweise mehrere Hintergebäude, die oft durch Seitengebäude verbunden waren, errichtet wurden. Anfang des 19. Jahrhunderts legte man zwischen Bergstraße und Gartenstraße – im Bereich des heutigen Heinrich-Zille-Parks – den Sophien-Kirchhof an ...

Grenzen

Das Untersuchungsgebiet hat eine Größe von etwa 19 ha. Es lag im 18. Jahrhundert unmittelbar vor der Stadtmauer im Norden Berlins zwischen dem Rosenthaler und Hamburger Tor und umfaßte das Gebiet, das heute von folgenden Randstraßen begrenzt wird:

Invalidenstraße	im Norden
Brunnenstraße	im Osten
Wilhelm-Pieck-Straße	im Süden
Gartenstraße	im Westen ...

Städtebauliche Erschließung und allgemeine Verhältnisse

Straßen

Da ein Bebauungsplan aus der Zeit der Anlage der neuen Siedlung fehlt, müssen wir uns mit den verfügbaren Stadtplänen begnügen. Lokalisiert wurden die Grundstücke nach Reihen[4] oder „Linien"[5]. Zwischen bzw. neben diesen waren etwa 18 m breite Wege, die zunächst aus tiefem Sand, der sich bei längeren Regenperioden in Morast und kleine Seen verwandelte, bestanden. Der relativ große Abstand der gegenüberliegenden Baufluchten war für die friderizianischen Siedlungen typisch. In der 1751 gegründeten Webersiedlung Nowawes betrug die Straßenbreite einschließlich Grünstreifen und Gehbahn 15, 35 und 45 Meter. Grund für diese „Großzügigkeit" dürfte im wesentlichen die Tatsache gewesen sein, daß der jeweils zur Verfügung gestellte Boden vollkommen verwüstet, unfruchtbar und damit ohne Wert war.

Eine Trennung zwischen Geh- und Fahrbahn gab es zunächst nicht, jedoch wurden an den bei starkem Regen besonders gefährdeten, leicht überschwemmten Stellen im Schrittabstand Steine zur besseren Passage verlegt.

Die 4 Reihen von Parzellen wurden im Norden von der Trasse der späteren Invalidenstraße, im Süden von der Thorstraße (jetzt Wilhelm-Pieck-Straße) begrenzt.

Die im Osten des Untersuchungsgebietes gelegene „Reihe" führte vom Rosenthaler Tor in Richtung Nord-Nordwest. Sie bestimmte später die Trasse der Brunnenstraße.

Etwa 230 m westlich davon – stets an der Südgrenze des Gebietes gemessen – schlossen sich die zweite und dritte Reihe an, deren Abstand voneinander für die Trasse der späteren Ackerstraße verbindlich waren. Parallel zur dritten Reihe folgte dann 115 m weiter westlich die vierte Reihe, deren Erschließungsweg später zur Bergstraße ausgebaut wurde. Der bereits bestehende, in nordwestlicher Richtung führende Sandweg etwa 130 m weiter westlich der vierten Reihe wurde später zur Gartenstraße ausgebaut. Er blieb bis 1770 ohne jede Bebauung.

Wann diese Erschließungswege ihre auch heute noch üblichen Namen erhalten haben, ist aus einem Schreiben des Polizei-Direktoriums aus dem Jahre 1801 an den König ersichtlich, in dem u. a. der Wunsch der Einwohner des Voigtlandes vorgetragen wird, die Straßen mit Namen zu belegen. Auch die fünfte Reihe, für die man den Namen Gartenstraße ausgewählt hatte, wurde erwähnt.[6] Mit dem Antwortschreiben vom 18. 2. 1801 erfolgte die Zustimmung zur Straßenbenennung.[7] Die Straßen folgten dem vorhandenen leichten Geländegefälle. Die „mittlere Straße" – die spätere Ackerstraße – hatte nach einer Aktennotiz vom 9. 7. 1789 eine Länge von 980 Fuß, d. h. 307,72 m.[8] Die Straßenbreite wurde dabei mit 60 Fuß, d. h. 18,84 m angegeben.

Die damals festgelegten Häuserfluchten haben sich bis heute nicht verändert, denn bei dem weiteren Ausbau der Brunnen-, Berg- und Gartenstraße sind die Straßenbreiten übernommen worden.

Die Befestigung der Straßen ging nur zögernd vonstatten. Obwohl die Grundstückseigentümer zu jener Zeit verpflichtet waren, Straße und Gehbahn zu pflastern, gab es noch im Jahre 1822 in der Rosenthaler Vorstadt unbefestigte Straßenabschnitte. Wie z. B. aus einem Schreiben aus dem Jahre 1822 hervorgeht, war noch zu diesem Zeitpunkt ein Teil der Ackerstraße nicht gepflastert.[9] Der damalige Eigentümer des Grundstückes Ackerstraße 1 – ein gewisser Kley – bat mehrmals, zuletzt am 30. 7. 1822[10], um Aufschub, da er auf Grund von „Familienunannehmlichkeiten und außenstehender Gelder" (Mieten?) nicht in der Lage war, Fahrbahn und Gehbahn zu pflastern. Sogar noch im Jahre 1831 wandte sich der Chirurg Kleyley an das Polizeipräsidium, mit der Bitte, das Pflastern des Bürgersteigs vor seinem Haus – Ackerstraße 57 – noch etwas verschieben zu dürfen, da er augenblicklich nicht in der Lage war, die dazu nötigen Mittel aufzubringen.[11] Allmählich setzte sich jedoch auch in der Rosenthaler Vorstadt die Befestigung der Straßen durch, und im Jahre 1842 wurden sogar hinsichtlich des Materials bestimmte Forderungen gestellt. Im Zusammenhang mit der Erteilung der Baugenehmigung für ein neues Wohnhaus in der Ackerstraße 6 verlangte man das Verlegen von Granitplatten „in der Mitte des Bürgersteiges nach dem Reglement"[12]. Bis zum Jahre 1818 wurde das Straßenpflaster ausschließlich aus gewöhnlichen runden Granitfeldsteinen ohne Kiesbettung hergestellt. Von 1826 an pflasterte man stark frequentierte Straßen mit rechtwinklig behauenen Granitsteinen und etwa ab 1840 setzte sich eine 16 cm dicke Kiesbettung durch. In der Mitte des 19. Jahrhunderts waren auch in der Rosenthaler Vorstadt sämtliche Straßen gepflastert und auf den Gehbahnen Granitplatten verlegt.

Straßenbeleuchtung

In Berlin wurden bereits im 17. Jahrhundert die damals üblichen eisernen Feuerbecken an den Straßenecken der Stadt abgeschafft und durch kleine Straßenlaternen – Öllampen – ersetzt. Bevorzugte Standorte dieser meist an Holzpfosten befestigten Laternen waren ebenfalls die Straßenecken. Die Einführung der Öllampen beschränkte sich zunächst auf einige im wesentlichen von der besitzenden Klasse bewohnte Stadtteile. Nicht einmal die Spandauer Vorstadt und viel weniger das abgelegene Voigtland kamen sofort in den Genuß dieser Einrichtung ...

Das erste Gaslicht in Berlin brannte 1826 Unter den Linden. Und schon in den vierziger Jahren des 19. Jahrhunderts wurden die meisten öffentlichen Plätze und Straßen durch Steinkohlengas beleuchtet. Wollheim[13] berichtet aus jener Zeit, daß „nur einige entlegene Punkte der Stadt" noch Ölbeleuchtung haben. Dazu zählte auch die Rosenthaler Vorstadt, in der sich erst etwa 1850 auch die Gasbeleuchtung durchgesetzt hatte.

Wasserversorgung

Bis zum Jahre 1856 besaß Berlin keine zentrale Wasserversorgung. Der Bedarf an dem notwendigen Trink- und Brauchwasser wurde durch zahlreiche Hof- und Straßenbrunnen, die durchweg Ziehbrunnen oder Pütten waren, gedeckt. In der Regel konnte man die Brunnen auf den Höfen antreffen. Waren solche nicht vorhanden – wie z.B. in der Waisenstraße, wo die Häuser unmittelbar an die Stadtmauer gebaut wurden – legte man die Brunnen auf den Straßen an. Da die Brunnen aus der Spreetalmulde Wasser in guter Qualität und genügender Menge lieferten, hielt die Stadtverwaltung die Einführung einer zentralen Wasserversorgung, wie sie in den anderen Großstädten schon vorhanden war, bis zur Mitte des 19. Jahrhunderts nicht für dringend erforderlich.

Diese Gesamtberliner Situation ist zu berücksichtigen, wenn man die Wasserversorgung der Rosenthaler Vorstadt betrachtet. Der Sicherung der Wasserversorgung galt von Anfang an das Interesse der Gründer der Siedlung. Bereits in dem Schreiben vom 22. 5. 1752 an den Grafen v. Hacke erwähnte Friedrich II. die Anlegung von „vier benötigten Brunnen"[14]. Dafür waren 153 Rthlr. veranschlagt worden. Beim Bau der Brunnen stellte sich heraus, daß je Brunnen nur 33 Rthlr. ausgegeben werden brauchten. Da besondere finanzielle Mittel nicht bereitgestellt waren, wurden von den Baugeldern eines jeden Kolonisten 5 Taler abgezogen.

Von nur 2 Brunnen lassen sich mit Sicherheit die Standorte nachweisen.

1. Vor dem Wohnhaus Ackerstraße 8
   Hierbei könnte es sich um einen der zuerst angelegten Brunnen handeln, da dieser bereits im Jahre 1796 erwähnt wird.[15] Auch die Tatsache, daß der Brunnen vor dem Haus gestanden hat und damit am Anfang einer größeren Zahl Menschen leicht zugängig war, deutet darauf hin.
2. Auf dem Hof Ackerstraße 6
   Im Zusammenhang mit dem Neubau eines Wohnhauses wurde 1842 von den Polizeibehörden ein neuer Brunnen, $3\frac{1}{2}$ Fuß im Lichten weit, mit 10 Fuß Wasserstandshöhe, gefordert.[16] Wenn auch die Forderung nach einem neuen Brunnen darauf hinweist, daß an dieser Stelle bereits ein Brunnen gestanden hat, so ist es doch nicht wahrscheinlich, daß es sich hierbei um einen Standort aus der Gründungszeit der Siedlung handelte, da man sicher damals die 4 Brunnen auf die Reihen verteilt hatte.

Die unmittelbare Nähe des unter 1. genannten Brunnens zeigt die Häufigkeit der Anlagen in der Mitte des 19. Jahrhunderts.

Ob die vier 1752 angelegten Brunnen die Kolonisten ausreichend mit Trink- und Brauchwasser versorgen konnten, ist nicht bekannt. Auf jeden Fall wurden für einen Teil der Einwohner relativ große Wegstrecken – die Länge der Reihen betrug über 300 m – als zumutbar angesehen.

Über die weitere Entwicklung der Wasserversorgung in der Rosenthaler Vorstadt gibt es keine Hinweise. Es kann jedoch angenommen werden, daß in der ersten Hälfte des 19. Jahrhunderts im Zusammenhang mit der intensiven Grundstücksbebauung und der damit verbundenen Bevölkerungszunahme oft Schwierigkeiten auftraten.

Abwasserbeseitigung

Bis zur Mitte des 19. Jahrhunderts blieb Berlin ohne eine geregelte Entwässerung. Die mit dem Bau des Wasserwerkes (1856) verbundene Steigerung des Wasserverbrauches, das Wachstum der Stadt und die weitere Verunreinigung der öffentlichen Wasserläufe führten zum Bau eines ersten Radialsystems, das erst 1878 übergeben wurde.[17]

Bis zu diesem Zeitpunkt behalf man sich mit einer Rinnsteinentwässerung. Das waren zunächst 0,5 m breite und 0,6 bis 0,8 m tiefe, meist schlecht ausgepflasterte Gräben, die zwischen Fahr- und Gehbahn angelegt waren. In einigen Stadtteilen waren diese Gräben bereits in den achtziger Jahren des 18. Jahrhunderts mit Platten abgedeckt.[18] Die Rinnsteine waren zunächst nur dazu bestimmt, Schmutz- und Niederschlagswasser aufzunehmen, während man menschliche und tierische Abgänge in Dunggruben sammelte, die bei Bedarf geleert wurden. Da weder diese auf den Höfen gelegenen Gruben noch die Abfuhrwagen genügend dicht waren, wurden Erdreich und Straßen stark verunreinigt. Erst um die Mitte des 19. Jahrhunderts waren – sicher auch bedingt durch die Cholera-Epidemie – erste Anfänge einer künstlichen Entwässerung zu verzeichnen. In dieser Zeit vertiefte man die Rinnsteine, deckte sie – soweit sie den Verkehr behinderten – ab und verband sie durch unterirdische Kanäle mit den öffentlichen Wasserläufen.

Gewiß kann man darin einen gewissen Fortschritt erkennen – eine grundlegende Änderung der hygienisch bedenklichen Zustände stellten diese Maßnahmen nicht dar, da man ohne einheitlichen Plan, ohne genügendes Gefälle baute und nur nach dem augenblicklichen Bedürfnis dimensionierte. Das Ergebnis war zu langsam fließendes Abwasser, welches schnell Fäulnisherde bildete.

Die nachteiligen Auswirkungen der fehlenden Stadtentwässerung wurden noch dadurch vergrößert, daß man allen Unrat auf die Straßen zu werfen pflegte und „namentlich am Morgen soll dem durch die Straßen Wandernden kein angenehmer Duft entgegengekommen sein".[19]

Den katastrophalen Straßenzuständen suchte man von seiten der Behörden mit Verordnungen zu begegnen.[20]

Da sich die geschilderten Verhältnisse auf die Straßen Berlins im allgemeinen bezogen, kann man annehmen, daß im Voigtland bzw. in der Rosenthaler Vorstadt die gleichen schlechten Zustände herrschten...

In welchem Umfang Armut, Not, Elend, Laster und Verbrechen dort lokalisiert waren, läßt sich am besten daran ermessen, daß 1801 angeregt wurde, das Gebiet mit einer Mauer zu umgeben, „damit die Stadt besser gegen diesen Sitz des Diebes-Gesindels geschützt sei"[21]. Diese Maßnahme wurde dem König nicht empfohlen mit dem Hinweis, daß die Stadt an dieser Stelle bereits eine Mauer hat. Bezeichnenderweise wurde dieser Mauervorschlag für „an sich sehr gut" befunden, er sollte nur nicht zu diesem Zeitpunkt durchgeführt werden.[22] „Voigtländer" – wie man die Einwohner der Gegend nannte – wurden bald zu einem geflügelten Wort als Bezeichnung „einer sehr unmanierlichen Person"[23].

Grundstücke

Die 60 Grundstücke – 15 je Reihe – waren zwar vermessen worden, hatten jedoch noch keine feste Begrenzung. Während ihre Breite in der Regel an der Straßenseite 5 Ruthen, 6 Fuß und 6 Zoll, d. h. 20,88 m, betrug, war ihre Tiefe unterschiedlich:

1. Reihe
(Brunnenstr./Westseite) 384 Fuß (120,58 m)
2. Reihe
(Ackerstr./Ostseite) 384 Fuß (120,58 m)
3. Reihe
(Ackerstr./Westseite) 176 Fuß (55,26 m)
4. Reihe
(Bergstr./Ostseite) 176 Fuß (55,26 m)...

Die Flächen betrugen in der 1. und 2. Reihe etwa 2520 m^2 und in der 3. und 4. Reihe etwa 1150 m^2

Damit stand jedem Kolonisten genügend Fläche zur Verfügung, neben dem Wohnhaus an der Straße einen Hof und anschließend einen Garten anzulegen. In den Grundstücksakten finden sich lediglich Hinweise, daß in den Gärten Obstbäume angepflanzt wurden...

In der Regel wurde jeweils 2 Handwerksgesellen – Maurern oder Zimmerleuten – 1 Grundstück übergeben...

Bereits am 12. 9. 1752 erhielten die ersten Gesellen die Grundbriefe, durch die sie unbeschränkte Eigentümer der Grundstücke wurden, ausgehändigt. Als sich jedoch herausstellte, daß mehrere Gesellen – um den Ausbau schneller vorantreiben zu können – die noch nicht fertigen Wohnhäuser mit Hypotheken belasten wollten, ordnete Friedrich II. an, derartige Gesuche „platt" abzuweisen.[24] Die Grundbriefe wurden zurückgefordert, später neu ausgestellt. Darin war vermerkt, daß auf jedem Hause 200 Taler als erste Hypothek verbleiben ohne verzinst zu werden.[25]

So abgefaßt sollten die Grundbriefe verhindern, daß die Kolonisten ihre Grundstücke schnell verschulden ließen und dann außer Landes gingen. Die Grundbriefe wurden zunächst den Meistern ausgehändigt, von diesen verwahrt und den Kolonisten erst dann übergeben, als der Ausbau der Häuser abgeschlossen war.

Der Staat hatte sich nicht nur durch die Festlegung, daß 200 Taler als erste Hypothek auf dem Grundstück stehenbleiben sollen, gesichert, sondern vertrat sein Interesse auch dadurch, daß nur ausländische Bauarbeiter die Häuser übernehmen konnten.

In einem Schreiben der Preußischen Regierung heißt es retrospektiv u. a.:
„Das Eigenthum der Besitzer war dagegen in so fern beschränkt, als dieselben ihre Häuser ohne Genehmigung des Fiskus weder mit Schulden belaßten, noch an andere als eingewanderte Maurer und Zimmerleute verkaufen durften"[26].

Daß man gerade die letztgenannte Festlegung nicht immer eingehalten hatte, zeigt das unter Punkt 4.2. zusammengestellte Verzeichnis, aus dem hervorgeht, daß im Jahre 1775 in den ehemaligen 4 Reihen bereits 25 Grundstücks- bzw. Hauseigentümer existierten, die nicht dem Maurer- oder Zimmerberuf nachgingen. Nachdem sich also das Verhältnis durch Erteilung von Konzessionen oder auch durch Nichteinhaltung der Verordnung verändert hatte, hob man im Jahre 1801 diese Verordnung auf...

Im Laufe der Zeit zog die Teilung innerhalb des Kolonistenhauses eine Teilung des gesamten Grundstückes nach sich, so daß sich auch die Numerierung änderte.

In der folgenden Übersicht ist die bei der Anlage der Siedlung verwendete Numerierung mit der sich Ende des 18. Jahrhunderts durch die Grundstücksteilung ergebenden neuen – hier gebrauchten – Grundstücksbezeichnung gegenübergestellt.

Entwicklung der Grundstücksnumerierung

1. Reihe Brunnenstraße Westseite			2. Reihe Ackerstraße Ostseite			3. Reihe Ackerstraße Westseite			4. Reihe Bergstraße Ostseite		
1754	1800	1966	1754	1800	1966	1754	1800	1966	1754	1800	1966
1	52		1	1	1b	1	58 57	171 170	1	1	1
2	51 50	196	2	2	2 3	2	56 55	169 168	2	2	2 3

1. Reihe Brunnenstraße Westseite			2. Reihe Ackerstraße Ostseite			3. Reihe Ackerstraße Westseite			4. Reihe Bergstraße Ostseite		
1754	1800	1966	1754	1800	1966	1754	1800	1966	1754	1800	1966
3	49	195	3	4	4	3	54	167	3	4	4
	48	194		5	5		53	166		5	5
4	47	194	4	6	6	4	52	165	4	6	6
	46	193		7	7		51	164		7	7
5	45	192	5	8	8	5	50	163	5	8	8
	44	191		9	9		49	162		9	9
6	43	190	6	10	10	6	48	161	6	10	10
	42	189		11	11		47	160		11	11
7	41	188	7	12	12	7	46	159	7	12	12
	40	187		13	13		45	158		13	13
8	39	186	8	14	14	8	44	157	8	14	14
	38	185		15	15		43	156		15	15
9	37	185	9	16	16	9	42	155	9	16	16
	36	184		17	17		41	154		17	17
10	35	183	10	18	18	10	40	153	10	18	18
	34	182		19	19		39	152		19	19
11	33	181	11	20	20	11	38	151	11	20	20
	32	181		21	21		37	150		21	21
12	31	180	12	22	22	12	36	149	12	22	22
	30	179		23	23		35	148		23	23
13	29	178	13	24	24	13	34	147	13	24	23
	28	177		25	25		33	146		25	24
14	27	176	14	26	26	14	32	145	14	26	25
	26	175		27	27		31	144		27	26
15	25	174	15	28	27	15	30	143	15	28	27
	24	174					29	143		29	28

Über die Grundstücke an dem westlich der Bergstraße gelegenen Sandweg – der späteren Gartenstraße – gibt es aus dem 18. Jahrhundert keine exakten Unterlagen. Kuntze erwähnt, daß sieben Grundstücke der bereits erwähnten Gärtner auf der Ostseite des Weges zwischen Hamburger Tor und der späteren Invalidenstraße, die restlichen drei jenseits, d. h. nördlich dieser Straße lagen. Jede Familie hatte das Haus, Hof und 4 Morgen Land erhalten. Von besonderer Bedeutung ist das Grundstück des Kammerherrn v. Wülknitz unmittelbar vor dem Hamburger Tor. Es handelt sich um das Eckgrundstück, das im Osten von der Gartenstraße, im Süden von der Torstraße begrenzt wurde. Darauf ließ v. Wülknitz 1822–1825 die nach ihm benannten „Familienhäuser" errichten, die später näher untersucht werden.

Bevölkerung

Einwohnerzahl

Die Anzahl der Einwohner läßt sich nicht mehr exakt feststellen. Schon wenn man die Entwicklung der Einwohnerzahlen von Berlin verfolgen will, treten erhebliche Schwierigkeiten auf, da die Zählungen in den verschiedenen Jahren nicht immer nach dem gleichen System durchgeführt wurden. So geht aus den verschiedenen Quellen nicht immer hervor, ob man die Vorstädte oder die Garnison mitgezählt hatte. Trotzdem kann aus der folgenden Übersicht die Entwicklung der Bevölkerungszahl Berlins zwischen 1750 und 1850 abgelesen werden:

1750	1775	1800	1825	1850
113289	136137	172000	203668	419720 EW

Von der Rosenthaler Vorstadt konnten nur aus zwei Statistiken Einwohnerzahlen ermittelt werden[27], nämlich

1803	1830
3843	5797

Für das Jahr 1803 ist auch die Anzahl der Häuser mit 207 angegeben, d. h., in jedem Haus wohnten im Durchschnitt 18,6 Personen.

Wenn man die Hausungsziffer für die übrigen bei Bratring genannten Stadtteile errechnet, kommt man zu folgendem Ergebnis:

	Einwohner	Häuser	Hausungsziffer
Berlin	23952	1104	21,7
Alt-Kölln	11032	534	20,6
Friedrichswerder	6755	336	20,1
Dorotheenstadt	8056	413	15,7
Friedrichstadt	40093	1738	23,1
Neu-Kölln	4923	186	26,4
Louisenstadt	13220	560	23,4
Königsstadt	21868	978	22,4
Königsviertel	10447	552	18,9
Stralauer Vorstadt	8918	533	16,7

Hierbei zeigt sich, daß Hausungsziffern lediglich einen gewissen statistischen Wert besitzen und daß aus ihnen keine exakten Rückschlüsse auf die Wohnungsverhältnisse gezogen werden können; bleibt doch dabei die Größe des Hauses und die Anzahl der Wohnungen unberücksichtigt. Die Einwohnerzahl des Voigtlandes in der Mitte des 18. Jahrhunderts kann nur geschätzt werden, da in den Quellen wenige Hinweise auf die Größe der Kolonistenfamilien, die hier angesiedelt wurden, vorhanden sind. Im Jahre 1755 – nach der Errichtung der ersten 60 Häuser – wird die Einwohnerzahl noch relativ niedrig gewesen sein. In den vorhandenen Grundstücksakten werden zwölfmal die Anzahl der Kinder einer Familie erwähnt[28]:

1 Familie mit 1 Kind
2 Familien mit 2 Kindern
3 Familien mit 3 Kindern
3 Familien mit 4 Kindern
2 Familien mit 5 Kindern
1 Familie mit 6 Kindern.

Wird hiervon – mangels anderer Unterlagen – ein Durchschnitt gebildet, so entfallen 3,5 Kinder auf jede Familie. Setzt man für eine Ermittlung der Einwohnerzahl diesen Wert zugrunde, gelangt man zu folgendem Ergebnis:

```
  120 Ehepaare   = 240 Personen
dazu 120 × 3,5   = 420 Personen
        Summe     660 Personen
```

Während für die 50er Jahre die Einwohnerzahl unter 660 Personen gelegen haben wird – sicher war bei der Ansiedlung der Kolonisten deren Familie noch nicht so groß – ist in den folgenden Jahrzehnten die Zahl kontinuierlich angewachsen.

Die weitere Entwicklung der Produktivkräfte und der kapitalistischen Produktionsverhältnisse machte sich auch in der Rosenthaler Vorstadt bemerkbar.

Dem Bevölkerungsandrang entsprach man durch
- Aufnahme von Untermietern in die eigenen Räume
- Schaffung von neuem Wohnraum durch Anbauten, Aufstockung und Ausbau des Daches sowie Bau von Seiten- und Quergebäuden.

Der sich bereits in den letzten Jahren des 18. Jahrhunderts abzeichnende steile Anstieg der Bevölkerungszahl setzte sich in der ersten Hälfte des 19. Jahrhunderts verstärkt fort. Er erreichte seinen Höhepunkt in der zweiten Hälfte des 19. Jahrhunderts. Ihm entsprach man durch den Bau von 4- und 5geschossigen Wohnhäusern an der Straße und ebenso hohen Hinter- und Seitengebäuden.

Einwohnerstruktur

Untersuchungen über die Sozialstruktur der Bevölkerung für das 18. und teilweise auch 19. Jahrhundert sind schwierig, da exakte amtliche Erhebungen, z. B. über die Verarmung in Berlin, nicht durchgeführt worden sind[29]...

Auch Adreßbücher helfen nicht weiter, da in ihnen die verarmten Hausbesitzer – und sie müssen auch in Berlin sehr zahlreich gewesen sein – gar nicht erwähnt werden. Damit fehlen wichtige Quellen zur Ermittlung der Sozialstruktur der Einwohner des Untersuchungsgebietes.

Trotzdem kann aufgrund der vorhandenen Unterlagen eine starke Konzentration von armen Menschen bereits für die zweite Hälfte des 18. und die erste Hälfte des 19. Jahrhunderts nachgewiesen werden.

Über die Berufe der ersten Hauseigentümer, der „Colonisten", finden wir Angaben in den Grundstücksakten und bei Kuntze[30]. Aus seinen Angaben läßt sich folgende Übersicht für das Jahr 1754 zusammenstellen:

	Hauseigentümer	Davon Maurerges.	Zimmerges.
Insgesamt	116	66	50
davon in der			
1. Reihe	29	16	13
2. Reihe	28	17	11
3. Reihe	30	20	10
4. Reihe	29	13	16

Diese Bauhandwerker gehörten zweifellos zunächst nicht der Stadtarmut an, im Gegenteil, sie dürften sogar zu einer privilegierten Schicht unter den Handwerkern zu zählen sein. Sie wurden benötigt, hatten zunächst stets Arbeit und konnten sich in den Wintermonaten durch Weben einen zusätzlichen Betrag verdienen.[31]

Die besonders von den 60er Jahren an eintretenden Strukturänderungen sind zum Teil aus den Grundstücksakten zu erkennen. Sie betrafen Grundstückseigentümer und Mieter. Von den 34 ausgewerteten Grundstücksakten wurden um 1770 als Eigentümer noch 12 Maurer, 9 Zimmerer bzw. ihre Witwen, 1 Victualienhändler und 1 Büchsenmacher genannt. Bei 11 Grundstücken fehlen entsprechende Angaben.

Parallel zu diesen Strukturänderungen zeigt sich – wie aus den Grundstücksakten zu entnehmen ist – in zunehmendem Maße eine Verschlechterung der sozialen Lage der Einwohner. Immer wieder stößt man auf bittere Armut, Verschuldung und familiäre Disharmonien.

Ein „Verzeichnis der in der Rosenthaler Vorstadt befindlichen Häuser, Eigentümer und Einwohner, welche zur Unterhaltung der Nachtwache beitragen müßten", gibt Auskunft über die Eigentumsverhältnisse im Jahre 1775.[32] Nach diesem – leider nicht vollständigen – Verzeichnis gehörten die Eigentümer der Grundstücke folgenden Berufen bzw. Gewerben an:

Beruf bzw. Tätigkeit	Anzahl in der 1. Reihe	2. Reihe	3. Reihe	4. Reihe	Anzahl Gesamt
Maurer	8	9	15	7	39
Zimmerer	5	6	6	8	25
Victualienhändler	2	1	–	1	4
Soldaten	2	–	1	–	3
Weber	–	1	1	–	2
Fuhrmann	1	–	–	1	2
Müller	–	–	1	1	2
Wollarbeiter	–	–	–	2	2
Drechsler	1	–	–	–	1
Glaser	–	1	–	–	1
Stellmacher	–	1	–	–	1
Kaufmann	–	1	–	–	1

Beruf bzw. Tätigkeit	Anzahl in der 1. Reihe	2. Reihe	3. Reihe	4. Reihe	Anzahl Gesamt
Schmied	–	1	–	–	1
Schuster	–	–	1	–	1
Bäcker	–	–	–	1	1
Büchsenmacher	–	–	–	1	1
Holzschneider	–	–	–	1	1
Zeugmacher	–	–	–	1	1
Witwe	3	1	–	5	9

Aus dieser Übersicht ist zu erkennen, daß 23 Jahre nach der Gründung der Siedlung bei den Eigentümern der Grundstücke die Maurer und Zimmerleute zwar noch dominieren, sich aber Angehörige anderer Berufe bereits mit angesiedelt haben.

Noch deutlicher wird der Strukturwandel, wenn man das gleiche o. g. Verzeichnis hinsichtlich der Mieter überprüft:

Beruf bzw. Tätigkeit	Anzahl in der 1. Reihe	2. Reihe	3. Reihe	4. Reihe	Anzahl Gesamt
Spinner	18	7	13	3	41
Weber	11	2	2	3	18
Zeugmacher	9	19	12	3	43
Maurer	2	5	3	2	12
Fabrikant	1	–	–	–	1
Viehwächter	1	1	–	–	2
Töpfer	1	–	–	–	1
Vogelsteller	1	–	–	–	1
Chirurg	1	–	–	–	1
Gärtner	1	1	–	–	2
Schneider	1	–	1	–	2
Tuchmacher	2	–	–	–	2
Wollkämmer	1	–	5	1	7
Soldat	2	–	–	2	4
Tagelöhner	6	6	7	6	25
Wollstricker	1	3	–	–	4
Handlanger	1	2	1	2	6
Gießer	1	–	–	–	1
Schuster	2	3	1	1	7
Schlosser	1	–	–	–	1
Zimmerer	1	3	2	2	8
Nadler	1	–	–	–	1
Bäcker	–	1	–	–	1
Fuhrmann	–	2	–	1	3
Invaliden	–	3	8	–	11
Victualienh.	–	1	1	1	3
Bierschenker	–	1	–	–	1
Instrumentenm.	–	1	–	–	1
Lumpenhändler	–	–	2	–	2
Controlleur	–	–	1	–	1
Galateriehändler	–	–	1	–	1
Brigadier	–	–	1	–	1
Kupferschmied	–	–	–	1	1
Müller	–	–	–	1	1
Tischler	–	–	–	1	1
Witwe	–	2	–	–	2

Aus dieser Übersicht ist zu erkennen, daß im Jahre 1775 die Mieter des Voigtlandes einer Vielzahl von Berufen angehörten. Schwerpunkte waren die Zeugmacher, Spinner, Weber und die verschiedenen Beschäftigungen nachgehenden Tagelöhner...

Die Tendenz, daß sich besitzlose, in Armut lebende Menschen vor dem Hamburger und Rosenthaler Tor niederließen, hielt auch um die Jahrhundertwende an. Aus dem Jahre 1792 wird berichtet, daß die armen Leute der „wohlfeilen Miethe wegen" in diese Gegend gezogen sind[33]...

Die historische Entwicklung am Anfang des 19. Jahrhunderts, das Wachstum der Bevölkerung in Berlin, die sich parallel dazu ausbreitende Armut veränderten die Struktur der Bevölkerung der Rosenthaler Vorstadt weiter. Immer mehr Arme und Unbemittelte wurden in die Vorstädte – und insbesondere in die Rosenthaler Vorstadt – hinausgedrängt, „so daß die Physiognomie der Vorstadt ganz verändert wurde"[34]. Die Konzentration der Stadtarmut in der Rosenthaler Vorstadt im Jahre 1830 läßt sich deutlich nachweisen durch die Auswertung einer vermutlich 1831 oder 1832 herausgegebenen Übersicht[35]. Daraus sind u. a. für die einzelnen Reviere der Stadt Berlin die Anzahl der vorhandenen, leerstehenden und bewohnten Quartiere sowie die Anzahl der Quartiere, deren Bewohner wegen Armut die Kommunalsteuer nicht bezahlten, zu entnehmen:

Revier	Bewohnte Quartiere gesamt	davon ohne Kommunalsteuer	Prozentualer Anteil d. Quartiere ohne Kommunalsteuer
1. Berliner	2551	296	11,6
2. Berliner	2485	357	14,4
3. Berliner	1495	238	16,0
1. Cöllner	2221	287	13,0
2. Cöllner	2128	379	17,8
1. Luisenstädtisches	3756	904	24,0
2. Luisenstädtisches	513	114	22,2
1. Stralauer	1240	371	30,0
2. Stralauer	2301	589	26,0
1. Königstädtisches	2961	724	24,5
2. Königstädtisches	1117	249	22,5
Friedrich-Wilhelm-Stadt	1057	147	14,0
1. Spandauer	1200	237	19,8
2. Spandauer	2894	758	26,2
3. Spandauer	3066	866	28,2
Rosenthaler Vorstadt	2703	1415	52,0
Dorotheenstadt	2333	189	8,1
Friedrichswerder	1876	181	9,6
1. Friedrichsstädtisches	3082	594	19,3
2. Friedrichsstädtisches	2496	433	17,4
3. Friedrichsstädtisches	2588	321	12,4
4. Friedrichsstädtisches	2148	212	9,8
5. Friedrichsstädtisches	2034	233	11,4

Bei der Ermittlung des prozentualen Anteiles der letztgenannten Quartiere zeigt sich, daß in der Rosenthaler Vorstadt über die Hälfte, nämlich 52 Prozent der Familien, so verarmt waren, daß sie der Zahlung der Kommunalsteuer nicht nachkommen konnten, während die entsprechende Prozentzahl für die meisten anderen Quartiere zwischen 10 und 30 lag. Als Hauptgrund für die zunehmende Verarmung muß die Entstehung und Weiterentwicklung der kapitalistischen Produktion genannt werden. Mit ihr erfolgte eine Differenzierung der kleinen Warenproduzenten, die in der Mehrzahl immer ärmer wurden.

Für Berlin kamen noch einige andere Faktoren hinzu, nämlich
1. die starke Garnison mit einer großen Anzahl von Hinterbliebenen und unehelichen Kindern
2. entlassene Soldaten, die, ohne erlernten Beruf, sich als Tagelöhner ernähren mußten.
3. Auswärtige, die in der Stadt ein leichtes Unterkommen zu finden hofften oder sich auf Unterstützungsgesuche an den Hof und die Honoratioren der Stadt verlassen wollten.

Neben den schuldlos verarmten Menschen kam auch lichtscheues Gesindel in die Rosenthaler Vorstadt, in der bald Armut, Laster und Verbrechen enge Nachbarn waren. Hinweise auf diese Verhältnisse finden sich auch in den Grundstücksakten[36]...

Aus dieser Zeit berichtet Dronke, der die Rosenthaler Vorstadt als das Armenviertel von Berlin kennzeichnet:

„Das Hauptproletariat solcher Familien findet man in den entlegenen Gassen und Stadttheilen, sogenannten ‚schlechten Vierteln'. Das Hauptlager derselben, einer großen Anzahl erbärmlicher Hütten, die sich draußen vor dem hamburger Thor links und rechts weit hinziehen".[37]

Dronke wies besonders auf die Bewohner der sogenannten „Familienhäuser" hin, die er als zur „letzten Hefe der besitzlosen Volksklasse" gehörig bezeichnet...

Wohnhäuser

Die in der zweiten Hälfte des 18. Jahrhunderts im Untersuchungsgebiet gebauten Wohnhäuser stellen in ihrer baulichen Konzeption – soweit es sich um Vordergebäude handelte – eine Weiterentwicklung der Mitte des Jahrhunderts gebauten Kolonistenhäuser dar.

Selbst die in der ersten Hälfte des 19. Jahrhunderts entstandenen Wohnhäuser lassen besonders hinsichtlich des Raumgefüges Anklänge an die ersten Siedlungshäuser erkennen, obwohl Unterschiede in Material, Geschoßanzahl und -höhe sowie der Gestaltung nicht zu übersehen sind. Die in den 20er Jahren gebauten sogenannten „Wülknitz'schen Familienhäuser" sind Ausnahmeerscheinungen, auf die noch besonders eingegangen wird. Den Anbauten im Hof bzw. den Seitengebäuden ist die geringe Gebäudetiefe gemeinsam, während im Raumgefüge gewisse Varianten, besonders durch die unterschiedliche Art der Erschließung – von der Mitte oder von der Seite – zu erkennen sind. Auch der im Zuge der sich zu Beginn des 19. Jahrhunderts verstärkenden Wohnungsnot erfolgte Umbau von Ställen, Waschküchen, Kegelbahnen führte zu gewissen Sonderlösungen. In einigen Wohnhäusern etablierten sich Gewerbetreibende und Händler, die in der Vorstadt ein günstiges Terrain für ihre Geschäfte sahen. So lebten im Jahre 1775 im sogenannten Voigtland Victualienhändler, Bäcker und Schuster.

Wie aus den Grundstücksakten hervorgeht, hielt mit zunehmender Bevölkerungszahl diese Entwicklung an. So gab es Läden in der Ackerstraße 1 (1780), Ackerstraße 8 (1792), Brunnenstraße 47 (1813), Ackerstraße 29 (1821), Brunnenstraße 52/53 (1824), Brunnenstraße 51 (1826), Ackerstraße 57 (1831) und in der Brunnenstraße 31 (1837).

Kleine Gastwirtschaften waren bereits im 18. Jahrhundert relativ häufig. Entsprechende Hinweise findet man in den Akten folgender Grundstücke: Ackerstraße 19 (1780), Brunnenstraße 45 (1789), Bergstraße 23 (1789), Ackerstraße 1 (1816) und Brunnenstraße 32 (1836). Die schulische Betreuung der Kinder muß im hier behandelten Zeitraum in der Rosenthaler Vorstadt völlig unzureichend gewesen sein. In den vorhandenen Unterlagen vermißt man ein besonderes Schulgebäude völlig. Bekannt ist lediglich, daß im 1817 errichteten Vordergebäude in der Ackerstraße 57 2 Räume für Schulzwecke eingerichtet waren und 1828 in den Wülknitz'schen Familienhäusern eine sogenannte „Freischule" eröffnet wurde.

Im folgenden werden die Wohnhäuser der ehemaligen Rosenthaler Vorstadt – differenziert nach Kolonistenhäusern, Vorder-, Seiten- und Quergebäuden sowie den Wülknitz'schen Familienhäusern – analysiert.

Kolonistenhäuser

Allgemeine Angaben

Wie bereits erwähnt, wurden die Kolonistenhäuser vor dem Hamburger und Rosenthaler Tor in den Jahren 1752 und 1754 errichtet. Zuvor hatten die Handwerksmeister die für eine Ansiedlung geeigneten Maurer- und Zimmergesellen auszuwählen und für sie zu bürgen. Je 2 Familien erhielten 300 Taler Baugeld, von dem allerdings die Hälfte zunächst von den Meistern zurückbehalten wurde. Die Kalksteine aus dem in der Nähe Berlins gelegenen Rüdersdorf und das nötige Bauholz wurden den Gesellen unentgeltlich zur Verfügung gestellt. Sie hatten für den Antransport des Materials selbst Sorge zu tragen bzw. mußten diesen finanzieren. Die meisten Maurer- und Zimmergesellen begannen sogleich mit dem Bau ihrer Häuser, denn es war festgelegt worden, daß ihnen nach der Errichtung des Rohbaues die restlichen 145 Taler (150 Taler abzüglich 5 Taler Anteil für die Brunnen) ausgehändigt werden sollten.[38]

Planunterlagen der Kolonistenhäuser sind nicht vorhanden. In den zum Teil noch vorhandenen Grundstücksakten der Rosenthaler Vorstadt befinden sich eine Reihe von Hinweisen, die eine Rekonstruktion dieses Wohnhaustyps ermöglichen.

Das Kolonistenhaus wurde in Traufstellung an der Straße in der Mitte des Grundstücks errichtet. Die Abmessungen der Baukörper weisen gewisse Differenzierungen auf, wie folgende auszugsweise Übersicht zeigt:

	Breite		Tiefe	
	Fuß	(m)	Fuß	(m)
1. Reihe Nr. 5 (Brunnenstr. 44)	34	(10,68)	25	(7,86)
1. Reihe Nr. 14 (Brunnenstr. 26/27) (Doppelhaus)	68	(21,35)	29	(9,11)
2. Reihe Nr. 5 (Ackerstr. 8)	33 3″	(10,44)	27	(8,48)
3. Reihe Nr. 10 (Ackerstr. 40)	39	(12,25)	27	(8,48)

Die Gebäude waren zunächst eingeschossig. Die Dächer der meisten Kolonistenhäuser wurden in den 70er und 80er Jahren zu Wohnzwecken ausgebaut, so zum Beispiel Ackerstraße 21 im Jahre 1781. Die Geschoßhöhe ist in den Grundstücksakten nur einmal mit 8 Fuß (2,51 m) genannt.[39] Man kann diese Höhe nicht mit Sicherheit auf die anderen Häuser übertragen, da dieses Beispiel für das Untersuchungsgebiet hinsichtlich der übrigen Abmessungen atypisch ist. Als zweigeschossiges Doppelwohnhaus mit nach dem Hof angebautem Dachgeschoß stellte es eine Ausnahme dar.

Raumgefüge

Die Kolonistenhäuser hatten einen rechteckigen Grundriß. Vorsprünge wurden vermieden, da diese wegen des größeren Materialaufwandes und der schwierigeren Dachkonstruktion wesentliche Mehrkosten verursacht hätten. Der Grundriß war symmetrisch. In der Mitte ein von der Straße zum Hof bzw. Garten führender, etwa 1,80 m breiter Gang. Davon zu beiden Seiten je 1 Stube (nach der Straße) und je 1 Küche und 1 Kammer (nach dem Hof). Stuben und Küchen waren jeweils vom Gang aus erschlossen, während die Kammer nur von der Küche und von der Stube aus betreten werden konnten. Über die Raumgrößen gibt folgende Übersicht Auskunft[40]:

	Stube m²	Kammer m²	Küche m²
Brunnenstr. 26/27	15,2	7,2	6,5
Brunnenstr. 44	14,0	7,6	5,6
Brunnenstr. 45	14,0	6,6	5,4
Bergstr. 28	16,7 (?)	8,8 (?)	7,5 (?)
Bergstr. 29	16,7	8,8	7,5
Ackerstr. 8	13,8	7,6	6,1
Ackerstr. 21	9,6/19,0	–	6,5
Ackerstr. 40*	5,8/14,4	–	6,8

*Teil des Kolonistenhauses nach dem Umbau

Diese Beispiele zeigen relativ geringe Abweichungen, die wie folgt zu erklären sind:
– durch die Unterschiede in den Gebäudeabmessungen
– durch Veränderungen des Materials und der Konstruktion, die in den 70er und 80er Jahren durchgeführt wurden
– durch Ungenauigkeiten in den Baubeschreibungen.

Konstruktion und Ausbau

Auch hinsichtlich des Materials und der Konstruktion geben die Grundstücksakten einige Hinweise. Die Umfassungswände, eine Holzfachwerkkonstruktion mit Lehmwickelfächern, standen auf einem niedrigen massiven Sockel aus Rüdersdorfer Kalkstein. Die Decke wurde aus quer zum Gebäude liegenden Holzbalken mit Strohlehmstakung gebildet.

Das Satteldach war als Kehlbalkendach ausgebildet und hatte vermutlich stets einen doppelt stehenden Stuhl. Dieser fand zumindest in 6 von 10 Beispielen Erwähnung. Nur in 2 Fällen (Brunnenstraße 26/27 und Brunnenstraße 50) wurde auch die Dachneigung genannt. Sie betrug beim ersten Beispiel 36° – es war das einzige gleich zweigeschossig gebaute Kolonistendoppelhaus – und beim zweiten Beispiel 45°. Es ist denkbar, daß auch die übrigen Kolonistenhäuser dieses relativ steile Dach besaßen, da hierdurch bessere Möglichkeiten für einen späteren Ausbau gegeben waren. In allen Baubeschreibungen wird erwähnt, daß das Dach mit Ziegeln eingedeckt war.

Die Innenwände – meist als „Scheidewände" bezeichnet – waren Holzfachwerk- bzw. Bundwände, die meistens mit sogenannten „Luftsteinen"[41] ausgefacht wurden. Lediglich die Wände am Küchenherd ebenso wie der Schornstein waren aus Gründen der Feuersicherheit mit gebrannten Lehmsteinen – wie es bereits im 17. Jahrhundert gefordert worden war – gemauert.[42]

Hinsichtlich des weiteren Innenausbaues gibt es nur wenige Hinweise. Anzunehmen ist, daß es hierbei entsprechend der Individualität der Eigentümer gewisse Unterschiede gab. Als Material für den ersten Putz wird Lehm erwähnt[43], später auch Kalk.[44]

Der Fußboden bestand in den Stuben und Kammern aus 1 Zoll dicken Dielenbrettern[45], die man vor dem Ofen durch ein Steinpflaster – meist als „Vorpflaster" bezeichnet – ersetzte. Gang und Küchen waren entweder mit Bruchsteinen oder Ziegeln gepflastert. Während die Küchenöfen vermutlich aus Ziegeln gemauert waren, handelte es sich in den Stuben um Kachelöfen[46]. Leider gibt es keine Hinweise auf das Mobiliar der Kolonistenhäuser.

Architektonische Gestaltung

Das symmetrische Grundrißgefüge spiegelt sich in der äußeren Erscheinung des Hauses wider. Straßen- und Hofseite waren gleich ausgebildet: In der Mitte eine einfache Hauseingangstür, vermutlich mit einem Oberlicht, davon zu beiden Seiten 2 Fenster im Format eines stehenden Rechtecks. Ob die Fenster mit Putzfaschen versehen waren, läßt sich nicht mehr feststellen. Einmal finden Fensterläden Erwähnung[47], was jedoch nicht besagt, daß alle Fenster mit diesem zusätzlichen Schutz und Schmuck versehen waren.

Da äußere Holzverschalungen nicht erwähnt werden, darf angenommen werden, daß die Mehrzahl der Häuser auch außen geputzt waren (Lehm, Kalk?).

Durch den niedrigen, etwa 300 mm hohen Sockel und ein einfaches Kastengesims erhielt das Kolonistenhaus gestalterisch eine leichte horizontale Betonung. Das steile Ziegeldach wird relativ wuchtig auf dem niedrigen Erdgeschoß aufgesessen haben. Dem Eingang war 1 Stufe vorgelagert. Ob die Kolonistenhäuser mit einem farbigen Anstrich versehen wurden, ist nicht nachweisbar. Vermutlich erhielten die Gebäude einen einfachen weißen Kalkanstrich.

Sicher wird bei der Konzeption des Kolonistenhauses der Gedanke Pate gestanden haben, daß es billiger ist, für jeweils 2 Familien ein Doppelhaus zu errichten als jeder Familie ein Einzelhaus zu geben. Daraus ergab sich gleichzeitig ein gestalterischer Vorteil, denn die besseren Proportionen des Doppelhauses sind offensichtlich, ein etwas ärmlicher hüttenartiger Eindruck wurde vermieden und das Haus wirkte stattlicher. Natürlich gehörten die Kolonistenhäuser zu einem Wohnhaustyp, dem ausschließlich ökonomische Überlegungen zugrunde lagen und der keinerlei Anspruch auf künstlerische Wirkung erheben konnte und wollte.

Baulicher Zustand

Es darf angenommen werden, daß der bauliche Zustand der Kolonistenhäuser von Anfang an unterschiedlicher Qualität war. Jedenfalls lassen die differenzierte Qualifikation der Maurer- und Zimmergesellen und die damit verbundene unterschiedliche Ausführung der Häuser darauf schließen. Auch die Pflege der Häuser stand nicht auf gleichem Niveau. Namentlich den Baubesichtigungsprotokollen und den Feuervisitationsprotokollen der Grundstücksakten sind eine Reihe von Hinweisen auf den baulichen Zustand der Kolonistenhäuser zu entnehmen.

Wenn auch das Haus Bergstraße 1 eine Ausnahme darstellte – hier wurde bereits 1754 eine Hälfte als „ledig und sehr baufällig"[48] bezeichnet, was darauf zurückzuführen ist, daß das Gebäude gar nicht vollständig aufgebaut worden und damit den Witterungseinflüssen stärker ausgesetzt war – so häuften sich doch in den Grundstücksakten für die Folgezeit entsprechende Mitteilungen.

Rascher Verfall war nicht nur auf den natürlichen Verschleiß, sondern oft auch auf verantwortungslose Vernachlässigung durch die Hauseigentümer zurückzuführen. So war zum Beispiel bereits im Jahre 1756 – also zwei Jahre nach der Errichtung der Gebäude – die nördliche Hälfte des in der 4. Reihe, Nr. 12, (später Bergstraße 23) gelegenen Kolonistenhauses reparaturbedürftig. Nach den Angaben seiner Frau war der Eigentümer Schilling „dem liederlichen Leben dermaßen ergeben", daß er von seinem Haus Ofenkacheln, Türschlösser, Dielenbretter und Dachziegel demontierte und verkaufte.[49] Offenbar in die gleiche Gruppe einzuordnen ist der Maurer Rose, der im Jahre 1757 die Hälfte seines Kolonistenhauses in der 2. Reihe, Nr. 11 (später Ackerstraße 19) „in den desolatesten Umständen verlaßen" hatte. In diesem Hause waren „weder mehr Thüre noch Thor zu finden"[50].

Auch ein frühes Ableben des Hauseigentümers war oft eine Indikation für den schlechten Bauzustand der Gebäude. Weder die Witwe noch die verschiedenen Berufen angehörenden neuen

Untermieter waren in der Lage oder willens, Reparaturen selbst durchzuführen. Es fehlten ihnen auch die finanziellen Mittel, die Schäden beseitigen zu lassen.

So wurden der bauliche Zustand und die äußere Erscheinung des Gebäudes in der 2. Reihe, Nr. 1 (später Ackerstraße 1) zunächst gelobt. Einem Schreiben der Witwe Hildesheim aus dem Jahre 1779 ist jedoch bereits zu entnehmen, daß das Haus nebst Seitengebäude, Garten und Zaun reparaturbedürftig war, „wozu wenigstens 200 Thaler erfordert wird"[51]. Unter anderem war das Dach des Vordergebäudes neu einzudecken. Ein Jahr später wurde auch der im Hofe befindliche Abtritt als „sehr schadhaft" bezeichnet und mußte an anderer Stelle neu aufgebaut werden. Auch der Zimmergeselle Janicke aus der 1. Reihe, Nr. 2 (später Brunnenstraße 50) hatte bereits 1755, als er sein Haus verließ, „es sehr ruiniert"[52]. Es waren u. a. von Janicke die Staken aus den Decken gerissen und teilweise die Fußbodendielen verbrannt worden.

Von den 70er Jahren an findet man immer mehr Hinweise auf den schlechten Bauzustand, der zu dieser Zeit in den meisten Fällen bereits umgebauten Kolonistenhäuser. Am meisten Erwähnung finden folgende Reparaturen:

- Austausch von Fachwerkschwellen, da diese verfault waren[53]
- Neueindeckung des Daches wegen Undichtigkeit. Das Wasser drang in die Decke ein, weichte die Lehmstakung auf und verursachte das Abfallen des Bewurfes.[54]
- Ersatz der tragenden Fachwerkwände durch Ziegelwände, da die gesamte Fachwerkkonstruktion die Standsicherheit des Hauses nicht mehr gewährleistete.[55]

Neben diesen einzelnen Reparaturen machte in einigen Grundstücken der Gesamtzustand des Wohngebäudes eine sogenannte „Generalreparatur" erforderlich, so zum Beispiel bereits im Jahre 1766 auf dem Grundstück in der 2. Reihe, Nr. 15 (spätere Ackerstraße 27/28).

Etwa 30 Jahre später – im Jahre 1799 – war das Vordergebäude des Grundstückes in der 3. Reihe, Nr. 11 (später Ackerstraße 38) „in solcher desolaten und feuergefährlichen Beschaffenheit", daß täglich mit dem Einsturz gerechnet werden mußte.[56] Hier war offensichtlich selbst mit einer Generalreparatur das Haus nicht mehr zu erhalten gewesen, denn ein Jahr später wurde es abgerissen. Der Abbruch des Kolonistenhauses in der 1. Reihe, Nr. 5, wurde im Jahre 1789 erforderlich, da faktisch das ganze Gebäude reparaturbedürftig war. Im einzelnen stellte man folgende Schäden fest: Ausgewitterte Umfassungswände, verfaulte Schwellen, von Lehmsteinen gemauerte Schornsteine, herabgefallener Lehmputz, verfaulte Fensterrahmen und das undichte Dach.

Bei einigen Häusern wurde auch der gute bauliche Zustand erwähnt, teilweise jedoch erst nach der durchgeführten Generalreparatur. So wurde zum Beispiel das Kolonistenhaus in der 2. Reihe, Nr. 15, nach der oben genannten Generalreparatur noch im Jahre 1789 als „in gutem wohnbaren Stande" bezeichnet.[57]

Auch von den Kolonistenhäusern in der 2. Reihe, Nr. 11 (später Ackerstraße 19) wird berichtet, daß es sich im Jahre 1780 in gutem baulichen Zustand befand.

Wohnverhältnisse

Nach der Erbauung der Kolonistenhäuser zogen je 2 Handwerkerfamilien in ein Haus. Jeder Familie stand eine in sich abgeschlossene Wohnung zur Verfügung, getrennt durch den gemeinsam zu nutzenden, von der Straße zum Hof führenden Gang. Eine räumliche Trennung der einzelnen Wohnfunktionen war möglich, da Stube, Kammer und Küche vorhanden waren. Es ist anzunehmen, daß die Handwerker mit dem Umzug nach Berlin ihre Wohnverhältnisse zunächst entscheidend verbessern konnten. Nach den Ermittlungen besaßen im Durchschnitt ein Handwerkerehepaar im Voigtland 3,5 Kinder, das heißt, jedem Bewohner eines Kolonistenhauses standen theoretisch zwischen 4,7 m² und 6,5 m² zur Verfügung, wenn davon ausgegangen wird, daß keine Untermieter oder Schlafleute mit aufgenommen worden sind.

Jede Kolonistenfamilie besaß – nach dem später erfolgten Einziehen der Mittelwand im Gang – auch eine abgeschlossene Wohnung, so daß von einer akuten Wohnungsnot zunächst nicht gesprochen werden konnte. Diese Feststellung traf jedoch für die Folgezeit nicht mehr in vollem Umfange zu.

Die sich aus den Grundstücksakten im Zusammenhang mit den rekonstruierten Gebäuden ermittelten Werte sind in folgender Übersicht zusammengefaßt:

Grundstück	Jahr	Wohnfläche m²	Bewohner	Wohnfl./Bew.	Luftraum/Bewohner m³ [58]
Bergstr. 28	1760	33,0	6	5,5	12,2
Ackerstr. 40	1760	27,0	5	5,4	11,9
Ackerstr. 38	1780	29,6	6	4,9	?
Ackerstr. 21	1781	35,1	6	5,9	13,0
Ackerstr. 21 (Dachg.)	1781	11,9	4	3,0	5,4[59]
Ackerstr. 40	1785	21,0	5	4,2	9,2
Ackerstr. 8	1799	27,5	9	3,1	6,9

Aus den wenigen zur Verfügung stehenden Beispielen kann – wenn auch nicht mit absoluter Sicherheit – die ständige Reduzierung der Kennziffer Wohnfläche/Bewohner in der zweiten Hälfte des 18. Jahrhunderts abgeleitet werden. Es muß dabei beachtet werden, daß durch das Aufstellen von Webstühlen die angegebene Wohnfläche zum Teil ihrer eigentlichen Funktion entzogen wurde. So sind zum Beispiel in der 4. Reihe, Nr. 15, in der 16,7 m² großen Stube des nördlichen Teiles des Kolonistenhauses 3 Webstühle aufgestellt worden.[60] Auch in der Ackerstraße 38 sind Webstühle nachweisbar.[61]

Durch die Aufnahme von Untermietern und Schlafleuten – in den meisten Fällen war die Kammer vermietet worden – wurde das geschlossene Raumgefüge der Wohnungen gestört. Eigentümer bzw. Mieter und Untermieter mußten sich mit einer Küche begnügen und getrennte Wohnbereiche von Mieter und Untermieter gab es nicht mehr. Nicht selten wurde eine Kammer oder eine Stube an eine ganze Familie vermietet, so zum Beispiel in der 1. Reihe, Nr. 14, wo die Familien zweier Tagelöhner sich mit je einer Stube von 15,2 m² begnügen mußten.

Wie weit sich bereits im Jahre 1771 die Wohnverhältnisse allgemein verschlechtert hatten, zeigt eine Bemerkung in dem Baubesichtigungsprotokoll, Bergstraße 23 betreffend. In der nördlichen Hälfte des Kolonistenhauses lebten eine Familie (4 Personen) sowie ein Maurergeselle, „der sich ein kleines schlechtes Behältnis zusammengeklittert" hatte. In dem Protokoll galt das Haus als „fast ganz unbewohnt".[62]

Die schlechten wirtschaftlichen Verhältnisse zwangen auch die Hauseigentümer nicht selten, nur einen Raum zu bewohnen. Als Beispiel hierfür sei der Eigentümer des Grundstückes Nr. 5 in der 2. Reihe genannt, der 1780 mit seiner Familie lediglich in der 13,8 m² großen Stube nördlich des Ganges lebte.[63]

Bei der Einschätzung der Wohnverhältnisse in den Kolonistenhäusern muß der schlechte bauliche Zustand der Gebäude berücksichtigt werden. Undichte Dächer, von den Decken herabfallender Lehmputz, ausgewitterte Umfassungswände und andere Schäden namentlich in der kalten Jahreszeit haben die Wohnverhältnisse wesentlich beeinflußt. So wurde zum Beispiel das Haus in der 1. Reihe, Nr. 5, aufgrund des schlechten baulichen Zustandes als „nicht mehr bewohnbar" bezeichnet, und dennoch war es von der Eigentümerin und 2 Familien bewohnt...[64]

Angaben über die Höhe der Miete sind relativ spärlich. Sie sind in folgender Übersicht zusammengestellt:

Grundstück	Jahr	Stock-werk	Raum	Ges. Fläche m²	Miete Taler	Miete/m² Taler
4. Reihe Nr. 15 (Bergstr. 29)	1780	E	ST	16,7	8	0,48
1. Reihe Nr. 14 (Brunnenstr. 26/27)	1782	E	ST KA KÜ	28,9	24	0,83
		E	ST	15,2	10	0,66
		1	ST KA KÜ	25,7	11	0,43
3. Reihe Nr. 10 (Ackerstr. 40)	1785	E	ST	5,8	7	1,20
		D	ST	11,8/12	6/8	0,51/0,67
1. Reihe Nr. 5 (Brunnenstr. 44)	1789	E	ST KA KÜ	27,2	10	0,37

Aus diesen wenigen zur Verfügung stehenden Beispielen können verallgemeinernde Aussagen nicht gemacht werden, obwohl die Tendenz der ständigen Mietpreiserhöhungen – es handelt sich stets um die Jahresmiete – schon hier festzustellen ist. Der niedrige Mietpreis von 0,37 Talern/m² im Jahre 1789 stellt sicher eine Ausnahme dar, die in der Tatsache begründet ist, daß es sich hierbei um ein aufgrund des schlechten Bauzustandes eigentlich nicht mehr bewohnbares Haus handelt. Allgemein kann man feststellen, daß auch bei diesen Häusern die Höhe der Miete abhängig war von der Anzahl und Größe der vermieteten Räume, ihrer Lage – die Wohnungen im Dachgeschoß oder die nach dem Hof zu orientierten Räume waren stets etwas billiger – und dem baulichen Zustand.

Welchen Anteil ihres Lohnes die Einwohner für die Miete zu entrichten hatten, ist nicht mehr exakt festzustellen, da hierfür konkrete Angaben in den bekannten Quellen fehlen. Allgemein kann gesagt werden, daß sich von der Mitte des 18. Jahrhunderts an – und besonders während des Siebenjährigen Krieges und in den 70er und 80er Jahren – die Lage der Masse der Werktätigen rapide verschlechterte. Lohnkürzungen, Arbeitslosigkeit, Preissteigerungen für Lebensmittel und Mietpreiserhöhungen werden sich auch für die Bewohner der Kolonistenhäuser so ausgewirkt haben, daß sich der Anteil ihres Einkommens, den sie für die Miete ausgeben mußten, ständig vergrößerte.

Weitere bauliche Entwicklung

In den meisten Fällen hatte das weiter oben beschriebene Kolonistenhaus in der ursprünglichen Form nur relativ kurzen Bestand. Aus folgenden Gründen machten sich Änderungen im Gebäude notwendig:

– Zahlenmäßige Vergrößerung der Bewohner

zum Beispiel durch die Geburt von Kindern, Aufnahme neuer Mieter und „Schlafleute"
- Nebenerwerb der Handwerker, zum Beispiel Aufstellen von Webstühlen
- Beruf bzw. Gewerbe neuer Eigentümer oder Mieter, zum Beispiel Victualienhändler, Schankwirt
- Streitigkeiten mit dem Nachbarn und der damit verbundene Drang zur Selbständigkeit
- Baumaterial von teilweise minderwertiger Qualität
- Streben der Eigentümer (Handwerker), das eigene Heim weiter zu vervollständigen.

Die Veränderungen betrafen Rohbau und Ausbau. Als am häufigsten durchgeführte Umbauten seien hier genannt:

- Das Haus wurde durch Einziehen einer Längswand im Flur (Gang) geteilt. Es entstanden 2 sogenannte „halbe Häuser". Beide Hälften erhielten dabei eigene Hauseingänge und Schornsteine.
- Vergrößerung der Nutzfläche des Hauses durch Ausbau des Dachgeschosses
- Abriß der Längswände des Hauses, insbesondere zunächst der Wand an der Straße und Aufführen von massiven Wänden aus Ziegelmauerwerk
- Das Haus erhielt seitliche Anbauten, meist massiv und ebenfalls eingeschossig.

Alle diese natürlich nicht überall durchgeführten Baumaßnahmen konnten den relativ schnellen Verfall der meisten Kolonistenhäuser nicht aufhalten. Von den 70er Jahren des 18. Jahrhunderts an war man daher gezwungen, mit dem Abbruch der Kolonistenhäuser zu beginnen. Nach den verfügbaren Grundstücksakten wurden zwischen 1771 und 1790 folgende Kolonistenhäuser abgebrochen:

Grundstück	Jahr des Abbruches
1. Reihe Nr. 2	1783
1. Reihe Nr. 5	1789
2. Reihe Nr. 11	1780
2. Reihe Nr. 13	1792
2. Reihe Nr. 14	1786
3. Reihe Nr. 10	1790
3. Reihe Nr. 11	1780 (?)
3. Reihe Nr. 15	1780
4. Reihe Nr. 1	1773
4. Reihe Nr. 12	1771

Die anstelle der Kolonistenhäuser errichteten Vordergebäude werden im folgenden Kapitel analysiert. Eine Übersicht über die Grundriß- und Baukörperentwicklung vom Kolonistenhaus zum mehrgeschossigen Mietshaus der Rosenthaler Vorstadt ist in den Schemazeichnungen im Bildteil gegeben.

Vordergebäude

Allgemeine Angaben

Während man sich bei den noch im 18. Jahrhundert errichteten Vordergebäuden nur auf Baubeschreibungen stützen kann, liegen für die in der ersten Hälfte des 19. Jahrhunderts gebauten Wohnhäuser stets – wenn auch dürftige – zeichnerische Unterlagen vor. Die Abmessungen der Baukörper waren unterschiedlich und sind in folgender Übersicht zusammengestellt.

Grundstück	Bau-jahr[65]	Breite		Tiefe		Geschosse
		Fuß	(m)	Fuß	(m)	
Brunnenstr. 31	(1837)	33	(10,36)	28 6"	(8,95)	2 (E,1)
Brunnenstr. 32	(1836)	33	(10,36)	28 6"	(8,95)	2 (?) (E,1)
Brunnenstr. 47	(1813)	35 8"	(11,20)	27	(8,48)	3 (E,1,D)
Brunnenstr. 51	1826	35	(10,99)	33	(10,36)	4 (K,E,1,2)
Brunnenstr. 52/53	(1784)	79 9"	(25,04)	26	(8,16)	3 (K,E,1)
Brunnenstr. 52/53	1824	75	(23,55)	34	(10,68)	4 (K,E,1,2)
Bergstr. 1	1773	62	(19,47)	36	(11,30)	2 (E,1)
Bergstr. 2	(1818)	60	(18,84)	30	(9,42)	2 (E,1)
Bergstr. 18	1801	33	(10,40)	29	(9,11)	3 (E,1,D)
Bergstr. 23	(1779)	33	(10,40)	29	(9,11)	3 (K,E,D)
Ackerstr. 1	(1780)	66 6"	(20,88)	32	(10,05)	3 (E,1,D)
Ackerstr. 6	(1802)	33 3"	(10,44)	27	(8,48)	2 (E,D)
Ackerstr. 6	1824	33 3"	(10,44)	34	(10,68)	6 (S,E,1,1,3,D)
Ackerstr. 7	1853	33 3"	(10,44)	26 9"	(8,40)	4 (K,E,1,D)
Ackerstr. 19	(1780)	33 3"	(10,44)	27	(8,48)	4 (K,E,1,D)
Ackerstr. 21	1843	33 3"	(10,44)	28	(8,79)	2 (E,D)
Ackerstr. 23	1792	66 6"	(20,88)	27	(8,48)	3 (E,1,D)
Ackerstr. 25	(1786)	33 3"	(10,44)	27	(8,48)	2 (E,D)
Ackerstr. 26	1820	36(?)	(11,30)	28	(8,79)	3 (E,1,D)
Ackerstr. 29	(1786)	33 3"	(10,44)	27	(8,48)	2 (E,D)
Ackerstr. 29	(1821)	39	(12,25)	27	(8,48)	2 (E,D)
Ackerstr. 30	(1780)	33 3"	(10,44)	27	(8,48)	2 (E,D)
Ackerstr. 40	1790	33 3"	(10,44)	32	(10,05)	4 (K,E,1,2)
Ackerstr. 56	(1819)	31 4"	(9,84)	28	(8,79)	1 (E)
Ackerstr. 57	1817	33 6"	(10,53)	32	(10,05)	3 (K,E,D)

Aus dieser Übersicht ist zu erkennen, daß sämtliche nach dem Abbruch der Kolonistenhäuser errichteten Vordergebäude die gesamte Grundstücksbreite einnahmen. Hinsichtlich der Gebäudetiefe bewegten sie sich im wesentlichen in den Abmessungen der Kolonistenhäuser. Nur 8 von 25 Häusern waren tiefer als 29 Fuß und hatten, abgesehen von 7 Beispielen, wo nur das Dachgeschoß ausgebaut war, mindestens 2 Vollgeschosse. In 9 von 25 Wohnhäusern war ein Keller bzw. ein Souterraingeschoß vorgesehen. In 16 von 25 Häusern wurde das Dach für Wohnzwecke ausgebaut. Von der Jahrhundertwende an ist also eine intensivere Ausnutzung des Baulands durch die Errichtung mehrgeschossiger Wohnhäuser zu verzeichnen.

Raumgefüge

Das Raumgefüge der neuen Vorderhäuser wurde zunächst direkt von dem der Kolonistenhäuser übernommen, das heißt, der rechteckige Grundriß war symmetrisch aufgeteilt: In der Mitte ein von der Straße zum Hof führender Gang mit der Treppe. Davon zu beiden Seiten je 1 Stube (nach der Straße), und je 1 Küche und 1 Kammer (nach dem Hof). Teilweise wurde mit dem Bau des Vordergebäudes gleichzeitig ein mit diesem funktionell verbundener Seitenflügel auf dem Hof errichtet (z. B. 2. Vordergebäude Ackerstraße 21, Baujahr 1843)[66].

Die Treppe wurde zunächst in Form und Lage vom ausgebauten Kolonistenhaus übernommen, das heißt, die einläufige gerade Holztreppe herrschte vor (13 von 20 erwähnten Treppen). Diese Treppen waren jeweils auf einer Seite des von der Straße zum Hof führenden Ganges gelegen. In der ersten Hälfte des 19. Jahrhunderts ging man von dieser unwirtschaftlichen Form ab. Sie wurde ersetzt durch eine einläufige halbgewendelte oder eine zweiläufige U-Treppe mit Halbpodest, am Ende des Mittelganges auf der Hofseite angeordnet. Im Flur wurde in den Obergeschossen meist eine Wand eingezogen, so daß sich noch eine kleine nach der Straße orientierte Kammer in der Mitte des Gebäudes ergab (z. B. Vordergebäude Ackerstraße 7).

Eine weitere – wenn auch geringe – Veränderung des Raumgefüges kam durch die seitliche Verlegung der Treppe zustande (z. B. Vordergebäude Brunnenstraße 47). Hier gab es einen in der Mitte von der Straße zum Hof führenden schmalen Gang, der auf der Hofseite eine Ausweitung für die Treppe besaß. Während auf der Nordseite des Hauses das bereits bekannte Raumgefüge anzutreffen war, gab es südlich des Ganges insofern eine Abweichung, als unmittelbar neben dem o. a. schmalen Gang auf der Straßenseite eine kleine Küche lag. Zum Keller gelangte man oft über eine im Hofe liegende einläufige, gerade Treppe (z. B. Ackerstraße 7).

Von den 25 in der Auswertung der Grundstücksakten bearbeiteten Vordergebäuden sind in der folgenden Übersicht je 3 Wohnhäuser der ehemaligen 4 Reihen der Rosenthaler Vorstadt zusammengestellt. Bei der Auswahl der Beispiele wurden – um zu einer realen Einschätzung zu kommen – jeweils die Gebäude mit einer unterschiedlichen Anzahl von Stockwerken berücksichtigt.

Grundstück	Baujahr[67]	Geschoß	Stube m²	Kammer m²	Küche m²	Geschoßhöhe Fuß	(m)
Brunnenstr. 31	(1837)	E	16,8	8,4	6,5	10	(3,14)
		1	12,6/16,8	–	–	9 6″	(2,98)
Brunnenstr. 47	(1813)	E	13,2	7,4/13,6	4,7/5,6	10	(3,14)
		1	16,0	6,0/7,0	6,1/6,8	8	(2,51)
		D	14,0	5,1/6,6	5,1/6,0	7	(2,20)
Brunnenstr. 51	1826	K	18,9	8,8	6,6	7	(2,20)
		E	18,9	8,8	6,6	8	(2,51)
		1	19,1	8,9	6,7	8	(2,51)
		2	19,1	8,9	6,7	7 3″	(2,28)
Ackerstr. 21	1843	E	15,8	6,4	4,8	?	
		D	?	?	?	?	
Ackerstr. 19	(1780)	E	6,1/13,6	–	–	?	
		1	13,8	3,6/7,4	6,1	?	
		D	12,4	–	–	?	
Ackerstr. 7	1853	K	14,2	6,0	5,4	8 6″	(2,67)
		E	14,4	6,1	5,5	9 6″	(2,98)
		1	14,6	4,1/6,2	5,6	9	(2,83)
		D	14,6	4,1/6,2	5,6	8 6″	(2,67)
Ackerstr. 29	1821	E	17,5	6,4	9,5	10	(3,14)
		D	7,5	–	5,1	7	(2,20)
Ackerstr. 40	1785	E	5,8/14,4	–	6,8	?	
		D	11,8/12,0	–	–	?	
Ackerstr. 40	1790	K	?	?	?	?	
		E	17,0	9,0	6,3	?	
		1	17,0	9,0	6,3	?	
		2	15,2	7,4	5,4	?	
Bergstr. 2	(1818)	E	14,0/19,2	6,1	5,3/6,9	10	(3,14)
		1	14,4/29,8	6,7	6,9/12,5	9 6″	(2,98)
		D	?	?	?	?	
Bergstr. 18	1801	E	14,2	6,3	5,5	?	
		1	14,6	6,6	5,7	?	
		D	?	?	?	?	
Bergstr. 23	(1779)	K	14,6	7,0	4,5	?	
		E	15,4	7,2	4,8	?	
		D	?	?	?	?	

Diese Übersicht stellt lediglich eine typische Auswahl der insgesamt 25 untersuchten Vordergebäude dar. Die folgenden Ausführungen beziehen sich jeweils auf sämtliche 25 Gebäude.

In den hier behandelten Vordergebäuden waren – im Gegensatz zu den Kolonistenhäusern – die Raumgrößen stärker differenziert. Die Flächen der Stuben in den Vollgeschossen – einschließlich der Keller – zeigen die größten Unterschiede. Sie lagen zwischen 5,7 und 39,5 m², wobei die Größenordnung zwischen 10,0 und 18,0 m² überwog (bei 19 der 25 untersuchten Gebäude). Nur in 5 von 18 Beispielen konnte die Größe der Dachstuben ermittelt werden. Hier gab es 7,5 bis 17,2 m² große Stuben.

Die Kammern waren grundsätzlich kleiner als die Stuben. Hier konnten Raumgrößen zwischen 3,6 und 25,5 m² festgestellt werden, wobei es sich bei dem letztgenannten Wert ebenso wie bei den weiter oben erwähnten 39,5 m² um eine Ausnahme handelte (Bergstraße 1). Die am häufigsten auftretende Raumgröße – in 18 von 25 Beispielen – lag zwischen 5 und 10 m².

Auch die Küchen wiesen eine starke Flächendifferenzierung auf (4,5 bis 14,1 m²).

Die Geschoßhöhen waren nur bei 10 der 25 untersuchten Vordergebäuden zu ermitteln. Hierbei ist eindeutig festzustellen, daß die Erdgeschoßhöhe am größten war.

Im Kellerraum bzw. Souterrain – nur dreimal erwähnt – stellen wir Geschoßhöhen von 7 und 8,5 Fuß (2,20 m, 2,67 m) fest.

Für das Erdgeschoß ergibt sich folgendes Bild:
1 × 8 Fuß (2,51 m), 1 × 8,5 Fuß (2,67 m), 2 × 9 Fuß (2,83 m), 1 × 9,5 Fuß (2,98 m), 4 × 10 Fuß (3,14 m) und 1 × 11 Fuß (3,45 m).

Im 1. Obergeschoß reduzierte sich die Höhe des Geschosses bei den hier bekannten Beispielen nur wenig. Nachweisbar waren hier je zweimal 8,9 und 9,5 Fuß sowie einmal 10,5 Fuß (3,29 m).

Das 2. Obergeschoß zeigte 7 Fuß 3 Zoll und 10 Fuß, während das Dachgeschoß zweimal mit 7 und je einmal mit 7,5 und 8,5 vertreten war.

Konstruktion und Ausbau

Den Grundmauern wurde selten die nötige Aufmerksamkeit gewidmet, denn teilweise begnügte man sich aus finanziellen Gründen, Feldsteine aufeinanderzulegen und mit Strohlehm auszuwerfen.

Hinsichtlich der Umfassungswände liegen genügend Hinweise vor – von den 25 untersuchten Gebäuden fehlten nur in einem Falle entsprechende Angaben.

Sämtliche Vordergebäude hatten zumindest im Erdgeschoß massive, d. h. mit Ziegeln gemauerte Umfassungswände. Das 1. Obergeschoß war von 10 Beispielen achtmal massiv ausgebildet, und zweimal bestand es aus einer Holzfachwerkkonstruktion, die außen mit einer Ziegelwand verblendet worden war. Das 2. und 3. Obergeschoß waren je zweimal von 3 Beispielen massiv ausgeführt, einmal mit verblendeter Holzfachwerkkonstruktion. Die Ausfachung dieser Konstruktion bestand bei diesen Wohnhäusern teilweise aus Ziegeln, in einigen Fällen jedoch auch noch aus Lehmwickeln.[68] Ab und zu wurde aus Gründen einer gewissen Repräsentation nur die vordere Längswand massiv ausgebildet, wie z. B. bei dem Haus Ackerstraße 56.

Sämtliche Geschoßdecken – mit Ausnahme der über Keller, die aus Kappengewölben bestanden – waren Holzbalkendecken mit Strohlehmstakung. Sie spannten vermutlich stets in Querrichtung zum Gebäude.

Der meist 1 Zoll dicke Dielenfußboden war vorherrschend.[69] In der Küche oder zumindest vor dem Küchenherd hatte man jedoch aus Sicherheitsgründen Steinpflaster angeordnet.[70]

Oft blieben Sicherheitsvorschriften unbeachtet, um die Bau- bzw. Reparaturkosten zu reduzieren. So hatte man z. B. den Torweg des Vordergebäudes in der Ackerstraße 6 statt mit starken Bohlen nur mit 1 Zoll dicken Stubendielen abgedeckt.[71]

Die Wohnhäuser besaßen ein Satteldach, das als Kehlbalkendach mit doppelt stehendem Stuhl ausgebildet war.[72]

Die Dachneigung – in 9 Beispielen erwähnt – war in den meisten Fällen relativ steil gewählt, um den Ausbau des Dachraumes für Wohnzwecke zu ermöglichen. Sie betrug 1 × 34° und 55°[73], 2 × 36°, 2 × 38°, 1 × 40° und 3 × 45°. Sämtliche Dächer der Vordergebäude wurden mit Ziegeln eingedeckt.

Die Innenwände wurden – soweit sie zur Aufnahme der Deckenlast herangezogen werden mußten, meistens als massive Wände ausgeführt. Dabei handelte es sich um die mittlere Längswand und die Treppenhauswände, die ohnehin auf Grund von Forderungen der Feuerpolizei nicht als Fachwerkwände ausgebildet werden durften. Gemauert wurde in jedem Fall auch der Bereich des Küchenherdes, da das bereits die Feuerordnung aus dem Jahre 1672, die 1681 nochmals veröffentlicht wurde, für Berlin forderte. Trotzdem versuchten die Bauherren teilweise diese alten Forderungen aus Ersparnisgründen zu umgehen. So wurden beispielsweise im Jahre 1842 die Treppenhauswände des 2. Vordergebäudes in der Ackerstraße 6 in einer Fachwerkkonstruktion ausgebildet, obwohl diese in der genehmigten Zeichnung massiv dargestellt waren.[74]

Auch die übrigen Trennwände bestanden in den massiv errichteten – meist unteren – Geschossen in der Regel aus Ziegelsteinen. Die bei den Kolonistenhäusern häufig zur Anwendung gekommenen sogenannten „Luftsteine" wurden bei diesen Wohngebäuden nicht mehr erwähnt.

In den in einer verblendeten Fachwerkkonstruktion errichteten Geschossen waren sämtliche Trennwände – mit Ausnahme der oben genannten Bereiche am Treppenhaus und am Küchenherd – in einer Holzfachwerk- bzw. Bundkonstruktion ausgeführt.

Die Decken, und auch die Treppenunterseiten, wurden geschalt, berohrt und geputzt. Für Decken- und Wandputz kam nur noch Kalkmörtel zur Anwendung. Über die weitere Behandlung dieser Flächen liegen keine Nachrichten vor. Offensichtlich war sie immer die gleiche, so daß sie nicht ausdrücklich beschrieben zu werden brauchte. Farbig wird man die Wände kaum behandelt haben. Sie waren in den meisten Fällen lediglich weiß gestrichen.

Es wird vorwiegend die eingestemmte Treppe

zur Anwendung gekommen sein. Die Laufbreite der Holztreppe betrug zwischen 800 mm und 900 mm.

Die vorhandenen zeichnerischen Unterlagen sind nicht so exakt, daß genaue Angaben über die Steigerungsverhältnisse gemacht werden können.

In dem 1853 errichteten Vordergebäude des Grundstückes Ackerstraße 7 war das Steigungsverhältnis des Laufes vom Erdgeschoß zum 1. Obergeschoß – soweit es sich aus den zur Verfügung stehenden Unterlagen ermitteln ließ – etwa 240/181 mm. Die einläufige gerade Treppe des 2. Vordergebäudes in der Ackerstraße 29 hatte bei 17 Steigungen ein Verhältnis der Auftrittsbreite zur Stufenhöhe von etwa 200 mm zu 185 mm.

Daß sämtliche Treppen sehr steil angelegt waren, zeigte auch das 1966 noch bestehende Vorderhaus in der Bergstraße 6. Hier wurden für die einläufige gerade Treppe folgende Steigungsverhältnisse ermittelt:

Keller – Erdgeschoß	11 Stg.	195/195 mm
Erdgsch. – 1. OG.	14 Stg.	240/185 mm
1. OG. – 2. O.G.	14 Stg.	205/195 mm
2. OG. – Dachgeschoß	14 Stg.	205/195 mm

Architektonische Gestaltung

Hinweise auf die architektonische Gestaltung der Vordergebäude sind spärlich und lassen eine exakte Einschätzung nur bedingt zu.

Die noch in der zweiten Hälfte des 18. Jahrhunderts errichteten Wohnhäuser haben sich hinsichtlich ihrer Fassadengestaltung an die Kolonistenhäuser angelehnt. Das meist symmetrische Grundrißgefüge spiegelte sich in der äußeren Erscheinung des Hauses wider. Die mehrgeschossigen Gebäude besaßen geputzte Fassaden, die durch Fensterreihung, bescheidene Gurtgesimse und schon profiliertere Traufgesimse gegliedert waren. Selten wird man sich mit glatt in die Wandfläche eingeschnittenen Fensteröffnungen begnügt haben, häufiger waren zumindest einfach profilierte Fensterfaschen. Es darf angenommen werden, daß der auch bei diesen einfachen Bauten bemerkbare Hang zur Symmetrie durch eine, wenn auch bescheidene Mittelbetonung – meist in Form einer etwas reicheren Gliederung der Türgewände – ergänzt wurde. Den Hoffassaden schenkte man in der Regel kein besonderes Interesse. Das stets hart gedeckte, gelegentlich durch stehende Gaupen oder auch Schleppgaupen unterbrochene steile Dach hat sicher mit dazu beigetragen, daß bei einer Betrachtung ein ärmlicher Eindruck vermieden wurde. Das war ohne Zweifel auch das Ziel des Bauherrn, der sich wohl ein Mietshaus bauen ließ, es in der Regel jedoch noch selbst bewohnt und damit – wie bereits Bach feststellte – „am Gebrauchswert des Hauses wie auch an seiner äußeren Form ein unmittelbares Interesse" hatte.[75] Dieses Streben nach einer gewissen Repräsentation in Verbindung mit der Anwendung alter Handwerkertradition darf als ein retardierendes Moment beim Bau dieser Wohnhäuser angesehen werden und war natürlich keinesfalls auf den Berliner Raum beschränkt. Bezeichnend hierfür ist die bei Meier-Oberist zitierte Äußerung Goethes aus dem Jahre 1797. Im Zusammenhang mit dem Verkauf seines Frankfurter Elternhauses schrieb er unter anderem:

„Es ist aber sonderbar. Noch jetzt baut der Mann, der bestimmt zum Vermieten baut ... noch ebenso als jener, der vor Zeiten sein Haus, um es allein zu bewohnen, errichtete; So mächtig ist die Gewohnheit .."[76].

Wie „ehrlich" man bei der architektonischen Gestaltung der Fassade teilweise war, zeigt das Beispiel Vordergebäude Brunnenstraße 47, welches in der Grundstücksakte erstmals 1813 Erwähnung fand. Genau spiegelt sich hier das asymmetrische Raumgefüge des Erdgeschosses in der Fassade wider. Die Hauseingangstür mußte etwas nach rechts verschoben werden, um unmittelbar links anschließend noch etwas Platz für ein kleines Küchenfenster zu gewinnen. Im 1. Obergeschoß wurden die Fenster exakt über die Stuben- bzw. Ladenfenster und über die Tür gesetzt. Erst im Dachgeschoß ist dann auf eine symmetrische Verteilung der Dachgaupen – entsprechend dem Grundriß – zurückgegangen.

Die 3 nachweislich in der 1. Hälfte des 19. Jahrhunderts errichteten Vordergebäude, von denen eine Fassade bekannt ist bzw. rekonstruiert wurde, zeigen sich folgende Gestaltungsmerkmale:

Bei dem in der Ackerstraße 26 im Jahre 1820 errichteten 2. Vordergebäude spiegelt sich das asymmetrische Raumgefüge auch in der Fassade wider. Eine Ansicht des Hauses liegt nicht vor.[77] Die außermittig liegende Hauseingangstür – ihre Lage ist eindeutig im Grundriß dargestellt – läßt darauf schließen, daß der Eigentümer auch wenig Wert auf äußere Repräsentation gelegt hat. Daß das Haus in Höhe der Decke über Erdgeschoß ein Gurtgesims besaß, ist wahrscheinlich, aber ebensowenig nachweisbar wie Fensterfaschen und die häufig angewandte Putzquaderung im Bereich des Erdgeschosses. Aus dem Schnitt ist ein profiliertes Holzgesims zu erkennen.

Das 1826 in der Brunnenstraße 51 errichtete 2. Vordergebäude zeigt eine Betonung der Mittelachse und ein stark profiliertes gemauertes Traufgesims sowie 2 Gurtgesimse. Vermutlich besaßen die Fenster profilierte Putzfaschen und die Hauseingangstür ein reicheres Gewände. Wie bei fast allen zu dieser Zeit erbauten Wohnhäusern hatte man das Erdgeschoß mit einer Putzquaderung hervorgehoben. Der zu Wohnungen ausgebaute Keller markierte sich in der Fassade als geputzter Sockel. Der Haus- und der Ladeneingangstür mußten 3 Stufen vorgelagert werden. Im Dach waren 3 stehende Gaupen angeordnet.

Das im Jahre 1842 errichtete 2. Vordergebäude in der Ackerstraße 6 zeigte einen repräsentativen Miethauscharakter, der nur durch die die Dachfläche zerteilende sogenannte „Dachfensterwand" – die im Zusammenhang mit dem Ausbau des Daches in Berlin häufig anzutreffen ist – etwas abgewertet wurde. Ansonsten ist ein relativ großer Aufwand mit Schmuckelementen getrieben worden: Weit auskragendes massives, stark profiliertes Traufgesims, breite, wenn auch etwas flachere Gurtgesimse, profilierte Fensterfaschen und Bekrönungen, Putzquaderung im Erdgeschoßbereich, glatter geputzter Sockel und Hausdurchgang mit Rundbogen.

Es darf angenommen werden, daß die Mehrzahl der in der ersten Hälfte des 19. Jahrhunderts gebauten Häuser Straßenfassaden hatten, die der beschriebenen sehr ähnlich waren, zeigen doch die aus der Mitte des 19. Jahrhunderts stammenden und 1966 noch in der Acker- und Bergstraße stehenden Fassaden gleiche oder ähnliche Gestaltungsmerkmale.

Baulicher Zustand

Hinweise auf den baulichen Zustand der Vordergebäude sind den Baubesichtigungs- und Feuervisitationsprotokollen zu entnehmen, die sich in mehreren Grundstücksakten befinden. Doch auch hier reichen die Quellen nicht aus, um lückenlose Angaben zu machen.

Als Grund für den teilweise schlechten baulichen Zustand der Vordergebäude sind das verwandte minderwertige Material sowie die mangelnde Pflege und Unterhaltung besonders durch die Hauseigentümer anzusehen. In den Protokollen sind sowohl leichte Schadensfälle erwähnt, die lediglich die Wohnqualität herabsetzten, als auch schwere Schäden, die eine Einsturzgefahr des Hauses oder zumindest eines seiner Teile heraufbeschworen...

Oft werden die Schäden an einzelnen Bauteilen nur kurz erwähnt, so daß über ihr Ausmaß keine exakten Angaben gemacht werden können...

Zu den schweren Schadensfällen sollen die Beispiele gezählt werden, bei denen durch eine Summierung von Einzelschäden die Gefahr bestand, daß die Bewohner ihre Räume nicht mehr benutzen bzw. selbst Schaden erleiden konnten. Ein solcher Sachverhalt ist in 6 von 46 Häusern festzustellen.

In der Bergstraße 1 befand sich das 1773 errichtete neue Vordergebäude im Jahre 1809 in „desolatem Zustand". Der Ratsmaurer- und -zimmermeister stellte folgende Mängel fest[78]:
- Die gesamte Dachetage muß abgetragen werden und statt dessen ein einfaches Dach ohne Wohnungen errichtet werden. Der Fortfall der Wohnungen macht sich besonders deshalb erforderlich, da die beiden Längswände nicht nur 1 Stein dick, sondern auch noch von schlechtem Material sind.
- Da alle Schornsteinröhren geborsten sind, müssen diese im Dachgeschoß abgetragen und neu aufgeführt werden.
- Sämtliche Decken sind mit schweren Lehmwickeln versehen. Ein Teil der Decken ist schon eingestürzt. Der Lehm soll deshalb abgeschlagen werden.

Inwieweit diesen Forderungen nachgekommen wurde, läßt sich nicht mehr nachweisen.

Einsturzgefahr für das Dach und damit Gefahr für die Bewohner der Dachstuben bestand auch in der Bergstraße 2 im Jahre 1816. Damals waren sämtliche Decken in den Dachstuben gesunken und eine Reparatur wurde als „fast nicht mehr möglich" bezeichnet.[79] In diesem Hause häuften sich die Schäden in den folgenden Jahren immer mehr, so daß im Jahre 1840 das Haus abgetragen werden mußte...

In 2 Fällen wird auch der befriedigende bzw. gute bauliche Zustand der Häuser erwähnt. So war das oben genannte Vordergebäude (Brunnenstraße 52/53) im Jahre 1784 „noch in ziemlich baulichen Stande"[80], und in der Bergstraße 23 befand sich das 1779 errichtete Vordergebäude im Jahre 1786 noch in einem sehr guten Zustand und hatte durch die beständige Unterhaltung das Aussehen eines neuen Gebäudes.[81]

Wohnverhältnisse

Bei der Betrachtung der Wohnverhältnisse in den 25 untersuchten Vordergebäuden stößt man auf die Schwierigkeit, daß entsprechende Angaben in den Grundstücksakten recht spärlich sind. Und zwar um so spärlicher, je später die Wohnhäuser gebaut worden waren. Dafür traten bei diesen Häusern bauliche Angaben mehr in den Vordergrund. Namentlich zeichnerische Unterlagen finden sich in den Akten aus der ersten Hälfte des 19. Jahrhunderts wesentlich häufiger als in denen aus der zweiten Hälfte des 18. Jahrhunderts. Bei 10 von 25 Vordergebäuden fehlen Hinweise auf die Wohnverhältnisse völlig und auch die Angaben für die übrigen Häuser – besonders über die Zahl der Einwohner – sind so dürftig, daß ein abgerundetes Bild nicht zustande kommen kann.

Nur in 2 Fällen sind die Einwohner zahlenmäßig erwähnt, so daß einige Kennziffern wie bei den Kolonistenhäusern ermittelt werden können:

Grundstück	Jahr	Wohnfläche m²	Bewohner	Wohnfl./Bewohner m²	Luftraum/Bewohner m³
Ackerstr. 25	1786	14	3	4,7	11,7[82]
Ackerstr. 56	1821	27,9	6	4,7	11,0[83]

Die Quotienten Wohnfläche/Bewohner und Luftraum/Bewohner entsprechen etwa den Mittelwerten, die für die Kolonistenhäuser errechnet worden sind. Auch hier ist zu beachten, daß durch das Aufstellen von Webstühlen die angegebene Wohnfläche zum Teil ihrer eigentlichen Funktion entzogen war... Durch die Aufnahme von „Schlafleuten" und „liederlichen Mägden"... wurde die Wohnfläche für Eigentümer und Mieter weiter reduziert.

Nicht immer konnte eine Familie mehrere Räume – Stube, Kammer und Küche – bewohnen, und dadurch die verschiedenen Wohnfunktionen auch räumlich trennen. Sicher war es kein Einzelfall, wenn einer Familie nur ein Raum zur Verfügung stand, wie es uns bereits bei den Kolonistenhäusern begegnete... Ob in solchen Fällen zwischen den Bewohnern Vereinbarungen über eine gemeinsame Nutzung der Küche getroffen waren oder – wie teilweise bei den Dachstuben erwähnt – auch im Stubenofen gekocht werden mußte, läßt sich nicht mehr nachweisen.

Wie bereits früher erwähnt, war in 16 von 25 Wohnhäusern das Dachgeschoß ausgebaut. Bei 3 Beispielen handelte es sich um Wohnungen, die aus Stube, Kammer und Küche bestanden.[84] Im übrigen waren nur Stuben oder Kammern eingerichtet worden, die man meistens an alleinstehende Personen – Witwen, Soldaten – vermietete.

Als eine Besonderheit sind die beiden im Dachgeschoß Ackerstraße 6 angetroffenen Wohnküchen – 13,2 und 13,8 m² groß – zu vermerken. Kammern fehlten hier völlig. Überhaupt müssen die Wohnverhältnisse auf diesem Grundstück als besonders schlecht bezeichnet werden, was auf den baulichen Zustand der Häuser zurückzuführen war. So wurde bereits 1836 das Leben einiger Bewohner des Dachgeschosses durch einstürzende Schornsteine bedroht.[85] Daß überhaupt die Wohnverhältnisse in den Vordergebäuden in hohem Maße von dem oben geschilderten Bauzustand abhängig waren, ist evident. Bereits Ende der 70er Jahre des 18. Jahrhunderts hatte man in der Rosenthaler Vorstadt begonnen, einen Teil der Keller für Wohnzwecke auszubauen. Für das in den Grundstücksakten erstmals im Jahre 1779 erwähnte Vordergebäude in der Bergstraße 23 konnte auch das Kellergeschoß rekonstruiert werden, in welchem eine Wohnung, bestehend aus Stube (14,6 m²), Kammer (7,0 m²) und Küche (4,5 m²) eingebaut war[86]... In dem 1842 errichteten Wohnhaus Ackerstraße 6 waren im Souterrain eine Wohnküche und 2 Stuben angeordnet, eine davon direkt von der Straße aus zugängig. Schließlich sei noch das erst 1853 erbaute Wohnhaus in der Ackerstraße 7 erwähnt, in welchem das durch eine Hofaußentreppe erschlossene Kellergeschoß voll zu Wohnzwecken genutzt wurde.

Was die sanitären Einrichtungen betrifft, so fehlt in den Grundstücksakten für die Vordergebäude jeglicher Hinweis. Aus den Grundrissen ist jedoch zumindest ersichtlich, daß die in der 1. Hälfte des 19. Jahrhunderts errichteten Wohnhäuser keinerlei erkennbare Abortanlagen besaßen. Diese war in sämtlichen Grundstücken auf dem Hof teils selbständig, überwiegend jedoch in den Seitengebäuden untergebracht und diente allen Bewohnern des Grundstückes. Von den hygienischen Verhältnissen auf diesen Abortanlagen ist nichts bekannt.

Über die Höhe der Mieten waren einige Angaben zu ermitteln. Sie sind in der folgenden Übersicht zusammengestellt:

Grundstück	Jahr	Stockwerk	Raum	Ges. Fläche m²	Miete Taler	Miete/m² Taler
Bergstr. 23	1786	D	ST	?	8 u. 9	?
Ackerstr. 19	1780	1.	ST KA KÜ	27,3	12	0,44
		D	ST	13,8	7	0,51
Ackerstr. 25	1786	E	ST KA KÜ	21,5	11	0,51
Ackerstr. 29	1786	E	ST KA KÜ	26,8	14	0,52
Ackerstr. 30	1780	E	ST KA KÜ	26,5	18	0,69
Ackerstr. 1	1780	E	ST KA KÜ	29,1	12	0,41
		E	ST KA KÜ	26,6	11	0,41
		1.	ST KA	30,1	13	0,43
		1.	ST KA KÜ	20,8	12	0,57
		1.	ST KA KÜ	27,1	8	0,30
		1.	ST KA KÜ	29,4	12	0,41
Ackerstr. 40	1790	E	ST KA KÜ[87]	32,3	18	0,56
		E	ST KA KÜ	32,3	16	0,49
		1.	ST KA KÜ	32,3	18	0,56
		1.	ST KA KÜ	32,3	16	0,49
		D	ST KÜ	20,6	14	0,68
Brunnenstr. 52/53	1784	1.	ST KA	20,2	14	0,69
		1.	ST KÜ	18,9	8	0,42
		1.	ST KA KÜ	38,7	20	0,51

Da diese Angaben lediglich aus den 80er Jahren des 18. Jahrhunderts stammen, lassen sie sich nicht verallgemeinern. Der Mietpreis je Quadratmeter Wohnfläche unterschied sich danach nur unwesentlich von dem, den die Mieter der damals zum Teil noch stehenden Kolonistenhäuser zu entrichten hatten. Das ist nicht verwunderlich, da die neuen Vordergebäude zumindest in Grundriß und Raumgröße den Kolonistenhäusern in etwa entsprachen.

Ohne Zweifel waren die Mieten in den Wohnhäusern der Rosenthaler Vorstadt im Vergleich zu denen in der Stadt Berlin niedriger. Das kommt auch in den Grundstücksakten einmal zum Ausdruck, nämlich als im Jahre 1790 der Schuhmachermeister Urbach aus Berlin in die Ackerstraße 40 ziehen wollte. In dem Baubesichtigungsprotokoll wird der Grund für seinen Umzug genannt:

„... da ihm die Miethe in der Stadt zu schwer falle und er sich bei mehrender Familie sich darunter eine Erleichterung verschaffen wolle"[88].

Aber selbst diese niedrige Miete war nicht für jeden Bewohner aufzubringen. Damit bestand die Gefahr, die Wohnung ganz zu verlieren. So wird in einer Aktennotiz aus dem Jahre 1784 die soziale Lage eines in der Ackerstraße 30 mit seiner Familie wohnenden Webers wie folgt charakterisiert:

„Hertel, der stets in Armuth gewesen sei, hätte anfangs sogar wegen der nicht bezahlten Miete exmittiert werden sollen"[89].

Von den in der ersten Hälfte des 19. Jahrhunderts errichteten Wohnhäuser gibt es in den Grundstücksakten keine Hinweise auf die geforderten Mieten. Angaben über die Mietsteigerung in dieser Zeit liegen für die Rosenthaler Vorstadt nicht vor ...

Eine an sich sehr instruktive Gegenüberstellung der Entwicklung der Löhne und der Mieten ist also nicht möglich, obwohl Dronke hinsichtlich der Arbeiterlöhne im Berlin der 40er Jahre ausführliche Angaben macht.[90] Danach erhielt ein Maurer einen Tageslohn von 10 Silbergroschen, ein Zimmermann je Tag 10 bis 12,5 Silbergroschen. Dabei muß jedoch berücksichtigt werden, daß es zum Beispiel für den evangelischen Handwerker neben den 52 Sonntagen noch 11 Feiertage gab, an denen er ebenfalls keinen Lohn erhielt. In einer Zusammenfassung heißt es unter anderem:

„... daß Einzelne bei ihrer Arbeit nicht mehr als 2–5 Silbergroschen den Tag verdienen; daß sie von dieser Summe in Berlin nicht zu existieren vermögen, liegt auf der Hand"[91].

Mit Recht wies Dronke besonders darauf hin, daß zeitweilig nur die jungen, gesunden und damit besonders leistungsfähigen Menschen überhaupt Arbeit gefunden hatten.

Seitengebäude

Allgemeine Angaben

Die systematische Bebauung der Grundstücke der Rosenthaler Vorstadt mit Seitengebäuden, die Wohnzwecken dienten, begann in den 70er Jahren des 18. Jahrhunderts. Die schon vor dieser Zeit errichteten kleine Stallgebäude, Scheunen und Schuppen sollen hier nicht behandelt werden, es sei denn, sie wurden zu Wohnzwecken umgebaut. Hinsichtlich der zur Verfügung stehenden Unterlagen ist das gleiche wie bei den Vordergebäuden festzustellen: Für die noch im 18. Jahrhundert gebauten Wohnhäuser liegen teilweise Baubeschreibungen, für die in der ersten Hälfte des 19. Jahrhunderts errichteten Seitengebäude in der Regel – wenn auch dürftige – zeichnerische Unterlagen vor. Die Abmessungen der Baukörper waren unterschiedlich. Sie sind in einer Übersicht auf der folgenden Seite zusammengestellt:

Grundstück	Baujahr	Breite Fuß	(m)	Tiefe Fuß	(m)	Geschoß
Brunnenstr. 31	1845	65 6"	(20,67)	15	(4,71)	3(E,1,2)
Brunnenstr. 32	(1836)	29	(9,11)	17	(5,34)	2(E,D)
Brunnenstr. 32	1837	90	(28,26)	9 6"	(2,98)	1(E)
Brunnenstr. 32	1845	50 6"	(15,86)	15	(4,71)	2(E,1)
Brunnenstr. 45	(1794)	28	(8,79)	13	(4,08)	2(E,1)
Brunnenstr. 47*	(1813)	19	(5,97)	16	(5,02)	1(E)
Brunnenstr. 47	1819	48	(15,07)	12	(3,77)	2(E,D)
Brunnenstr. 50	(1783)	27	(8,48)	9	(2,83)	1(E)
Brunnenstr. 50	(1783)	42	(13,19)	11	(3,45)	1(E)
Brunnenstr. 51	(1783)	40	(12,56)	9	(2,83)	1(E)
Brunnenstr. 51*	1826	30	(9,42)	14	(4,47)	4(K,E,1,2)
Bergstr. 1	1773	30	(9,42)	18	(5,65)	1(E)
Bergstr. 2	1841	102	(32,02)	17	(5,34)	4(S,E,1,D)
Bergstr. 18	(1784)	19	(5,97)	10	(3,14)	1(E)
Bergstr. 18	(1801)	18 6"	(5,81)	13	(4,08)	1(E)
Bergstr. 18	(1801)	50	(15,70)	13	(4,08)	3(E,1,D)
Bergstr. 23*	(1779)	40	(12,56)	10	(3,14)	3(K,E,1)
Bergstr. 23	(1779)	48	(15,07)	9	(2,85)	1(E)
Ackerstr. 1	(1780)	28	(8,79)	16	(5,02)	1(E)
Ackerstr. 6	1824	52	(16,33)	15 6"	(4,87)	3(E,1,D)
Ackerstr. 7	1829	36	(11,30)	14	(4,40)	2(K,E)
Ackerstr. 8	1838	14	(4,40)	13	(4,08)	1(E)
Ackerstr. 19*	(1780)	8	(2,51)	20	(6,28)	1(E)
Ackerstr. 23	1799	47 8"	(14,97)	14	(4,40)	1(E)
Ackerstr. 24	1826	34	(10,68)	18	(5,65)	2(E,1)
Ackerstr. 26*	1820	18	(5,65)	12	(3,77)	1(E)
Ackerstr. 26	1790	32	(10,05)	22	(7,01)	2(E,D)
Ackerstr. 26	1840	32 7"	(10,23)	14	(4,40)	2(E,1)
Ackerstr. 26	1840	28	(8,79)	10 6"	(3,30)	1(E)
Ackerstr. 26	1842	56 9"	(17,82)	15	(4,71)	3(E,1,2)
Ackerstr. 27/28	1823	52	(16,53)	15 6"	(4,87)	3(E,1,D)
Ackerstr. 27/28	1825	18	(5,65)	12	(3,77)	2(E,D)
Ackerstr. 29	(1786)	22	(17,00)	12	(3,77)	1(E)
Ackerstr. 29	1815	50	(15,70)	17 6"	(5,49)	3(E,1,D)
Ackerstr. 37	(1787)	20	(6,28)	10	(3,14)	1(E)
Ackerstr. 37	1840	63	(19,78)	16	(5,02)	2(E,1)
Ackerstr. 38	1849	24	(7,54)	15	(4,71)	3(K,E,D)
Ackerstr. 40*	1785	14	(4,40)	17	(5,34)	2(E,1)
Ackerstr. 40	1785	16	(5,02)	9	(2,83)	1(E)
Ackerstr. 40	1785	24	(7,54)	16	(5,02)	1(E)
Ackerstr. 40	1790	29	(9,11)	14	(4,40)	1(E)
Ackerstr. 56	(1819)	19	(5,97)	14	(4,40)	1(E)
Ackerstr. 56*	(1839)	9 6"	(2,98)	10 6"	(3,30)	1(E)
Ackerstr. 57	1835	18	(5,65)	13 6"	(4,24)	3(K,E,1)
Ackerstr. 57	1835	28 6"	(8,95)	10 5"	(3,27)	1(E)
Ackerstr. 57	1837	45	(14,13)	15	(4,71)	3(S,E,D)

*Anbau an Vordergebäude

Aus dieser Übersicht ist zu erkennen, daß sich die Seitengebäude in ihren Baukörper-Abmessungen stark voneinander unterschieden. Die Gebäudelängen betrugen zwischen 16 Fuß (5,02 m) und 102 Fuß (32,02 m) – wenn man die teilweise noch kürzeren Anbauten nicht berücksichtigt. Bei der Gebäudetiefe gab es weniger große Unterschiede. Die Seitengebäude besaßen, bedingt durch ihre Länge, oft an beiden Längsseiten des Hofes in der Mehrzahl eine sehr geringe Tiefe. Sie betrug zwischen 9 Fuß (2,83 m) und 22 Fuß (7,01 m), wobei bei 68 Prozent der Seitengebäude Tiefen zwischen 10 und 15 Fuß (3,14 und 4,71 m) anzutreffen waren. Das eingeschossige Seitengebäude war vorherrschend, wie folgende Ermittlung zeigt:

1geschossig	24 Gebäude	(51 %)
2geschossig	11 Gebäude	(23,5 %)
3geschossig	10 Gebäude	(21,5 %)
4geschossig	2 Gebäude	(4 %)

Ein Kellergeschoß ist bei 5 Häusern, ein Souterrain bei 2 Häusern nachzuweisen, während im Dach bei 11 Gebäuden Wohnungen ausgebaut worden waren.

Raumgefüge

Bestimmend für das Raumgefüge der Seitengebäude war ihre geringe Tiefe, die grundsätzlich nur ein Nebeneinander der Räume gestattete. Die kleinsten Seitengebäude bestanden – abgesehen von der zu einer Stube umgebauten Rollkammer des Grundstückes Ackerstraße 6 – aus 2 Räumen, nämlich aus einer kleinen Flurküche und einer sich seitlich anschließenden Stube (Bergstraße 18, Ackerstraße 40). Einige Beispiele zeigen auch Ergänzung durch eine Kammer, die dann als gefangener Raum neben der Stube lag (Brunnenstraße 45, Ackerstraße 7).

Bei der Mehrzahl der Seitengebäude findet man ein symmetrisches Raumgefüge vor, d. h., bei kleinen eingeschossigen Bauten lagen in der Mitte der Eingang, durch ihn gelangte man unmittelbar in die Flurküche, der sich beidseitig eine Stube oder Stube und Kammer anschlossen (Brunnenstraße 50, Ackerstraße 24). Handelte es sich um zweigeschossige Seitengebäude, so war im Bereich der Flurküche – meist ohne sichtbare Abgrenzung – die Treppe untergebracht worden. Daß diese von seiten der Feuerpolizei sicher stark beanstandete Lösung auch noch in der ersten Hälfte des 19. Jahrhunderts durchaus üblich war, zeigt das Beispiel 2. Seitengebäude, Ackerstraße 29. Als Besonderheit ist bei diesem 1825 errichteten Wohnhaus zu erkennen, daß 2 Hauseingänge angeordnet waren, einer für das Erdgeschoß und einer für das 1. Obergeschoß und das Dachgeschoß.

Bei den bisher geschilderten symmetrisch angelegten Häusern kann man noch nicht von 2 Wohnungen je Stockwerk sprechen, da nur eine – meist noch räumlich außerordentlich beengte – Flurküche vorhanden war. Den Übergang von der Flurküche zur selbständigen, abgeschlossenen Küche zeigen die beiden bereits 1773 errichteten Seitengebäude in der Bergstraße 1. Hier wurde eine Trennung durch das Einziehen einer Fachwerkwand erreicht.

Ohne diese Abtrennung blieb die Flurküche bei dem im Jahre 1823 errichteten Seitengebäude auf der Südseite des Grundstücks Ackerstraße 27. Hier ist als Besonderheit zu vermerken, daß der sonst immer gemeinsam genutzte Herd durch den Schornstein in 2 Kochnischen geteilt und somit getrennte Herdbereiche geschaffen wurden.

Eine Weiterentwicklung des beschriebenen Raumgefüges stellen die Beispiele dar, bei denen ein abgeschlossenes Treppenhaus – meist mit einläufiger halbgewendelter Treppe – angeordnet war. Daran schlossen sich beidseitig Küche, Stube und Kammer an. Bei dieser Grundrißlösung ergaben sich je Geschoß 2 abgeschlossene Wohnungen (Bergstraße 18).

Im Bildteil sind in der Rosenthaler Vorstadt vertretene Grundrisse sowie Schemaansichten von den Seitengebäuden zusammengestellt.

Was die Raumgrößen anbetrifft, so ist zu den Flächen festzustellen, daß diese sich in der Regel von den Flächen in den Vorderhäusern nur wenig unterschieden. Als eine neue Raumkategorie kam jedoch die Flurküche hinzu, die bei mehrgeschossigen Gebäuden in den meisten Fällen ohne jede bauliche Abtrennung zur Treppe blieb. Eine Ausnahme hiervon stellte das 1824 in der Ackerstraße 6 errichtete Seitengebäude dar, in dem der Herdbereich von der Treppe wenigstens durch einen Lattenverschlag optisch getrennt war.

Von den 47 in der Auswertung der Grundstücksakten bearbeiteten Seitengebäuden sind – wie bei den Vordergebäuden – in der folgenden Übersicht zunächst je 3 Beispiele der ehemaligen 4 Reihen der Rosenthaler Vorstadt zusammengestellt. Auch hier wurden bei der Auswahl jeweils Gebäude mit einer unterschiedlichen Zahl von Stockwerken berücksichtigt. Ergänzt wurde die Tabelle durch Beispiele mit einigen extremen Werten, um so einen besseren Gesamtüberblick zu erhalten.

Grundstück	Baujahr	Geschoß	Stube m²	Kammer m²	Küche m²	Flurküche m²	Geschoßhöhe Fuß m
Brunnenstr. 32	1837	E	13,5	7,3	–	–	8'6" (2,67)
Brunnenstr. 45	(1794)	E	11,9	8,4	–	6,0	9'3"
		1	11,9	8,4	–	6,0	9'3"

Grund-stück	Bau-jahr	Ge-schoß	Stube m²	Kam-mer m²	Kü-che m²	Flur-Küche m²	Geschoß-höhe Fuß	m
Brunnen-str. 31	1845	E	16,0 18,0	12,0	7,4	–	8	(2,51)
		1	16,0	12,0	7,4	–	8	(2,51)
		2	16,0	12,0	7,4	–	8	(2,51)
Bergstr. 1	1773	E	9,7	7,7	4,0	–	?	
Berg-str. 18	(1801)	E	10,2	–	–	5,1	?	
Berg-str. 23	(1779)	K	9,2	–	–	5,6	?	
		E	–	10,5	–	5,6	?	
		1	9,5	–	–	5,8	?	
Acker-str. 1	(1780)	E	10,2	10,6	–	6,1	?	
Acker-str. 7	1829	K	6,6	6,6	–	–	7 6″	(2,35)
		E	22,4	6,6	–	6,6	10	(3,14)
Acker-str. 26	1842	E	14,0	7,6	5,8	–	8 6″	(2,67)
		1	14,0	7,6	5,8	–	8 6″	(2,67)
		2	14,3	7,8	5,9	–	8 3″	(2,59)
Acker-str. 56	(1819)	E	14,3	–	–	5,7	8 6″	(2,67)
Acker-str. 37	1840	E	18,7	7,3	7,7	–	9 6″	(2,98)
		1	19,0	7,3	7,7	–	9 6″	(2,98)
Acker-str. 57	1837	S	14,3	7,0	–	3,5	10	(3,14)
		E	14,3	7,4	–	3,5	11	(3,45)
		D	12,2	6,3	–	3,5	9	(2,83)
Acker-str. 29	(1786)	E	10,5	5,3	–	5,1	?	
Bergstr. 2	1841	S	–	–	–	–	8	(2,51)
		E	–	–	–	–	10	(3,14)
		1	16,0 25,5	8,4 11,2	8,9 15,0	–	10	(3,14)
		D					7	(2,20)

Die Übersicht zeigt, daß in den Seitengebäuden die Raumgrößen – entsprechend den Gebäudeabmessungen – unterschiedlich waren.

Was die Flächen anbetrifft, so weisen die der Stuben die größten Unterschiede auf. Sie liegen zwischen 6,6 und 25,5 m². Zweifellos am häufigsten waren die Flächen zwischen 10,0 und 19,0 m². Bei 29 der 47 untersuchten Seitengebäude ist diese Größenordnung festzustellen. Wie bei den Vordergebäuden, so waren auch hier die Kammern stets kleiner angelegt. Diese Räume weisen Flächen zwischen 3,7 und 14,8 m² auf, wobei Flächen zwischen 6,0 und 8,0 m² am häufigsten anzutreffen waren. Von den 47 untersuchten Seitengebäuden besaßen nur 23 (49 %) überhaupt Kammern. Küchen gab es in 13 Seitengebäuden (27,5 %), Flurküchen in 29 Seitengebäuden (62 %), während in 5 Gebäuden (10,5 %) Küchen völlig fehlten. Größere Unterschiede zwischen Flurküchen und Küchen gab es bei den Flächen nicht. Während die Küchen zwischen 3,6 und 13,2 m² groß waren, lagen die entsprechenden Werte für die Flurküchen zwischen 2,7 und 10,0 m². Bei der Flächenermittlung der Flurküchen wurde in der Regel der gesamte Flur – auch wenn sich darin eine Treppe befand – herangezogen.

Die Geschoßhöhen waren nicht in jedem Fall festzustellen. Trotzdem vermitteln die vorhandenen Angaben einen Überblick.

Im Erdgeschoß waren stets die größten Geschoßhöhen anzutreffen. Nach unten (Souterrain, Keller) und oben (1., 2. OG. und Dachgeschoß) nahm dann die Höhe etwas ab.

Im Kellergeschoß – es sind nur 3 Beispiele vorhanden – betrugen die Geschoßhöhen je einmal 7 Fuß (2,20 m), 7,5 Fuß (2,36 m) und 8 Fuß (2,51 m).

Das Souterrain – hier liegen nur 2 Beispiele vor – war je einmal 8 und 10 Fuß (2,51 und 3,14 m) hoch.

Vom Erdgeschoß sind insgesamt 24 Geschoßhöhen bekannt, die sich wie folgt untergliedern: 1 × 6 Fuß 2 Zoll (1,94 m), 5 × 8 Fuß (2,51 m), 4 × 8,5 Fuß (2,67 m), 5 × 9 Fuß (2,83 m), 3 × 9,5 Fuß (2,98 m), 4 × 10 Fuß (3,14 m), 2 × 11 Fuß (3,45 m).

Bei dem 6 Fuß 2 Zoll hohen Geschoß handelt es sich um einen kleinen unbedeutenden Anbau an der Ackerstraße 57, der sicher ursprünglich nicht Wohnzwecken diente. Diese geringe Geschoßhöhe stellt eine Ausnahme dar.

Vom 1. Obergeschoß kennen wir 12 Geschoßhöhen, die sich wie folgt untergliedern: 1 × 7,5 Fuß (2,36 m), 3 × 8 Fuß (2,51 m), 2 × 8,5 Fuß (2,67 m), 3 × 9 Fuß (2,83 m), 1 × 9 Fuß 3 Zoll (2,90 m), 1 × 9,5 Fuß (2,98 m), 1 × 10 Fuß (3,14 m). Hier ist also deutlich eine – wenn auch geringe – Abnahme der Geschoßhöhe festzustellen.

Beim 2. Obergeschoß liegt bereits keine Geschoßhöhe mehr über 8 Fuß 3 Zoll. Die Auswertung zeigt:

2 × 8 Fuß (2,51 m), 1 × 8 Fuß 3 Zoll (2,59 m) und im Dachgeschoß setzt sich diese Tendenz wie folgt fort:

1 × 6 Fuß (1,88 m), 2 × 6,5 Fuß (2,04 m), 3 × 7 Fuß (2,20 m) und je 1 × 7,5 Fuß (2,36 m), 8 Fuß (2,51 m), 8,5 Fuß (2,67 m) und 9 Fuß (2,83 m).

Bei den letztgenannten Maßen handelte es sich um Geschoßhöhen, die in Seitengebäuden anzutreffen waren, welche in den 30er Jahren des 19. Jahrhunderts – also im letzten Viertel der hier behandelten Zeit – errichtet worden waren.

Konstruktion und Ausbau

Hinweise auf die Ausführung der Grundmauern fehlen. Die teilweise relativ schnell verfaulten Holzschwellen lassen jedoch darauf schließen, daß man in Einzelfällen gänzlich auf eine Gründung verzichtet hat. Von den Umfassungswänden der Seitengebäude sind in den Grundstücksakten bei sämtlichen 47 Beispielen Angaben vorhanden.

Diese Wände waren in der Mehrzahl massiv. 28mal hatte das Erdgeschoß massive Umfassungswände, in 9 Fällen war es in Holzfachwerk, wobei die hintere, an der Grundstücksgrenze liegende Längswand stets massiv verblendet war, in 10 Fällen in Holzfachwerk mit einer massiven Verblendung ausgeführt.

Das 1. Obergeschoß war von 16 Fällen 7mal massiv und 9mal in Holzfachwerk – meist mit massiver Verblendung – ausgeführt. Ein 2. Obergeschoß gab es nur zweimal, wovon eines massiv, das andere in Holzfachwerk ohne Verblendung errichtet worden war. Im Gegensatz zu den Vordergebäuden ist bei den Seitengebäuden auf den Höfen häufiger eine Anwendung von Holzkonstruktionen zu vermerken – eine Tendenz, die offensichtlich darauf zurückzuführen ist, daß man hier von vornherein Häuser ohne jede Repräsentation mit geringstem finanziellen Aufwand errichten ließ.

Die Geschoßdecken, die stets quer zum Gebäude spannten, waren als Holzbalkendecken mit Strohlehmstakung ausgeführt. Die Decke über dem Kellergeschoß – es sind nur 2 Beispiele bekannt, nämlich Ackerstraße 7 und Bergstraße 23 – war jeweils als Kappengewölbe ausgebildet.

Ohne Ausnahme besaßen die Seitengebäude ein Pultdach – in den Grundstücksakten als „einseitiges Ziegeldach" bezeichnet – das durch die Lage des Hauses entlang der Grundstücksgrenze bedingt war, da nur so das Niederschlagswasser auf das eigene Grundstück abgeleitet werden konnte. 2 Häuser aus der ersten Hälfte des 19. Jahrhunderts, nämlich die 1819 bzw. 1824 errichteten Seitengebäude in der Brunnenstraße 47 und in der Ackerstraße 6, hatten ein Mansard-Pultdach.

Die Dachneigung – in 22 Beispielen erwähnt – war unterschiedlich steil. Sie betrug:

2 × zwischen 10 und 20°
10 × zwischen 31 und 40°
5 × zwischen 41 und 52°

Die beiden Mansard-Pultdächer hatten 64 und 39° bzw. 62 und 40° Neigung.

Sämtliche Dächer – mit Ausnahme der in der Brunnenstraße 31 und 32, die mit Schiefer eingedeckt waren – besaßen eine Ziegeldeckung.

Die Innenwände der Seitengebäude waren sowohl massiv aus Ziegelsteinen als auch in Holzfachwerk ausgeführt worden, wobei festzustellen ist, daß man öfter als bei den Vordergebäuden feuerpolizeiliche Forderungen bei Treppenhauswänden ignorierte, indem diese ebenfalls nicht massiv ausgeführt worden waren.[94] Wenn solche Treppenhauswände bei ursprünglich eingeschossigen Gebäuden, die erst nachträglich im Zusammenhang mit dem Ausbau des Daches eine Treppe erhielten, noch zu verstehen sind (Brunnenstraße 32), so wurden doch bei anderen Wohnhäusern, die man von vornherein mehrgeschossig errichtete, offensichtlich bewußt aus Gründen der Sparsamkeit diese Forderungen übergangen – vermutlich in der Hoffnung, daß der Gesetzgeber bei diesen ohnehin minderwertigen Wohngebäuden, die außerdem vom öffentlichen Verkehrsraum nicht einzusehen waren, nicht so hart durchgreift. Der Bereich des Küchenherdes war jedoch stets gemauert, d. h., hier entsprach man der Berliner „Feuerordnung" aus den Jahren 1672 bzw. 1681 gewissenhaft.

Als Wandputz kam Kalkmörtel zur Anwendung. Das gleiche Material wurde bei den Decken und Treppenuntersichten verwandt (Putzträger, Schalung und Berohrung). Angaben über die weitere farbige Behandlung dieser Flächen sind in den Grundstücksakten ebensowenig vorhanden, wie über den Fußboden. Hier wird jedoch gegenüber den Vordergebäuden kein Unterschied gewesen sein, d. h., der Dielenfußboden war in Stuben und Kammern vorherrschend, während die Küchen oder zumindest der Bereich vor dem Herd gepflastert war.

Die Treppe hatte sich in Form und Lage besonders in den Seitengebäuden mit Flurküche dem beengten Raum unterzuordnen. Es gab sowohl einläufige, im Antritt viertelgewendelte Holztreppen (Brunnenstraße 32), als auch solche, die im An- und Austritt viertelgewendelt waren (Ackerstraße 24). In einigen Fällen gelangte man direkt vom Hof aus durch einen 2. Eingang über die Treppe in das Obergeschoß (Ackerstraße 29). Hier zeigt sich bereits die Tendenz zum selbständigen Treppenhaus, die sich im Laufe der ersten Hälfte des 19. Jahrhunderts immer mehr durchsetzte. Diesem Treppenhaus begegnet man zum Beispiel beim 1842 errichteten nördlichen Seitengebäude in der Ackerstraße 26, in dem man eine zweiläufige U-Treppe eingebaut hatte.

Die Laufbreite dieser Holztreppen betrug zwischen 700 und 900 mm. Wie bei den Vordergebäuden kam auch hier vorwiegend die eingestemmte Treppe zur Anwendung. Die vorhandenen zeichnerischen Unterlagen lassen eine genaue Ermittlung des Steigungsverhältnisses nicht zu. Im Durchschnitt waren die Treppen sehr steil angelegt, was auch eine Nachprüfung im Jahre 1966 bei dem nördlichen Seitengebäude Ackerstraße 9 ergab. In diesem erst in der zweiten Hälfte des 19. Jahrhunderts errichteten Bau betrug das Steigungsverhältnis bei 14 Steigungen 210/210 mm (Treppenlauf Erdgeschoß – 1. OG.).

Über die Einrichtung der Wohnräume in den Seitengebäuden fehlt in den Grundstücksakten jeglicher Hinweis.

Architektonische Gestaltung

Was einleitend von der architektonischen Gestaltung der Vordergebäude festgestellt wurde, trifft zum großen Teil auch auf die Seitengebäude zu. Auch hier Widerspiegelung des Raumgefüges in der äußeren Erscheinungsform des Hauses, auch hier durchweg Putzfassaden, die durch Fensterreihung, bescheidene Gurt- und Traufgesimse sowie niedrige Putzsockel horizontal gegliedert waren. Im Gegensatz zum Vordergebäude wurde eine besondere Betonung des Hauseinganges – auch wenn sich dieser, wie bei den meisten mehrgeschossigen Seitengebäuden, in der Mitte befand – nicht festgestellt. Überhaupt war alles etwas einfacher, bescheidener, was sich an den Gesimsen und den Fensterumrahmungen deutlich machte. So war die teilweise leichtere Konstruktion der Seitengebäude (Holzfachwerk, Holzfachwerk verblendet) auch an der Fassade erkennbar. Für den Bauherrn waren diese Gebäude Miethäuser, er wohnte selbst nicht darin und hatte an ihnen nur insofern Interesse, als er darin eine lukrative Geldeinnahmequelle entdeckt hatte. Der größte Teil der Seitengebäude war aufgrund seiner geringen Abmessungen und wegen seiner in ihm untergebrachten unterschiedlichen Funktionen ohne jede architektonische Aussagekraft.

In folgendem sollen einige typische Seitengebäude der Rosenthaler Vorstadt hinsichtlich ihrer architektonischen Gestaltung – soweit diese aus den vorhandenen Unterlagen ersichtlich bzw. zu rekonstruieren war – kurz vorgestellt werden.

Das 1841 an der Nordseite des Grundstücks Bergstraße 2 errichtete zweigeschossige geputzte Seitengebäude diente nicht nur Wohnzwecken. Das Erdgeschoß nahm Wannenbäder, Holzställe und eine Remise sowie Aborte auf, während im 1. Obergeschoß und im Dachgeschoß Wohnungen eingerichtet waren. Die verschiedenen Nutzungszwecke sind durch die unterschiedlich großen Öffnungen in der Fassade ablesbar. Die Fenster im Obergeschoß und im Dach nehmen Bezug auf die Hauptöffnungen des Erdgeschosses und damit kam zwangsläufig eine unruhige Gestaltung des Gebäudes, welches nachweislich ein massives ausladendes Traufgesims und vermutlich ein schmales Gurtgesims besaß, zustande.

Das 1829 an der Südseite des Grundstückes Ackerstraße 7 errichtete eingeschossige Seitengebäude diente ausschließlich Wohnzwecken. Es war ein schmuckloser Putzbau mit vermutlich auch geputztem Sockel. Zur seitlich gelegenen Hauseingangstür führten 5 Differenzstufen. Zu den beiden Wohnräumen im Keller gelangte man über einen gesonderten Eingang.

Das 1826 auf der Nordseite des Grundstückes Ackerstraße 24 erbaute zweigeschossige Wohnhaus stellt ein Beispiel dar, wie wenig Wert oft bei den Hofgebäuden auf eine Gestaltung gelegt wurde. Bei diesem Putzbau gab es außer dem bescheidenen Kastengesims und eventuell einem schmalen Gurtgesims vermutlich keine besonderen Gestaltungsmerkmale. Die Hauseingangstür war nach Süden verlegt worden, um in dem schmalen Flur Platz für die Treppe zu erhalten.

Das 1825 auf der Südseite des Grundstückes Ackerstraße 29 errichtete dreigeschossige Wohnhaus (Erdgeschoß, 1. OG., Dachgeschoß) stellt ein Beispiel dafür dar, daß auch bei den Seitengebäuden das Dach durch Einziehen einer Fensterwand über die gesamte Länge des Hauses unterbrochen wurde. Bei dieser, entsprechend dem Grundriß symmetrisch aufgeteilten Putzfassade kam eine gewisse Mittelbetonung insofern zustande, als 2 Hauseingangstüren vorhanden waren.

Baulicher Zustand

Wie bei den Vorder-, so sind auch bei den Seitengebäuden einige Hinweise auf den baulichen Zustand den Baubesichtigungs- und Feuervisitationsprotokollen der Grundstücksakten zu entnehmen. Nur von 13 der 47 Seitengebäude liegen – oft recht dürftige – Angaben vor. Hier zeigt sich, daß neben dem bereits geschilderten, nur auf möglichst hohen Mietzins bedachten Interesse der Hauseigentümer auch ein relatives Desinteresse der Behörden vorlag, da doch diese Häuser nicht im Blickpunkt der Öffentlichkeit standen und in ihnen Menschen der „geringen Klasse" wohnten. Die im Durchschnitt leichtere Bauweise (Holzfachwerkkonstruktionen), das oft minderwertige Material und die mangelnde Unterhaltung durch den Hauseigentümer – bei Seitengebäuden noch verständlicher – waren die Voraussetzung für den teilweise schlechten Bauzustand.

Häufig traten Bagatellschäden, wie verfaulte Schwellen und undichte Dächer – z. B. Brunnenstraße 51[95] – auf.

Bei dem im Jahre 1784 in den Grundstücksakten Bergstraße 18 erstmals erwähnten südlichen Seitengebäude fehlte die östliche Flurwand – das Haus war aus finanziellen Gründen nicht fertiggestellt worden – und Wind, Schnee und Regen belästigten die Bewohner derartig, daß sie auszuziehen drohten, woraus zu entnehmen ist, daß der Hauseigentümer offensichtlich auf diese Mieteinnahme angewiesen war...

Zu den schwereren Schadensfällen sollen – wie bei den Vordergebäuden – die Fälle gezählt werden, bei denen Einsturzgefahr bestand.

Einsturz drohte 1840 z. B. dem Seitengebäude in der Ackerstraße 56, der notwendige Abbruch erfolgte jedoch nicht. Vielmehr wurden einige Reparaturen durchgeführt, die allerdings nicht verhindern konnten, daß 12 Jahre später ein Schornstein doch einstürzte[97]...

Einmal wird in den Grundstücksakten auch der gute bauliche Zustand eines Hauses erwähnt, nämlich bei dem 1779 auf dem Grundstück Bergstraße 23 errichteten Seitengebäude, welches noch im Jahre 1786 in „sehr gutem Zustande" war und durch die beständige gute Unterhaltung das Aussehen eines neuen Gebäudes hatte.[98]

Wohnverhältnisse

Die bereits bei den Vordergebäuden festgestellte Schwierigkeit, die Wohnverhältnisse aufgrund der Angaben der Grundstücksakten darzustellen, trifft bei den Seitengebäuden in noch größerem Maße zu. Bei 30 der 47 behandelten Wohnhäuser fehlen entsprechende Hinweise völlig, und auch bei dem verbleibenden Drittel sind die Angaben hinsichtlich der Anzahl der Bewohner und der Miethöhe sehr dürftig. Einige speziell die Seitengebäude betreffende Faktoren – Lärm- und Geruchsbelästigungen durch Handwerkereinrichtungen (Schmiede, Schlosserei), durch Ställe und Aborte, schlechte Belichtung und Belüftung – haben die Wohnverhältnisse negativ beeinflußt.

Lediglich bei 2 Grundstücken, und zwar im Zusammenhang mit dem nördlichen (1.) Seitengebäude in der Brunnenstraße 50 werden zahlenmäßig Bewohner genannt. Hier lebten in den beiden 7,5 m² großen Stuben in den 80er Jahren 2 Witwen für je 6 Taler. Außerdem konnten sie die in der Mitte von den beiden Stuben gelegene Flurküche (3,9 m²) gemeinsam nutzen. Im südlichen (2.) Seitengebäude des gleichen Grundstückes hatte die Familie eines Maurergesellen 1 Stube (9,6 m²) und 1 Kammer (5,9 m²) für 9 Taler gemietet. Östlich der offensichtlich von allen Bewohnern des Hauses benutzten Flurküche (5,4 m²) bewohnte eine Witwe die Stube für 7 Taler und für die gefangene Kammer (5,9 m²) hatte ein Vogelsteller nur 1 Taler Miete zu zahlen. In der Ackerstraße 40 lebten 1785 in dem kleinen 1. Seitengebäude – 10,1 m² Wohnfläche – 3 Personen, denen damit je 3,4 m² zur Verfügung standen.

Im übrigen lassen sich vom Grundrißgefüge her gewisse Rückschlüsse auf die Wohnverhältnisse ziehen. Hofgebäude, die ursprünglich eine andere Funktion hatten, wurden – besonders in der 1. Hälfte des 19. Jahrhunderts – aus Profitinteresse mehr oder weniger so umgebaut, daß darin auch gewohnt werden konnte.

Dazu 2 Beispiele:

1. Auf dem Grundstück Ackerstraße 8 stand auf der Südseite des Hofes ein kleines Fachwerkgebäude, das als Rollkammer und Stall diente. 1838 wurde ein Schornstein und ein Stubenofen eingebaut sowie die Rückwand teilweise massiv ausgeführt.[99] Dadurch entstand eine 13,2 m² große vermietbare Stube. Hier mußten die Mieter zwangsläufig in einem Raum kochen – und das in einem Stubenofen – und schlafen.

2. Auf dem Grundstück Brunnenstraße 32 stand auf der Südseite des Hofes neben einem „Bahnhaus" das langgestreckte Gebäude einer Kegelbahn[100]. 1837 wurden darin 4 Stuben (je 13,5 m²) und 1 Kammer (7,3 m²) eingebaut. Die Anordnung der Räume – sie waren jeweils durch einen kleinen Windfang getrennt – läßt auf separate Wohnbereiche schließen, d. h. auch hier standen den Mietern zumindest in 3 Fällen nur ein Raum zur Verfügung. Auch hier gab es keinen Küchenherd.

Nur bei 11 der 47 untersuchten Seitengebäude war das Dachgeschoß zu Wohnzwecken ausgebaut worden. Dieser relativ kleine Anteil (23%) an Dachgeschoßwohnungen ist offensichtlich in den geringen Haustiefen begründet, die in den meisten Fällen einen Ausbau nicht zuließen. Untersucht man diese Dachwohnungen, so gelangt man zu dem Ergebnis, daß die Wohnung in 6 Fällen aus Stube, Kammer und Flurküche bestand und je einmal die Raumkombination Stube/Kammer/Küche, Stube/Küche, Stube/Flurküche und Stube/Kammer. Beim 3. Seitengebäude auf dem Grundstück Bergstraße 13 existiert lediglich ein Hinweise auf das Vorhandensein von Dachwohnungen[101]. Bei den Dachwohnungen war die Mehrzahl so beschaffen, daß es möglich war, die einzelnen Funktionen räumlich klar zu trennen – im Gegensatz zu den Kellerwohnungen, die, mit einer Ausnahme[102], sämtlich erst in der 1. Hälfte des 19. Jahrhunderts gebaut wurden und jeweils nur aus 2 Räumen bestanden (ST/KÜ, ST/FKÜ u. ST/KA). So ist schon von der Anzahl der Räume her eine Qualitätsminderung bei den Kellerräumen im Vergleich zu den Dachwohnungen festzustellen.

Nur wenige Hinweise gibt es hinsichtlich der Aborte, was darauf schließen läßt, daß diese meistens für sich auf dem Hof gestanden haben werden. Besondere Erwähnung findet das „Abtrittsgebäude" nur in einem Fall, nämlich 1840 in der Ackerstraße 37. Im Feuervisitationsprotokoll[103] stellte man seinen schlechten baulichen Zustand fest. Die Stiele standen nur auf einem Schalbrett, waren zum Teil verfault und die mit „Luftsteinen" ausgemauerten Gefache hatten durch den Regen sehr gelitten..

Über die Höhe der Mieten in den Seitengebäuden konnten nur wenige Angaben, die in der folgenden Übersicht zusammengestellt sind, ermittelt werden.

Grund-stück	Jahr	Stock-werk	Raum	Ges.-Fläche m²	Miete Taler	Miete je m² Taler
Brunnen-str. 50	1783	E	ST ST FKÜ	18,9	12	0,63
	1783	E	ST KA FKÜ	36,4	17	0,47
Berg-str. 18	1784	E	ST FKÜ	12,5	8	0,64
Acker-str. 37	1787	E	ST ST FKÜ	13,7	12	0,87
Acker-str. 40	1788	E	ST Werkst.	28,7	16	0,56
	1790	E	ST FKÜ	30,0	10	0,33

Es überrascht der oft relativ hohe Mietpreis (Ackerstraße 37: 0,87 Taler/m²), der nicht nur im Vergleich zu den übrigen Mieten in den Seitengebäuden herausragt, sondern auch wesentlich über dem Quadratmeterpreis der Vordergebäude liegt. Es drängt sich hier die Vermutung auf, daß es sich hierbei um eine falsche Angabe in den Grundstücksakten handelt.[104]

Neben dem Fehlen von Räumen – in 5 der 47 Seitengebäude gab es zum Beispiel weder Küche noch Flurküche – war es besonders der teilweise schlechte Bauzustand, der die Wohnverhältnisse in den Seitengebäuden bestimmte. Wenn auch hierzu detaillierte Angaben fehlen, so sind doch die Wohnbedingungen in einem einsturzbedrohten Haus leicht vorstellbar. In keinem Falle wurde von einer Räumung dieser Gebäude berichtet, was darauf schließen läßt, daß die Bewohner bis zuletzt in ihnen leben mußten.

Quergebäude

Allgemeine Angaben

Die Bebauung der Grundstücke der Rosenthaler Vorstadt mit Quergebäuden, die Wohnzwecken – oder zumindest zum Teil Wohnzwecken dienten, begann erst in den 20er Jahren des 19. Jahrhunderts. Nur 4 Gebäude sind in den Grundstücksakten – soweit sie den Zeitraum bis zur Mitte des 19. Jahrhunderts betreffen – erwähnt. Es muß daher angenommen werden, daß die systematische Bebauung mit Quergebäuden nach dem Betrachtungszeitraum dieser Arbeit, vermutlich in den 70er Jahren einsetzte.

Die Abmessungen der Baukörper waren unterschiedlich. Sie sind in der folgenden Übersicht zusammengestellt:

Grund-stück	Bauj.	Breite Fuß (m)	Tiefe Fuß (m)	Geschoß
Brunnen-str. 49	1851	33 (10,36)	36 (11,30)	5 (K,E,1,1,D)
Ackerstr. 6	1824	33 (10,36)	20 (6,28)	3 (E,1,2)
Acker-str. 23	1822	31 6″ (9,89)	9 6″ (2,98)	1 (E)
Acker-str. 26	(1820)	27 (8,48)	32 (10,05)	3 (E,1,D)

Aus dieser Übersicht ist zu erkennen, daß diese ersten Quergebäude der Rosenthaler Vorstadt in etwa die gesamte Grundstücksbreite einnahmen, sich hinsichtlich der Gebäudetiefe jedoch stark voneinander unterschieden. Während die Quergebäude in den Höfen zunächst einer Nebenfunktion dienten (Stall, Scheune), zog der Funktions- und damit für den Eigentümer der Bedeutungswandel eine Vergrößerung des Baukörpers nach sich. Verschiedentlich waren die Quergebäude unmittelbar oder durch ein kleines Gelenk mit einem Seitengebäude verbunden (Ackerstraße 6).

Von den hier untersuchten Quergebäuden war nur das jüngste – das 1851 in der Brunnenstraße 49 gebaute – unterkellert und im Dachgeschoß ausgebaut. Auch hierbei ist die von Mitte des 19. Jahrhunderts an immer intensivere Nutzung der Grundstücke und Gebäude erkennbar.

Raumgefüge

Die wenigen zur Verfügung stehenden Beispiele lassen eine verallgemeinernde Wertung der Quergebäude hinsichtlich des Raumgefüges nicht zu. Während das kleinste der Quergebäude sich von einem Seitengebäude in nichts unterschied – symmetrischer Grundriß, bei dem sich an die in der Mitte befindliche Flurküche links und rechts (nördlich und südlich) 2 kleine Stuben anschlossen (Ackerstraße 23) – war das Raumgefüge der beiden anderen Quergebäude dadurch gekennzeichnet, daß neben den Wohnräumen eine Schmiede, eine Waschküche (Ackerstraße 6) bzw. eine Schlosserei und Arbeitsräume für Weber (Brunnenstraße 49) untergebracht waren.

Der rechteckige Grundriß des Quergebäudes in der Ackerstraße 6 zeigte folgende Aufteilung: in der Mitte ein vom Hof zum Garten in östlicher Richtung führender Gang mit Treppe; nördlich und südlich anschließend die Schmiede bzw. die Waschküche, im Gelenk ein Abstellraum (Erdgeschoß), im 1. und 2. Obergeschoß nördlich des Flures nach dem Hof zu 1 Stube, nach dem Garten 1 Küche; südlich des Flures 1 Stube, die mit der im Gelenk befindlichen Küche verbunden war.

Der ebenfalls rechteckige Grundriß des Quergebäudes in der Brunnenstraße 49 war fast in jedem Geschoß unterschiedlich aufgeteilt. Südlich der vom Hof zum Garten führenden Durchfahrt lagen Treppenhaus, Küchen und Stube (Ostseite) und nach Westen der sogenannte „Saal" für Weber. 1. und 2. Obergeschoß: am Nordgiebel das Treppenhaus, anschließend nach dem Hof Küche und Stube, nach dem Garten 1 großer Saal für Weber. Dachgeschoß: Ostseite wie in den beiden darunterliegenden Geschossen, auf der Westseite hatte man durch Einziehen von 2 Wänden 1 Kammer und 2 Stuben geschaffen.

Die Raumgrößen der Quergebäude sind in folgender Übersicht zusammengestellt:

Grundstück	Bau-jahr	Ge-schoß	ST m²	KA m²	KÜ m²	FKÜ m²	Geschoß-höhe Fuß (m)
Brunnenstr. 49	1851	K	–	–	–	–	8 6″ (2,67)
		E	12,5	–	10,0	–	10 (3,14)
		1	23,0	–	9,5	–	10 (3,14)
		2	23,0	–	9,5	–	10 (3,14)
		D	8,0 20,3	9,0	8,0	–	8 6″ (2,67)
Ackerstraße 6	1824	E	–	–	–	–	10 (3,14)
		1	13,6 19,4	–	4,6 6,1	–	9 6″ (2,98)
		2	13,8 20,0	–	4,6 6,1	–	9 (2,83)
Ackerstr. 23	1822	E	9,7	–	–	4,0	9 6″ (2,98)

Weder die Flächen der Wohnräume noch die Geschoßhöhen wiesen bemerkenswerte Unterschiede gegenüber den Vorder- und Seitengebäuden auf. Deshalb wird auf eine weitere Analyse verzichtet.

Konstruktion und Ausbau

Auch hinsichtlich Konstruktion und Ausbau liegen für die Quergebäude so wenige Angaben vor, daß eine besondere Behandlung wenig ergiebig erscheint, zumal das Vorhandene ohne Besonderheiten ist und sich von den bisher behandelten Wohnhäusern zumindest in dieser Beziehung in nichts unterschied.

Architektonische Gestaltung

Was die äußere Erscheinung der Quergebäude betrifft, so wird der Aufwand hierfür vermutlich weit unter dem für die Vordergebäude gelegen haben. Erst um die Mitte des 19. Jahrhunderts trat mit der Vergrößerung der Baukörper und dem damit verbundenen stärkeren ökonomischen Interesse der Bauherren ein gewisser Wandel ein. Als Beispiel hierfür sei das im Jahre 1851 errichtete Quergebäude auf dem Grundstück in der Brunnenstraße 49 genannt. Dieses Haus besaß eine durch das Grundrißgefüge bedingte asymmetrische Fassade mit Kastengesims, Gurtgesimsen, Fensterfaschen, niedrigem geputzten Sockel und wird sich damit von den meisten auch vor dieser Zeit gebauten Seitengebäuden kaum unterschieden haben.

Daß man bei den bereits in der ersten Hälfte des 19. Jahrhunderts entstandenen Quergebäuden aber durchaus nicht „wild" baute, zeigte sich bei dem 1824 auf dem Grundstück Ackerstraße 6 errichteten Bau, bei dem auf der Gartenseite (also faktisch Rückseite!) durch das Anlegen eines blinden Fensters versucht wurde, den Rhythmus der Fensterreihung fortzusetzen.

Baulicher Zustand

Die Hinweise auf den baulichen Zustand der Quergebäude sind so spärlich, daß darüber zu verallgemeinernde Aussagen nicht gemacht werden können. Es traten die gleichen Mängel auf, die in den Baubesichtigungs- und Feuervisitationsprotokollen der übrigen Wohnhäuser der Rosenthaler Vorstadt beanstandet wurden.

So mußten 1815 in der Brunnenstraße 49 bei einem Quergebäude, das sonst nicht weiter erwähnt wird, sämtliche Holzschwellen erneuert werden, und 1836 wurde es erforderlich, die Fachwerkumfassungswände mit Ziegelsteinen zu verblenden. In dem Quergebäude der Ackerstraße 26 – einer für Wohnzwecke 1819 um- und ausgebauten Scheune – mußten 10 Zoll starke Deckenbalken eingebaut werden, um der neuen Funktion als Wohnhaus zu genügen. Das Quergebäude in der Ackerstraße 6 drohte im Jahre 1855 einzustürzen – sicher ein Zeichen für den seit Jahren schlechten baulichen Zustand des Hauses.

Wohnverhältnisse

Die zu einer realen Einschätzung der Wohnverhältnisse in den Quergebäuden notwendigen Angaben fehlen in den Grundstücksakten.

Bei dem 1822 zu Wohnzwecken umgebauten Stall in der Ackerstraße 23 ist bereits vom Grundriß eine gewisse Primitivität des Wohnens ablesbar. Zu beiden Seiten der Flurküche waren je 1 Stube (9,7 m²) angeordnet. Das läßt darauf schließen, daß das Haus schon für 2 Familien geplant war.

Hinweise auf die Wohnverhältnisse in einem Quergebäude und die wirtschaftliche Lage des Eigentümers erhält man durch einen Vorgang, der durch den ungenügenden Ausbau dieses Hauses aktenkundig wurde.[106]

Die Wohnungsnot hatte sich in Berlin Anfang des 19. Jahrhunderts weiter verstärkt. Das kommt auch in einem Schreiben aus dem Jahre 1823 an das Polizeipräsidium zum Ausdruck, in dem es retrospektiv hieß, daß 1818 „die armen Menschen sich Höhlen auf den Feldern machten"[107]. Bereits 1819 hatte der damalige Eigentümer Reuter erwähnt, daß er Erlaubnis erhalten habe, das bereits bestehende „Querhaus" umzubauen, da „bei dem jetzigen Druck, wo ärmere Familien ihr Unterkommen nicht finden können, und der Staath durch diese belästigt wird"[108], das durchaus im öffentlichen Interesse sei. Das kam auch unter anderem darin zum Ausdruck, daß für 6 Familien im voraus von der Armendirektion die Miete an Reuter gezahlt wurde.

Es war geplant, insgesamt 10 Familien unterzubringen. Reuter, selbst Maurergeselle, hatte das Haus mit einigen Freunden umgebaut und konnte so natürlich Kosten einsparen. Daß dabei nicht in jedem Fall die gültigen Bauvorschriften eingehalten worden waren, liegt nahe.

Reuter begründet zunächst in einem Schreiben den erfolgten Umbau. Er habe „erstens nicht aus eigenem Antriebe, auch zweytens nicht ohne Erlaubnis und drittens fürwahr nicht aus Gewinnsucht gebauth, sondern blos Mitleid gegen noch dürftigere und sehr arme Familien, welche nirgend ein Obdach finden konnten und eine starke Anzahl Kinder haben, welche sie sämtlich von der täglichen Hände Arbeit Verdienst ernähren"[109].

Weiter heißt es in dem Schreiben, daß er finanziell nicht imstande sei, jetzt die Feuerungen in der gewünschten Form auszubauen, aber bereit ist, das Gebäude – nachdem die Familien ausgezogen sind – zuzunageln, bis er die Mittel zum Umbau hat. Allerdings versuchte Reuter gleichzeitig das Polizeipräsidium unter Druck zu setzen, indem er in dem gleichen Brief darum bat, die Behörden zu veranlassen, „diese schon wohnenden, aber auch diejenigen, welche am ersten Oktober d. J. die für sie zum Einziehen eingerichteten Wohnungen beziehen wollen fünf armen Familien, anderweitig unterzubringen, indem ich es ohne der größten Mißhandlungen auszusetzen nicht unternehmen darf, und einem unvermeidlichen Tumult entgegensehe".

Hier wird, wenn auch aus privater Sicht, die angespannte soziale Lage der armen Einwohner erwähnt und auf Aktionen des Klassenkampfes hingewiesen.

Die Andeutung war nicht vergebens, denn es konnten alle Bewohner im Haus wohnen bleiben, und auch die anderen Familien waren eingezogen.

Den Standpunkt des „Polizey-Commisarius des Reviers", auf dessen grundsätzliche Ausführung sich Reuter stützte, erfährt man aus einer Anmerkung zu einem Schreiben des Reuter an das Polizeipräsidium. Darin heißt es:

„Der Grund dazu, daß der Reuter besagtes Gebäude zu Wohnungen ausgebaut hat, ist seine Armuth und nicht Mitleid, und daß er auf diese Weise, wenn die W. bezogen, mehr Miethe erhalten, um sich aus seinen Schulden zu reißen.

Wohl habe ich den Reuter vor kurzen ersucht, neun (9) obdachlose unglückliche Familien in seiner Behausung aufzunehmen, jedoch habe ich ihn keineswegs aufgefordert, oder nachgeben können, benannten vorschriftswidrigen Bau anzufangen und auszuführen.

Die Vermögensumstände des Reuter sind, wie oben angeführt, nicht nur in schlechten Zustande, sondern hat er auch noch Schulden. Sein Benehmen von polizeilichen Erwardungen war bis jetzt gut."[110]

Der Streit um den vorschriftsmäßigen Ausbau des Quergebäudes ging weiter. 1820 erschien Reuter wieder auf dem Polizeipräsidium. Es wurde festgestellt, daß er den Forderungen teilweise Genüge getan hatte.

„Die Brandmauer ist indeß bis jetzt noch nicht zehn Zoll stark angelegt worden, doch ist kein Schaden zu befürchten, da sämtliche Wohnungen an arme Leute vermiethet worden sind, die wenig oder gar nicht kochen.

Die Feuerung, welche sie unterhalten, ist daher so unbedeutend, daß die Einrichtung einer Brandmauer von 10 Zoll Stärke überflüssig ist. Bis jetzt ist die Brandmauer nur 5 Zoll stark, ich werde aber nicht unterlassen, sie 10 Zoll anzulegen. Die Zeit, wann ich mit dem Bau anfangen werde, kann ich nicht bestimmen, da es mir an Geld hierzu fehlt."[111]

Im Jahre 1819 sollten 6 arme Familien mit 31 Kindern als erste Mieter in das umgebaute Quergebäude ziehen. Wenig später wird erwähnt, daß zeitweilig 10 Familien im Quergebäude hausten. Selbst wenn nur die oben genannten 31 Kinder und die 10 Ehepaare angesetzt werden, erhält man 51 Personen, die nachweislich im Quergebäude gehaust haben müssen.

Von diesem Gebäude sind uns leider nur die äußeren Abmessungen (8,48 m × 10,05 m) bekannt.

Eine Grobermittlung auf dieser Grundlage würde eine nutzbare Wohnfläche von etwa $3{,}5\,m^2$/Person ergeben. Die Wohnverhältnisse in den Quergebäuden waren natürlich – neben den genannten Aspekten – durch die gleichen ungünstigen standortbedingten Faktoren, die im Zusammenhang mit den Seitengebäuden genannt sind, negativ beeinflußt.

Anhang

Anmerkungen

[1] Es wurden zum Beispiel von 1769 bis 1786 in den alten Stadtteilen Berlins etwa 300 drei- und viergeschossige Wohnhäuser gebaut.

[2] Da diese grundsätzlicher Natur waren und auch im wesentlich realisiert wurden, soll das Schreiben hier im vollen Wortlaut zitiert werden:

„Mein lieber General-Lieutenant Graf v. Hacke, auch Hochgelahrter Rath, lieber Getreuer. Da Ihr dem Geh. Rath Kircheisen, bey Erstattung Eures Berichtes vom 14. dieses Mir angezeiget habet, daß unter denen zu Berlin jetzo befindlichen Zimmer- und Maurergesellen, sich 247 fremde Zimmer-Gesellen, so aus- und einwandern und bei dem Maurer-Gewercke 294 fremde Gesellen, so ab- und zureisen, befindlich seyn; So will Ich zuvörderst von Euch noch wissen, ob gedachte Gesellen nicht von denen sogenannten Voigtländern seynd, welche zu Sommerzeiten kommen, um zu arbeiten, gegen die Winterzeit aber wiederum nach ihrer Heymath reisen, um allda das durch ihre Arbeit verdiente Geldt zu verzehren.

Dieweil aber hierunter ein dem Lande allerdinges schädlicher abus vorgehet, da gedachte Leuthe ein betrachtliches Geldt aus dem Lande ziehen und auswärts verzehren; So habe Ich euch Meine Gedanken deshalb dahin eröffnen wollen, daß Ihr wohl examinieren und überlegen sollet, ob es nicht füglich angehe, daß mann künftiges Jahr darauf arbeiten könne, diese Leuthe dahin zu disponieren, damit sich selbe, so wie Ich hier zu Potsdam bereits einen guten Anfang gemachet habe, im Lande etablirten und vor dem Thore zu Berlin mit Häusern und Gärten angesetzet werden könnten.

Nach Meiner idee würde der Platz vor dem Hamburger Thore, in der Gegend, wo jetzo der Galgen stehet, (als welcher letzterer auf dem Wege nach Ruppin hin am Walte, transportiret werden könnte) zu solchen etablissements vor diese Leute am convenablesten seyn, welcher zuvor ordentlich aufgenommen und in Quartiere und Straßen eingetheilet werden müßte, aber alsdann jeder dererselben mit einem kleinen Hause angesetzet und ihm ein ziemlich räumlicher Gartenfleck, nebst etwa einem Stück Landes (so wie es hier geschehen) gegeben werden könnten, da sie, wenn ihre Maurer- und Zimmer Arbeit vorbey, im Winter leben und sich überdem durch Spinnen und dergleichen Arbeit gantz reichlich ernehren könnten, und zwar dieses um so mehr, als Meine intention ist, daß solches Quartier alsdann nicht mit unter der accise gezogen werden, sondern sie davon gäntzlich befreyet bleiben sollten. Ihr habet sonach alles dieses reiflich zu überlegen, auch ein ordentliches projekt zu meiner nähern Einsicht davon zu fertigen, wobei Ich Euch aber nochmahlen erinnere, daß dieser ein Plan ist, womit allererst im künftigen Jahre der Anfang gemacht werden kann.

Ich bin Euer wohlaffectionirter König   (gez.) Friedrich
Potsdam, den 22. Sept. 1751

(Vgl. Kuntze, E.: Das Jubiläum vom Voigtland, Berlin 1855, S. 4 f.)

[3] Später wurde zum Teil auch die modernere Schreibweise „Vogtland" verwandt.

[4] Stadtarchiv Berlin, Grundstücksakte Rep. 20732. Grundbrief v. 18.12.1754: „... in der 4ten Reihe unter No 7...".

[5] Stadtarchiv Berlin, Grundstücksakte Rep. 18751, Schreiben vom 18.7.1755: „... in der zweyten Linie und zwar in der 7ten Nomer...".

[6] DZA., Abt. Merseburg. Generaldirektorium Kurmark, Tit. CXV, Sect. i. Colonistensachen Nr. 39 – Straßenumbenennungen

[7] ebenda

[8] Stadtarchiv Berlin, Grundstücksakte Rep. 18750. Länge der Ackerstraße 1967 etwa 320 m – bedingt durch die neue Trassierung der Invaliden- bzw. Thorstraße (Wilhelm-Pieck-Straße) im 19. Jahrhundert

[9] Stadtarchiv Berlin, Grundstücksakte Rep. 18746, Schreiben v. 5.5.1822

[10] ebenda

[11] Stadtarchiv Berlin, Grundstücksakte Rep. 18741, Schreiben v. 3.11.1831

[12] Stadtarchiv Berlin, Grundstücksakte Rep. 18747, Anmerkung zum Bauantrag v. 24.5.1842

[13] Wollheim, H.: Versuch einer medicinischen Topographie und Statistik von Berlin, Berlin 1844, S. 140

[14] Zitiert in: Kuntze, E.: a.a.O. S. 6

[15] Stadtarchiv Berlin, Grundstücksakte Rep. 18750. Schreiben v. 9.1.1796

[16] Stadtarchiv Berlin, Grundstücksakte Rep. 18747. Zustimmung zum Bauantrag v. 24.5.1842

[17] In Leipzig hatte man zum Beispiel bereits 1701 mit dem Bau von gewölbten unterirdischen Schleusen begonnen.

[18] Schilderung aus dem Jahre 1786. In: Th. Weyl: Handbuch der Hygiene, Supplementband 4, Jena 1904. S. 820 ff.

[19] Weber, A.: Die Großstadt und ihre sozialen Probleme. 2. Auflage. Berlin 1918. S. 10

[20] Vossische Zeitung, Berlin v. 19.2.1789. „... nochmals anbefohlen, die Rinnsteine vor ihren Häusern wöchentlich zweimal, und zwar montags und donnerstags, reinigen und aufkrücken zu lassen und muß schlechterdings bis 5 Uhr gegen Abend bei 2 Talern Strafe verrichtet sein".

[21] DZA., Abt. Merseburg. Generaldirektorium Kurmark. Tit. CXV Berlin, Sect. i. Colonistensachen, Nr. 39 – Straßenumbenennungen. Schreiben v. 3.2.1801

[22] DZA., Abt. Merseburg. Generaldirektorium Kurmark. Tit. CXV Berlin, Sect. in. Colonistensachen, Nr. 39 – Straßenumbenennungen. Schreiben v. 3.2.1801

[23] Zschommler, M.: Interessante und berühmte Voigtländer. Plauen (Vogtl.) 1913, S. 157

[24] Schreiben von Friedrich II. an Geheimrat Kircheisen, vom 9.11.1752. In: Kuntze, E.: a.a.O. S. 8

[25] Originaltext eines Grundbriefes in Bd. II d. Diss.

[26] LHA Brandenburg. Pr. Br. Rep. 30 Regierung zu Berlin B 194, Tit. 40, Sekt. 3 Spz. Nr. 32. Schreiben v. 29.2.1820

[27] Quellen:
Beschreibung der Königl. Residenzstädte Berlin und Potsdam, Bd. 1. Berlin 1779, S. 194. Hierbei „handelt es sich um die vermutliche Anzahl ... der Einwohner in Berlin". (1750 u. 1775)
Wollheim, H.: a.a.O., S. 49. DZA., Abt. Merseburg. Rep. 120 BB, Abt. VII/1, Nr. 11.
Wallach, E.: Berlin in seiner Entstehung seit dem Jahre 1840. In: Separatabdruck der Zeitschrift „Grundeigenthum" Nr. 43–49, 1893. (1850)
Bratring, F.W.A.: Statistisch-topographische Beschreibung der gesammten Mark Brandenburg. Berlin 1805, 2. Bd. S. 159. (1803)
Bevölkerungs-, Gewerbe- und Wohnungsaufnahme v. 1.12.1875 in der Stadt Berlin. 1. Heft, S. 26, Berlin 1876. (1830)

[28] Stadtarchiv Berlin, Grundstücksakten
Rep. 2050, 20730, 20732, 20733, 18750, 18749, 18739, 18743, 18745, 18742, 18741, 18710
Die Angaben stammen aus den Jahren 1754 bis 1780

[29] Ansätze allgemeiner bevölkerungsstatistischer Untersuchungen gab es jedoch bereits in der zweiten Hälfte des 17. Jahrhunderts und im 18. Jahrhundert. Vgl. dazu John Graunt: Natürliche und politische Beobachtungen über Sterblichkeitstabellen (1622). J.P. Süßmilch: Göttliche Ordnung in den Veränderungen des menschlichen Geschlechts (1741). Friedrich Anton v. Heynitz: Tabellen über die Staathswirtschaft eines europäischen Staates der vierten Größe nebst Betrachtungen darüber (1786).

[30] Kuntze, E.: a.a.O. S. 10 f.

[31] Bereits in seiner „Kabinets-Ordre" vom 22.9.1751 hatte Friedrich II. auf diese Möglichkeit hingewiesen: „... da sie, wenn ihre Maurer- und Zimmer Arbeit vorbey, im Winter leben und sich überdem durch Spinnen und dergleichen Arbeit ganz reichlich ernehren können ...". Abschrift der „Kabinets-Ordre" vgl. Pkt. 4. 1. d. Diss.

[32] DZA., Abt. Merseburg, Generaldirektorium Kurmark Tit.: CXV Berlin, Sect. i. Nr. 9 – Colonistensachen. Schreiben v. 10.9.1775

[33] Stadtarchiv Berlin, Rep. 19702 – Das Weichbild von Berlin in Hinsicht auf die Armenpflege – Schreiben v. 16.4.1792 an das Königliche Armendirectorium

[34] Kuntze, E.: a.a.O. S. 18

[35] „Übersicht der Häuser und Quartiere in Berlin, welche am Schlusse des Jahres 1830 gegen das Jahr 1828 vorhanden, bewohnt und besteuert wurden, nebst specieller Darstellung der Verhältnisse, in welchen diejenigen Familien leben, welche wegen Armuth am Schlusse des Jahres 1830 nicht zur Zahlung der Miethssteuer angezogen werden konnten." Berlin 1831

[36] Stadtarchiv Berlin, zum Beispiel Grundstücksakte Rep. 18743. Es wird von „liederlichen Mädgen" berichtet, denen ein Hausbesitzer Aufenthalt gestattete.

[37] Dronke, E.: Berlin 2. Bd. Frankfurt (Main) 1846. S. 43 f.

[38] Kuntze, E.: a.a.O. S 7

[39] Stadtarchiv Berlin. Grundstücksakte Rep. 2051. Brunnenstraße 26/27

[40] Beispiele aus den Grundstücksakten des Berliner Stadtarchivs, Rep. 2051, 2054, 18741, 18749, 18750 u. 20732. Die Flächen wurden aus den im M 1:200 rekonstruierten Grundrissen ermittelt.

[41] lufttrockene Mauerziegel, meist Lehmsteine mit beigemengten Häcksel-, Flachs- oder Hanfschäben. Sie durften größerem Druck nicht ausgesetzt werden.

[42] Bereits in der Feuerordnung von Berlin und Kölln v. 15.7.1672 heißt es unter Tit. I § 3: „Es sollen dahere in hiesigen Residenzstädten alle Feuerstäte, so an verblendeten Holzwänden stehen, abgeschafft und statt des Blendweres und Holtzes eine völlige Mauer gemacht werden!" Und unter § 4: „Nichts weniger sollen Schornsteine, die von Holtz aufgeführt, nicht ferner gelitten, sondern abgeschafet, und von Mauersteinen aufgezogen werden!"

[43] Stadtarchiv Berlin. Grundstücksakte Rep. 1054

[44] Stadtarchiv Berlin. Grundstücksakte Rep. 18750.

[45] Stadtarchiv Berlin. Grundstücksakten Rep. 2050, 2055, 20732 u. 20733.

[46] Diese werden allerdings nur einmal erwähnt, nämlich in: Stadtarchiv Berlin. Grundstücksakte Rep. 20733. Aktennotiz v. 1.4.1756 „... das Haus wurde gänzlich durch ihn ruiniert, indem derselbe den Ofen in der Stube halb abgebrochen und die Kacheln davon verkaufte..."

[47] Stadtarchiv Berlin. Grundstücksakte Rep. 2050

[48] Stadtarchiv Berlin. Grundstücksakte Rep. 20730. Schreiben v. 28.10.1754

[49] Stadtarchiv Berlin. Grundstücksakte Rep. 20733. Aktennotiz v. 1.4.1756

[50] Stadtarchiv Berlin. Grundstücksakte Rep. 18751. Aktennotiz v. 10.6.1757

[51] Stadtarchiv Berlin. Grundstücksakte Rep. 18746. Schreiben v. 17.4.1779

[52] Stadtarchiv Berlin. Grundstücksakte Rep. 2050. Schreiben v. 9.2.1756

[53] zum Beispiel Brunnenstraße 51 (vgl. dazu Stadtarchiv Berlin. Grundstücksakte Rep. 2050)

[54] zum Beispiel Brunnenstraße 29 (vgl. dazu Stadtarchiv Berlin. Grundstücksakte Rep. 20732)

[55] zum Beispiel Brunnenstraße 50 (vgl. dazu Stadtarchiv Berlin. Grundstücksakte Rep. 2050)

[56] Stadtarchiv Berlin. Grundstücksakte Rep. 18742. Schreiben v. 31.3.1799

[57] Stadtarchiv Berlin. Grundstücksakte Rep. 18743. Schreiben v. 19.11.1789

[58] bei einer angenommenen Geschoßhöhe von 8 Fuß (2,51 m) abzüglich Deckenkonstruktionshöhe (30 cm)

[59] bei einer angenommenen Geschoßhöhe 2,20 m abzüglich Deckenkonstruktionshöhe (30 cm)

[60] Stadtarchiv Berlin. Grundstücksakte Rep. 20732. Baubesichtigungsprotokoll v. 5.2.1791

[61] Stadtarchiv Berlin. Grundstücksakte Rep. 18742. Baubesichtigungsprotokoll v. 25.8.1780

[62] Stadtarchiv Berlin. Grundstücksakte Rep. 20733. Baubesichtigungsprotokoll v. 26.2.1771

[63] Stadtarchiv Berlin. Grundstücksakte Rep. 18750. Baubeschreibung v. 3.5.1780

[64] Stadtarchiv Berlin. Grundstücksakte Rep. 2054. Aktennotiz v. 20.7.1789

[65] Die in Klammern gesetzten Zahlen geben bei dieser und den entsprechenden folgenden Tabellen das Jahr an, in dem das Gebäude in den Grundstücksakten zum ersten Mal erwähnt wurde. Das Baujahr konnte nicht ermittelt werden.

[66] vgl. dazu entsprechende Zeichnung (Band II d. Diss.)

[67] Die in Klammern gesetzten Zahlen geben das Jahr an, in dem das Gebäude in den Grundstücksakten zum ersten Mal erwähnt wurde. Das Baujahr konnte nicht ermittelt werden.

[68] zum Beispiel die Giebelwand des vermutlich 1780 errichteten Vordergebäudes in der Ackerstraße 19 – Stadtarchiv Berlin, Grundstücksakte Rep. 18751. Baubeschreibung aus dem Jahre 1780 (Datum unleserlich)

[69] Stadtarchiv Berlin. Grundstücksakte Rep. 18747. Schreiben v. 30.12.1844

[70] Ausnahme: 2. Vordergebäude in der Ackerstraße 7. Hier wurde noch 1851 das Fehlen des Pflasters beanstandet. Stadtarchiv Berlin. Grundstücksakte Rep. 18748. Feuervisitationsprotokoll v. 19.6.1851

[71] Stadtarchiv Berlin. Grundstücksakte Rep. 18747. Schreiben v. 30.12.1844

[72] Obwohl von 25 Beispielen in 11 Fällen die Dachkonstruktion oder zumindest der doppelt stehende Stuhl in den Grundstücksakten nicht erwähnt wurde, darf bei der sonstigen einheitlichen Konzeption der Häuser diese Konstruktion für sämtliche hier behandelten Vordergebäude angenommen werden.

[73] In der Brunnenstraße 31 war das Wohnhaus an der Straßenseite zweigeschossig, die Hofseite jedoch nur eingeschossig gebaut worden.

[74] Stadtarchiv Berlin. Grundstücksakte Rep. 18747. Schreiben v. 9.8.1844

[75] Bach, J.: Über den frühen sozialen Wohnungsbau. Diss. HAB Weimar 1960, S. 20

[76] Zitiert nach Meier-Oberist, E.: Kulturgeschichte des Wohnens. Hamburg 1956, S. 234

[77] Stadtarchiv Berlin. Grundstücksakte Rep. 18740. Hier existiert lediglich eine Zeichnung zum Bauantrag v. 8.7.1830, der den teilweisen Ausbau des Daches vorsah.

[78] Stadtarchiv Berlin. Grundstücksakte Rep. 20730. Schreiben v. 18.8.1809

[79] Stadtarchiv Berlin. Grundstücksakte Rep. 20730. Baubesichtigungsprotokoll v. 14.5.1816

[80] Stadtarchiv Berlin. Grundstücksakte Rep. 2055. Baubesichtigungsprotokoll v. 8.9.1784

[81] Stadtarchiv Berlin. Grundstücksakte Rep. 20733. Baubesichtigungsprotokoll v. 7.12.1786

[82] bei einer Geschoßhöhe von 9 Fuß (2,83 m), abzüglich Deckenkonstruktionshöhe (0,30 m)

[83] bei einer Geschoßhöhe von 8,5 Fuß (2,67 m), abzüglich Deckenkonstruktionshöhe (0,30 m)

[84] Brunnenstraße 47 (1813), Ackerstraße 6 (1842) – hier fehlte die Kammer, dafür war eine Wohnküche vorhanden – und Ackerstraße 7 (1853).

[85] Stadtarchiv Berlin. Grundstücksakte Rep. 18747. Schreiben v. 21.5.1836

[86] vgl. dazu Rekonstruktionszeichnung (Band II der Dissertation)

[87] dazu 1 Kellerraum
[88] Stadtarchiv Berlin. Grundstücksakte Rep. 18741. Baubesichtigungsprotokoll v. 6.12.1790
[89] Stadtarchiv Berlin. Grundstücksakte Rep. 18745. Aktennotiz v. 19.2.1784
[90] Dronke, E.: Berlin. 1. Bd. Frankfurt (Main) 1846, S. 32 ff
[91] ebenda, S. 38
[92] Die in Klammern gesetzten Zahlen geben das Jahr an, in dem das Gebäude in den Grundstücksakten zum ersten Mal erwähnt wird. Das Baujahr konnte nicht ermittelt werden.
[93] Im Baubesichtigungsprotokoll v. 26.3.1794 (Stadtarchiv Berlin. Grundstücksakte Rep. 2054) werden „niedrige Etagen" erwähnt.
[94] 26 der 47 ausgewerteten Seitengebäude hatten vorwiegend Holzfachwerkwände, 14 vorwiegend Ziegelwände, bei 2 Häusern fehlt jede Angabe.
[95] Stadtarchiv Berlin. Grundstücksakte Rep. 2050. Baubesichtigungsprotokoll v. 9.9.1792
[96] Stadtarchiv Berlin. Grundstücksakte Rep. 20732. Baubesichtigungsprotokoll v. 9.12.1784
[97] Stadtarchiv Berlin. Grundstücksakte Rep. 18710. Schreiben v. 21.6.1852
[98] Stadtarchiv Berlin. Grundstücksakte Rep. 20733. Baubesichtigungsprotokoll v. 7.12.1786
[99] Stadtarchiv Berlin. Grundstücksakte Rep. 18750. Zeichnung v. 13.8.1838 und Bauantrag v. 14.8.1838
[100] Stadtarchiv Berlin. Grundstücksakte Rep. 2052. Bauantrag und Zeichnung v. 24.6.1837
[101] Stadtarchiv Berlin. Grundstücksakte Rep. 20732. Baubesichtigungsprotokoll v. 19.1.1801
[102] Bergstraße 23. Hierbei handelt es sich um ein Seitengebäude, das an das Vorderhaus angebaut war. Erste Erwähnung in der Grundstücksakte im Jahre 1779.
[103] Stadtarchiv Berlin. Grundstücksakte Rep. 18742. Feuervisitationsprotokoll aus dem Jahre 1840 (ohne Datum)
[104] Stadtarchiv Berlin. Grundstücksakte Rep. 18742. Baubesichtigungsprotokoll v. 1.9.1787
[105] Grundlage dieser Übersicht sind die Grundstücksauswertungen, die in Band II zusammengefaßt sind.
[106] Es handelt sich um das Quergebäude in der Ackerstraße 26. Von diesem Haus sind im übrigen nur die äußeren Abmessungen bekannt.
[107] Stadtarchiv Berlin. Grundstücksakte Rep. 18740. Schreiben v. 15.4.1823
[108] Stadtarchiv Berlin. Grundstücksakte Rep. 18740. Schreiben v. 30.8.1819
[109] Stadtarchiv Berlin. Grundstücksakte Rep. 18740. Schreiben v. 25.9.1819
[110] Stadtarchiv Berlin. Grundstücksakte Rep. 18740. Schreiben v. 3.12.1819
[111] Stadtarchiv Berlin. Grundstücksakte Rep. 18740. Schreiben v. 10.7.1820

Der gemeinnützige Wohnungsbau für Beamte und die Entstehung der Wohnanlage Niederschönhausen von P. Mebes

Renate Sachse

Entstehungsgeschichte der Wohnanlage

Die Lage im Wohnungsbau vor der Jahrhundertwende

Nach der Reichsgründung 1871 erfolgte eine starke Zuwanderung von Arbeitern und Handwerkern nach Berlin, der neuen Reichshauptstadt. Der daraus resultierende Wohnraumbedarf förderte die Bau- und Bodenspekulation. Mit den sogenannten Gründerjahren wurde die kapitalistische Terrainspekulation für die Berliner Umgebung eingeleitet. Ein großer Teil des Bodens kam in die Hände gewerbsmäßiger Spekulanten. Mit einem Schlage wurden die Grundbesitzer der Umgebung der Stadt sich der Möglichkeit bewußt, durch die Verwandlung iher „Sandschollen" in Bauland große Reichtümer erwerben zu können.

Die in der Folge dieser Situation entstehenden Mietwohnhäuser waren gekennzeichnet durch geringe Ansprüche an die Ausstattung der Wohnungen und eine Vernachlässigung der Bauausführung. Viele Mieter der neu erstehenden Häuser mußten wegen der Mietpreise Kleinwohnungen mieten. Die Bauunternehmer errichteten jedoch vor allem große Wohnungen, die höhere Mieten einbrachten und in der Relation billiger in der Herstellung waren als mehrere kleine Wohnungen mit der gleichen Grundrißfläche. So existierte ein permanenter Mangel an Kleinwohnungen.

Die Berliner Wohnungsstatistik aus dem Jahre 1871 wies 162 000 Menschen aus, die in „übervölkerten Kleinwohnungen" (Wohnungen aus einem Zimmer mit Küche bestehend, von denen jede im Durchschnitt von 7,2 Menschen bewohnt war) lebten. Des weiteren werden in dieser Statistik 585 000 Menschen ausgewiesen, die in sogenannten kleinen Wohnungen lebten (Wohnungen mit einem oder zwei heizbaren Zimmern, die durchschnittlich von 4,2 Menschen bewohnt waren).

Die Berliner Mietskaserne – die dominierende Wohnhausform

Diese Situation im Wohnungsbau war die Grundlage für eine starke Zunahme des Baus der sogenannten Mietskaserne als Form des städtischen Wohnhauses.

Die Mietskasernen bildeten seit Mitte des 19. Jahrhunderts die allmählich dominierende Form des Wohnhauses in Berlin. Dieser Haustyp bezeichnet zusammenhängende Gebäude, bestehend aus einem parallel zur Bauflucht (Straße) liegenden Vorderhaus mit anschließenden Seitenflügeln oder einem Mittelflügel und Quergebäuden; wobei die beiden letzteren beliebig oft hintereinander gereiht wurden, je nach der Tiefe des betreffenden Grundstückes.

Die durch diese Aneinanderreihung von Gebäudeteilen entstandenen Höfe sind von der Straße über Durchfahrten zu erreichen.

Die baurechtliche Grundlage für diesen Wohnhaustyp war die seit 1835 geltende „Baupolizeiordnung für Berlin". Danach durfte an Straßen von mehr als 15 m Breite beliebig hoch gebaut werden, an Straßen von weniger als 15 m Breite waren noch Gebäudehöhen bis zu 1¼ der Straßenbreite zulässig. Auf dem tiefen Hintergelände waren die berüchtigten Berliner Höfe gestattet; sie brauchten nur 5,3 m breit und 5,3 m tief zu sein. Diese Abmaße resultierten aus der Mindestbreite, die zum Umdrehen der ein- und ausfahrenden Feuerspritze erforderlich war.

Ohne diese Bedingung wäre man wohl auch ganz ohne Höfe, sprich „Lichtschächte", ausgekommen – denn gegen fensterlose Räume machte diese Baupolizeiordnung keine Einwendungen. So konnten auf jedem Berliner Grundstück von 20 m Breite und 56 m Tiefe bei 1,5 Menschen je Raum (unter Freilassung von Küchen) 325 Menschen untergebracht werden. Wenige Jahre nach Erlaß dieser Bauordnung sorgte 1858 bis 1862 der Berliner Polizeipräsident mit dem neuen Bebauungs- und Straßenplan für sehr viel tiefere und aufnahmefähigere Grundstücke. Der Bebauungsplan wies ausschließlich die breiten Verkehrsstraßen aus. Die erforderlichen schmaleren, für die Wohn- und Erschließungszwecke notwendigen Nebenstraßen fehlten. Dadurch entstanden außergewöhnliche tiefe Grundstücke mit übergroßen Baublöcken, eben diese monströsen, vielhöfigen Mietskasernen.

Die Gestaltung und Ausbildung der Fassade war zu dieser Zeit nahezu die einzige Betätigung des Architekten im Wohnungsbau; die Planung des Grundrisses war vorgegeben vom Unternehmer, vom Bodenspekulanten, der die größtmögliche Anzahl von Menschen unterbringen wollte.

Versuche einer Reformbewegung

Eine Reform in der Baupolitik der 2. Hälfte des 19. Jahrhunderts mußte für lange Zeit zum Scheitern verurteilt sein, da nach dem seit 1850 eingeführten Dreiklassenwahlrecht die Hausbesitzer im preußischen Abgeordnetenhaus in der Mehrheit waren und an einer Änderung der für sie positiven Zustände nicht interessiert waren. Trotzdem gab es verschiedene Versuche von sozial verantwortungsbewußten Einzelpersonen, Kritik an der Baugesetzgebung und der daraus resultierenden Wohnungssituation anzumelden und eine Erneuerung zu erzwingen.

Einer der ersten Anprangerungen der Berliner Wohnungsnot kam von dem weitgereisten und auch weitsichtigen Berliner Universitätsprofessor V. A. Huber (1800–1889), dessen Vater mit Goethe befreundet und der selbst mit Herder verschwägert war. Zusammen mit seinem Mitarbeiter C. W. Hoffmann, einem Architekten im preußischen Staatsdienst, schrieb er unermüdlich gegen die fatalen Zustände des Wohnungswesens. Die Ursachen dieses Übels erkannte Huber in einer durch die „Privat-Spekulation" verursachten „tiefen Verkommenheit" der Baugewerbe. Beiden Vorläufern der Wohnungsreformbewegung gebührt das Verdienst, auf die Wohnungsnot und das daraus resultierende Elend statistisch und literarisch mit allen für die damalige Zeit zu Gebote stehenden Mitteln aufmerksam gemacht zu haben.

Ein weiterer bedeutender Kritiker der Wohnverhältnisse in der 2. Hälfte des 19. Jahrhunderts war Julius Faucher (1820–1878), der seit ihrem gemeinsamen Londoner Aufenthalt eng mit Theodor Fontane befreundet war. Faucher empfahl schon 1865 zur sicheren Bekämpfung der Wohnungsnot die Enteignung allen Bodens, der für Wohnzwecke gebraucht wird. Als besonderes Verdienst Fauchers gilt es, daß er aus den seit 1861 veröffentlichten Ergebnissen der Berliner Volkszählung die notwendigen städtebaulichen Schlüsse zog. Die Zahlen der Berliner Volkszählung machten zum ersten Male das grauenvolle Ergebnis der damaligen preußischen Baupolitik zahlenmäßig greifbar: Ein Zehntel der mehr als eine halbe Million zählenden Gesamtbevölkerung Berlins wohnte in Kellerwohnungen. Von den insgesamt etwa 100 000 Wohnungen hatte nahezu die Hälfte nur ein einziges heizbares Zimmer. Diese 1-Zimmer-Wohnungen waren im Durchschnitt mit 4,3 Menschen belegt. Weit über ein Fünftel der Bewohner Berlins teilte dieses einzige heizbare Zimmer mit 5 oder mehr Personen.

Als Mittel gegen diese Misere bezeichnete Faucher die Brechung des „Baustellenmonopols" der Bodenspekulanten, und er empfahl die Enteignung des Landes, das für Wohnbauten gebraucht wurde.

Auch die Schriften des Statistikers Ernst Bruch richteten sich seit 1869 hauptsächlich gegen die riesige Ausdehnung der Wohnquartiere und zahlreichen Höfe und Quergebäude. Bruch trat für den sogenannten „Gruppenbau" ein, d. h. für die Vereinigung der einem Straßenviertel angehörigen Häuser zu einem organischen Ganzen. Er forderte ferner statt des vom Bebauungsplan in Aussicht genommenen dichten Ineinanderbauens und Verschmelzens von Berlin und seinen Vororten ihre planmäßige Trennung in organische Einheiten mittels Parkanlagen und grünen Promenaden.

Die Entwicklung des gemeinnützigen Wohnungsbaus

Infolge der Bemühungen V. A. Hubers und C. W. Hoffmanns kam es 1847 zur Gründung der ersten „Berliner gemeinnützigen Baugesellschaft", die mit dem Berliner Baugewerbe in „reformatorische Konkurrenz" treten wollte. Von dem für den Anfang geplanten Aktienkapital wurde jedoch nur $1/5$ aufgebracht und so konnten nur 209 Musterwohnungen für etwa 1100 Menschen gebaut werden. Die Grundrisse wiesen ein geräumiges Zimmer, Kammer, Küche und weitere Nebenräume auf und waren damit ein unerhörter Fortschritt. Hauptsächlich aus „Aktionärs"-, also Kapitalmangel siechte diese Berliner Baugenossenschaft aber dahin und die großen Hoffnungen ihrer Gründer mußten scheitern. Ab 1871 wurde Berlin überschwemmt mit „Baugesellschaften" (1873 gab es davon bereits 45), die allerdings nicht gemeinnützig waren.

Inhaltlich ganz anders geartete Gesellschaften forderte Ende der 80er Jahre das Mitglied des preußischen Staatsrates, der Universitätsprofessor Gustav Schmoller. Als Gründer des „Vereins für Sozialpolitik" veröffentlichte er einen Bericht, den er „Mahnung in der Wohnungsfrage" betitelte. Erst Jahre später sollte Schmollers wichtigste praktische Forderung in Erfüllung gehen. Er hatte verlangt, daß man große „Aktiengesellschaften" ins Leben rufen müsse, um Häuser für eine „Elite der Arbeiter und kleinen Beamten" zu bauen und die Arbeiter- und Armenquartiere im Zentrum der Städte aufzukaufen und sie musterhaft umzubauen.

Aber erst um die Jahrhundertwende war es möglich, daß die sich nun bildenden gemeinnützigen Baugesellschaften mit öffentlichen Geldern bauen konnten.

Begünstigend für die Bildung dieser Baugesellschaften kam hinzu, daß die preußische Regierung 1887 die unsoziale Berliner Bauordnung von 1835 etwas entschärfte. Nunmehr durften beispielsweise auf dem eingangs geschilderten Grundstück von 20 m × 56 m nicht mehr 325 Menschen untergebracht werden, sondern „nur" noch 167 Menschen.

Ziel der gemeinnützigen Baugenossenschaften war die Schaffung angemessener und preiswerter Wohnungen für die „minderbemittelten" Schichten, sowie eine gewisse Förderung des gesellschaftlichen Lebens der Mitglieder. Allen galt jedoch die Verwirklichung von wohnungsreformerischen Ideen als das Hauptanliegen.

Um 1900 bestanden in Berlin fünf gemeinnützige Baugenossenschaften. Bis zur Gründung des Beamten-Wohnungs-Vereins war der „Spar- und Bauverein" (später Berliner Bau- und Wohnungsgenossenschaft) von 1892 der bedeutendste mit fast 2000 Mitgliedern. Seine Bauten, vor allem die von Alfred Messel, fanden bei der Gewerbeausstellung 1896 öffentliche Anerkennung. Auf der Pariser Weltausstellung erhielt die Messelsche Wohnanlage „Proskauer Straße" 1900 eine goldene Medaille.[1]

Von Bedeutung war auch der „Verein zur Verbesserung von kleinen Wohnungen in Berlin", für den ebenfalls Alfred Messel tätig war. Er errichtete 1889–1904 die Weisbach-Gruppe mit einer ausschließlichen Vorderhausbebauung, ohne Seiten- und Querflügel – ein Novum im damaligen Wohnungsbau.

Der Beamten-Wohnungs-Verein zu Berlin

Im Jahre 1900 wurde als gemeinnützige Baugenossenschaft der Beamten-Wohnungs-Verein in Berlin gegründet. Entgegen den bisher bestehenden Genossenschaften war er eine sogenannte Selbsthilfeorganisation. Vor der Gründung des Vereins wurden seine Ziele, Forderungen und Bedingungen den Beamten durch einen Aufruf vom 29. 6. 1900 bekanntgemacht.[2] Mit dem darin enthaltenen Satz: „Es sollen den Mitgliedern der zu bildenden Genossenschaft gesunde und bequeme und in gewissen Grenzen unkündbare Wohnungen in Berlin und in den Vororten zu mäßigen, keiner Steigung unterworfenen Preisen angeboten und ihnen dadurch die Annehmlichkeiten und Vorteile verschafft werden, die sonst nur das Hauseigentum gewährt", wurden die 3 Grundforderungen fixiert:

1. funktionell sinnvolle Wohnungen
2. Preisstabilität
3. Erhöhung der Rechte der Mieter.

Als Mitglieder kamen – zumindest in den ersten Jahren des Bestehens des Vereins – „alle im öffentlichen Dienste stehenden oder in den Ruhestand gesetzte Beamte in Frage". (Vgl. Anm.[2]) Voraussetzung für eine Mitgliedschaft war die Übernahme eines Geschäftsanteils von 300 Mark sowie eine Haftung über weitere 300 Mark. Um auch minderbemittelten Beamten den Beitritt zu ermöglichen, konnten die 300 Mark in kleinen Raten gezahlt werden. Dieser Anteil war zu denen anderer Vereine vergleichsweise hoch, gewährte aber die Vorteile eines größeren Betriebskapitals der Genossenschaft.

Die Verwaltung des Vereins erfolgte in den ersten Jahren des Bestehens ausschließlich ehrenamtlich durch sogenannte Vertrauensmänner. Die fertiggestellten Wohnungen wurden anfangs durch Lose vergeben, da die Zahl der Wohnungssuchenden weit höher war als die zur Verfügung stehenden Wohnungen (Abb. 1). Die Mitgliederzahl des Vereins betrug innerhalb eines Jahres nach der Gründung bereits 4000 Mitglieder. Den höchsten Stand erreichte der Verein 1905 mit mehr als 10000 Mitgliedern. Als nach 1906 durch verstärkte private Bautätigkeit die Wohnungsnachfrage etwas zurückging, wurde der Mitgliederkreis auch auf Nichtbeamte erweitert.

Der gewaltige Aufschwung des Beamten-Wohnungs-Vereins in den ersten Jahren nach seiner Gründung, basierte nicht nur auf den hohen Mitgliederzahlen und demzufolge einem hohen Betriebskapital, sondern auch auf einer gewissen Bevorzugung durch den Staat. Dies zeigte sich in den günstigeren Bedingungen sowohl bei der Vergabe von Grundstücken als auch bei den Finanzierungsmöglichkeiten.

Die Förderung des gemeinnützigen Beamtenwohnungsbaus durch den Staat hatte eigennützige Gründe. Sie werden erhellt durch ein Zitat aus einer Rede von Staatsminister Freiherr von Rheinbaben anläßlich der ersten Grundsteinlegung des Vereins 1901: „Durch den Bau billiger, gesunder und gut ausgestatteter Wohnungen werde eine soziale Pflicht erfüllt ..., wer ein behagliches Heim besitzt, fühle sich wohl und sei gefeit gegen destruktive Tendenzen".[3] Aufgrund der guten Organisation und der den Bedürfnissen der kleinen und mittleren Beamten entsprechenden Wohnungen und eben auch der bevorzugten Förderung durch den Staat wuchs und gedieh der Verein und hatte in den ersten Jahren des 20. Jahrhunderts zwischen 5000 und 10000 Mitglieder.

Paul Mebes – der führende Architekt des Beamten-Wohnungs-Vereins und seine Auffassung zum sozialen Wohnungsbau

Als mit den rapide wachsenden Mitgliederzahlen die bisher ehrenamtlichen Vertrauensmänner die Arbeit des Vereins nicht mehr bewältigen konnten, beschloß man 1905, die Verwaltung neu zu organisieren. Neben anderen Stellen wurde eine Stelle für einen Hochbauarchitekten ausgeschrieben. Nachdem sich Paul Mebes dafür beworben hatte, wurde er 1905 mit großer Mehrheit gewählt und zum 1. Januar 1906 als Leiter des technischen Büros eingestellt.

Seine Auffassungen über den sozialen Wohnungsbau dokumentieren sich am klarsten und sinnfälligsten in den von ihm in den Folgejahren geschaffenen Bauten.

Seine Einstellung zum Wohnungsbau kann man seinem Werk „Um 1800" entnehmen. Hier richtete sich seine Kritik vor allem gegen den Wohnungsbau als Profitquelle durch äußerste Grundstücksausnutzung auf Kosten der Wohnqualität, gegen unzweckmäßige Grundrißlösungen und schlechte Ausführung der Bauten. Die Ursachen dieser Entwicklung sieht Mebes in einer mangelhaften „Baugesinnung": Anstelle einer der Funktion der Bauten entsprechenden Gestaltung würden sie mit Ornamenten überhäuft, die u.a. die Aufgabe hätten, die mangelnde Qualität zu verschleiern. Weiter beklagt Mebes die herrschende Stillosigkeit und die völlig wahllosen Anleihen bei früheren Kunstrichtungen.

Paul Mebes' Bauten für den Beamten-Wohnungs-Verein bis 1912

Während seiner Anstellung als führender Hochbauarchitekt errichtete Paul Mebes bis 1912 für den Verein acht Wohnanlagen, wovon die drei ersten Anlagen im innerstädtischen Gebiet Berlins, die weiteren in den äußeren Randgebieten lagen. In der Regel waren es 3- bis 5geschossige Bauten. Je nach Stadtlage, Grundstückssituation und Nachbarbebauung waren sie als Blockbebauung, in Reihenhausform oder als Gruppenbauten ausgeführt. Diese acht Anlagen hatten insgesamt etwa 1280 Wohnungen mit überwiegend 2 bis 3 Zimmern. Bei der Wohnungsausstattung wurde immer auf die sanitäre Grundausstattung mit Bad und Innentoilette geachtet, auf kohle- und gasbetriebene Herde in der Küche, auf gute Schalldämmung und praktische Fußbodenbeläge – alles für die damalige Zeit noch keine allgemeingültigen Normative. Ein Vergleich dieser acht Wohnanlagen läßt erkennen, daß nicht etwa ein Bebauungsschema stereotyp wiederholt wurde, sondern daß stets eine Anpassung an die jeweiligen Grundstücksgegebenheiten unter Einbeziehung der umliegenden Bebauung erfolgte. Nach dieser Periode in seinem Schaffen wandte sich Mebes – aufkommenden Wünschen der Mitglieder der Genossenschaft nach dem unkündbaren Einfamilien-Mietshaus sowie dem sich durchsetzenden Gartenstadt-Gedanken folgend – dem Entwurf von Einfamilienhaus-Siedlungen zu, bevor er sich später nach der Assoziierung mit seinem Schwager Paul Emmerich selbständig machte und weitere Flachbausiedlungen im Gartenstadt-Charakter schuf. Die letzte große Periode im Schaffen von Mebes ist die Zeit zwischen 1924 und 1928, in der weitere Wohnanlagen sowie Geschäfts- und Bürohäuser entstanden. Die Bauten dieser Phase zeigen, daß sich Mebes analog der allgemeinen Entwicklung allmählich von der traditionellen Bauauffassung entfernte und zur industriellen Bauausführung tendierte.

Die acht vor dem ersten Weltkrieg geschaffenen Wohnanlagen, zu denen vorrangig die Anlage in Berlin-Niederschönhausen gehört, setzten Normative, die für den Wohnungsbau neu und revolutionierend waren.

Der Bau der Wohnanlage Niederschönhausen 1908

Städtebauliche Situation

Standortkonzeption

Der Standort für die Wohnanlage gehört zum Ortsteil Niederschönhausen im Stadtbezirk Pankow. Die betreffende Fläche liegt mit einer Seite des Grundstückes an der Ausfallstraße nach dem Norden Berlins, an der heutigen Fernverkehrsstraße 96. Diese Ausfallstraße hatte zur Zeit der Entwicklung der Bebauungskonzeption noch keine die Wohnqualität mindernden Faktoren wie Lärm und Luftverschmutzung aufzuweisen. Diese Faktoren gewannen erst in den folgenden Jahrzehnten mit der zunehmenden Motorisierung an Bedeutung.

Die für die Bebauung zur Verfügung gestellte Fläche beträgt etwa 17950 m². Das Grundstück hat annähernd die Form eines rechtwinkligen Dreiecks (Abb. 2), von dem die eine Kathete einen Teil der oben beschriebenen Fernverkehrsstraßen bildet, die zur Zeit der Erbauung der Wohnsiedlung Lindenstraße hieß und 1936 in Grabbeallee umbenannt wurde. Die andere Kathete bildet die südliche Grundstücksgrenze zum Nachbargrundstück der Grabbeallee. Die Hypotenuse des Dreiecks wird durch einen Wassergraben, den sogenannten Zingergraben, gebildet. Dieser Graben kommt aus dem Norden Berlins und mündet am Ende des südlichen Erschließungsweges der Siedlung in die Panke. Die Seitenlänge des Grundstückes an der Grabbeallee beträgt etwa 190 m, die der im rechten Winkel darauf stoßenden Seite etwa 132 m.

Bebauungskonzeption

Bei der Bebauung des Geländes ergab sich durch seinen Zuschnitt die von Mebes schon bei der Wohnanage in Steglitz praktizierte Methode, die Gebäude durch eine Privat- bzw. Wohnstraße zu erschließen. Diese Privatstraße, die Paul-Francke-Straße, verläuft geradlinig von der Grabbeallee aus und erweitert sich in der Mitte des Grundstückes zu einem Platz. 1909 gab der Vorstand des Beamten-Wohnungs-Vereins auf Antrag des Amtsvorstehers von Niederschönhausen der Privatstraße diesen Namen „zu Ehren des stellvertretenden Vorsitzenden des Aufsichtsrates, Herrn wirklichen Geheimen Oberregierungsrat Paul Francke".[4]

Von hier ab verläuft diese Straße in südlicher Richtung gekrümmt bis zur Einmündung in die an der südlichen Grundstücksgrenze liegende Erschließungsstraße.

Die Anlage besteht aus zwei durch die Wohnstraße (Paul-Francke-Straße) getrennte Baugruppen. Jede der beiden Gruppen bildet einen zusammenhängenden Baukörper. Diese beiden Baugruppen bestehen aus mehreren Häusern, die entweder rechtwinklig oder dem Verlauf des Zingergrabens folgend, gekrümmt aneinander gereiht sind. Aus dieser Bebauungskonzeption ergeben sich drei rechteckige Wohnhöfe sowie ein weiterer unregelmäßig begrenzter Hof. Außerdem ist die gekrümmte, im Knick platzartig erweiterte Wohnstraße ebenfalls im Charakter eines Hofes angelegt. Von der „Schauseite" her, also von der Ausfallstraße nach Norden, wurde das ganze Ensemble in der Fassadenabwicklung symmetrisch angeordnet, während bei der dahinter liegenden Bebauung zugunsten einer sinnvollen Raumbildung und einer die natürlichen Grenzen des Grundstückes nutzenden Bebauung auf jede Symmetrie verzichtet wurde.

Grundrißlösung

Die Wohnanlage wurde mit 27 Hauseinheiten erstellt, die insgesamt 174 Wohnungen umfassen. (Abb. 3) Durch geschickte Ausnutzung der vorhandenen Grundstückssituation war die Orientierung der meisten Räume zur Sonne möglich. Die Wohnräume wurden dabei entweder zur Straße oder zu den Wohnhöfen orientiert. Man bevorzugte bei der Orientierung der Wohnräume die Straßenlage, im Gegensatz zu den heutigen Bestrebungen, da, wie bereits dargelegt, um 1906 das Verkehrsaufkommen an der früheren Lindenstraße nach dem Norden Berlins keinerlei Beeinträchtigungen für das Wohnen mit sich brachte und man dort das „unterhaltsame" Geschehen des Straßen- und Fußgängerverkehrs verfolgen konnte.

Die Grundrisse umfassen 2-, 3- und 4-Zimmer-Wohnungen. Die 3-Zimmer-Wohnungen stellen den größten Anteil (etwa 60%), wobei die restlichen 40% sich etwa zu gleichen Teilen auf 2- und 4-Zimmer-Wohnungen aufschlüsseln. Die Grundrisse sind vorwiegend als Zweispänner und in den Eckpunkten zweier rechtwinklig aneinanderstoßender Gebäudetrakte auch als Dreispänner angelegt. Sämtliche Wohnungen sind quer belüftet und belichtet. Die Wohnräume wurden – wie bereits oben erwähnt – nach Westen, Süden oder Osten orientiert. Die Küchen, Bäder und Treppenhäuser wurden nach Norden gelegt bzw. nach der dem Wohnhof abgewandten Seite.

Neben dieser in jedem Falle angestrebten Besonnung der Wohnräume war an den einzelnen Wohnungseinheiten besonders bemerkenswert der günstige Zuschnitt der Wohnungen bezüglich der Größe der Wohnräume von 22 bis 26 m² sowie der Zuordnung eines Freisitzes in Form einer Loggia oder eines Balkons zu jeder Wohnung.

Außer den 2-Zimmer-Wohnungen erhielten alle Wohnungseinheiten eine direkt belichtete und belüftete „Wohnkammer", nutzbar als separater Schlafraum, als Schrankraum oder als Abstellkammer für die unentbehrlichen sperrigen Gegenstände des Hausrates. Die Größe dieser Kammer beträgt im Schnitt etwa 10 m². Jedes Zimmer, einschließlich der Kammer, der Küche und des Bades wurde direkt erschlossen – im Gegensatz zum damals im Berliner Mietshaus häufig anzutreffenden indirekten Zugang durch ein anderes Zimmer. Die Ausstattung mit einem Bad wurde ausnahmslos für alle Wohnungen vorgesehen. Die Waschküchen und Trockenräume für die „große Wäsche" waren, wie in Berlin um diese Zeit üblich, im Dachgeschoß untergebracht.

Baukonstruktion

Der Gebäudekomplex wurde als vollunterkellerter Mauerwerksbau in Längswandbauweise mit aussteifenden Querwänden errichtet. Die Wandstärken in den Geschossen betragen 38 cm, im Keller 51 cm. Die Ausbildung der Decken in den Wohngeschossen erfolgte als Holzbalkendecken. In der zeitgenössischen Literatur wird darauf verwiesen, daß man durch eine besonders starke Schlackenschüttung eine ausgezeichnete Schalldämmung erreichte. Die Massivdecke zwischen Keller- und Erdgeschoß wurde als Kleinsche Decke ausgeführt.

In den Treppenhäusern waren die Podeste massiv ausgebildet. Bei den hölzernen Treppenläufen wurden die Tritt- und Setzstufen stumpf in die Wangen eingestemmt. Die Unterseiten der Treppenläufe wurden verputzt. Die hölzernen Traljen und Handläufe zeigten gute Bautischlerarbeiten mit sparsamen Schmuckelementen. Die Dachkonstruktion erfolgte als abgebundenes Kehlbalkendach mit doppelt stehendem Stuhl, das eine lichte Höhe von OKF Dachgeschoß bis zum First von 8 m aufweist. Besonders die Anschluß- und Knotenpunkte der im rechten Winkel ineinander greifenden Dächer der einzelnen Bautrakte wurden durch klar durchdachte zimmermannsmäßige Konstruktionen gelöst. Die Deckenbalken des Dachstuhls wurden mit 22/26 cm, die Sparren mit 14/16 cm dimensioniert und mit einem 33,5 cm Lattungsabstand zur Aufnahme der Falzziegel versehen. Durch die verwendeten Mulden- bzw. Klosterfalzziegel der Fa. Martini aus Sömmerda erhielt die Dachfläche eine weithin sichtbare intensive Strukturierung.

Ausstattungsnormative der Wohnungen

Nach dem Grundsatz des Beamten-Wohnungs-Vereins für eine qualitativ gute Ausstattung der Wohnungen wurden die Normen gegenüber dem Wohnungsbau anderer gemeinnütziger Baugenossenschaften vergleichsweise hoch angesetzt. In der zeitgenössischen Publikationsreihe „Die Baugenossenschaft", der Zeitschrift des Beamten-Wohnungs-Vereins in Berlin, wird die Ausstattung der Wohnungen in Niederschönhausen wie folgt beschrieben: „Alle Wohnungen, auch die Schlafzimmer und Wohnkammern erhielten gesetzte Majolikaöfen, die nach besonderen Modellen des Architekturbüros gefertigt wurden. Sämtliche andere Kammern wurden mit transportablen, mit Schamotte ausgefütterten eisernen Öfen ausgestattet. In den Küchen wurden die Kochmaschinen sowohl für Gas als auch für Kohlefeuerung vorgesehen.

Als Fußbodenbelag wurde für die Wohnräume kieferne Dielung verwendet; die Vierzimmerwohnungen erhielten ein Zimmer mit Eichenstabfußboden. Die Küchen wurden überall mit Linoleumbelag, die Badestuben und Loggien mit Terrazzofußböden ausgestattet. Die Zimmertüren wurden mit wenigen Ausnahmen bei den besonders großen Wohnungen einflügelig hergestellt. Sämtliche Zimmerdecken erhielten vornehme, nach besonderen Entwürfen angefertigte Stuckverzierungen und wurden in weißem Ton gehalten."[5]

Stilfassung

Etwa mit Schinkel und seinen Schülern war ein Grenzstein gesetzt worden zu der mit Gesinnung und Verantwortung bauenden Zeit, bei der das Bauen als eine handwerkliche Leistung nach den besten Regeln der jeweiligen Werkstatt vollzogen wurde.

Allmählich wurde mit den bis zum äußersten gespannten Forderungen nach Rentabilität bzw. maximalem Profit diese Baugesinnung verdrängt. Die äußeren Hüllen dieser Bauten waren vorwiegend die Formen des Historismus.

Kurz vor 1900 bildete sich im Gegensatz zu diesen zu erstarren drohenden historischen Stilformen eine naturalistische Tendenz in der Architektur heraus. Dieser Trend in der Architektur nutzte zur Gestaltung die elementare Erscheinung der Werkstoffe selbst und ihre künstlerische Verarbeitung. Damit sollten die Bauten, aber auch Gebrauchsgegenstände, im Sinne der Materialechtheit wieder zu einem Ausdruck der eigenen Zeit verwandelt werden. „Diese Tendenz in der architektonischen Gestaltung kann als Unterströmung" und vielfach auch als Gegenströmung „des Jugendstils eingeordnet werden. Sie führte in der eklektizistischen Architektur zur Materialbetonung und wird als Materialstil bezeichnet."[6] Damals entstandene, teilweise hervorragende handwerkliche Leistungen können als Vorläufer der Sachlichkeit bezeichnet werden. „Auf schmückende Details wurde fast völlig verzichtet, die Form allein sollte aus der Funktion, den Materialeigenschaften und der ihr gemäßen Konstruktion entwickelt werden.

Als Hauptvertreter dieser Richtung sind in erster Linie H. Poelzig – der seine Bauformenlehre 1899 ‚Materialstillehre' nannte –, Adolf Loos und auch Richard Riemerschmid zu nennen.

Der Materialstil wurde später vom Neuklassizismus der Jahre vor dem ersten Weltkrieg verdrängt und überwuchert und als Begriff nicht mehr benutzt. Gleichzeitig fand er aber eine gewisse

Fortsetzung im handwerklich orientierten Schaffen von Heinrich Tessenow u. a." (vgl. Anm.[6])

Zu diesem, der Gesinnung des Materialstils verbundenen Architekten gehörte auch Paul Mebes. Seine Wohnbauten erhielten vereinfachte, sparsam gegliederte Fassaden in eben dieser Stilfassung, dem Materialstil. Als wesentliches Gestaltungsmittel diente als Oberflächenmaterial der rote Ziegel, der an besonders dominierenden Bauteilen mit Holz kontrastiert wurde.

Fassadengestaltung

Im Gesamtduktus nahm Mebes innerhalb der Baumassen des Ensembles eine Differenzierung zur Betonung städtebaulich markanter Punkte der Siedlung vor: Die Fassade an der Verkehrsstraße wurde entsprechend ihrer erhöhten Bedeutung im Stadtbild monumentaler als die übrigen ausgebildet, durch Lisenen vom Sockel bis zum Hauptgesims und durch überhöhte Dreieckgiebel an den Kopfbauten (Abb. 4) sowie durch 3 Loggienachsen an den die Kopfbauten flankierenden Seitenflügeln. Zur Betonung der platzartigen Erweiterung der Wohnstraße wurde ein Eckturm konzipiert, der sich ebenfalls durch monumentale und strenge Lisenengliederung hervorhebt (Abb. 5).

Die Fassaden des gesamten Ensembles erhielten an den 3 Wohngeschossen folgende einheitliche Gliederung:

- niedriges Kellergeschoß, 2 Obergeschosse, Dachgeschoß
- Vorderfronten aus roten Rathenower Handstrichsteinen
- rückwärtige Fassaden mit untergeordneter städtebaulicher Sichtbeziehung als verputztes Ziegelmauerwerk (naturfarbener Glattputz)
- horizontale Gliederung durch Gurtgesimse unter den Sohlbänken aller Fenster des 2. Obergeschosses
- Gestaltung der Dachformen und -aufbauten entsprechend der rhythmischen Gliederung der darunterliegenden Wohngeschosse: Zwerchgiebel, Walme oder Gauben dort, wo sie zur Bekrönung von Risaliten und Balkon- oder Loggienachsen dienten.

Außerdem wurden zur Gestaltung der Fassaden wiederkehrende, variierte Architekturdetails verwendet.

Bei den Hauseingängen:

Alle 27 Hauseingangszonen besitzen ein eigenes variiertes Gestaltungselement durch ornamental versetztes Mauerwerk. Alle zusammen verbindet jedoch das gleiche Prinzip: Dekorativ gut ausgebildete Formsteine werden zu den verschiedenen rechteckigen, runden oder segmentbogenförmigen Haustürbekrönungen und seitlichen Gewändeverzierungen zusammengefügt (Abb. 6, 7, 8, 9).

Bei den Loggien und Balkonen:

Loggien und Balkone sind als vertikale Betonung an allen Fassaden vom 1. bis zum 3. Geschoß vor- oder eingebaut, meist doppelreihig. Einige weisen rundbogige oder segmentbogige vordere Öffnungen auf, deren Bögen rhythmisch die Reihen der übrigen Fenster mit scheitrechtem Sturz unterbrechen (Abb. 10). Für die Loggienverkleidung an den straßenseitigen Wohnhöfen wurde für die Brüstungen und seitlichen und mittleren Stützpfeiler als Kontrast zur roten Ziegelwand der Werkstoff Holz eingesetzt, der teilweise mit einfachen geometrischen Schmuckelementen bemalt wurde.

Bei den Schmuckelementen:

Seiner Einstellung zum sparsamen Gebrauch von Dekorationsformen entsprechend, setzte Mebes in der Niederschönhausener Anlage die Schmuckelemente sehr sparsam ein. Dafür sind diese aber am Baukörper gezielt plaziert und in bester Qualität ausgeführt. Sie bestehen zumeist aus kleinen Reliefs (im Format von etwa 30 cm × 50 cm) mit Tier-, Pflanzen- oder geometrischen Motiven, die an den Brüstungen der vorstehenden Balkonachsen, an den Erdgeschoßbrüstungen der Doppelloggien-Achsen und an einigen Hauseingängen angebracht wurden (Abb. 11, 12, 13, 14).

Freiflächengestaltung

Die Baukörper des Ensembles wurden so gruppiert, daß zusätzlich zur platzartig erweiterten Wohnstraße vier offene, begrünte Wohnhöfe entstehen konnten. Damit wurde eine durchgängige Begrünung der Anlage erreicht, und von jeder Wohnung war der Blick auf eine Grünfläche gegeben. Die die Siedlung erschließende Wohnstraße glich einer Übertragung der sonst üblichen Vorgartenbegrünung von freistehenden Gebäuden auf die unmittelbare Umgebung des mehrgeschossigen Wohnungsbaus (Abb. 15, 16).

Alle gesunden Bäume des vorhandenen Kiefernbestandes wurden während der Baudurchführung für die Begrünung der Wohnhöfe und -straße erhalten und mit einbezogen.

An der vom Zingergraben begrenzten Seite wurden drei räumlich getrennte Kinderspielplätze vorgesehen, die ein Gehweg parallel zum Verlauf des Grabens verband. Auch hier wurde der alte

Baumbestand weitgehend erhalten, so daß zwischen Bäumen, Strauchwerk und Rasen ideale Spielecken entstanden.

Für die Deponie der Müllkästen wurden auf dem Gelände an geeigneten Stellen „Müllkastenhäuschen" errichtet, die „sowohl in hygienischer als auch in ästhetischer Beziehung besonders durchgebildet waren". (vgl. Anm.[5])

Stadtmöbel

Für die Beleuchtung des Ensembles waren an den Erschließungsstraßen und den Wohnhöfen frei stehende Laternen von etwa 3,00 m Höhe in ästhetisch und konstruktiv gediegener Ausführung aufgestellt. Diese aufgeständerten Laternen waren nach oben mit einer Metallblende abgedeckt, so daß das Licht vorwiegend die Gehwege und Hauseingangszonen ausleuchtete.

Als einzige dekorative Plastik wurde in dem der Verkehrsstraße, also der „Schauseite" zugeordneten Wohnhof ein gut gestalteter Brunnen aus Naturstein auf der Rasenfläche aufgestellt, der ein zusätzliches belebendes Element in dieser Grünfläche darstellte.

Das gesamte bebaute Terrain war an der rückwärtigen Grundstücksseite durch die natürliche Grenze der Uferböschung des Grabens abgeschlossen. An der südlichen Bebauungsgrenze wurde die Einfriedung durch eine 1,60m hohe Mauer zum Nachbarterrain hergestellt. An der vorderen Seite, parallel zum Bürgersteig der öffentlichen Verkehrsstraße, verlief eine Einfriedung in Form eines Metallgitterzaunes auf einem – analog zu den Baukörpern – aus roten gebrannten Steinen bestehenden Sockel. Mauerpfeiler aus dem gleichen Material flankierten die breiten und schmalen Metallgitter-Tore, die zu den Wohnhöfen oder Hauseingängen führten. Diese Einfriedung hatte dank ihrer Transparenz, ihrer wohlproportionierten Höhe von etwa 90cm und ihres ästhetischen Reizes keine abweisende, sondern nur eine abgrenzende Funktion. (Abb. 17)

Zusammenfassung

Die Wohnanlage Niederschönhausen gehört zu den ersten Beispielen des frühen sozialen Wohnungsbaus unmittelbar nach der Jahrhundertwende. Diese wiesen eine sehr viel höhere Wohnqualität als die Riesenblöcke der alten Berliner Bebauung mit der üblichen Hinterhaus- und Hinterhofsituation auf.

Aufgrund der organisatorischen und finanziellen Möglichkeiten der gemeinnützigen Baugenossenschaft „Beamten-Wohnungs-Verein" erreichte Mebes als dessen führender Architekt die neue Qualität zum einen durch eine städtebaulich überschaubare Baukörpergruppierung und deren ausgewogene Relation zum Freiraum und zum anderen durch Grundrißlösungen und Ausstattungsnormative, die ein Novum gegenüber dem bisher üblichen Standard darstellten.

Der beispielhaften Baukörpergruppierung mit den zugehörigen zahlreichen Grünflächen lag eine geschickt angelegte Wohnstraße zugrunde – ein Merkmal vieler Mebesscher Wohnsiedlungen –, die hier ausnahmsweise unregelmäßig verläuft und etwa dem natürlichen Verlauf des Wassergrabens folgt. Die vorbildlichen Grundriß- und Ausstattungslösungen waren das Ergebnis der Zugrundelegung und Beachtung normaler sozialer Ansprüche der künftigen Nutzer an eine Wohnung.

Diese Qualitätsmerkmale bewirkten auch in den Fachkreisen jener Zeit Aufsehen: Anläßlich der Allgemeinen Städtebau-Ausstellung 1910 in Berlin wurde die Öffentlichkeit durch Modelle und Zeichnungen u.a. mit den Anlagen von P. Mebes in Steglitz und Niederschönhausen bekannt gemacht.

Die Resonanz, die diese Wohnanlagen dabei fanden, beschreibt der damalige Verantwortliche und Organisator der Ausstellung 1932 wie folgt: „So wurde Mebes schnell berühmt. Bereits im Jahre 1910 rechneten die auswärtigen Besucher der damaligen Allgemeinen Städtebau-Ausstellung Mebes' Berliner Bauten zu ihren wichtigsten Wanderzielen."[7]

Von der Beachtung, die diese Anlage gefunden hat, zeugen zahlreiche Auszeichnungen, wie beispielsweise der Ehrenpreis der Stadt Leipzig 1913.

Da sich Mebes' Verantwortung als Architekt gleichermaßen auf soziale, wirtschaftliche, künstlerische und technische Belange des Bauwerkes erstreckte, erreichte er die Erst- und Einmaligkeit der dargelegten Merkmale der Wohnqualität. So ist gerade diese Anlage innerhalb des zahlenmäßig umfangreichen Gesamtwerkes von Mebes – sowohl der Wohnsiedlungen als auch der Einfamilienhäuser und der zahlreichen gesellschaftlichen Bauten – zu ihrer Zeit beispielgebend gewesen und befriedigt heute noch, nach 80 Jahren, beinahe alle Ansprüche an eine hohe Wohnqualität.

Erklärung der Wohnanlage zum Denkmal

Durch die dargelegten zahlreichen Wertaspekte, die die von Paul Mebes geschaffene Anlage in Berlin-Niederschönhausen aufweist, ist ihre Denkmalwürdigkeit hinlänglich begründet. So erfolgte mit dem Magistratsbeschluß Nr. 432/77 vom 21.9.1977 die Aufnahme dieser Wohnanlage in die Bezirksdenkmalliste der Hauptstadt Berlin als Denkmal für die Kultur und Lebensweise der werktätigen Klassen und Schichten.

Dem jetzigen Rechtsträger dieser Anlage, dem VEB Kommunale Wohnungsverwaltung Pankow, wurde daraufhin vom örtlichen staatlichen Organ, dem Rat des Stadtbezirkes Pankow, die Denkmalerklärung übergeben. In diesem Dokument sind alle unter Schutz zu stellenden Teile der Wohnanlage ausgewiesen.

Nach dem Denkmalpflegegesetz der DDR vom 19.6.1975 ist der Rechtsträger verpflichtet, in enger Zusammenarbeit mit den zuständigen Staatsorganen die Denkmale unter fachlicher Anleitung in ihrem Bestand und ihrer Wirkung zu pflegen und zu erhalten.

Anhang

Anmerkungen

[1] Berlin und seine Bauten, Teil 4. Wohnungsbau Bd. A Berlin 1970, S. 244
[2] Festschrift zum fünfzigjährigen Bestehen des Beamten-Wohnungs-Vereins zu Berlin. Berlin 1950, S. 60
[3] Festschrift zum zehnjährigen Bestehen des Beamten-Wohnungs-Vereins zu Berlin 1900–1910. Berlin 1910, S. 7
[4] Die Baugenossenschaft. Zeitschrift des Beamten-Wohnungs-Vereins zu Berlin, Heft 4 (1909), S. 112
[5] Die Baugenossenschaft. Zeitschrift des Beamten-Wohnungs-Vereins zu Berlin, Berlin (1908), S. 301–303
[6] Lexikon der Kunst, Sachwort Materialstil. Leipzig 1975, Bd. III
[7] Wasmuth's Monatshefte für Baukunst und Städtebau. 1932, S. 57 (Artikel v. Werner Hegemann)

Bibliographie

Bücher:

– Berlin und seine Bauten. Hrsg. vom Architekten- und Ingenieur-Verein zu Berlin. Berlin, München, Düsseldorf
  2. Rechtsgrundlagen und Stadtentwicklung 1964
  4. Wohnungsbau Bd. A, Die Voraussetzung, Die Entwicklung der Wohngebiete 1970
– Bauten unter Denkmalschutz – Berlin – Hauptstadt der DDR. Berlin-Information 1982. Autoren: D. Bolduan, L. Demps, P. Goralczyk, H. Mehlan, H. Weiss
– Festschrift zum zehnjährigen Bestehen des Beamten-Wohnungs-Vereins zu Berlin 1910
– Festschrift zum fünfzigjährigen Bestehen des Beamten-Wohnungsbau-Vereins zu Berlin 1950
– Führer durch die Allgemeine Städtebau-Ausstellung in Berlin 1910, Berlin um 1910
– Hegemann, Werner: Das steinerne Berlin. Geschichte der größten Mietskasernenstadt der Welt. Berlin, Frankfurt (Main), Wien 1963 (Bauwelt-Fundamente 3)
– Ders.: Der Städtebau nach den Ergebnissen der Städtebau-Ausstellung in Berlin und Düsseldorf 1910–1912. Bd. 1, 2; Berlin 1911–13
– Lexikon der Kunst. Bd. III, Leipzig 1975
– Mebes, Paul: Um 1800, Architektur und Handwerk im letzten Jahrhundert ihrer traditionellen Entwicklung. München 1908
– Meyer, Edina: Paul Mebes – Miethausbau in Berlin 1906–1938. Berlin 1972 [Diss. an der TU Berlin (West)]

Zeitschriften:

– Bauwelt
– Die Baugenossenschaft, Zeitschrift des Beamten-Wohnungs-Vereins zu Berlin
– Wasmuth's Monatshefte für Baukunst und Städtebau
– Zentralblatt der Bauverwaltung

Bethel Henry Strousberg – Aufstieg und Fall des „Eisenbahnkönigs"

Horst Mauter

Berlin wird Großstadt

„Berlin wird immer mehr eine Großstadt. Mit den Weißbierkneipen und Gott sei Dank auch den Schnapshäusern verschwindet allmählich der dörfliche Charakter, und wenn wir nicht jede Woche zweimal patriarchalischen Wochenmarkt und jedes Jahr viermal vier Tage lang einen noch patriarchalischeren vorsintflutlichen Jahrmarkt hätten und wenn uns nicht bei jedem Schritt die Schmutzanschwemmungen und duftenden Rinnsteine an die idyllischen Misthaufen und Jauchebäche erinnerten, die in der guten alten Zeit, da man von Ackerbauchemie und Gesundheitslehre noch keine Ahnung hatte, unsere Dörfer zu zieren pflegten, wenn dies (und verschiedenes andere) nicht wäre, könnten wir uns wirklich schon jetzt manchmal einbilden, wir wohnten in einer Großstadt. Doch wie gesagt, wir nähern uns dem Ziel, und zwar mit raschen Schritten."[1]

Diese treffende Einschätzung vom November 1864 stammt aus der Feder von Wilhelm Liebknecht, der gut zwei Jahre zuvor aus dem Exil in der Weltstadt London nach Berlin übergesiedelt war; sie charakterisiert die rasche Entwicklung, die sich in der preußischen Residenzstadt damals vollzog. Sie war in den fünfziger und sechziger Jahren des 19. Jahrhunderts in der Tat von beeindruckender Dynamik.

Nach den Jahren der Depression, die der Wirtschaftskrise von 1847 und der bürgerlich-demokratischen Revolution von 1848/49 gefolgt waren, erlebte die Stadt um die Mitte der fünfziger Jahre ihre „erste Gründerzeit". Sie verwandelte sich in ein bedeutendes Zentrum der Industrie, des Handels und des Bankwesens. Angesichts dieser sprunghaften wirtschaftlichen Entwicklung vermerkte Varnhagen von Ense in seinem Tagebuch: „Das bürgerliche Leben ist in einem großen Übergang begriffen, es quillt auf allen Seiten über die ihm gestellten Grenzen hinaus, die Gesetze können es nicht mehr halten, es müssen neue gemacht werden für neue Lebensverhältnisse. In den großen Städten ist das Leben ein erschreckend aufgeschwindeltes, da ist die Gährung am stärksten... Alles Gewerbe ist verändert, aller Handel... Die Geldverhältnisse müssen den größten Umschwung erleiden."[2]

Die Wirtschaftskrise von 1856/57 wirkte wie eine kalte Dusche und unterbrach für einige Jahre das rasche wirtschaftliche Wachstum. Aber nach 1860 setzte in ganz Deutschland ein neuer wirtschaftlicher Aufschwung ein, den Friedrich Engels folgendermaßen beschrieb: „Wer Rheinpreußen, Westfalen, das Königreich Sachsen, Oberschlesien, Berlin und die Seestädte 1849 zum letztenmal gesehen hatte, erkannte sie im Jahre 1864 nicht wieder. Überall waren Maschinen und Dampfkraft eingedrungen. Große Fabriken waren größtenteils an die Stelle der kleinen Werkstätten getreten... Die Eisenbahnen vervielfachten sich, auf den Werften, in den Kohlegruben und Eisenbergwerken herrschte eine Aktivität, zu der sich die schwerfälligen Deutschen bis dahin völlig unfähig gehalten hatten."[3]

Dieser „Aufstieg" veränderte Berlin von Grund auf. Noch um 1830 war es „Residenz, Manufaktur-, Handels- und Landstadt, Dorf, Meierei – alles in einer Ringmauer zusammen"[4]. Zwanzig Jahre später stimmte diese Einschätzung nicht mehr. Im Norden der Stadt war vor dem Oranienburger Tor beiderseits der Chausseestraße bis nach Moabit das Berliner „Maschinenviertel" entstanden: Egells, Borsig, Wöhlert, Hoppe, Bialon, Schwartzkopff, Webers, Flohr und viele andere Kapitalisten hatten um 1875 hier ihre Fabriken, von denen manche schon Weltruf besaßen. Die Zahl der Arbeitskräfte in den Maschinenfabriken, Gießereien und Eisenbahnbedarfswerkstätten stieg zwischen 1856 und 1875 von 5 673 auf 9 131, und in den sechziger Jahren verdreifachte sich die Produktion. Mit dieser Steigerungsrate übertraf Berlin alle anderen Zentren dieses Produktionszweiges in den deutschen Staaten. In Berlin wurden Textil- und Dampfmaschinen, landwirtschaftliche Geräte, Maschinen und

Apparate hergestellt. Wichtige Spezialgebiete waren der Lokomotiv- und Waggonbau sowie die Produktion von sonstigem Eisenbahnbedarfsmaterial. Aber auch Ausrüstungen für Berg- und Hüttenwerke entstanden in der Stadt.[5]

Die wichtigste Grundlage des Berliner Wirtschaftslebens war zwischen 1850 und 1870 aber immer noch das Textilgewerbe, in dem die Zahl der Beschäftigten von 35066 im Jahre 1849 auf 63365 im Jahre 1871 anwuchs. Vor allem nahm die Herstellung von Wollgeweben und Kattunen einen raschen Aufschwung. Dieser Fertigungszweig hatte an der Exportoffensive der deutschen Wollindustrie in den sechziger Jahren einen bedeutenden Anteil. Die größten Betriebe des Textilgewerbes – Manufakturen, Fabriken und Kattundruckereien – befanden sich in Wassernähe. Wer sich der Stadt von Stralau her auf der Spree näherte, sah links und rechts an den Ufern bis in die Altstadt hinein viele Werkanlagen. Aber auch in zahlreichen Handwerksstuben ratterten die Webstühle bis in die Nacht hinein. Die Wohngebiete der Weber lagen vorwiegend im Berliner Osten hinter dem Alexanderplatz und in der Frankfurter Allee mit der „Weberwiese".

In dieser Zeit entwickelte sich Berlin gleichzeitig zu einem Zentrum der Massenproduktion von Konfektionswaren, Posamentierarbeiten, Hüten, Handschuhen, Lederwaren, Pelzwaren und Schuhen. Allein die Zahl der Konfektionsbetriebe erhöhte sich von 12 im Jahre 1850 auf 60 im Jahre 1870. Die meisten von ihnen hatten ihren Geschäftssitz um den Werderschen Markt, den Spittelmarkt und den Hausvogteiplatz; oft waren sie mit großen Kaufhäusern kombiniert. In den verschiedenen Stadtvierteln, vor allem im traditionellen Weberviertel, beschäftigten sie zahlreiche Zwischenmeister. In Tausenden von Arbeiterwohnungen surrten die Nähmaschinen der Näherinnen bis tief in die Nacht.

Um diese Berliner Hauptgewerbe gruppierte sich eine bunte Palette anderer Fertigungszweige, die in der sich sprunghaft entwickelnden Stadt ein günstiges Wirkungsfeld fanden: in ersten Ansätzen die Elektro-, dazu die Nahrungsmittel-, die Genußmittelindustrie sowie das Dienstleistungsgewerbe, Anfänge einer chemischen Industrie und Baubetriebe. Zudem fand fast jedes denkbare Handwerk in Berlin einen Tätigkeitsbereich. Fabriken, Manufakturen, Kleingewerbe- und Handwerksbetriebe verteilten sich über die ganze Stadt; so entstand in diesen Jahrzehnten die „Hinterhofindustrie".

Auch auf dem Gebiet des Handels und des Bankwesens machte Berlin in dieser Zeit Fortschritte. Eine stattliche Zahl von Import- und Exportfirmen wurde gegründet. Besonders der Handel mit Getreide, Sprit, Leinenwaren, Tuchen, Leder, Häuten und Fellen erlangte große Bedeutung. Bald war Berlin ein wichtiger Stapelplatz der verschiedensten Warensortimente. Die Stadt profitierte auch von der in den umliegenden Gebieten immer rascher wachsenden kapitalistischen Produktion. Von diesem Handelszentrum aus wurden in den fünfziger und sechziger Jahren des vorigen Jahrhunderts umfangreiche neue Handelsverbindungen geknüpft, die bis zur Levante, nach Süd-, Mittel- und Nordamerika, in den Nahen und vereinzelt sogar in den Fernen Osten reichten.[6]

In den Jahren 1850–1864 wurde in der Burgstraße an der Spree nach Plänen von Friedrich Hitzig, dem führenden Architekten der Großbourgeoisie und des Adels, die neue Börse erbaut, ein Kolossalgebäude, das so prachtvoll wie das Berliner Schloß gestaltet werden sollte. In diesem Vorgang spiegelte sich wider, daß Berlin auch zum Konzentrationspunkt des Bankwesens in Norddeutschland geworden war. Mit seinen bedeutenden Produktionskapazitäten, den guten Verkehrsbedingungen zu anderen deutschen und fremden Ländern und den günstigen Möglichkeiten für Kontakte mit der Führungsspitze des preußischen Staates bot die Stadt beste Aussichten auf hohe Gewinne. Von überallher zog es darum Bankiers nach Berlin. Bereits für 1850 weist der Berliner Wohnungsanzeiger 144 Bankiers, Wechsel- und Fondshandlungen nach. Doch nur etwa 65 davon waren vollentwickelte Banken, von denen jede im Durchschnitt über ein Kapital von 250000 Talern verfügte. Im Jahre 1861 befanden sich 25 Prozent aller preußischen Banken, 99 an der Zahl, in Berlin. Ihr Kapital hatte sich im Durchschnitt auf 400000 Taler je Bank erhöht.[7] Die beiden Kommanditgesellschaften, die Discontogesellschaft und die Berliner Handelsgesellschaft, waren um 1860 noch kaum bedeutender als jede der größten Berliner Privatbanken, aber sie waren die Keimzellen jener zwei Großbanken, die nach der Gründerkrise von 1873 mit der Deutschen und Dresdener Bank das deutsche Banksystem entscheidend mitprofilierten.[8]

Bankiers wie Mendelssohn, Warschauer, Veit, Schickler, Bleichröder, Jacques sowie die Berliner Handelsgesellschaft und die Discontogesellschaft schufen sich durch ein kompliziertes Beteiligungssystem Einfluß auf wirtschaftliche Unternehmungen der verschiedensten Art in mehreren deutschen Staaten, in Polen, Rußland und Rumänien. Von den bekannteren Berliner Banken waren um 1860 bereits 18 in den Direktionen, Aufsichts- und Verwaltungsräten von 19 deutschen und ausländischen Banken vertreten.

Der Hauptsitz der Berliner Hochfinanz lag mitten in dem Regierungs- und Diplomatendreieck Wilhelmstraße — Unter den Linden — Schloßplatz. Beiderseits der Behrenstraße entwickelte sich zwischen 1850 und 1870 das Berliner Bankenviertel. Dieser räumliche Kontakt unterstreicht das schnelle Wachstum der engen Verbindung zwischen den Berliner Bankiers und bedeutenden Vertretern der preußischen Regierung. So nahm beispielsweise Gerson Bleichröder, der Bankier Bismarcks, seit Mitte der sechziger Jahre beim preußischen Ministerpräsidenten die Vertrauensstellung eines ökonomischen und politischen Beraters ein, der jederzeit Zutritt zu dessen Amtsräumen hatte. Als britischer Konsul für Preußen gehörte er zum diplomatischen Korps. Gesellschaftliche Kontakte pflegten die Vertreter der Berliner Hochfinanz seit 1864 auch im Club von Berlin, der im Volksmund bald „Millionärsclub" hieß (heute Club der Kulturschaffenden „Johannes R. Becher"). Dort verkehrten neben einflußreichen Kapitalisten wie Wilhelm Conrad, Gerson Bleichröder, Robert Warschauer, Victor Magnus, Louis Ravené und Georg Siemens auch die ehemaligen und amtierenden Minister Graf von Schwerin, von Bernuth, von Patow, Otto von Camphausen und Rudolph Delbrück.[9]

Viele bedeutende Persönlichkeiten wirkten in dieser Zeit positiv oder negativ auf die Geschichte der Stadt ein: Ferdinand Lassalle, Friedrich Wilhelm Fritzsche, Wilhelm Liebknecht; August Borsig, Werner Siemens, Gerson Bleichröder; Wilhelm I., Graf von Itzenplitz, Otto von Bismarck und viele andere mehr. Unter ihnen hatte der Name Bethel Henry Strousberg besonderes Gewicht. Wie sehr er bei allen Zeitgenossen bekannt war, beweist u. a. ein Artikel, der im Jahre 1869 in der „Leipziger Illustrierten Zeitung" erschien, kurz bevor der „Eisenbahnkönig" den Höhepunkt seiner Karriere erreichte. Darin heißt es: „Man begnügt sich, Anekdoten von ihm zu erzählen, und Bismarck oder Strousberg sind die beiden Größen, die der Muße und der Laune immer Unterhaltung bieten".[10]

Dieser kapitalistische Organisator, der sowohl kühler Rechner und gründlicher Kalkulator als auch gewiefter Spekulant mit einem Hang zum Überdimensionalen war, hat die wirtschaftliche und politische Geschichte unserer Stadt entscheidend mitgestaltet.

Die „Lehrjahre" Strousbergs in England

Großbritannien hatte sich bis 1850 zur führenden Industrie- und Kolonialmacht der Welt entwickelt. Nach der Niederlage der Revolution von 1848/49 waren unter dem Druck der Reaktion auch aus Preußen Angehörige der Arbeiterbewegung und der bürgerlichen Demokratie nach Großbritannien emigriert. Aber nicht nur politische Emigranten, auch viele junge Unternehmer aus Deutschland waren in das hochentwickelte kapitalistische Land gekommen, um dessen moderne Wirtschafts- und Industriepraxis zu studieren.

Bethel Henry Strousberg hatte das Schicksal schon früh nach England verschlagen. Am 20. November 1823 war er als Sohn eines jüdischen Exporthändlers und Rechtskonsulenten in Neidenburg im damaligen Ostpreußen geboren worden.[11] Nach dem frühen Tod seiner Eltern zog der 12jährige nach England und trat später in das gutgehende Import- und Exportgeschäft seiner Onkel Gottheimer in London ein. Dort machte er sich mit „verschiedenen Zweigen der geschäftlichen Tätigkeit" bekannt und studierte die „Bedürfnisse und die Leistungsfähigkeit überseeischer Märkte". Er benutzte jene Jahre aber auch dazu, sich „wissenschaftlich über die Verhältnisse der verschiedenen Länder... als auch über die Grundsätze von Bank- und Handelssystemen zu informieren". Dem vielseitigen und intelligenten jungen Mann war die Tätigkeit als Handlungsgehilfe bald zu eng. Er vertiefte seine volkswirtschaftlichen Kenntnisse und trieb Studien im englischen Recht. Dann trat er journalistisch hervor, vor allem mit wirtschaftspolitischen Arbeiten. In dieser Zeit heiratete er die anmutige, gebildete, aber unvermögende Engländerin Mary Ann Swan. Mit zwei eigenen Zeitschriften, „The Marchants Magazine" und „Sharpes London Magazine", errang er Anfangserfolge. Als sich diese Zeitschriften dann aber nicht rentierten, wandte er sich neuen Aufgabenbereichen zu. In der ersten Hälfte der fünfziger Jahre entwickelte er sich zu einem Spezialisten für Versicherungsfragen und verdiente als Ratgeber für Versicherungsgesellschaften – u. a. in den USA – sein erstes großes Vermögen von etwa 65 000 Talern. Dagegen brachte sein Versuch, sich als Aussteller deutscher Kunst in London zu engagieren, nur finanzielle Verluste. Somit versuchte er sich vor 1855 in England in den verschiedensten Berufen: als Kaufmann, Journalist, Verleger, Jurist, Versicherungsagent und Organisator von Kunstausstellungen. Alle diese Tätigkeiten übte er jahrelang hintereinander, zeitweilig auch gleichzeitig aus. Spektakuläre Erfolge krönten seine Arbeit beileibe nicht, aber sie weitete den Gesichtskreis des jungen Bourgeois außerordentlich, und er konnte sein gutes Allgemeinwissen um viele spezielle Erkenntnisse und wichtige Erfahrungen bereichern.

Ob sich Strousberg während der in England verbrachten Jahre auch politisch betätigt hat, läßt sich nicht feststellen, wohl aber, daß er das politische Leben aufmerksam verfolgt hat. Dabei gewann er große Sympathien für das englische konstitutionelle System. Eine Verbindung zu den deutschen Emigranten scheint er nicht gesucht zu haben. Auf der Basis eines überheblichen Elitedenkens – „nur die Wenigen und nicht die Masse sind befähigt, auch nur annähernd politisch korrekt zu denken"[12] – festigte sich die Grundlage eines opportunistischen Konservatismus.

In diesem Jahrzehnt wechselvoller Tätigkeit war es Strousberg gelungen, ein gewisses Vermögen zu erwerben. Es erlaubte ihm, auf großem Fuß zu leben. Doch bald reichten die laufenden Einnahmen „für meinen Hausstand, wie ich solchen in England führte, nicht aus. Ich machte zur Zeit, wie immer, wo es mir möglich war, ein vornehmes Haus, in dem Gastfreundschaft, Kunstsinn und Komfort herrschten."

Um 1855 suchte Strousberg nach neuen, profitableren Jagdgründen. Der sich rasch vollziehende kapitalistische Aufschwung in Deutschland – es erlebte gerade die „ersten Gründerjahre" – mag ihn magisch angezogen haben. Angesichts der vielen Möglichkeiten der Profitrealisierung in seiner Heimat entdeckte der ehrgeizige Zweiunddreißigjährige just in diesem Moment einen „fast unüberwindlichen Drang", in sein Vaterland zurückzukehren.

Ein scheinbar unaufhaltsamer Aufstieg

Bethel Henry Strousberg machte auch in Berlin von Anfang an ein „vornehmes Haus", zuerst in der Lennéstraße, dann in der Bellevuestraße 9, und nur wenige Häuser davon entfernt eröffnete er auch sein erstes Büro. Das war nicht irgendwo in Berlin, sondern eben da, wo nach den Entwürfen von Friedrich Hitzig und Martin Gropius gerade die ersten „Millionenvillen" gebaut wurden und damit der Grundstein für das Berliner „Millionärsviertel" am Tiergarten entstand. Der „neue Berliner" verdiente weiter gut durch journalistische Arbeiten. Vor allem aber betätigte er sich als Agent der englischen Lebensversicherungsgesellschaft „Waterloo", deren Generalbevollmächtigter für ganz Preußen er bald wurde. Im Jahre 1857 erwarb er an der Universität Jena den Doktorgrad der philosophischen Fakultät, und die britische Botschaft in Berlin beschäftigte ihn gelegentlich als juristischen Berater.

Dank seiner Beziehungen kam er 1861 mit englischen Kapitalisten in Verbindung, die bereits drei Jahre mit dem deutschen „Komité der Tilsit–Insterburger–Eisenbahngesellschaft" über die Finanzierung und den Bau der geplanten Strecke verhandelt hatten. Strousberg versprach seine Hilfe und kam schon nach wenigen Wochen mit dem Bevollmächtigten des Komitees, Justizrat Geppert, zu einem erfolgreichen Abschluß. In Anerkennung dieser Leistung wurde er zum Bevollmächtigten der englischen Baugesellschaft ernannt. Zum ersten Mal war er nun – wenn auch noch an untergeordneter Stelle – auf einem Gebiet tätig, das für sein weiteres Schicksal bestimmend werden sollte: dem Eisenbahnbau.

Der Eisenbahnbau spielte bei der weiteren wirtschaftlichen und politischen Entwicklung der preußischen Hauptstadt eine bedeutende Rolle. Einerseits stimulierten die verschiedensten Anforderungen von seiten der Eisenbahnbau- und Ausrüstungsgesellschaften den raschen Aufschwung des Berliner Metallgewerbes, das sich in starkem Umfang auf den Eisenbahnbedarf spezialisierte. Andererseits verband der schnelle Ausbau des Streckennetzes zwischen 1850 und 1870 Berlin mit den ökonomisch wichtigsten Plätzen in Deutschland, zum Teil auch schon mit anderen europäischen wirtschaftlichen Zentren. Im Jahre 1862 gab es bereits Eisenbahnverbindungen mit Magdeburg, Braunschweig, Hannover, Halle, Leipzig, Dresden, Frankfurt an der Oder, Stettin, Danzig, Königsberg, Breslau, Ratibor, Hamburg, Kiel, Köln, Aachen, Erfurt und Görlitz. Wichtige ausländische Städte waren von Berlin aus ebenfalls mit der Bahn erreichbar, wenn auch manchmal noch auf Umwegen, so Antwerpen, Brüssel, Paris, Prag, Wien, Pest, Basel, Warschau und St. Petersburg. Innerhalb kurzer Zeit hatte sich die Stadt zu einem bedeutenden Zentrum des europäischen Eisenbahnsystems entwickelt, was die rasche Expansion der Berliner Wirtschaft förderte.

Die preußische Regierung zeigte sich am schnellen Ausbau des Eisenbahnnetzes interessiert. Wirtschaftspolitisch erfüllte sie damit eine wichtige Forderung des deutschen Bürgertums, band sie doch auf diese Weise die anderen deutschen Staaten noch enger an das ökonomisch fortgeschrittenste deutsche Land, an Preußen. Zeitgenossen bezeichneten die Eisenbahnschienen – sicher übertrieben, aber doch nicht ohne Berechtigung – als „Hochzeitsbänder der deutschen Einheit"[13]. Die bis in entlegene Teile des Staates führenden Schienenwege begünstigten den Ausbau der Stadt zum gut funktionierenden Verwaltungszentrum erst Preußens, dann des Norddeutschen Bundes und schließlich des Deutschen Reiches. Außerdem konnten die Eisenbahnstrecken in Kriegs- und Revolutionszeiten für Truppentransporte genutzt werden. Das vielseitige Interesse führte zum beschleunigten Ausbau dieser modernen Verkehrsadern. Insgesamt verdreifachte sich zwischen 1850 und 1870 die Länge des deutschen Eisenbahnnetzes von 5822 km auf 18560 km. Hier boten sich kapitalistischen Unternehmern verlockende Profitchancen.

Nach seinen Geschäften mit der Tilsit–Insterburger Eisenbahngesellschaft besaß Strousberg bereits ein wenn auch „nicht großes, doch immer ansehnliches" Vermögen. Nach seiner eigenen Darstellung entsprachen die Zinsen freilich längst nicht seinen Bedürfnissen. Er strebte „mit allen

Kräften nach einer Häuslichkeit", die ihm „womöglich Komfort und alles, was ein vornehmes Wesen, ästhetischer Sinn und gute Sitte erwecken kann", bieten sollte. So ergriff er die Gelegenheit beim Schopf und beteiligte sich an der Profitrealisierung im Eisenbahnbau. Unersättliche Profitgier vereinte sich mit der Vorstellung, daß er „etwas Großes, welches fortleben soll, zu leisten" habe.

Die Vermittlerrolle beim Bau der Tilsit–Insterburger Eisenbahn im Jahre 1861 war ein bescheidener Anfang gewesen, doch hatte sie ihm auch wichtige Verbindungen zu anderen Unternehmern erschlossen. Nach diesem ersten Erfolg rannten ihm Interessenten aus allen Teilen Preußens die Türen ein; sie alle wollten ihre Güter, Gruben, Hüttenwerke, Fabriken, Städte und Dörfer durch den Anschluß an Eisenbahnlinien aufwerten. Klangvolle Namen aus dem Adel und der Großbourgeoisie waren darunter: Fürst Anton von Hohenzollern-Sigmaringen, Prinz Friedrich der Niederlande, Baron von Alvensleben, Präsident von Salzwedel, die Geheimen Kommerzienräte Friedrich Wilhelm Krause und Baron von Magnus sowie die Bankiers Oppenheim und Warschauer. Im Jahrzehnt nach 1861 war Strousberg am Bau von sechs weiteren Eisenbahnlinien in verschiedenen preußischen Provinzen beteiligt. Dabei trat er als Organisator, Makler, Kapitalbeschaffer und Bauunternehmer, später auch als Produzent und Lieferant von Eisenbahnbedarfsmaterial in Erscheinung. In diesen Jahren raffte er Millionen zusammen, und unwidersprochen nannte man ihn den „reichsten Mann Deutschlands", den „modernen Krösus".

Die rasche Anhäufung von Reichtum war auf Strousbergs besondere Methoden bei der Leitung und Organisation der Unternehmungen sowie auf die rücksichtslose Ausbeutung aller jener zurückzuführen, die auf irgendeine Art in die Realisierung der Eisenbahnbaupläne einbezogen wurden oder sonstwie mit dem ideenreichen Strousberg in geschäftliche Beziehungen traten. Viele Darsteller bezeichnen ihn als den „Schöpfer einer neuen Idee" (bzw. eines neuen Systems) bei Bauunternehmungen, der „Generalentreprise". In Preußen wurde diese als „System Strousberg" bekannt und später berüchtigt. In Wahrheit hatte sich dieses System bereits seit den fünfziger Jahren in England, Frankreich und Österreich bei der Organisierung und Ausführung großer Bauvorhaben bewährt, Strousberg führte es nur in Preußen im großen Stil ein. Es war durch folgende Praxis gekennzeichnet:

1. Der Generalunternehmer arrangiert sich mit einigen Kapitalisten zu einem Konsortium, entwirft den Plan zum Bau einer Bahnlinie und beantragt bei der Regierung die Konzession dafür. Diese wird nach Hinterlegung einer Kaution erteilt.
2. Ein Teil der Aktien wird gezeichnet und verbleibt im Besitz der Unternehmer. Diese konstituieren sich als Direktion und als Verwaltungsrat. Sie garantieren den Bau, führen ihn aus und überwachen ihn zugleich.
3. Der Generalunternehmer schließt auf dem Emissionsweg Kontrakte mit Bau- und Lieferfirmen. Nur die günstigsten Angebote werden akzeptiert. Die ersten Aufträge werden erteilt.
4. Der Generalunternehmer beschafft unter Ausnutzung der Bodenspekulation den nötigen Baugrund und verkauft ihn – oft zu Überpreisen – an die Eisenbahngesellschaft.
5. Der Bau beginnt. Der Generalunternehmer überwacht im Auftrag der Direktion die Arbeiten.
6. Die Prioritäts- und Stammprioritätsaktien werden über die Börse oder über Unternehmer direkt an das Publikum gebracht. Von dem Erlös wird der Bau finanziert.
7. Der Generalunternehmer übernimmt die Organisation des Bahnbetriebes.

Dieses System hatte verschiedene Vorteile. Vor allem konnte der Bahnbau nach Stellung eines Startkapitals durch den Aktienumsatz finanziert werden. Dadurch wurden für den Anfang große Kapitalanleihen bei den Banken unnötig. Strousberg verblüffte die Finanzwelt dadurch, daß er die Finanzierung von Bahnbauten auf diese Weise relativ kurzfristig sicherte, während sich die Eisenbahngesellschaften bisher oft bis zu einem Jahrzehnt vergeblich um das für den Bau benötigte Kapital bemüht hatten. Bei der Beschaffung von Lokomotiven, Waggons, Schienen und sonstigem Eisenbahnbedarfsmaterial wurde unnachgiebig als Regulator die Konkurrenz ausgenutzt. Wer gutes Material zu billigen Preisen lieferte, erhielt den Auftrag. Für den Generalunternehmer bestand das Risiko in der Verpflichtung gegenüber der Regierung, für die Arbeiten finanziell zu bürgen. Unter günstigen Baubedingungen hatte er jedoch viele Möglichkeiten, auf Kosten der Gesellschaft sowie der Lieferanten, der Unternehmer und der Aktionäre hohe Gewinne zu erzielen. Er erhielt von der Gesellschaft eine Provision und ließ sich auch von den Lieferanten und Unternehmern, mit denen er Verträge schloß, Provisionen zahlen. Durch Bodenspekulationen konnte er beim An- und Verkauf des Baugrundes erhebliche Summen in die eigene Tasche wirtschaften. Unter günstigen Bedingungen waren auch beim Absatz der Prioritäts- und Stammprioritätsaktien Gewinne zu erzielen. Wenn der Generalunternehmer selbst Eisenbahnbedarfsmaterial herstellte, konnte er durch Preismanipulationen noch zusätzliche Gewinne realisieren. Durch besonders „leichten" Bau, das heißt einfache, versteckt unsolide Ausführung, war dies möglich.

Eine Analyse der einzelnen Bahnbauten Strousbergs zeigt, daß von allen diesen Möglichkeiten Gebrauch gemacht wurde. Beispielsweise erhielt Strousberg für den Ankauf jeder Lokomotive von Borsig die übliche Provision von 1000 Talern. Für die von ihm erworbenen Bahnen kaufte er jedoch Hunderte von Lokomotiven, dazu etwa das Zehnfache an Waggons, außerdem massenhaft Schienen, Schwellen, Brücken und anderes. Allein die Provisionen für das Bau- und Betriebsmaterial machten ihn zum vielfachen Millionär.

Gewinn brachten Strousberg auch die Arbeiten seiner hervorragend organisierten Planungs-, Konstruktions- und Baubüros. Die besten Fachkräfte waren bei ihm beschäftigt, viele hatte er aus dem Staatsdienst abgeworben. Die Gehälter waren wohl so hoch, daß die zu Strousberg überwechselnden Personen den Verlust einer gesicherten Dienststellung und einer späteren Pension in Kauf nahmen. Manche seiner Techniker und Baumeister hatten schon Bedeutendes geleistet oder standen am Beginn einer großen Karriere, so Baurat Grapo, Oberingenieur Schmidt, Bauinspektor Korn, die Baumeister Orth, Siemsen, v. Brandt und andere[14]. Im Gegensatz zu den meisten privaten Gesellschaften und zu den Staatseisenbahnen nutzte der Generalunternehmer seine technischen Büros hoch produktiv, indem er sie an mehreren Projekten zugleich arbeiten ließ.

Die Zahl der Strousberg-Projekte vermehrte sich in jenen Jahren rasch. Zwischen 1861 und 1871 entstanden in Deutschland außer der Tilsit–Insterburger Eisenbahn die Preußische Südbahn, die Berlin–Görlitzer, die Rechte Oderufer-Bahn, die Märkisch–Posener Eisenbahn, die Halle–Sorauer und die Hannover–Altenbeckener Eisenbahn; weitere Linien wurden bereits auf den Reißbrettern der Strousberger Ingenieurbüros projektiert.

Arbeiten von so weitreichenden Ausmaßen, wie sie Strousberg in den sechziger Jahren organisierte und leitete, waren auf die Gunst des Staates angewiesen. Oft wurde behauptet, er habe Beamte bestochen, um Eisenbahnkonzessionen zu erhalten. Das ist für Preußen nicht nachzuweisen, war wohl auch gar nicht nötig. Zu Beginn der sechziger Jahre stagnierte der Eisenbahnbau. Heinrich Friedrich Graf von Itzenplitz, seit 1862 preußischer Handelsminister, unterstützte deshalb Strousberg, obwohl er nach einem älteren Gesetz den Bau in Generalentreprise nicht hätte gestatten dürfen. Er soll wiederholt Eisenbahnbauinteressierte direkt an Strousberg verwiesen haben. Später kamen persönliche Aspekte hinzu, denn eine der treibenden Kräfte beim Bau der Berlin–Görlitzer Eisenbahn war der Schwiegersohn des Handelsministers, Baron von Alvensleben, der umfangreiche Güter an dieser Strecke besaß.

Die Schattenseiten des „Systems Strousberg" waren dem Ministerium von Anfang an bekannt. Fast alle Eisenbahnbauten der sechziger Jahre zeigten schlimme Nebenerscheinungen. Sie lagen im Wesen dieses kapitalistischen Systems. Da die Prioritäts- und Stammaktien bei der Kapitalbeschaffung oft weit unter Wert realisiert werden mußten, wurden später zusätzlich Aktien aufgelegt, wodurch sich das Kapital der Gesellschaft weiter erhöhte. Manche Eisenbahnbauten, deren Bau Strousberg Millionen eingebracht hatten, warfen in den ersten Jahren ihres Betriebes keine Dividenden für die Aktionäre ab. Sie waren die Geprellten. Der englische Bauunternehmer Joseph Bray, der als Subunternehmer die Tilsit–Insterburger und die Ostpreußische Südbahn mitgebaut hatte – er war von Strousberg mit riesigen Aktienpaketen „bezahlt" worden – saß noch um 1876 auf dem größten Teil der Aktien dieser beiden Bahnen fest. Sie standen so niedrig im Kurs, daß er sie nicht absetzen konnte und zuletzt große Verluste erlitt. Andere Bahnen wiesen bei der technischen Abnahme nicht unerhebliche Mängel auf, deren Behebung hohe Kosten erforderte und die Betriebseröffnung verzögerte.

In der Presse wurde mitunter schon 1869 die Forderung erhoben, der Staat solle gegen dieses System kapitalistischer Bereicherung auf Kosten der Gesellschaften und der Aktionäre vorgehen.[15] Doch der Eisenbahnkommissar Albert Maybach, später selbst Handelsminister, begründete in einem Gutachten vom 11. März 1869, warum man die Bauausführung in Generalentreprise nicht einfach verbot: Dieses System habe dem Staat „ohne irgend erhebliche Belastung ein ganzes System von Eisenbahnen gebracht".[16] Der Handelsminister berücksichtigte diese Meinung insofern, als er zwar offiziell nicht mehr Aufträge an Generalunternehmer vergab, aber jede getarnte Umgehung dieses Prinzips tolerierte, bis Strousberg 1871/72 in Rumänien sein großes Debakel erlebte.

Das Rumäniengeschäft des „Eisenbahnkönigs"

Der Strousbergsche Eisenbahnbau in Preußen galt in der Öffentlichkeit trotz aller bereits erkennbaren negativen Nebenerscheinungen als außerordentlich erfolgreich. Jahrelang war die Regierung sehr zufrieden, daß das Eisenbahnnetz schnell wuchs. Am Ende der sechziger Jahre, als die erste öffentliche Kritik am „System Strousberg" aufkam und einzelne Beamte die Anhäufung wirtschaftlicher Macht in der Hand einzelner Personen mit Sorge registrierten, überprüfte der Staat alle Eisenbahnbauten des Generalunternehmers peinlich genau. Sicher handelte es sich dabei um berechtigte „Qualitätskontrollen", doch sie beschnitten erheblich den Profit. Darum klagte Strousberg wiederholt über Eingriffe und Reklamationen der staatlichen Aufsicht, die „sehr viel Geld gekostet und ... das Leben sehr erschwert" hätten. Allein bei der Berlin–Görlitzer Eisenbahn seien ihm dadurch Verluste in Höhe von Hunderttausenden Mark erwachsen.

Die Hoffnung, solchen staatlichen Eingriffen zu entgehen und noch höhere Profite zu erzielen, regte Strousberg an, sich dem Eisenbahnbau im Ausland zuzuwenden. Die erste Bahn außerhalb Preußens, die unter seiner Leitung gebaut wurde, entstand im zaristischen Rußland als Fortsetzung der Ostpreußischen Südbahn von Brest nach Grajewo. Dabei kam er mit bedeutenden russischen Unternehmern in Verbindung. Wenig später übernahm er die Leitung des Baus der über 500 Kilometer langen Nordostbahn in Ungarn. Auch hier arbeitete er mit großen Banken zusammen. Eine weitere Bahn im Ausland hatte für Strousberg schicksalhafte Bedeutung: die rumänische Eisenbahn. Auf den ersten Blick scheint es, als hätte diese Eisenbahn auf dem Balkan weniger als alle bisherigen etwas mit Berlin zu tun. Wichtige Zusammenhänge beweisen das Gegenteil. Handelsverbindungen zwischen Berlin und den damaligen Füstentümern Moldau und Walachei hatten schon in den vierziger Jahren bestanden. Der um 1844 gestartete Versuch, sie durch Gründung einer gewaltigen „Donauhandelsgesellschaft", die ihren Sitz in Berlin hatte und an der Berliner Kapitaleigentümer maßgeblich beteiligt waren, zu stabilisieren, mißlang aber und endete mit der Auflösung der Gesellschaft. Mitte der fünfziger Jahre gelang es deutschen Finanziers nach heftigen Auseinandersetzungen mit der österreichischen Konkurrenz, in Jassy eine „Moldauische Landesbank" zu gründen.[17] Mit ihr waren mehrere mitteldeutsche Banken verbunden, darunter die Berliner Firmen Julius Bleichröder, Plaut & Co., Wolff & Co., Rauff & Knorr, Schickler & Co. sowie Mendelssohn & Co. Um 1857 zeigte sich auch Gerson Bleichröder an dieser Bank interessiert, die sich an der Finanzierung des rumänischen Landadels sowie am rumänischen Getreideexport und am Import verschiedener Warensortimente beteiligte. Die Donaufürstentümer waren zu wichtigen Abnehmern von Manufakturwaren aus Mittel- und Norddeutschland herangewachsen. Allein 1862 importierten sie Waren im Wert von etwa 400000 Taler, und diese Einfuhren wiesen steigende Tendenz auf. Ohne Übertreibung kann man sagen, daß einflußreiche Vertreter der Berliner Wirtschaft Rumänien als ein wichtiges Absatzgebiet ihrer Waren und als Kapitalanlagesphäre erkannt hatten. Darum interessierten sie sich seit der zweiten Hälfte der fünfziger Jahre stark für den Ausbau der Beziehungen zu diesem Land. Die preußische Regierung verfolgte in den sechziger Jahren die Entwicklung in den Fürstentümern ebenfalls mit großer Aufmerksamkeit. Handelspolitisch gesehen waren diese ein Sprungbrett für den Einstieg in den Levantehandel und Wirtschaftsbeziehungen mit dem Nahen Osten sowie mit Nordafrika. So bereisten preußische Agenten im Auftrag ihrer Regierung bis zum Beginn der sechziger Jahre die Länder an der unteren Donau. Sie schickten zum Teil voluminöse Berichte über die wirtschaftlichen und politischen Verhältnisse an die Regierung und an die Korporation der Berliner Kaufmannschaft. Bismarck, der die Verdrängung Österreichs aus der deutschen Politik durch einen Krieg vorbereitete, betrachtete Rumänien – ähnlich wie Italien – als einen Stützpunkt im Rücken des zukünftigen Gegners.

Eine Möglichkeit, den preußischen Einfluß auf Rumänien zu verstärken, bot sich zu Beginn des Jahres 1866. Der Repräsentant des jungen rumänischen Nationalstaates, der Bojarenfürst Jan Cuza, wurde gestürzt. Die Bojaren und die Bourgeoisie entschieden sich, den damals in Berlin stationierten preußischen Dragoneroffizier Prinz Karl von Hohenzollern-Sigmaringen zum Fürsten von Rumänien zu erheben. Bismarck unterstützte angesichts des vor der Tür stehenden Krieges gegen Österreich mit allen Mitteln die Kandidatur Karls, der umgehend inkognito nach Bukarest reiste und dort zum Fürsten gekürt wurde.

Das neue Oberhaupt des rumänischen Nationalstaates war eifrig bemüht, enge Beziehungen zwischen Rumänien und Preußen herzustellen. Mit Recht betrachtete er den Bau einer Eisenbahn, die Rumänien mit dem mitteleuropäischen Bahnnetz verknüpfen sollte, als eine wichtige Basis für den ökonomischen und politischen Fortschritt seines Landes. Solche Pläne waren schon um 1860 aufgetaucht, wobei englische, französische und österreichische Kapitalisten um Konzessionen buhlten. Nach dem Regierungsantritt Karls konnten jedoch deutsche Unternehmer alle Konkurrenten aus dem Felde schlagen. Kurz nachdem Heinrich Graf Keyserling, ein enger Freund von Bismarcks Mitarbeiter Robert von Keudell, den Posten des Generalkonsuls in Bukarest übernommen hatte, legte Strousberg sein Projekt für die rumänische Eisenbahn vor und erhielt die Konzession zum Bau der meisten Linien. Ohne Zweifel gaben dabei die Sympathien Karls für die Berliner Bourgeoisie und die Einflußnahme der preußischen Regierung zu deren Gunsten den Ausschlag. Sicherlich spielte auch eine Rolle, daß Strousberg als Vertreter eines Konsortiums auftrat, dem mit den Herzögen von Ujest und von Ratibor sowie dem Grafen Lehndorf-Steinort preußische Magnaten angehörten, die über Verbindungen bis in die Spitzen der preußischen Regierung hinein verfügten. Außerdem war Fürst Karl bereits mit Strousberg bekannt, der dem Großgrundbesitz seiner Familie durch den Bau der Märkisch–Posener Eisenbahn einen günstigen Verkehrsanschluß gebracht hatte. Der Vater Karls, Fürst Karl Anton von Hohenzollern-Sigmaringen, war Vorsitzender des Verwaltungsrates dieser Eisenbahnaktiengesellschaft gewesen, und Strousberg hatte dafür den fürstlichen Hausorden 2. Klasse erhalten.

Der Bau der rumänischen Eisenbahn durch ein preußisches Konsortium mit Strousberg an der Spitze wirkte sich auf Berlin unterschiedlich aus. Einerseits wurde die Stadt endgültig zum Hauptort der Eisenbahnfinanzierung für die Strousbergsche Gesellschaft. Die Berliner Handelsgesellschaft sowie die Banken von Joseph Jacques und Anhalt & Wagener waren ihre ersten bedeutenden Kapitalorganisatoren. Bei der ersten Emission von Obligationen der Eisenbahngesellschaft in Höhe von acht Millionen Talern im Dezember 1868 wurden an der Berliner Börse allein 5 Millionen aufgebracht.[18] Viele Berliner Bankiers legten große Summen in Aktien des Unternehmens an, so Gerson Bleichröders Teilhaber Julius Schwabach und der Berliner Bankier Moritz Goldstein je 100 000 Taler.[19]

Die vom Staat geförderte Stoßrichtung der ökonomischen Expansion nach Südosten, die Strousberg mit dem Eisenbahnbau in Rumänien forcierte, fand auch sonst starken Widerhall an der Berliner Börse. Dank der Vermittlung und Förderung durch seine Banken wurde Berlin in dieser Zeit zu einem der bedeutendsten Kapitallieferanten für verschiedene österreichisch-ungarische und russische Eisenbahnaktiengesellschaften. 1870 notierte der Berliner Börsenzettel allein 29 österreichisch-ungarische Eisenbahnpapiere. Berliner Bankiers konnten als Lieferanten immenser Kapitalmengen aus dem Besitz Tausender deutscher Aktienkäufer teilweise großen Einfluß auf diese ausländischen Eisenbahngesellschaften nehmen.

Der Aufschwung im Eisenbahnbau in Preußen, Rußland, Österreich-Ungarn und Rumänien, an dem Strousberg erheblichen Anteil hatte, leitete die „Gründerjahre" ein. Denn die Berliner Bankiers rochen rechtzeitig die in Aussicht stehenden Profite und bildeten viele Maschinen- und Eisenbahnbedarfsfabriken in teilweise monströse Aktiengesellschaften um, was nicht ohne heftige Konkurrenzkämpfe abging. Dabei spekulierten sie auf den hohen Bedarf der verschiedenen Eisenbahnaktiengesellschaften an Personen- und Güterwagen, Lokomotiven, Schienen, Schwellen, Brücken und Bahnhofskonstruktionen sowie sonstigem Zubehör. Allein den jährlichen Bedarf an Güter- und Personenwagen in Deutschland und Österreich schätzte man auf 6000 Stück.[20]

Die Fabrik für Eisenbahnbedarf von Pflug & Zoller in der Chausseestraße war schon 1856 in eine Aktiengesellschaft umgewandelt worden, die unter dem Einfluß der Berliner Handelsgesellschaft stand. Um 1867 war sie der größte deutsche Betrieb dieser Art. Die Berliner Handelsgesellschaft kaufte gemeinsam mit anderen Berliner Firmen und der Norddeutschen Bank Hamburg auch die Hamburger Waggonfabrik von Lauenstein auf, um sie als Aktiengesellschaft weiterzuführen. Die Berliner Bankiers Isidor Mamroth, Friedrich Wilhelm Krause und die Firma Platho & Wolff beteiligten sich 1869 an der Umgestaltung der Eisenbahnmaterialfabrik von Lüders in Görlitz in eine Aktiengesellschaft. In Berlin-Moabit wurde im selben Jahr die Norddeutsche Fabrik für Eisenbahnbetriebsmaterial gegründet, und innerhalb weniger Monate entstand ein riesiger Fertigungskomplex für Eisenbahnwaggons. Die Banken Mendelssohn & Co., Delbrück, Leo & Co. sowie Gerson Bleichröder brachten mit 870 000 Talern allein mehr als die Hälfte des Grundkapitals auf.[21] Ende 1869 bestimmten damit nicht mehr nur die zwei Dutzend Maschinenfabriken und Gießereien das Erscheinungsbild des ersten Berliner Industriebezirkes von vor dem Oranienburger Tor bis nach Moabit; ihren 11 000 Arbeitskräften standen schon 4000 Arbeitskräfte der beiden großen Waggon- und Eisenbahnbedarfsfabriken gegenüber.

Die Berliner Bankiers setzten bei ihren Gründungen vor allem auf das Organisationstalent Strousbergs, und dies mit vollem Erfolg. Für seine in- und ausländischen Bahnbauten wählte der Generalunternehmer für Lieferungskontrakte über Lokomotiven, Wagen und Eisenbahnzubehör jeder Art „fast ohne Ausnahme die ersten Firmen des Landes", zu denen er vor allem die Berliner Fabriken von Pflug, Borsig, Schwartzkopff, Wöhlert und die Norddeutsche Fabrik für Eisenbahnbetriebsmaterial rechnete. In dieser Zeit versuchte Strousberg jedoch zugleich, die üblichen, noch notwendigen vielen Lieferanten und Subunternehmer durch den Aufbau einer eigenen Produktionsbasis nach und nach auszuschalten. Er wollte sich so von finanzieller Abhängigkeit und von unbequemen terminlichen Sachzwängen befreien und die eigenen Profite noch erhöhen.

In Linden bei Hannover kaufte er im November 1868 die renommierte Eisengießerei, Lokomotiv- und Maschinenfabrik des verstorbenen Fabrikanten Georg Egestorff für 700 000 Taler. Anschließend erwarb er bei Dortmund und Neustadt Kohlengruben, ein Hütten- und Walzwerk, ließ eine Brückenbauanstalt, eine Waggon- und eine Räderfabrik errichten. Durch den Erwerb von Rohstofflagern und weiterer Fabriken – für die Öffentlichkeit war er seit 1868 „der Mann, der alles kauft" – hatte er bald einen vertikalen Konzern in seiner Hand, der zum Zwecke der Belieferung von Eisenbahnbauunternehmen sämtliche Produktionsstätten vom Kohle- und Eisenerzbergbau bis zu den Fertigprodukten umfaßte.[22] Um die große Zahl der aus ganz Deutschland verpflichteten Arbeiter mit ihren Familien am Fabrikort unterzubringen, ließ er 1869/70 in Linden die größte deutsche Werksiedlung mit 288 Wohnungen in 144 Häusern für 2000 Bewohner im Cottage- und Logierhaussystem erbauen. In Dortmund und Neustadt entstanden ähnliche Siedlungen mit 230 Wohnungen.[23]

Ein Strom von Eisenbahnbedarfsmaterial aller Art ergoß sich seit 1868 in die bahnbauenden Länder. Besonders umfangreich war der Bedarf der rumänischen Eisenbahn: „Ganze Flotten segelten nach der Donau, befrachtet mit Schienen, Brückenteilen, Lokomotiven, Waggons und Bahnzubehör, Tausende von Ochsengespannen fuhren auf den Landstraßen."

Noch während in Berlin, Linden, Dortmund, Neustadt und Rumänien riesige Bauvorhaben realisiert wurden, verbesserten sich auch die Bedingungen für andere Berliner Unternehmer, die an der Ausbeutung des rumänischen Volkes beteiligt waren. Die Moldauische Landesbank in Jassy konnte ihren Aktionären mitteilen, daß die Dividenden gestiegen seien und der Eisenbahnbau eine „weitere Verbesserung ihrer Lage" gebracht habe.[24] Auch der Warenabsatz aus dem Gebiet des Deutschen Zollvereins, an dem Berliner Kaufleute maßgeblichen Anteil hatten, stieg von 311 800 Talern im Jahre 1867 auf fast 600 000 Taler an.[25]

Der Strousbergsche Eisenbahnbau in Rumänien hatte somit erhebliche Auswirkungen auf die ökonomische Entwicklung in Berlin. Insgesamt gesehen wirkte er nicht nur auf die Verbreiterung der Produktion und des Exportes ein, sondern er setzte die erste Welle des spekulativen Gründertums in Bewegung, mit der die von der Großbourgeoisie herbeigesehnten „goldenen Jahre" der großen Gründerzeit ihren Anfang nahmen.

Berliner Projekte

Der große wirtschaftliche Aufschwung im Berlin der fünfziger und sechziger Jahre hatte weitreichende Folgen für das Wachstum der Stadt. Die Bevölkerungszahl stieg zwischen 1847 und 1871 von 403 586 auf 826 000. Trotz umfangreicher Bautätigkeit wuchs die Wohnungsnot und erreichte um 1870 neue Dimensionen. Die Mietpreise stiegen unablässig. Diese Situation verleitete zahlreiche Kapitalbesitzer dazu, ungeheure Summen in Grund- und Hauseigentum zu investieren. Der vom Staat befohlene und auf Anordnung des Polizeipräsidenten durch James Hobrecht ausgearbeitete Stadtbebauungsplan von 1862, der alle Ländereien zwischen Weißensee und Schöneberg, Charlottenburg und Lichtenberg in Karrees aufteilte, heizte die Bodenspekulation maßlos an. Selbst Ackerflächen vor den Toren der Stadt, deren Bebauung durch den Hobrechtplan erst für die nächsten Jahrzehnte programmiert war, wurden hochbezahlte Spekulationsobjekte. Man kaufte, um das soeben Erworbene „leicht gleich wieder mit Vorteil" verkaufen zu können. So entwickelte sich für profitlüsterne Kapitalisten eine Einnahmequelle ersten Ranges. Schon bei seiner Ankunft in Berlin im Jahre 1856 hatte Strousberg bemerkt, „daß die Häuserpreise in Berlin außerordentlich und, wenn auch mit Unterbrechungen, dauernd steigen". Durch den Ankauf von Grund und Boden in den verschiedensten Landesteilen und den profitablen Weiterverkauf an Eisenbahnaktiengesellschaften hat er in der ersten Hälfte der sechziger Jahre hohe Gewinne erzielt. Im Zusammenhang mit dem Bau der Berlin–Görlitzer Eisenbahn und des Görlitzer Bahnhofes im Südosten der Stadt hatte er bedeutenden Grundbesitz angekauft, den er nun „mit großem Vorteil" an die Eisenbahngesellschaft und an Privatleute veräußerte, denn auch die Profite aus der allgemeinen Bodenspekulation wollte er sich nicht entgehen lassen. 1879 schrieb er: „Ich kaufte in jener Zeit viele Häuser und bezahlte mehr, als andere dafür geboten hatten." Im März 1870 befanden sich in seiner Hand die Häuser Unter den Linden 17/18, Wilhelmstraße 70, Jägerstraße 22 und 61 a, Schönhauser Allee 105–108, Brunnenstraße 84, das Gelände zwischen der Brunnen- und Ackerstraße, der Moritzhof in der Van-der-Heydt-Straße, das Hippodrom in Charlottenburg sowie Grundstücke am Görlitzer Bahnhof und am Kottbusser Damm. Mit Genugtuung berichtete er sechs Jahre später: „Mein Urteil war aber so richtig, daß ich, in der schlechtesten Zeit zum Verkauf gezwungen, stets mit Vorteil verkaufen konnte."

Die Spekulation mit Grund und Boden war für Strousberg ein lukrativer Nebenerwerb, durch den er zusätzlich Kapital mobilisieren wollte. Als er 1868 zwischen Brunnen- und Ackerstraße 30 Hektar Land kaufte, verfolgte er allerdings besondere Pläne. Bei seinen ökonomischen Studien war ihm aufgefallen, daß man durch die „Verproviantierung großer Städte und die Bedürfnisse aller Klassen" riesige Profite realisieren konnte.

Die sprunghaft wachsende Stadt Berlin erschien ihm für Versuche auf diesem Gebiet als ein ideales Objekt, zumal die Versorgung der Bevölkerung mit Fleisch und Fisch noch nach fast mittelalterlichen Methoden auf zahlreichen Wochenmärkten erfolgte. Wie das vor sich ging, schildert drastisch ein Zeitgenosse: „Welch klägliches Bild bot aber auch die Hökerei eines Wochenmarktes in Berlin! Den Gendarmenmarkt habe ich jahrelang in seiner Glorie alle Mittwoch und Sonnabend zu sehen und zu riechen Gelegenheit gehabt. Da standen in langer Reihe in der Mohrenstraße die Fischbottiche, grün, schleimig und moosbewachsen, und darin, meist tot, mit den Bäuchen nach oben schwimmend, im Sommer in lauwarmem, altem, stinkendem Wasser, im Winter im Eis, die spärlichen Fische ... An der Markgrafenstraße hatten die Schlächter ihre Stände. Schmeißfliegen summten um die ekelhaften Tierkadaver, das Blut rieselte auf den Pflastersteinen, und verhungerte Hunde suchten einige Fleischabfälle zu erhaschen. Am schrecklichsten aber war der Gang über den Platz von der Jäger- zur Französischen Straße, wo die Käsehändler standen. Um eins wurden dann alle die Rumpelkasten von Buden abgebrochen, die Fischtonnen über das Pflaster ausgegossen... und das Chaos von alten Kohlblättern, Käsepapieren, Heringsschwänzen und Zwiebelschalen wurde stundenlang zusammengefegt. Nur der abscheuliche Gestank war nicht zu vertilgen."[26]

Ähnlich wie auf dem „schönsten Platz Europas" – dem Gendarmenmarkt – ging es an Markttagen auch auf dem Alexander- und dem Dönhoffplatz, dem Spittelmarkt und den vielen anderen Marktplätzen Berlins zu. Die unhygienischen, gesundheitsschädlichen Zustände bei der Versorgung der Berliner beschäftigten die Stadtverordneten schon seit den 20er Jahren des 19. Jahrhunderts, ohne daß sich etwas grundlegend verändert hatte. Erst 1865–1868 entstand nach Entwürfen von Friedrich Hitzig am Schiffbauerdamm die erste Berliner Markthalle.[27]

Strousberg witterte hier ein großes Geschäft und kaufte die Halle. Für „einige zwanzigtausend Taler" gründete er in Geestemünde eine Fischereigesellschaft, die Berlin über die Eisenbahn mit frischem Fisch versorgen sollte. In der Stadt entstand eine Kommanditgesellschaft auf Aktien, die nach Ausschaltung der vielen kleinen und der wenigen großen Konkurrenten den gesamten Berliner Viehmarkt- und Schlachtbetrieb an sich ziehen sollte. Strousberg steuerte den von ihm aufgekauften Grund und Boden bei und organisierte als Generalunternehmer den Bau eines riesigen Viehmarktes und Schlachtbetriebes nach englisch-französischem Vorbild. Bis 1876 entstand vor dem Gesundbrunnen im Norden Berlins ein Komplex von 5 großen Wohn- und Dienstgebäuden, 24 Stallgebäuden für Großvieh, 4 Verkaufshallen für Mastvieh, 6 kombinierten Schlacht- und Verkaufshallen, ferner 1 Kühlhaus und 2 Eiskeller sowie industrielle Anlagen zur Verarbeitung von Blut, Talg und tierischen Abfällen, eine Anstalt zur Desinfizierung von Güterwagen, ein Bahnhof und eine Anschlußbahn, deren Bau er selbstredend in eigener Regie übernahm.[28]

Bereits 1870 konnte in dem Mammutbetrieb die Arbeit aufgenommen werden. Doch die Bauarbeiten zogen sich noch über vier Jahre hin. Für die Errichtung dieser Anlage beschäftigte Strousberg als Generalunternehmer Hunderte von Bauarbeitern und einen der besten Baumeister, der allerdings noch am Anfang seiner Karriere stand: August Orth. Ob sich Strousberg zunächst mit dem Plan trug, auch am Betrieb des Unternehmens zu profitieren, oder ob er von vornherein nur aus Organisation und Leitung des Baus sowie aus den hohen Provisionen beim An- und Verkauf von Grund und Boden, Material und Betriebsmitteln Gewinne erzielen wollte, ist nicht mehr zu ergründen. Als er 1872 schon tief in finanziellen Schwierigkeiten steckte, verkaufte er den Betrieb für 3 ¼ Millionen Taler an eine überstürzt gegründete „Berliner Viehmarktaktiengesellschaft".[29]

Die Vielseitigkeit des Organisators industrieller Großprojekte soll durch ein weiteres Unternehmen illustriert werden. Als Mitarbeiter und Herausgeber von Zeitungen und Zeitschriften hatte Strousberg während seiner langjährigen Londoner Tätigkeit den unersetzlichen Wert einer journalistischen Vertretung industrieller Unternehmungen kennengelernt. Im Zusammenhang mit seinen bedeutenden kapitalistischen Plänen in Berlin erachtete er eine von ihm selbst kontrollierte Zeitung als unbedingt notwendig – also schuf er sie. Am 1. August 1866 erschien die Nummer 1 seiner „Post". Sie war die erste Tageszeitung in Preußen, die als unverhüllte, direkte „Unternehmerzeitung" erschien.[30] Strousberg benutzte sie, die Öffentlichkeit, vor allem die der Börse nahestehenden Kreise, auf besondere ökonomische Situationen und Unternehmen hinzuweisen und in seinem Sinne zu beeinflussen. Durch geschicktes Lancieren von Artikeln bereitete er eigene Initiativen und Pläne journalistisch vor. Im Annoncenteil veröffentlichte er Prospekte seiner Eisenbahn- und Industriegründungen und forderte andere Unternehmer zu Angeboten für die Lieferung vieler Erzeugnisse – von einfachen Schrauben bis hin zu Brücken, Wagen und Lokomotiven – auf.

Darüber hinaus benutzte er sein Blatt für eine zielgerichtete politische Stimmungsmache. Strousberg gehörte schon 1860 aus „innerer Überzeugung" zu den damals noch wenigen streng konservativ eingestellten Großbourgeois in Preußen.[31] Wiederholt sollte er bei den Wahlen zum preußischen Abgeordnetenhaus für die Konservative Partei kandidieren. Aber erst nach der Gründung des Norddeutschen Bundes, 1867, ließ er sich für diese Partei in den Reichstag wählen. In seiner

Funktion als Abgeordneter trat er allerdings kaum hervor, war im Parlament – sofern überhaupt anwesend – eher ein aufmerksamer Beobachter.

Mit der „Post" besaß er ein Sprachrohr, mit dem er breite Kreise der Bourgeoisie und des Junkertums erreichte. Revolutionäre Entwicklungen lehnte er grundsätzlich ab. Statt dessen proklamierte er in seinem Blatt den evolutionären „Weg zum Fortschritt", den er als Emanzipation des ungehemmten Nützlichkeitsstrebens im Leben des Einzelnen und der Gesellschaft programmatisch umriß. In dieser Denkweise offenbarte er sich als typischer Vertreter des Kapitalismus der freien Konkurrenz. Eine besondere Rolle in der gesellschaftlichen Entwicklung wies er dem preußischen Staat zu. Trotz verschiedener harter Angriffe gegen doktrinäres Beamtentum und gegen alle die Privatinitiative hemmenden staatlichen Eingriffe bekundete er immer wieder sein „überzeugtes Preußentum". Gleichzeitig wandte er sich gegen einen „dogmatischen Liberalismus", der ihm nicht genügend Spielraum für ein enges Zusammengehen mit dem preußischen Staat ließ. Schon die erste Nummer der „Post" unterstützte wortstark die Politik Bismarcks und verteidigte die Gründung des Norddeutschen Bundes als Zwischenlösung auf dem Wege zur endgültigen Einheit Deutschlands unter Ausschluß Österreichs und unter der Vorherrschaft Preußens gegen alle Angriffe. Diese Haltung verfolgte das Blatt, solange es in den Händen Strousbergs war. Es beeinflußte nicht nur die Leser im Sinne einer bismarckfreundlichen Haltung, sondern – und das war eins der Hauptmotive Strousbergscher Pressepolitik – schuf auch in Regierungskreisen eine ihm gewogene Haltung.

Wenn er sich später nicht ohne Stolz erinnerte, daß er Beziehungen anknüpfen konnte, die ihm „sichere Aussicht auf gute Konzessionen gebe", daß er „die Ehre" hatte, „der allerhöchsten Persönlichkeit von sehr hoher Seite in Ems vorgestellt worden zu sein", wenn ihm „einflußreiche Personen" vertrauten und „bereit waren", ihn „zu unterstützen", so war dies alles nicht zuletzt auch der Wirksamkeit seiner „Post" zuzuschreiben. Darum störte es ihn auch nicht, daß er für diese Schöpfung regelmäßig Zuschüsse aufbringen mußte, die sich jährlich zwischen 40000 und 80000 Talern bewegt haben sollen.[32]

Die Aktivitäten Strousbergs bei der Grund- und Bodenspekulation in Berlin, beim Bau der Görlitzer Bahn und des dazugehörenden Bahnhofs im Südosten der Stadt, bei der Gründung der Viehmarkt- und Schlachthofanlage sowie der Herausgabe der Tageszeitung „Die Post" beweisen, daß er auf das wirtschaftliche und politische Leben in Berlin nicht nur indirekt, sondern auch direkt eingewirkt hat.

Das Strousbergsche Imperium

Im Jahre 1870 befand sich Bethel Henry Strousberg auf dem Höhepunkt seiner Laufbahn, und Friedrich Engels schrieb am 5. September 1869 an Karl Marx: „Der größte Mann in Deutschland ist unbedingt der Strousberg. Der Kerl wird nächstens noch deutscher Kaiser. Überall, wohin man kommt, spricht alles nur von Strousberg... Er hat einzelne geniale Züge und ist jedenfalls dem Raylwayking Hudson unendlich überlegen."[33] Die satirische Zeitschrift „Kladderadatsch" verlieh ihm sogar die „Bürgerkrone". Daß in dieser spöttischen Geste viel Wahrheit lag, erwies sich im März 1870, als das Unternehmerehepaar silberne Hochzeit feierte. Strousberg erhielt Gratulationen aus den Reihen der „höchsten Stände" und wahrhaft fürstliche Geschenke.

Das Strousbergsche Palais in der Wilhelmstraße 70 lag in unmittelbarer Nähe der berühmten Palais von Prinzen, Fürsten und Ministern, der Creme der aristokratisch-bourgeoisen Gesellschaft. Das 1867/68 nach Plänen des begabten August Orth errichtete Gebäude war mit auserlesenem Geschmack und vornehmem Luxus ausgestattet und wurde in der Presse als „der luxuriöseste, kostspieligste Bau mit... noch ungekannt komfortablen Einrichtungen, mit einem Marstall zu zwölf Pferden, Blumenhaus, Theater, Telegraph, künstlerischem Zierat überall" gerühmt.[34] Der „neue Crösus" liebte es, sich nach Art englischer Aristokraten im Vierergespann kutschieren zu lassen. In seinem Palais und seinen Büros umsorgten ihn livrierte Diener, und in den Vestibülen versammelten sich „vornehme Leute", die eine Verbindung zu ihm suchten – Millionäre, Prinzen, Fürsten und Grafen. Auch Künstler waren hier zu finden, denn Strousberg legte eine bedeutende Kunstsammlung in einer Größenordnung an, in der es in Deutschland wohl nur knapp ein Dutzend gab. Er ließ sich, zum Teil „in Familie", von Ludwig Knaus, Theodor Hosemann, Carl Steffeck und anderen Malern porträtieren.

Ludwig Knaus malte das bei den Kunsthistorikern umstrittene, aber den ganzen Pomp um diesen Finanzaristokraten kennzeichnende Strousbergsche Familienbildnis in der Villa der Familie am Berliner Tiergarten. In einem Brief an seine Kinder schildert der Maler in humorvoller märchenartiger Erzählweise, die durch Übertreibung zugleich ironische Distanz ausdrückt, seinen Eindruck von der Atmosphäre in der Millionärsvilla: „Nun sollt Ihr in dem schönen Palast, welcher wie ein verzaubertes Schloß aussieht, Euren Papa sehen: wenn er winkt mit dem Finger, so stürzen gleich 20 Lakaien und 20 schwarze Sklaven auf ihr Angesicht und warten seiner Befehle. Wenn ich alsdann die Farben auf die Palette gesetzt habe und die Pinsel in die Hand genommen, so hüpfen plötzlich vier allerliebste Prinzeßchen, so groß wie Ihr ungefähr und wenigstens ebenso brav, um mich herum und wollen abgemalt sein; es müssen wohl Engel sein, denn sie sprechen alle englisch, und die Ansätze zu Flügeln sind auch da."[35]

In Strousbergs Büros Unter den Linden 17/18 und Jägerstraße 22 herrschte betriebsame Hektik. Hier liefen alle Fäden des Imperiums Strousberg zusammen. Sein Reich war so umfangreich und über alle Provinzen des preußischen Staates verteilt, daß er den eigenen Saloneisenbahnwagen, der ihm zur silbernen Hochzeit geschenkt worden war und der 14 000 Taler gekostet hatte, durchaus benötigte. Den Überblick über den Mammutbesitz des „Eisenbahnkönigs" ermöglichte ein im März 1870 angelegtes Grundbuch, das als wichtige Quelle erhalten geblieben ist.[36] Es verzeichnet 34 Allodial-, Ritter- und andere Güter in Preußen und Schlesien, im Großherzogtum Posen und im Königreich Polen sowie die Herrschaften Zbirow, Totschnik, Miroschau und Waldeck im Königreich Böhmen. Dazu kamen 16 Grundstücke bis zu 80 Morgen mit zum Teil wertvollem Hausbesitz in Berlin und seiner Umgebung, aber auch in Neidenburg, sowie zahlreiche Bauernhöfe, Acker-, Weide- und Waldflächen, die Städte Lissa und Zaborowje. Wohl nicht zu Unrecht bezeichnete man Strousberg im Jahre 1871 in der Presse als „den größten Grundbesitzer in deutschen Landen". Nach eigenen Angaben soll er weit über 300 000 Morgen Land (etwa 800 km^2) besessen und bewirtschaftet haben. Diese Besitztümer waren für den kapitalistischen Organisator sowohl Kapitalanlage als auch Objekt der Familienversorgung: Seine Frau und jedes seiner sieben Kinder sollte einen einträglichen Güterkomplex übernehmen. Sein Gesamtvermögen bezifferte Strousberg auf 50 Millionen Taler, und in all seinen Unternehmungen beschäftigte er 150 000 Menschen.

Als Grundlage seines Reichtums sah Strousberg um 1870 aber die industriellen Unternehmungen an. Das Grundbuch verzeichnete in Schlesien eine Braunkohlengrube und ein Steinkohlenbergwerk, in Hannover vier Eisensteinbergwerke, die Neustädter Hütte und die ehemalige Egestorffsche Eisengießerei, Lokomotiv- und Maschinenfabrik, in der Provinz Westfalen die Dortmunder Hütte, in der er das damals neue Bessemerverfahren zur Gewinnung von Flußstahl einführen ließ und dafür überseeische und spanische Erze importieren wollte.

Strousberg, unter dessen Leitung bis 1870 3265 Kilometer Bahnlinien, davon 1400 km in Preußen, fertiggestellt oder angefangen waren, bekleidete in den Aktiengesellschaften, deren Generalunternehmer er war, wichtige Funktionen.[37] Von mehreren Aktiengesellschaften besaß er den Hauptanteil aller Prioritätsaktien. In der Perspektive wollte er die Herrschaft über ein Eisenbahnnetz ausüben, das sich von Schlesien und Posen über Sachsen und Berlin bis zum Ruhrgebiet erstreckte. Die große Bedeutung des Zusammenhanges zwischen der Konzentration eines kompletten, gut funktionierenden und rationellen Eisenbahnnetzes und der Ausübung wirtschaftlicher Macht hat Strousberg wohl als erster erkannt. Auf diese Weise wurde er zum potentiellen Konkurrenten der Berliner Bankiers, die zu jener Zeit bereits die meisten anderen deutschen Eisenbahngesellschaften beherrschten. Strousbergs Überlegungen stimmten aber auch Vertreter der preußischen Regierung nachdenklich und scheinen erste vorsichtige Pläne für eine Verstaatlichung des preußischen Eisenbahnwesens verursacht zu haben.

So hatte der „Bürgerkönig", der „neue Crösus", der „Wunderdoktor", der „Eisenbahnkönig" und wie er von seinen Zeitgenossen sonst noch tituliert wurde, auf dem Höhepunkt seiner Macht nicht nur Bewunderer, sondern auch harte, rücksichtslose Kritiker und Gegner, die mit allen ihnen zur Verfügung stehenden Mitteln versuchten, ihn in die Schranken eines „gewöhnlichen" kleinen Unternehmers zurückzuverweisen.

Unter kapitalistischen Bedingungen war auffällige Wohltätigkeit eine wichtige Waffe im Konkurrenzkampf, die auch Strousberg nutzte. Gelegenheit hierzu fand er im Winter 1869/70, als Hunger und Kälte die Not vieler Arbeiterfamilien unerträglich steigerten. Strousberg eröffnete am 10. Februar 1870 in den ehemaligen Artilleriewerkstätten in der Dorotheenstraße und in seiner Markthalle am Schiffbauerdamm mehrere Volksküchen, in denen innerhalb von knapp drei Wochen ein etwa 100 Mann starkes Personal unentgeltlich 222 000 Essenportionen ausgab und für wenige Pfennige Brennholz verkaufte[38], was ein breites positives Presseecho auslöste. Der berechnende „Bürgerkönig" wußte aber nur zu gut, daß man in den Ministerien bei der Verteilung von Kommerzienratstiteln und staatlichen Orden ein gewisses Maß an Wohltätigkeit als Vorbedingung ansah. Sicher rechnete er gerade jetzt, auf dem Höhepunkt seines Ruhms, mit solchen Auszeichnungen durch den Staat.

Der Thron wankt

Während das Strousbergsche Imperium 1870 nach außen hin mehr denn je im Glanz der Erfolge erstrahlte, gab es in seinem Inneren bereits Anzeichen des Zusammenbruchs. Als schwächstes Glied in der Kette der Unternehmungen erwies sich das rumänische Eisenbahnprojekt. Unter den Politikern jenes Landes hatte es von Anfang an gegen den Generalunternehmer starke Vorbehalte gegeben, die von der österreichisch-französischen Konkurrenz ständig geschürt wurden. Strousberg hatte den rumänischen Innenminister Cogalniceanu bestochen und sich seiner Unterstützung versichert. Dieser ließ „die ihm gewährten Subsidien auf seine politischen Freunde in der Kammer ausdehnen". Aber im Februar 1870 kam es zum Sturz des Ministers. Es folgte ein Korruptionsskandal, der das Ansehen Strousbergs in der rumänischen Öffentlichkeit auf das Höchste gefährdete. Auch bei den Politikern hatte er alle Chancen verspielt, denn sein Agent mischte sich in die inneren Angelegenheiten des Landes ein und forderte vom Fürsten Karl ultimativ „den Wiedereintritt des Herrn C. in das Kabinett oder die sofortige Auflösung einer Kammer, welche nicht mehr die Strousbergschen Unternehmungen begünstigte".[39] Auch andere Mitarbeiter Strousbergs sollen sich in Rumänien wie in einer Kolonie aufgeführt haben.

Erschwerend kam hinzu, daß Strousberg seine ursprüngliche Zusicherung, einen großen Teil der Eisenbahnlinien bis zum 1. Januar 1870 dem Verkehr zu übergeben, nicht voll einhalten konnte, während sein österreichischer Konkurrent von Ofenheim die ihm übertragenen Bahnlinien nicht nur billiger baute, sondern dabei auch zügig vorankam. Unaufhaltsam sank der Kurs der rumänischen Eisenbahnaktien an der Börse. Durch einen persönlichen Besuch in Rumänien im Mai 1870 vermochte Strousberg die Katastrophe noch einmal abzuwenden. Heimlich ließ er mit großem Verlust für 12 Millionen Taler Aktien der rumänischen Gesellschaft aufkaufen und erreichte dadurch, daß die Kurse erneut stiegen.

Da brach im Juli 1870 der Krieg gegen Frankreich aus. Die Materiallieferungen aus Deutschland verzögerten sich und blieben bald ganz aus. Der Bahnbau geriet vollends ins Stocken. Die Kurse der Aktien aller Strousberg-Unternehmen sanken so tief, daß sie nicht mehr abzusetzen waren. Bis November 1870 erlitt der „große Doktor" Verluste von mehr als 4 Millionen Talern.

In dieser Situation zahlte sich bitter aus, daß er sein ganzes ineinander verzahntes Mammutunternehmen zuletzt vorwiegend auf der Grundlage gewagter Spekulationen aufgebaut und oft genug mit neuen Krediten und durch Aktienemissionen für neue Gesellschaften Finanzlöcher der älteren Unternehmungen zugestopft hatte. Versuche Strousbergs, von der Regierung staatliche Kredite über die Preußische Bank zu erhalten, schlugen fehl. Auch ein Darlehn in Höhe von 5 Millionen Talern auf Prioritätsaktien einer neu gegründeten Gesellschaft wurde ihm von den hohen Beamten verweigert. Handelsminister Heinrich Friedrich Graf von Itzenplitz lehnte mehrmals jede direkte finanzielle Unterstützung ab und äußerte Bismarck gegenüber, die „Vermögensverhältnisse des Dr. Strousberg sind von so dunkler und verwickelter Art, daß eine zuverlässige Garantie von ihm ... nicht zu beschaffen" wäre.[40]

Die Zeit drängte. Die Eisenbahnlinien in Rumänien waren bis Ende 1870 noch immer nicht im vereinbarten Umfang betriebsfähig; z. T. wurden sie von der rumänischen Regierung nicht abgenommen. Nun hätte Strousberg vertragsgemäß zum 1. Januar 1871 an die Aktionäre 2,5 Millionen Taler Zinsen zahlen müssen. Da Strousberg diese wegen Zahlungsunfähigkeit verweigerte, kam es zum endgültigen Bruch mit der rumänischen Regierung. Jetzt war der Zusammenbruch nicht mehr aufzuhalten. Tausende Aktionäre, die um ihr Kapital und die versprochenen Dividenden bangten, schlossen sich zu Anti-Strousberg-Komitees zusammen. Viele wollten den Unternehmer auf dem Rechtsweg zur Zahlung zwingen. Manche Rechtsanwälte richteten besondere Büros allein zu dem Zwecke ein, Klagen gegen die Konzessionäre der Strousberg-Gesellschaft zu vertreten. Im Berliner Stadtgericht sollen sich Mitarbeiter in mehreren Zimmern nur mit dieser Angelegenheit beschäftigt haben. Andere Aktionäre wandten sich an Bismarck und dessen Minister mit Petitionen, in denen sie verlangten, die rumänische Regierung zur Zahlung zu zwingen. Der Bankier Carl Fürstenberg, der damals bei Gerson Bleichröder arbeitete, schilderte die Auswirkungen des Debakels auf Berlin: „Der Zusammenbruch Strousbergs zog, wie man sich denken konnte, eine regelrechte Wirtschaftskatastrophe nach sich. An der Berliner Börse spielten sich unbeschreibliche Szenen ab, und durch die Behrenstraße ging ein Zittern."[41]

Das internationale Ansehen jener, die sich für die Garanten des gerade entstehenden Deutschen Reiches hielten, der Großbourgeoisie und der Magnaten, deren „durchlauchte" Namen die Solidität des Strousberg-Unternehmens hatten garantieren sollen, war in höchster Gefahr. Die preußische Regierung versuchte, das Konsortium Strousberg durch internationale Vermittlungen und diplomatische Initiativen zu stützen. Aber erst das Eingreifen der Discontogesellschaft und des Bankiers Gerson Bleichröder, dessen Vertrauensverhältnis zu Bismarck sich während des Krieges noch vertieft hatte, klärte die für das Ansehen und die finanzielle Sicherheit der hohen Adelsvertreter gleich gefährliche Situation. Durch geschickte Transaktionen und gewiefte Kompromisse mit der österreichischen Konkurrenz konnten 80 % des deutschen Kapitals gerettet werden. Durch Vereinbarungen mit der österreichischen Staatsbahn und der rumänischen Regierung wurde der Bau der Eisenbahn später zu Ende geführt; nicht, ohne daß die beiden Berliner Banken noch reiche Profite einheimsten. Aus Dankbarkeit, vor allem für die „Ehrenrettung" der preußischen Magnaten, wurden Gerson Bleichröder und Adolph Hansemann in den Adelsstand erhoben.

Strousberg dagegen wurde arg geschröpft. Gerade während der „Gründerjahre" brachte ihm das Rumäniengeschäft den wirtschaftlichen Abstieg. Er verlor alle Rechte an der rumänischen Eisenbahn und mußte als Wertausgleich für erlittene Verluste eine Summe von 6 Millionen Talern zahlen. Die konnten nur durch den Ausverkauf von Teilen seines Imperiums weit unter Wert aufgebracht werden. Die Dortmunder und die Harzer Hüttenwerke, die Kohlengrube „Glückauf", die Posener Rittergüter, die Zeitung „Die Post" samt den Häusern Unter den Linden 17/18, die Viehmarkt- und Schlachthofgesellschaft und die anderen deutschen Unternehmen mußten verkauft oder verpfändet werden. Sie gingen zum größten Teil in das Eigentum der Discontogesellschaft über. Auch aus fast allen Aktiengesellschaften der von Strousberg erbauten Eisenbahnen verdrängte ihn die Discontogesellschaft. So machte sich bereits eine Tendenz bemerkbar, die in der Krise von 1873 voll zum Durchbruch kommen sollte: die Konzentration von Produktion und Kapital. Der Zusammenbruch Strousbergs bewog aber auch die Regierung, den schon seit langem ventilierten Gedanken einer Verstaatlichung der preußischen Eisenbahnen in die Tat umzusetzen – der Bismarck-Intimus Gerson Bleichröder kaufte einzelne Bahnlinien für die Regierung auf und machte dabei ein Riesengeschäft.

Des Menschen Wille und die Macht des „Schicksals"

Fast schien es, als wäre im Frühjahr 1872 der noch vor kurzem von aller Welt bestaunte „Eisenbahnkönig" von seinem Thron gestürzt. Aber noch einmal bewies er, daß er alle Schliche, Tricks und juristischen Finessen der kapitalistischen Wirtschaft seiner Zeit kannte und auszunutzen verstand. Noch befand man sich inmitten der Gründerjahre, in denen jeder, der über Kapital verfügte, leicht zu bewegen war, es anzulegen – nur die Aussicht auf Profit mußte günstig sein. Das galt besonders, wenn man einen so „berühmten" Mann wie den „Eisenbahnkönig" zum Partner hatte. Bei den Berliner Bankiers hatte er allerdings jeden Kredit verloren, ebenso wie bei der Reichsregierung jede Glaubwürdigkeit, und an Eigentum in Deutschland war ihm nur wenig geblieben. Deshalb konzentrierte er seine Aufmerksamkeit auf den Ausbau der 1868 erworbenen Herrschaft Zbirow (heute Zbíroh) in Böhmen. Das alte, bauhistorisch nicht unbedeutende Schloß hatte er 1869/70 durch August Orth zur „Sommerresidenz" rekonstruieren lassen. Nun wurde es für einige Zeit Familiensitz der Strousbergs. Denn die Herrschaft Zbirow sollte zur industriellen Basis des Wiederaufstiegs werden. Durch massenweisen Holzverkauf aus eigenen Waldungen und durch die Produktion des zum Anwesen gehörenden Eisenwerkes sicherte er sich erste bedeutende Einnahmen. Außerdem nahm er in Böhmen größere Kredite auf. Auf dieser finanziellen Grundlage begann er erneut mit dem Aufbau eines Industriekomplexes. In den nächsten zwei Jahren entstanden Produktionsanlagen, die 1875 eine große Waggon- und Brückenfabrik, 9 Hochöfen, 2 Walzwerke, 2 Dampfsägewerke und eine Werkbahn umfaßten. Der Kohle- und Erzbergbau wurden modernisiert und erweitert. Als Nebenanlagen arbeiteten Kalksteinbrüche, Tongruben und Ziegeleien. Land- und Forstwirtschaft waren traditionelle Arbeitsbereiche, die weitergeführt und ganz in den Dienst der Industrietätigkeit gestellt wurden. Die Anlage ergänzte Strousberg durch die Errichtung einer Arbeitersiedlung mit 200 Häusern für 4000 Beschäftigte, durch die der notwendige Wohnraum für die Fach- und Hilfskräfte gesichert wurde.[42]

Bereits im Frühjahr 1873 war vorauszusehen, daß man in zwei Jahren mit einer umfangreichen Produktion für den Eisenbahnbau rechnen konnte. Darum reiste Strousberg nach London, um dort ein Büro einzurichten und durch die Gründung von Aktiengesellschaften den Absatz seiner Zbirower Werke zu sichern. Inmitten dieser Vorbereitungen erhielt er aus Berlin alarmierende Nachrichten. Die große Wirtschaftskrise hatte mit einem Krach an der Wiener Börse begonnen und drohte auf andere Länder überzugreifen. Anfang Oktober 1873 stellten die Quistorpsche Vereinsbank in Berlin und andere Banken ihre Zahlungen ein. Mehrere große Berliner Unternehmen brachen zusammen, Dutzende mittlere und Hunderte kleine standen vor dem Ruin. Eilig brach Strousberg in London alle Verhandlungen ab und reiste nach Berlin. Er wurde in den Strudel der Krise hineingezogen. Verschiedene Prozesse verursachten ihm erneut einen Verlust von über einer Million Talern. Nur durch die Versteigerung seiner Kunstsammlungen in Berlin und Paris 1873/74[43] und den Verkauf einiger Grundstücke konnte er die Forderungen begleichen. Der erste Ansturm der Gründerkrise war glimpflich überstanden.

Auf der Suche nach Absatzmärkten für seine Zbirower Produktion, vor allem für Eisenbahnwaggons und Brücken, nahm er im Frühjahr 1874

Verbindung zu russischen Firmen auf, vor allem zur Commerz-Leihbank in Moskau, von der er neue Kredite erhielt. Mit dem Stadtoberhaupt von St. Petersburg verhandelte er über den Bau von Anlagen nach dem Vorbild der Berliner Viehmarkt- und Schlachthofanlagen. Ferner versuchte er, sich an mehreren anderen Unternehmungen zu beteiligen. Eine russische Bestellung von 2000 geschlossenen Güterwagen veranlaßte ihn, die Waggonfabrik in Bubna bei Prag sowie die Waggonfabrik in Elbing gegen eine jährliche Rentenzahlung zu kaufen. Den Absatz seiner Produktionsanlagen versuchte er auch durch die Übernahme der Generalentreprise beim Bau der Waagtalbahn und einer Eisenbahn von Trentschin nach Troppau zu sichern.

Ein weiterer bedeutender Auftrag wurde Strousberg durch eine Londoner Firma übertragen: der Bau einer Eisenbahn von Paris nach Narbonne am Mittelmeer.

Zu welch großer Risikobereitschaft der Mann, nun schon wieder „Eisenbahnkönig", durch die prekäre Situation gezwungen war, beweist sein Arrangement mit der Mehltheuer—Weidaer Eisenbahnaktiengesellschaft. Diese war bereits Anfang 1872 gegründet worden. Die bauausführenden Berliner Firmen Klinitz und Grambow hatten noch im Juni mit den Bauarbeiten an der 35 km langen Verbindungsbahn, die durch das Königreich Sachsen, das Großherzogtum Sachsen-Weimar und die Fürstentümer Reuß jüngere und ältere Linie führte, begonnen. Der Bankrott der Firma Grambow und Kapitalmangel führte zur Einstellung aller Arbeiten, und die Mehltheuer—Weidaer Eisenbahnaktiengesellschaft galt in vertrauten Geschäftskreisen als Verlustunternehmen – bis Strousberg am 28. Dezember 1874 den Vertrag über die Fertigstellung der Bahn bis zum 1. Oktober 1875 unterschrieb. Noch im Juli glaubte die Presse an die Einhaltung der Bautermine durch den „Wunderdoktor", und beim traditionellen Vogelschießen in Gera am 31. Juli wurde er zur „Ehrenperson" der Schützengesellschaft erkoren.[44]

Wenn man die Zeitungsmeldungen über die Initiative Strousbergs 1874/75 liest, muß man denken, der „Wunderdoktor" hätte sich wie ein Phönix aus der Asche seiner Katastrophe von 1871/72 erhoben. Doch was da in wenigen Jahren entstanden war, glich einem Kartenhaus. Spekulative Geschäftsmethoden waren noch stärker in den Vordergrund gerückt.

Zur Kapitalbeschaffung hatte Strousberg alle seine Besitztümer mit hohen Hypotheken belasten müssen, die teilweise kurzfristig zurückzuzahlen waren. Von der Moskauer Commerz-Leihbank bezog er zu hohe Kredite, und schließlich versuchte er auch noch, die Wiener Bank Hermann v. Goldschmidt & Co. zu rupfen. Für verschiedene Aufträge ließ er sich schon bei Vertragsabschluß bedeutende Vorschüsse zahlen, und die Aktien der von ihm gegründeten Eisenbahnen benutzte er, um Verbindlichkeiten bei den Bankhäusern zu begleichen. Den letzten Ausweg sah er in einer neuen Transaktion: Aus allen seinen Werken und Anlagen in Österreich und Preußen wurde unter Beteiligung der Bankiers Hermann v. Goldschmidt (Wien), Ferdinand Jacques (Berlin) und des Direktors Landau von der Commerz-Leihbank (Moskau) die Aktiengesellschaft für deutsche und böhmische Eisen- und Stahlfabrikate mit einem Grundkapital von 8,5 Millionen Talern gegründet. Böse Zungen behaupteten, diese Gründung sei nur erfolgt, damit Strousberg durch die Beleihung der Prioritätsaktien zu neuem Kapital kam. Tatsächlich verschwanden die Aktien in den Tresoren der Wiener Bank.

Da blies in das Kartenhaus ein scharfer Wind. Die Wirtschaftskrise von 1873 ging in eine langanhaltende Depression über. Der Geschäftsgang war allgemein flau, und der Strom der Kredite versiegte. Der von Strousberg aufgeblasene Moloch benötigte jedoch laufend riesige Zuschüsse, wenn er auf Touren kommen sollte. Verzweifelt pendelte der „Eisenbahnkönig" zwischen Berlin, London, Paris und Wien hin und her. Im September 1875 fuhr er nach Moskau. Er traf dort ein, als eine Bankkrise ausbrach und gegen die Commerz-Leihbank bereits ermittelt wurde. In fieberhafter Hast versuchte er, die Grenze zu erreichen. Doch in St. Petersburg wurde er überrascht und in Schuldhaft genommen. Man klagte ihn an, die Direktion der Moskauer Bank durch Bestechung veranlaßt zu haben, ihm ungewöhnlich hohe, über das durch die Statuten der Bank erlaubte Maß weit hinaus gehende Kredite zu gewähren und unzulässige Transaktionen durchgeführt zu haben. Die Beweise waren eindeutig, und er wurde zu zwei Jahren Haft verurteilt.

Die Kunde von diesem unerwarteten Schicksal des „Wunderdoktors" verbreitete sich in ganz Europa wie ein Lauffeuer. Das mühsam errichtete Kartenhaus stürzte in sich zusammen. In Österreich und Preußen folgte ein Konkurs dem anderen, und „der gesamte Besitz und alle Unternehmungen zerrannen wie Wasser im Sande". Großen Anteil an diesem raschen Ende hatte die breite Anti-Strousberg-Kampagne, die seit dem Frühjahr 1871 fast pausenlos in der Öffentlichkeit geführt wurde. Ihren ersten Höhepunkt erreichte sie im August jenes Jahres durch mehrere Artikel des Abgeordneten J. Hoppe in der „Vossischen Zeitung". Anfang Februar 1873 benutzte der Abgeordnete Eduard Lasker das „System Strousberg" vor dem Reichstag in einer Redeschlacht gegen die

Auswirkungen des „Gründerschwindels" als scharfe Munition, wobei er jedoch nur Vertreter der Konservativen Partei angriff. Es bliebe zu untersuchen, inwieweit er auch hier schon die Interessen der Discontogesellschaft vertreten hat, für die er zugleich als Gutachter gegen Strousberg tätig gewesen ist. Die schärfsten Angriffe aber trug der Antisemit und Konservative Otto Glagau mit seinen seit Dezember 1874 in der „Gartenlaube" veröffentlichten Artikeln vor, in denen er das „System Strousberg" und den Gründungsschwindel als schweres Geschütz gegen den Kapitalismus der freien Konkurrenz und die Liberalen nutzte. Strousberg, nun aus allen politischen Lagern angegriffen, fühlte sich „auf das empfindlichste verletzt und... in einer nicht gutzumachenden und unverdienten Weise geschädigt". Vor allem die Rede Laskers habe ihn „materiell zugrunde gerichtet", ihn in seiner „Ehre verletzt und in der öffentlichen Meinung diskreditiert".

Mit Ironie und Verachtung war Strousberg immer wieder gegen die zu geringe Risikobereitschaft der großen Banken zu Felde gezogen. Sein eigenes Debakel bewies nun, daß er unrecht gehabt hatte. Eben jene großen Banken waren nun zugleich „Testamentsvollstrecker" und „Erben" seines Imperiums.

Das glimpfliche Ende einer großen Karriere

Als Strousberg 1878 nach Berlin zurückkehrte, verkaufte er das Palais Wilhelmstraße 70, in dem er einst „ein großes Haus" geführt hatte. Seine Familie siedelte nach England über, er selbst mietete eine „bescheidene" Wohnung in der Keithstraße. Vom Glanz des ehemaligen Eisenbahnkönigs war nichts mehr zu spüren. Aber noch immer fand er die Unterstützung englischer Finanzkreise. Er beteiligte sich an den Pferdeeisenbahn-Gesellschaften von Berlin nach Weißensee und Lichtenberg. Aber von ihm beantragte Bahnbaukonzessionen lehnte die preußische Regierung rundweg ab. Man wollte mit allen Mitteln verhindern, daß Gerson Bleichröder bei seinen Initiativen, die Verstaatlichung der preußischen Eisenbahnen zu organisieren, durch die unberechenbaren Unternehmungen des einstigen „Eisenbahnkönigs" gestört würde.

Erfolge errang Strousberg dagegen auf literarischem Gebiet. Schon im Moskauer Gefängnis hatte er zu seiner eigenen Rechtfertigung eine vielbeachtete Autobiographie verfaßt. 1878/79 folgten zwei Studien. Die eine betraf das Projekt eines Nord-Ostsee-Kanals („Berlin, ein Stapelplatz des Welthandels durch den Nord-Ostsee-Kanal", Berlin 1878), die andere bemühte sich um eine Analyse des deutschen Parlamentarismus („Fragen der Zeit", Bd. 1: Über Parlamentarismus, Berlin 1879). Den größten Erfolg hatte er jedoch mit dem „Kleinen Journal", das er mit Hilfe Wiener Kapitalisten gründete. Wegen der geistreichen, von ihm selbst verfaßten Leitartikel soll es bis in die „höchsten Kreise" gelesen worden sein.

Doch bedeutende Einnahmen scheint Strousberg nicht mehr gehabt zu haben; er befand sich oft in Geldschwierigkeiten und versuchte, von guten Bekannten zu borgen, „wenn's auch nur ein paar hundert Mark sind". Trotzdem soll er den Kopf bis zuletzt voller großer, neuer Pläne gehabt haben.

Bethel Henry Strousberg war eine der bedeutendsten deutschen Unternehmerpersönlichkeiten im Zeitalter des Kapitalismus der freien Konkurrenz. Während der letzten Aufschwungsphase der industriellen Revolution hatte er großen Anteil an der raschen Industrialisierung des Verkehrswesens, an der Beschleunigung der ökonomischen Expansion und an der Herausbildung neuer Leitungsformen kapitalistischer Unternehmen. Doch für den einstigen „Eisenbahnkönig", der in seiner „besten Zeit" selbst rücksichtslos den Bankrott von Unternehmern der verschiedensten Wirtschaftsbereiche herbeigeführt hatte, gab es trotz seiner vielfältigen Talente keinen erneuten Aufstieg. Der leichtsinnig-spekulative Charakter seiner internationalen Geschäfte hatte die preußisch-deutsche Regierung mehrmals in arge Bedrängnis gebracht. Von ihr hatte er deshalb – trotz seiner propreußischen, konservativen Gesinnung – weder Unterstützung noch wohlwollende Duldung als Großunternehmer zu erwarten. Die Vertreter der Hochfinanz und Großindustrie, gegen die er jahrelang verbissen gekämpft hatte, sahen keinen Grund, durch Unterstützung der spekulativen Projekte Strousbergs eigene Geschäfte in Gefahr zu bringen.

So lebte Strousberg in seiner Rolle als bürgerlicher Intellektueller in bescheidenen Verhältnissen. Sein letztes Domizil war seit 1882 ein möbliertes Zimmer in der Taubenstraße. Immerhin fuhr er jetzt wieder mehrmals auf Monate nach England oder auf das Gut seines Schwiegersohns in der Nähe von Bromberg. Dieselben Zeitungen, in denen er einst ganze Spalten gefüllt hatte, nahmen kaum noch Notiz von ihm. Erst nach seinem Tode am 31. Mai 1884 änderte sich dies: Es erschienen mehr oder minder freundliche Nachrufe. Beigesetzt wurde er in der Strousbergschen Familiengruft auf dem Schöneberger Matthäikirchhof.

Anhang

Anmerkungen

[1] Wilhelm Liebknecht: Briefwechsel mit deutschen Sozialdemokraten. Hg. Georg Eckert, Bd. I (1862–1878). Assen 1973, S. 386

[2] Karl-August Varnhagen von Ense: Tagebücher. Bd. II. Hamburg 1870, S. 206

[3] Friedrich Engels: Der Sozialismus des Herrn Bismarck (1880). In: MELS, Zur deutschen Geschichte, Bd. II/2. Berlin 1954, S. 1009f.

[4] Teutscher Merkur, 1785, Bd. II, S. 75

[5] Zur industriellen Revolution in Berlin vgl. Lothar Baar: Die Berliner Industrie in der industriellen Revolution. Berlin 1966. Soweit nicht anders vermerkt, wurden folgende Angaben diesem Werk entnommen.

[6] Einen zusammenfassenden Überblick über die Entwicklung von Handel und Bankwesen in Berlin zwischen 1847 und 1873 bietet Horst Mauter: Die ökonomische Expansion und expansive und annexionistische Bestrebungen der Berliner Großbourgeoisie 1847–1873. Phil. Diss., Berlin 1975.

[7] Richard Tilly: Kapital, Staat und sozialer Protest in der deutschen Industrialisierung. Kritische Studien zur Geschichtswissenschaft, Bd. 41, Göttingen 1980, S. 36f., 46

[8] Hinter der Tätigkeit dieser beiden Bankgesellschaften verbargen sich die Initiativen ihrer wichtigsten Aktionäre, zu denen so bekannte Kapitalisten wie Adolph Hansemann, Gustav Müller, Richard von Hardt, Karl Breest und Georg Reimer (Discontogesellschaft) sowie Gerson Bleichröder, Friedrich Joseph Jacques, Alexander Mendelssohn, F. Martin Magnus und Robert Warschauer (Berliner Handelsgesellschaft) zählten.

[9] Max Wolff: Club von Berlin. Berlin 1926, S. 16 ff.

[10] Leipziger Illustrierte Zeitung, 1869, S. 309

[11] Die biographischen Daten und Zitate stammen, wenn nicht anders vermerkt, aus folgenden Werken: Bethel Henry Strousberg: Dr. Strousberg und sein Wirken, von ihm selbst geschildert. Berlin 1876; Hermann Heilberg: Erinnerungen an einen Millionenfürsten. In: Die Gartenlaube, Berlin 1884, Nr. 25, S. 422ff.; Gottfried Reitböck: Strousberg und seine Bedeutung für das europäische Wirtschaftsleben. Beiträge zur Geschichte und Technik der Industrie, Jahrbuch des Vereins deutscher Ingenieure, Bd. 14, Berlin 1924, S. 65ff.

[12] Bethel Henry Strousberg: Fragen der Zeit, Bd. I: Über Parlamentarismus. Berlin 1879, S. 81f.

[13] Deutsche Geschichte, Bd. II: Von 1789 bis 1917. Berlin 1965, S. 380

[14] Am bekanntesten wurde August Orth, ein Schüler von Stüler und Strack. Er baute für Strousberg das Palais Wilhelmstraße 70, den Görlitzer Bahnhof, die Vieh- und Schlachthöfe und rekonstruierte Schloß Zbirow. Von ihm stammten die Stadtbahnpläne für Berlin (1871) und Straßburg. Außerdem baute er in Berlin mehrere Kirchen. Seine städtebauliche Forderung, im Zusammenhang mit dem Stadtbahnbau die Altberliner Innenstadt zu sanieren, wurde nicht realisiert.

[15] Neue Preußische Zeitung, 19. Februar 1869; Volkszeitung, 20. Februar 1869

[16] Zentrales Staatsarchiv Merseburg, Rep. 93 E, Nr. 2965, Bl. 41

[17] Horst Mauter: Zur ökonomischen Expansion der Berliner Bourgeoisie in Rumänien und Spanien vor 1871. Jahrbuch für Wirtschaftsgeschichte, 1980/III, S. 43ff.

[18] Die Post, 5. Dezember 1868

[19] Zentrales Staatsarchiv Merseburg. Rep. 77, Tit. 869, Nr. 1, Adh. I, Bl. 6ff.

[20] ebd., Rep. 120 A, XII 7166, Vol. 2, Bl. 590ff.

[21] ebd., Vol. 1, Bl. 73ff., 198, 307ff., 505, 593; Vol. 2, Bl. 4ff., 10ff., 590ff.

[22] Wolfgang Voigt: Der Eisenbahnkönig oder Rumänien lag in Linden. Berlin 1980, S. 65ff.

[23] Ebd., S. 89ff.

[24] Die Post, 21. März 1868; Berliner Börsenzeitung, 26. Mai 1869

[25] Preußisches Handelsarchiv, Berlin 1869, Bd. I, S. 514ff.

[26] Sebastian Hensel: Ein Lebensbild aus Deutschlands Lehrjahren (Berlin 1903). Zitiert in: Berliner Leben, hg. v. Ruth Glatzer, Berlin 1963, S. 180f.

[27] Die Markthalle konnte sich gegenüber den Straßenmärkten in Berlin noch nicht durchsetzen. Nach dem Verkauf durch Strousberg wurde sie 1874 zum Zirkus umgebaut, später zum Theater. Zuletzt diente sie als Varieté „Friedrichstadtpalast" und wurde seit 1984 aus sicherheitstechnischen Gründen abgebrochen.

[28] Projekt des Berliner Magistrats zur Errichtung eines zweiten öffentlichen Viehmarktes nebst Schlachthausanlagen. Denkschrift der Aktionäre der Berliner Viehmarkt-Aktiengesellschaft. Berlin 1876, vor allem S. 5ff.

[29] Nach der Gründung eines kommunalen Vieh- und Schlachthofes 1877 wurde das Gelände an die 1883 gegründete Allgemeine Elektrizitäts-Gesellschaft (AEG) verkauft, z.T. mit Mietskasernen bebaut.

[30] Isidor Kastan: Berlin, wie es war. Berlin 1925, S. 194 f.

[31] Roland Zeise: Gemeinsamkeiten und Unterschiede in der politischen Konzeption der deutschen Handels-, Industrie- und Bankbourgeoisie in der politischen Krise von 1859 bis 1866. In: Jahrbuch für Geschichte, Bd. 10, Berlin 1974, S. 185

[32] Otto Glagau: Der Börsen- und Gründungsschwindel in Berlin. Leipzig 1876, S. 7

[33] Friedrich Engels an Karl Marx, 5. September 1869. Zitiert nach MEW Bd. 32, S. 370

[34] Leipziger Illustrierte Zeitung 1869, S. 308

[35] Zitiert nach Brigitte Rachberg: Ludwig Knaus als Porträtmaler. In: Ludwig Knaus 1829–1910. Düsseldorf 1980, S. 36ff.

[36] Märkisches Museum IV 61/216 Q (Grundbuch Strousberg)

[37] Ernst Korfi: Dr. Bethel Henry Strousberg. Biographische Charakterisik. Berlin 1870, S. 10

[38] Leipziger Illustrierte Zeitung 1870, S. 198

[39] Zentrales Staatsarchiv Merseburg. A A II. Rep. 6, Nr. 4205, Bl. 49f., 52, 62f., 163ff.; Rep. 77, Tit. 869, Nr. 1 Adh. I, Bl. 11

[40] Zentrales Staatsarchiv Merseburg. A A II. Rep. 6, 4205, Bl. 167ff.

[41] Carl Fürstenberg: Die Lebensgeschichte eines deutschen Bankiers. Berlin 1931, S. 71

[42] Wolfgang Voigt: Der Eisenbahnkönig oder Rumänien lag in Linden. Berlin 1980, S. 93

[43] Zeitschrift für Bildende Kunst 1873, 30, S. 483 und 1874, 29, S. 484. Zitiert bei Bodo Michael Baumunk: Der Eisenbahnkönig. In: Exerzierfeld der Moderne. Industriekultur in Berlin im 19. Jahrhundert. München 1984, S. 341

[44] Angaben aus Manfred Ohlsen: Der „Eisenbahnkönig" Strousberg und der Bau der Mehltheuer—Weidaer Eisenbahn. In: Veröffentlichungen des Museums der Stadt Gera. Historische Reihe, 1984, Heft 1, S. 29ff.

Die Autoren und ihre Beiträge

Badstübner, Ernst, Dr. phil.,
stellv. Chefkonservator der Arbeitsstelle
Berlin des Instituts für Denkmalpflege
in der DDR

Der vorliegende Beitrag ist eine geringfügig
erweiterte und aktualisierte Fassung
des gleichnamigen Beitrages aus den
„Miniaturen zur Geschichte, Kultur
und Denkmalpflege Berlins", Nr. 10/1983.

Blankenstein, Felix H.,
Dipl. med. dent., Zahnarzt
Zum Beitrag s. Kieling

Goralczyk, Peter, Dr. phil.,
Generalkonservator
des Instituts für Denkmalpflege
in der DDR

Der Aufsatz in diesem Band ist eine
aktualisierte und etwas erweiterte Fassung
des gleichnamigen Aufsatzes in der
Zeitschrift „Bildende Kunst" 1/1984.

Kieling, Uwe, Dipl.-Ing.,
Fachgebietsleiter bei der
Produktionsleitung Denkmalpflege

Der Aufsatz „Hermann Blankenstein –
Stadtbaurat 1872–1896" wurde in
Zusammenarbeit mit Felix H. Blankenstein
für diesen Band erarbeitet.

Laubner, Karl-Heinz, Dipl.-Ing. oec.,
Mitarbeiter des Instituts
für Post- und Fernmeldewesen

Der Artikel in diesem Band ist eine ergänzte
Fassung des gleichnamigen Beitrages in den
„Miniaturen zur Geschichte, Kultur und
Denkmalpflege Berlins" Nr. 10, 1983.

Mauter, Horst, Dr. phil.,
wissenschaftlicher Mitarbeiter
des Märkischen Museums

Der Beitrag in diesem Band ist eine gekürzte
und überarbeitete Fassung des gleichnamigen
Aufsatzes in den „Miniaturen zur Geschichte,
Kultur und Denkmalpflege Berlins", 5/1981.

Sachse, Renate,
Dipl.-Architekt,
Kreisdenkmalpfleger beim Rat
des Stadtbezirkes Berlin-Pankow

Der Beitrag ist ein überarbeiteter Auszug
aus der Abschlußarbeit der Autorin im
postgradualen Studium Denkmalpflege an
der TU Dresden.

Skoda, Rudolf, NPT, Prof. Dr.-Ing.,
o. Professor
an der Technischen Hochschule Leipzig.
Zum Beitrag vgl. S. 42

Bildteil

Zur kunstgeschichtlichen Bedeutung der Nikolaikirche

Ernst Badstübner

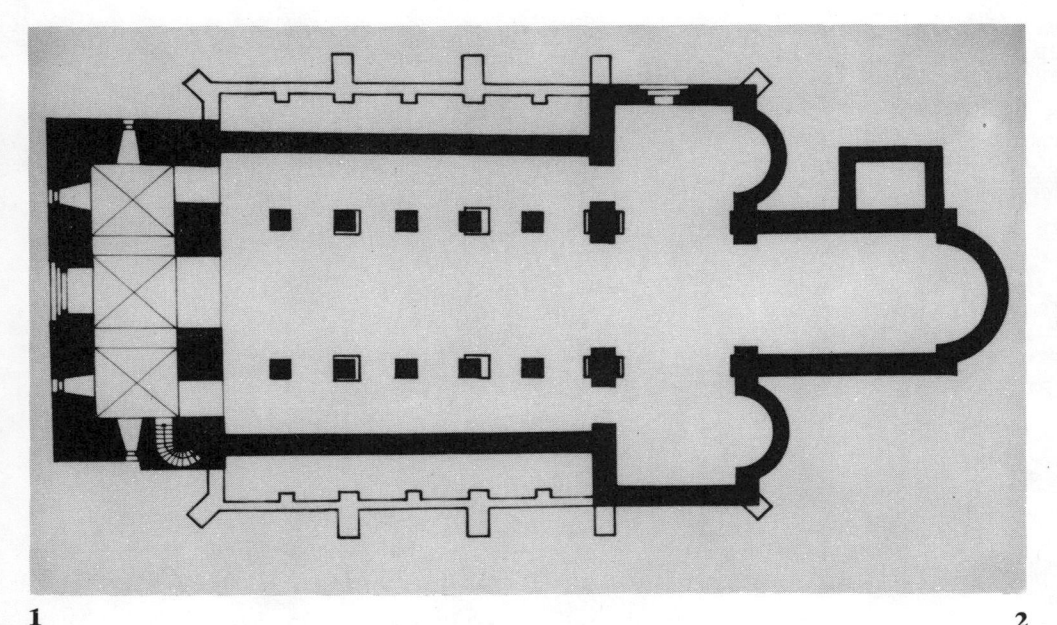

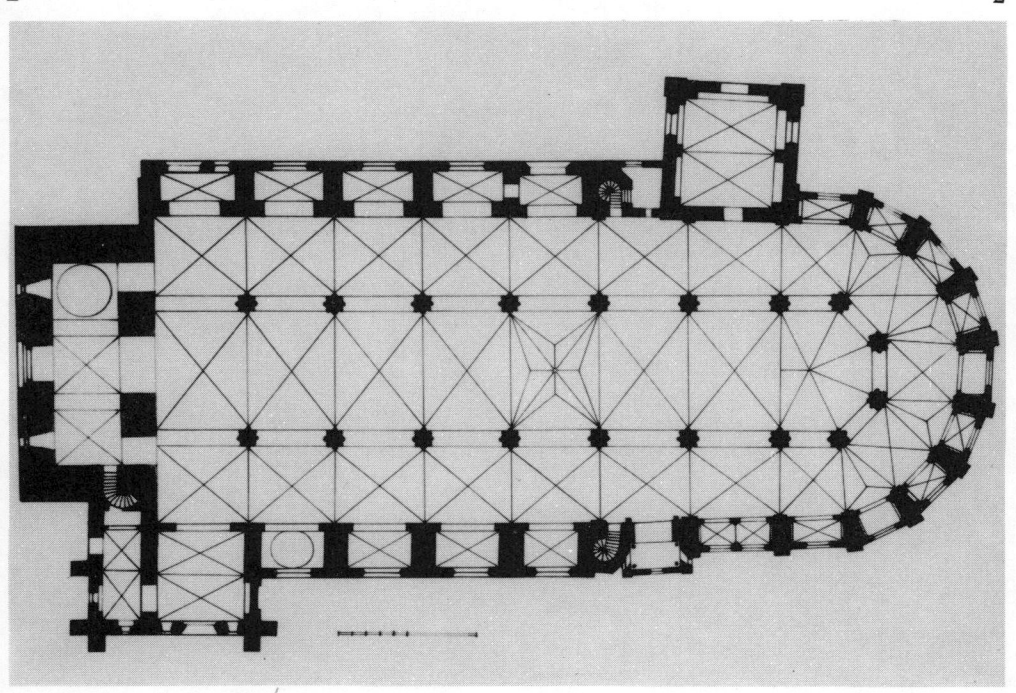

1. Grundrißrekonstruktionen der Bauten des 13. Jahrhunderts: die gründungsstädtische Basilika (schwarz) und die erste Hallenkirche (umrandet), Umzeichnung nach Reinbacher und Nitschke (1963 wie Anm.¹)

2. Grundriß der spätgotischen Hallenkirche

3. Feldsteinmauerwerk des Turmes, Westwand, Aufnahme 1938

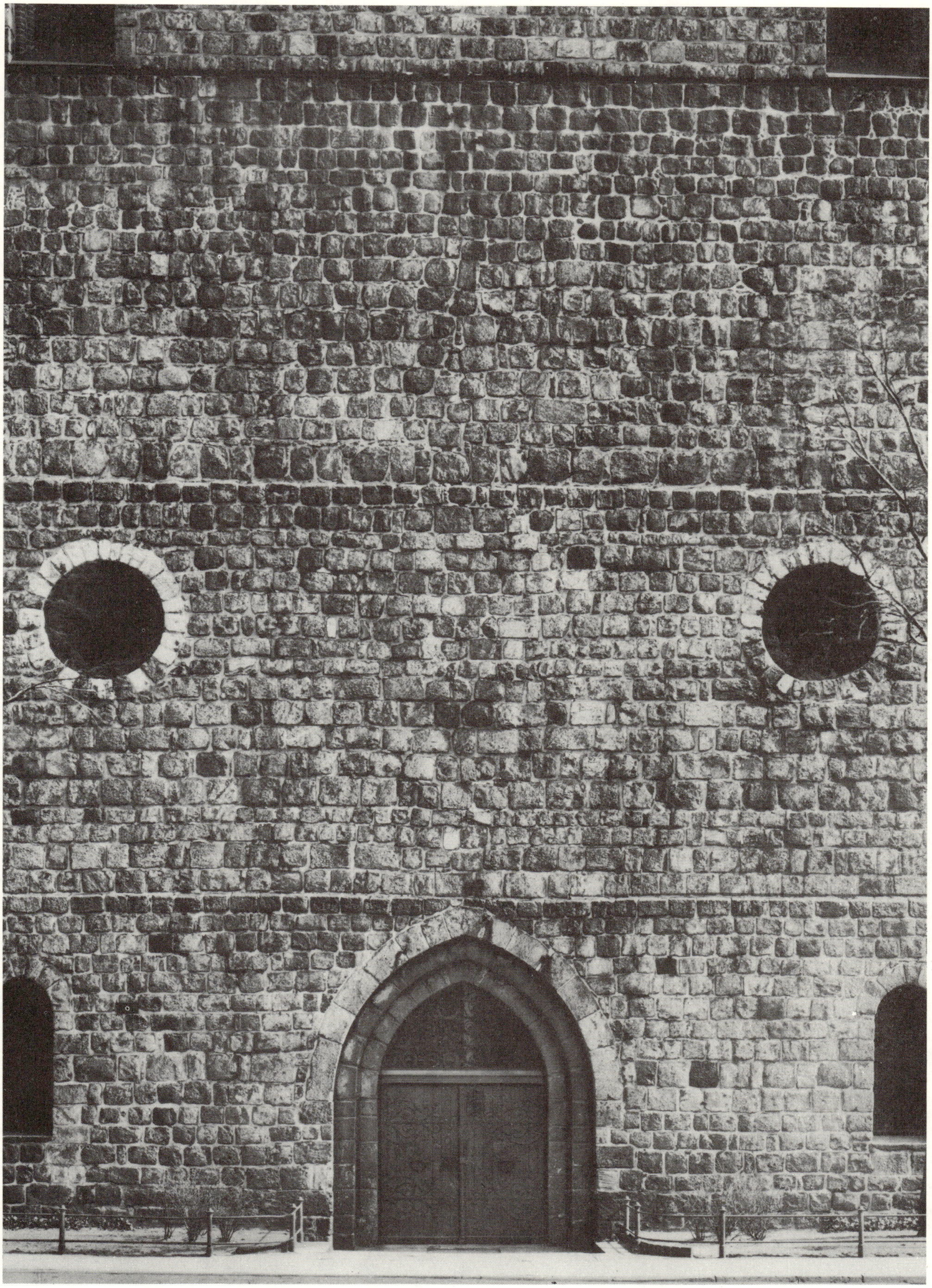

4. Ansicht von Nordosten mit Blick auf Chor und Sakristei, Aufnahme um 1910

5

6

5. Blick in den nördlichen Chorumgang, Aufnahme 1938

6. Konkurrenz-Entwürfe von Johannes Otzen für die Turmfassade

105

7

8

9 10

7. Blick ins
Hallenschiff
nach Nordwesten,
Aufnahme um 1910

8. Südwand
der Halle
und Ostgiebel der
Liebfrauenkapelle,
Aufnahme 1938

9. Ansicht von
Westen mit dem
spätmittelalterlichen
Turm und der Lieb-
frauenkapelle vor der
Restaurierung von
1876/78, Stahlstich
von E. Höfer nach
einer Zeichnung von
C. Würbs

10. Turmhelme
von 1878, Aufnahme
um 1910

107

Hermann Blankenstein – Berliner Stadtbaurat für Hochbau 1872–1896

Uwe Kieling/Felix H. Blankenstein

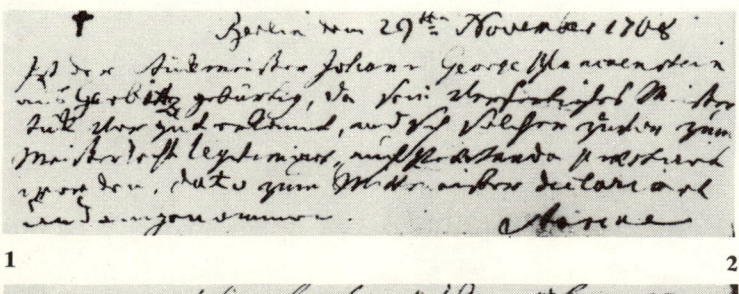

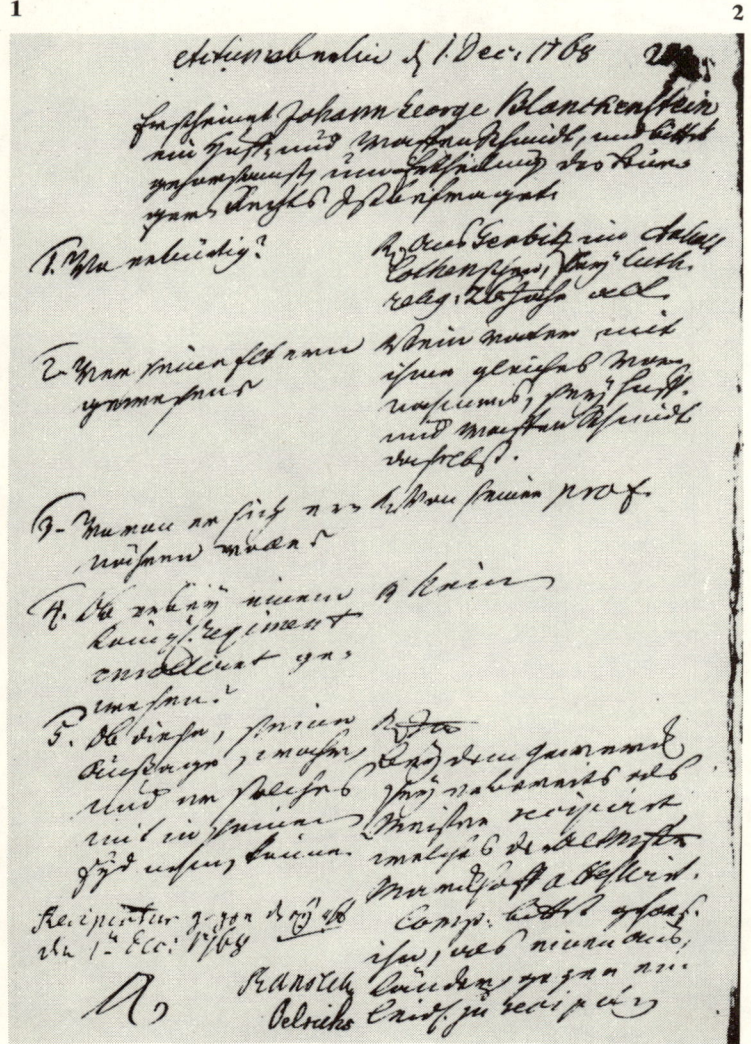

1. Vermerk im Protokollbuch der Schmiedeinnung vom 29. 11. 1768 über die Meisterprüfung von J. G. Blankenstein II. (Kopie FB)

2. Vermerk im Bürgerprotokollbuch vom 1. 12. 1768 über die Aufnahme von J. G. Blankenstein II. (Kopie FB)

3. Testament von J. G. Blankenstein II. und Frau vom 25. 11. 1782 (s. Anm. [10])

4. Zeitgenössisches Porträt des Grafenbrücker Wasserbauinspektors J. G. Blanckenstein (III.) (FB)

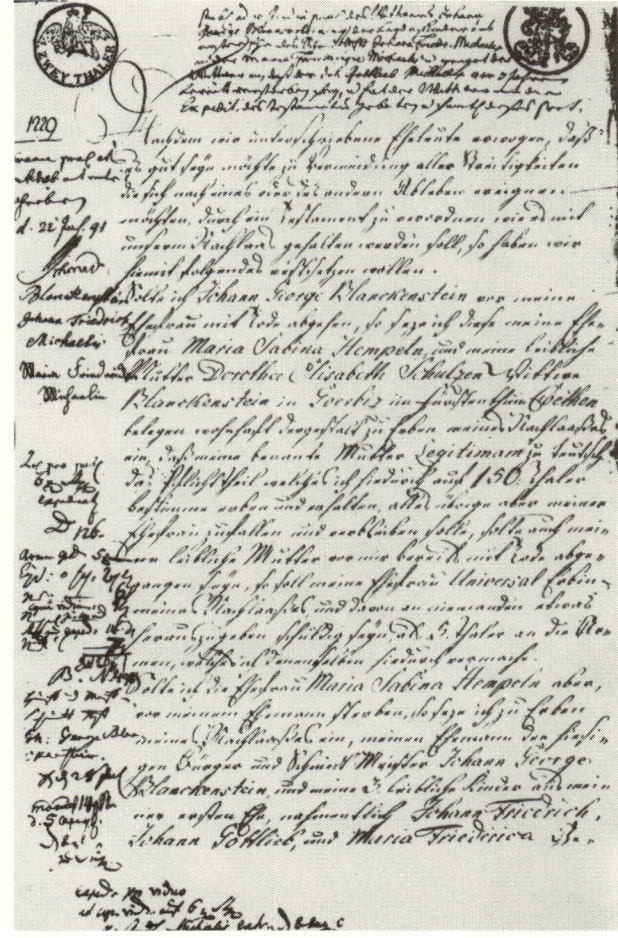

3(1)

3(2)

3(3)

4

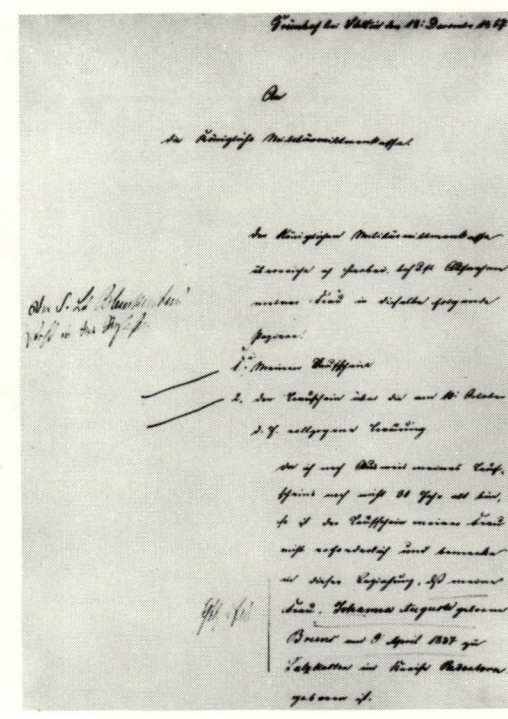

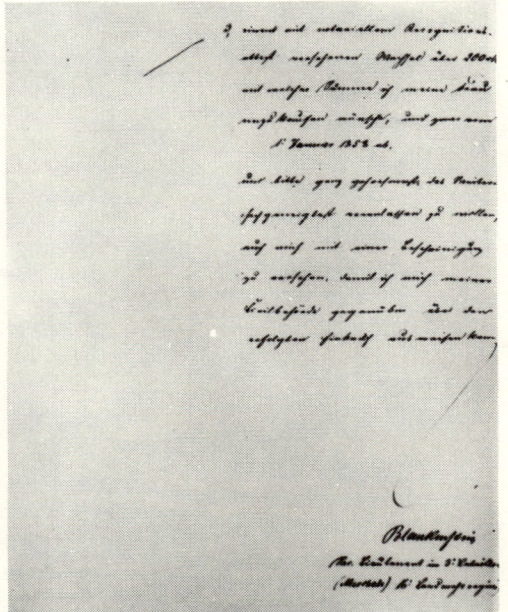

5. Johanna Blankenstein geb. Bruns im Jahre 1857 (FB)

6. Antrag H. Blankensteins zur Aufnahme seiner Frau in die Kgl. Militärwitwenkasse vom 18. 12. 1857 (Kopie FB)

7. H. Blankenstein u. Frau, um 1860 (FB)

8. Die Kinder Paul, Johanna und Margarete (v. links; FB)

9. Die Kinder Otto, Hans und Berta (v. links; FB)

10. F. Adler, Lehrer und Freund Blankensteins (Zeitgen. Gemälde)

11. K. Bötticher, der Blankensteins Antikenbild stark beeinflußte (Zeitgen. Zeichnung)

12. Annenkirche – erster Blankensteinbau in Berlin (rechter Flügel Kriegsverlust)

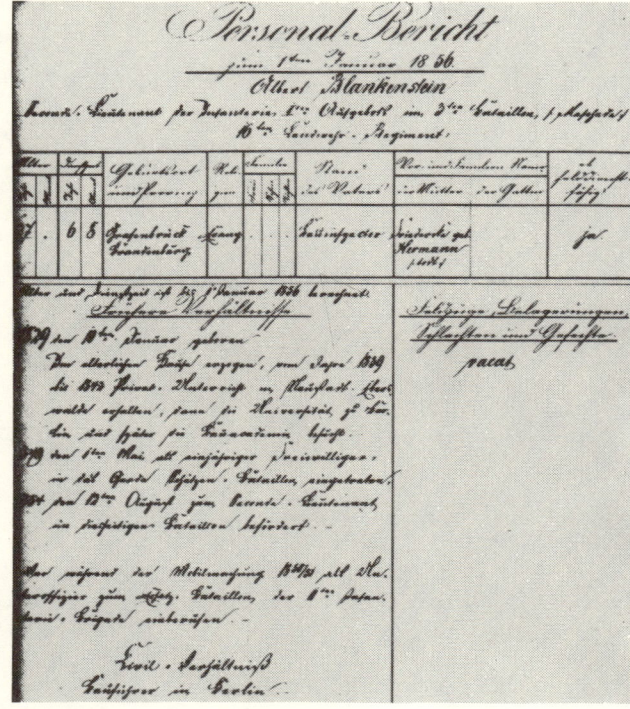

13   14

15    16    17 18

13. Eintragung über H. Blankenstein in der Stammrolle der Landwehr vom 1.1.1856 (Kopie FB)

14. Selbstbildnis Otto Blankensteins (FB)

15. Paul Blankenstein (Paßbild aus dem Dienstausweis des Statist. Reichsamtes; FB)

16. F. Grund, Bauakademiedirektor und Onkel der Frau von P. Blankenstein (FB)

17. J. Hobrecht, Blankensteins Amtskollege für Tief- und Brückenbau

18. Die Blankenstein-Enkel Volker, Werner, Gerhard und Hermann d. J. (FB)

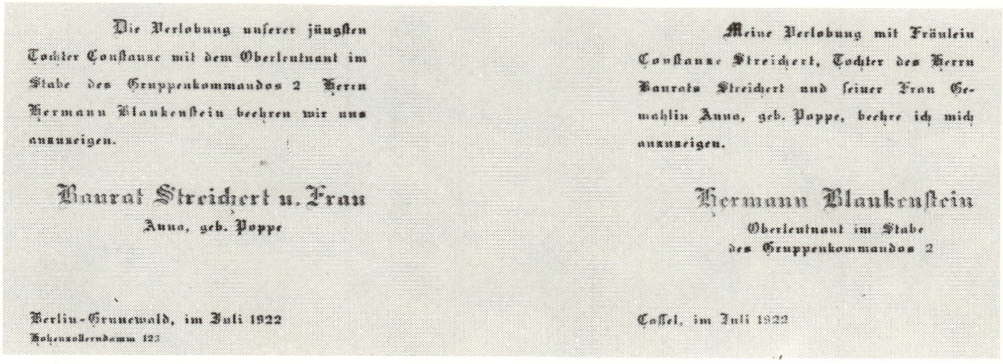

19. E. Streichert und Frau Anna geb. Poppe (1861–1947) im Jahre 1883 (FB)

20. Milchkuranstalt F. Grub, Victoriastraße, von E. Streichert, 1888

21. Verlobungsanzeige für H. Blankenstein d. J. und Constanze Streichert (FB)

22. Johanna Blankenstein im Alter (Gemälde von O. Blankenstein; FB)

23. H. Blankenstein mit Schwiegertochter Anita, Frau Johanna, Enkel Gerhard und Tochter Berta im Jahre 1900 (v. links: FB)

24. Arbeitsplatz H. Blankensteins in seiner Wohnung (Aufnahme nach seinem Tod; FB)

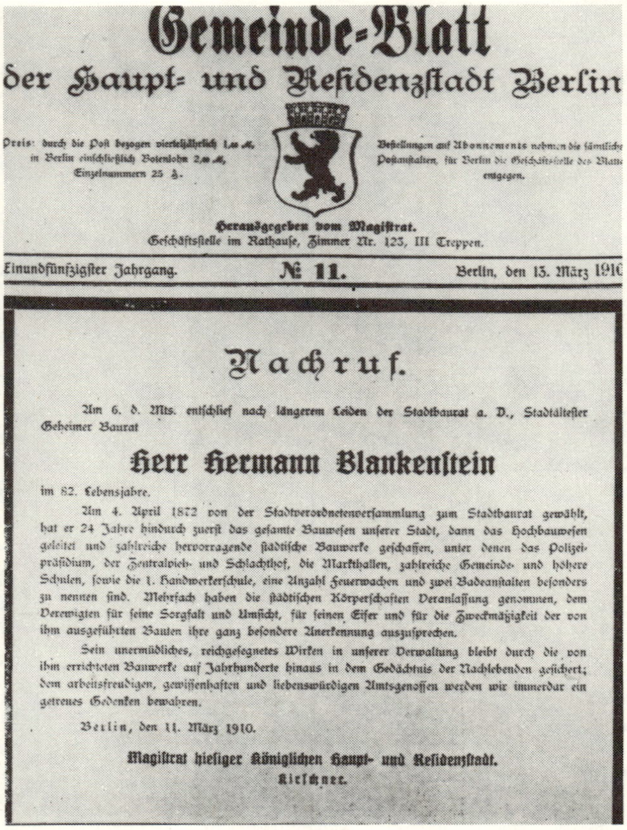

25. Nachruf im Gemeindeblatt vom 13. 3. 1910

26. Familiengrab Blankenstein auf dem Jerusalemer Friedhof, Baruther Straße in Berlin-West; Aufn. Nov. 1955)

27. Bebauungsentwicklung Berlins zu Lebzeiten H. Blankensteins

28. Blankensteins Umbauentwurf für die Seitenhallen des Brandenburger Tores

29. J. H. Strack, mit dem Blankenstein am Brandenburger Tor und am Neuaufbau der Gerichtslaube zusammenarbeitete

30. Die Gerichtslaube vor dem Abriß, rechts der Rathausanbau von J. A. Nering aus den Jahren 1692/95 (Zeichnung von H. Riefarth)

27

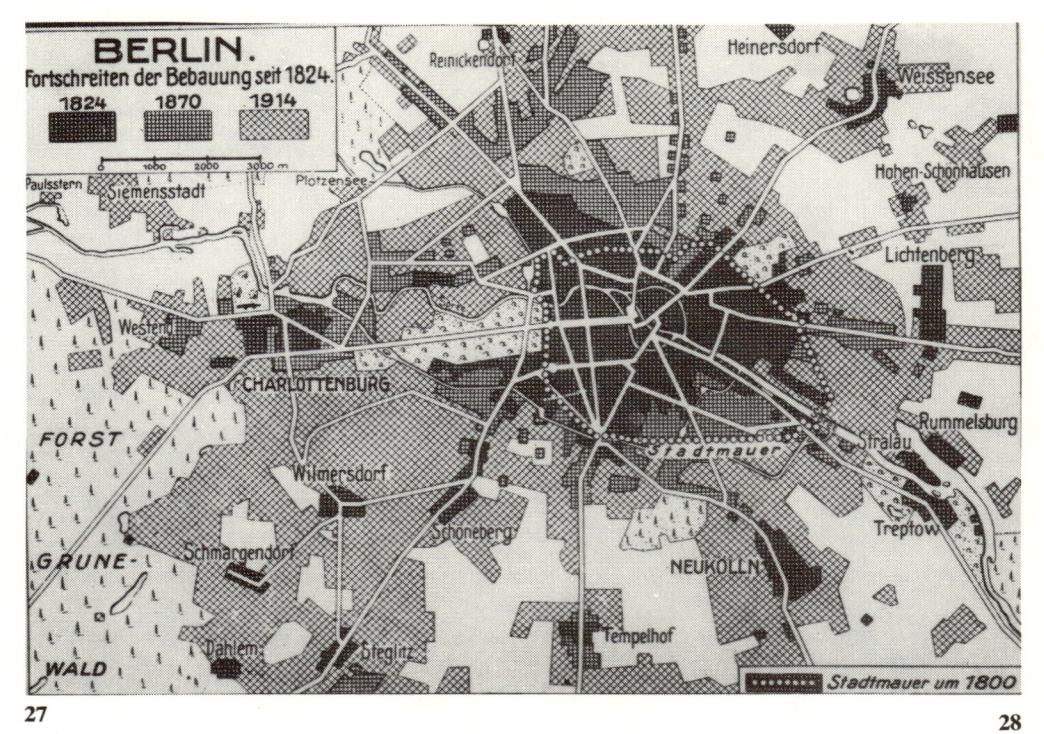

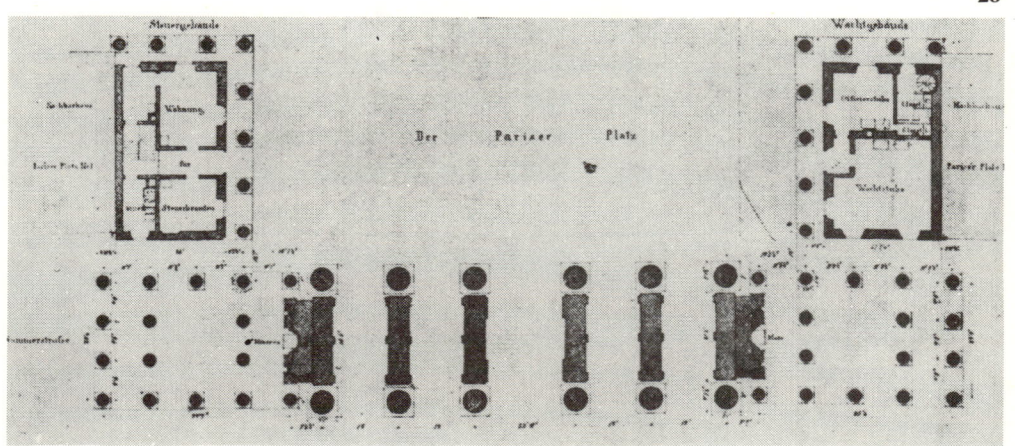

28

29

30

31

32

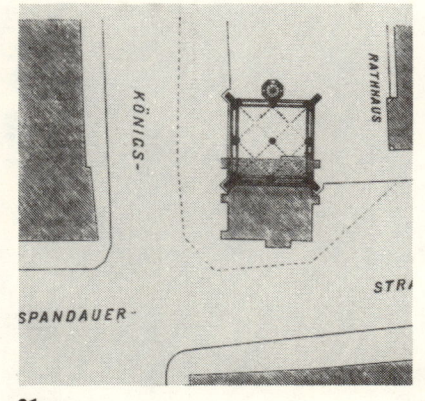

Des Königs Majestät haben Anzeige darüber zu erfordern geruht, ob und wo die durch den Allerhöchsten Erlaß vom 15. November v. J. angeordnete Ausstellung der Pläne zur Restauration der alten städtischen Gerichtslaube inzwischen erfolgt ist, oder wann solche stattfinden wird.

Den Magistrat veranlassen wir daher unter Bezugnahme auf unsern Erlaß vom 2. v. Mts. (H.=M III. 15,991. — M. i. g. A. 32,719. U.) zum baldigen Bericht über den Stand der Angelegenheit.

Berlin, den 18. Januar 1870.

Die Minister

für Handel, Gewerbe und öffentliche Arbeiten.
gez. Itzenplitz.

der geistlichen, Unterrichts- und Medizinal-Angelegenheiten.
gez. v. Mühler.

Erläuterungen
zum vierten Entwurf für die Restauration der Berliner Gerichtslaube.
Hierzu 1 Blatt Zeichnung.

Dem auf Blatt V. dargestellten Entwurf zur Restauration der ehemaligen Gerichtslaube in Berlin sind die Vorschriften des Ministerial-Rescripts vom 7. August cr. zu Grunde gelegt, wonach das Bauwerk zwei Stockwerke nach dem Entwurf auf Blatt IV., jedoch zwei getheilte Dächer nach Blatt II erhalten, und der Treppenthurm in der Mitte der Ostseite angelegt werden soll.

Der Treppenthurm ist auf die geringste zulässige Breite eingeschränkt worden, um möglichst wenig von der Façade, namentlich von den Durchgängen, zu verdecken. Die Höhe des oberen Stockwerks ergab sich aus der Nothwendigkeit, die Wendeltreppe so weit zu führen, daß die breite und mit starkem Gefälle angelegte Kehle zwischen den beiden Dächern durch eine (wenn auch niedrige) Thür betreten werden kann.

Hierdurch hat dieses Stockwerk ein sehr schlankes Verhältniß erhalten, dem entsprechend auch die Spitze schlanker gemacht werden mußte, als die auf Blatt IV. dargestellte.

Im Uebrigen sind beim Entwurf dieselben Rücksichten auf die ursprüngliche Bauart des Gebäudes maßgebend gewesen, wie bei den früheren, und zeigt derselbe keine principiellen Abweichungen gegen diese.

Für die Eindeckung der Dächer würde die Anwendung von Pfannen (sogenanntes Mönch- und Nonnendach) dem ursprünglichen Zustande des Gebäudes am meisten entsprochen haben; da sich jedoch mit diesen die polizeilich unerläßlichen Rinnen an der Traufkante schlecht verbinden lassen und der größeren Dauerhaftigkeit wegen, so ist Schiefer veranschlagt und zwar kleiner deutscher Schiefer, welcher dem alterthümlichen Charakter mehr entspricht, als die regelmäßigen Tafeln des englischen Schiefers.

Der Anschlag schließt sich der bequemeren Vergleichung wegen möglichst nahe an den früheren Anschlag an, doch mußten wegen der inzwischen eingetretenen Erhöhung der Arbeitslöhne für Maurer und Zimmerleute einige Preise etwas erhöht werden.

Die Kostensumme hat sich dadurch auf 6,800 Thlr. gestellt.

Berlin, den 18. September 1869.

gez. Blankstein,
Königl. Bau-Inspector.

33   **34**

31. Standort der Gerichtslaube (schraffiert) nach Fertigstellung des Roten Rathauses mit der Umsetzungsvariante am Ort (schwarz) von H. Blankenstein

32. Variante 4 für den Neuaufbau der Gerichtslaube

33. Wiederholte kgl. Mahnung zur Entscheidung über die Gerichtslaube sowie Beschreibung der Variante 4 des Entwurfs für den Neuaufbau (Gemeindeblatt v. Febr. 1870)

34. Die Babelsberger Variante der Berliner Gerichtslaube, am rechten Eckpfeiler der Kaak

35. Die Nikolaikirche vor dem Umbau (Zeichnung von G. Rehlender)

36. Die Nikolaikirche nach dem Umbau durch Blankenstein

37. Varianten der Gegenentwürfe von J. Otzen (1877)

35

36

37

38. Nikolaikirche während der Wiederherstellung im Dez. 1985 mit den neuen Turmhelmen

39. Die Marienkirche mit dem mittelalterlichen Sakristeigiebel (r.) und den drei angeglichenen Giebeln von H. Blankenstein zur Kaschierung störender Anbauten

40. Titelverleihung an H. Blankenstein anläßlich des Abschlusses der Um- u. Anbauten an der Marienkirche

41   43   44

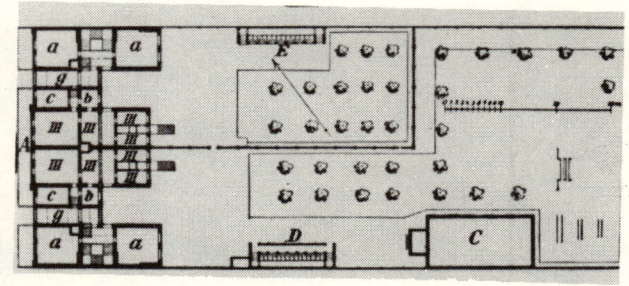

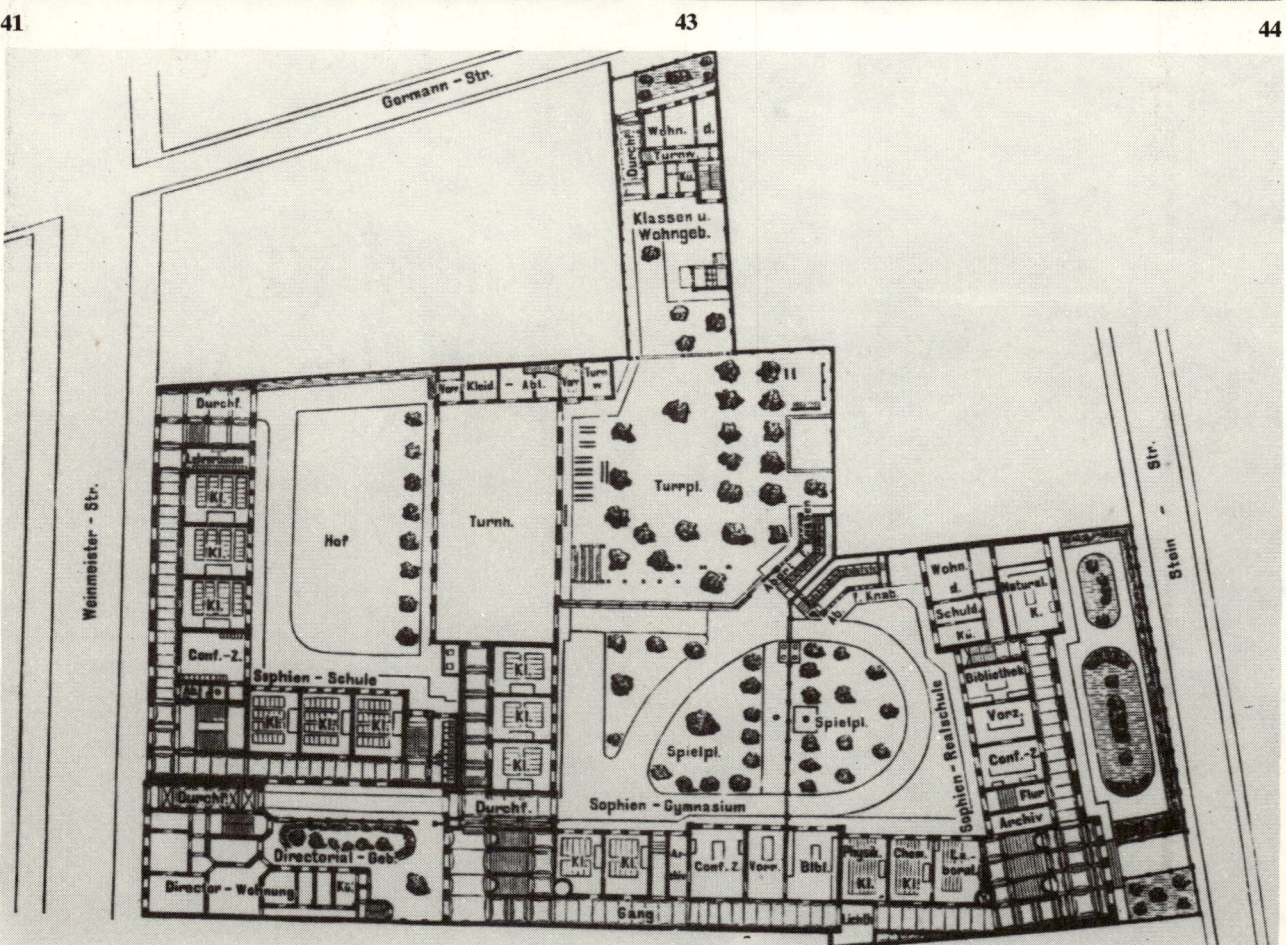

120

45

46

41. Gemeindeschule Pappelallee 31/32

42. Grundriß der Gemeindeschule Pappelallee 31/32

43. Fassadenausschnitt Gemeindeschule Pappelallee 31/32

44. Sophien-Töchterschule Weinmeisterstr. 16/17 und Sophien-Gymnasium Steinstr. 32/34 (Kriegsverlust, erhalten nur das 1865/67 von A. Gerstenberg erbaute Direktor-Wohnhaus, heute Kreispionierhaus „Bruno Kühn")

45. Friedrich-Werdersches Gymnasium Dorotheenstraße (heute Clara-Zetkin-Straße; Kriegsverlust)

46. Gemeindeschule Auguststr. 67/68

47

48

49

122

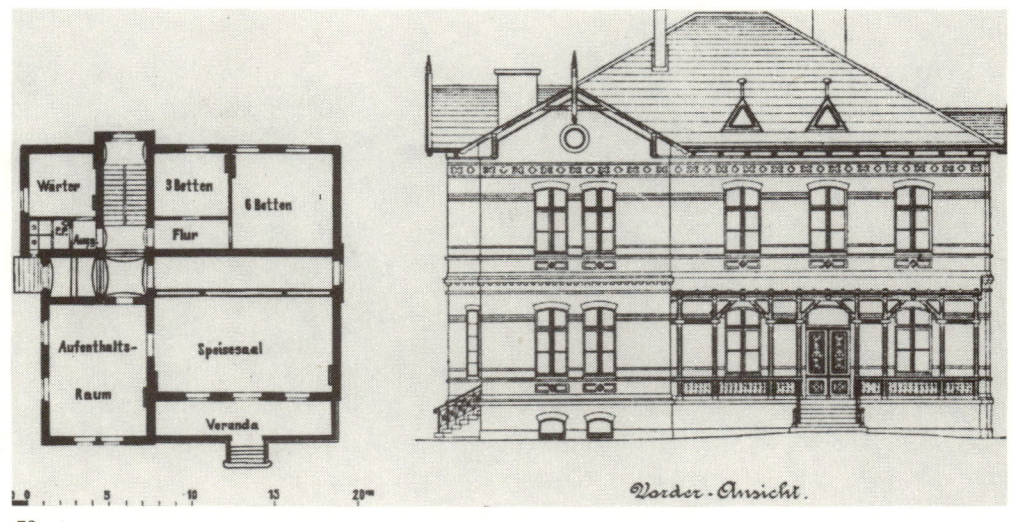

47. Hauptgebäude der ehem. Irrenanstalt Herzberge

48./49. Fassadenausschnitte vom Hauptgebäude der ehem. Irrenanstalt Herzberge

50. Krankenpavillon der ehem. Anstalt für epileptisch Kranke Wuhlgarten

51. Zentralmarkthalle 1

52. Inneres der Zentralmarkthalle 2

53

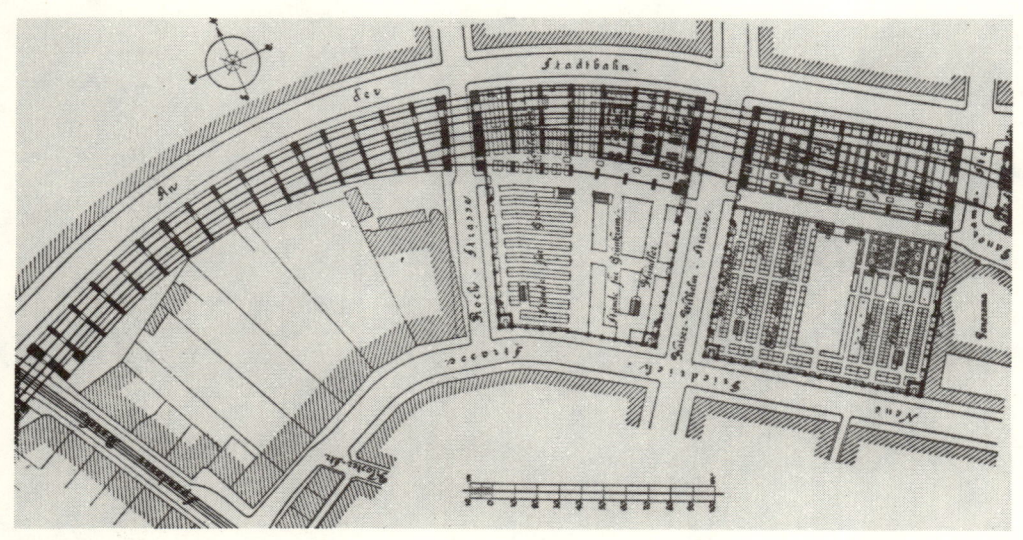

54

124

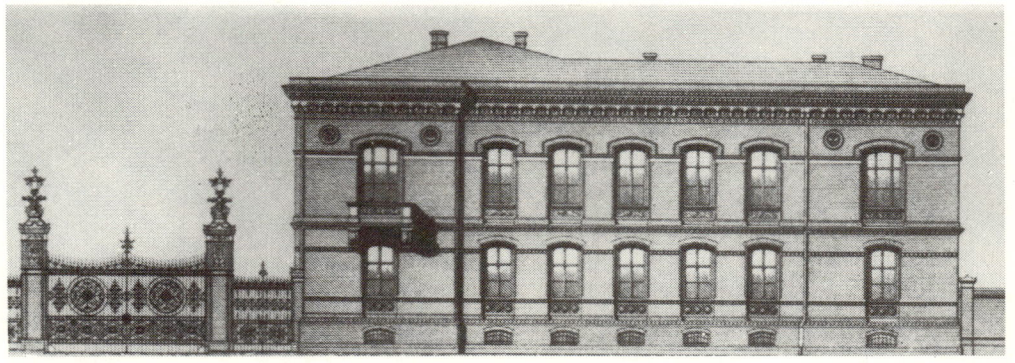

53. Lageplan der Zentralmarkthallen 1 u. 2

54. Markthalle VI („Ackerhalle"), Front in der Ackerstraße

55. Rechter Bau der symmetrischen Eingangsanlage des Zentral-Vieh- und Schlachthofes in der Eldenaer Straße

56. Zustand im Nov. 1985

57. Dachgesims des Viehhof-Eingangsgebäudes

58

59

BÖRSEN-u RESTAURATIONSGEBÄUDE.
Vorder-Ansicht

60

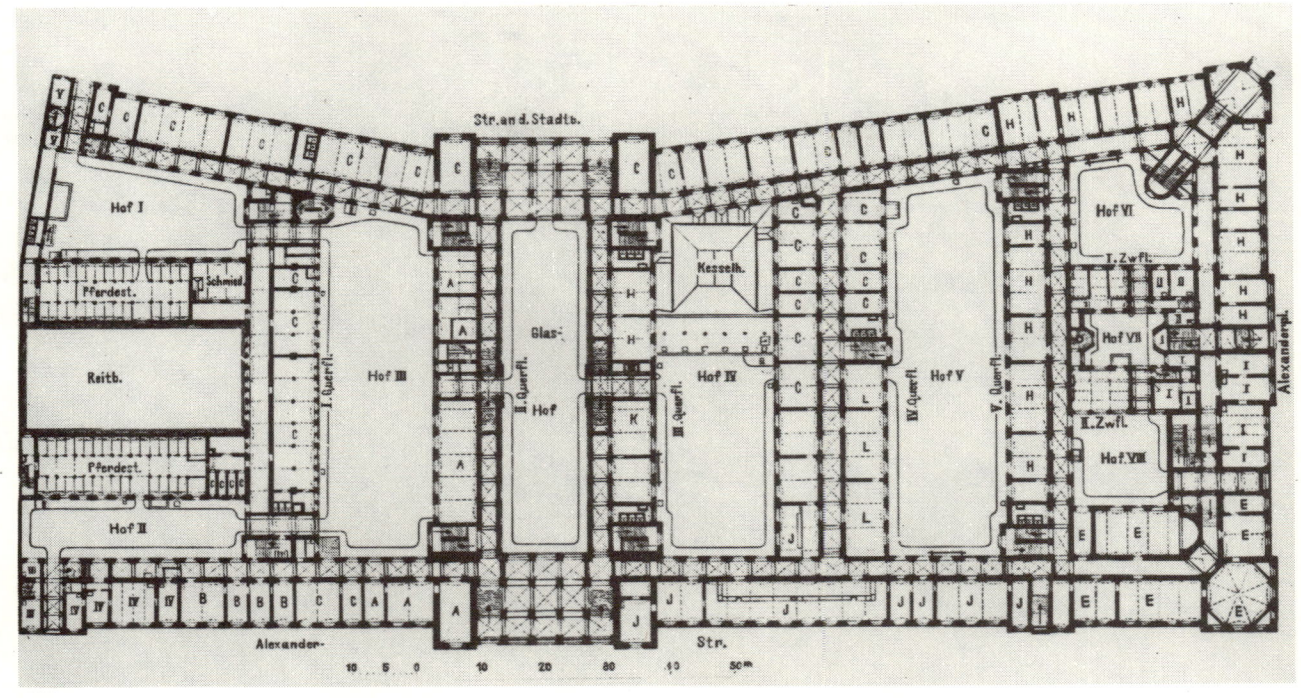

61

58. Terrakottadetail

59. Börsengebäude des Zentral-Viehhofes (Kriegsverlust)

60. Grundriß des Polizeipräsidiums

61. Eckturm des Polizeipräsidiums am Alexanderplatz

62

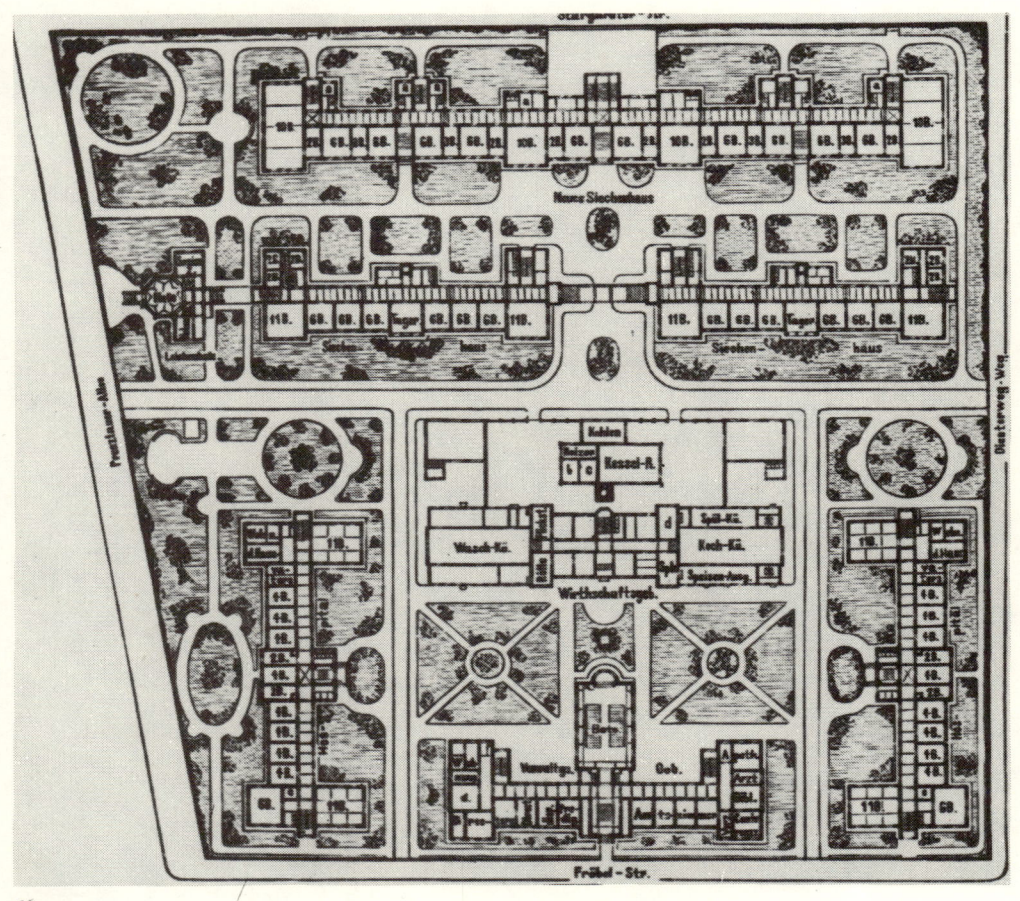

63

64

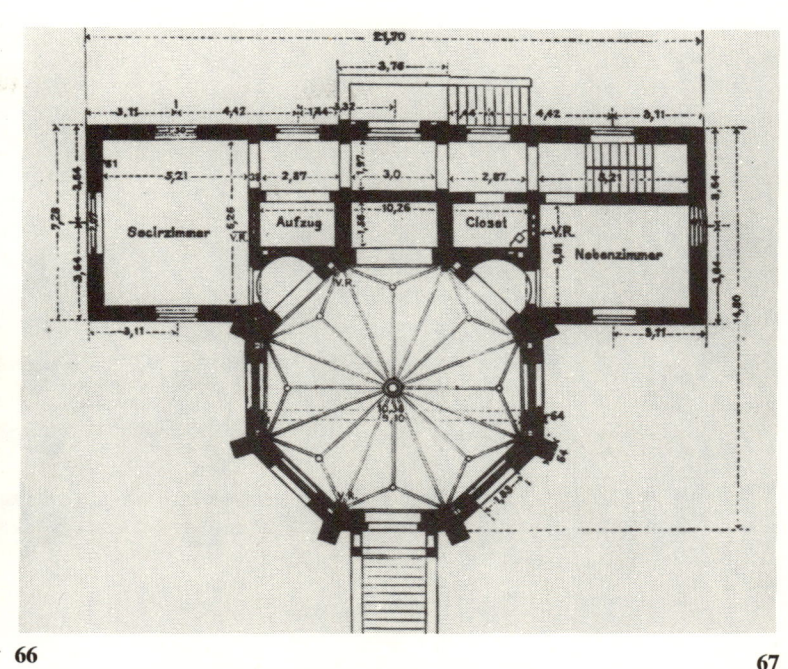

62. Siechenhaus (oben) und Hospiz Fröbelstraße zwischen Prenzl. Allee und Diesterweg-Weg

63. Hospiz-Bettenhaus Fröbelstraße Ecke Diesterweg-Weg (heute u. a. Standesamt Prenzl. Berg)

64. Fassadendetail

65. Leichenkapelle des Siechenhauses

66. Grundriß der Leichenkapelle

67. Städt. Obdach Fröbelstr. 15

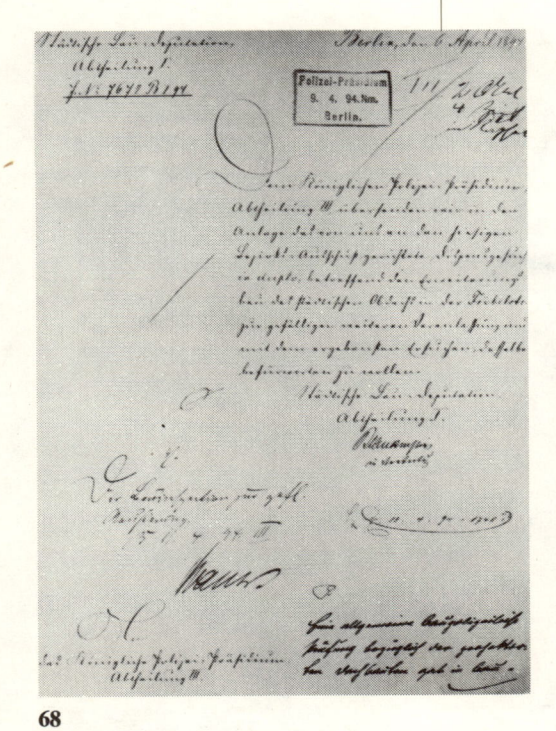

68. Baugenehmigungsgesuch für die Aufstockung Fröbelstr. 15 mit Unterschrift Blankensteins für den Magistrat (Baupolizei-Acta Fröbelstr. 15)

69. Entwurfszeichnung von V. Dylewski für die Aufstockung des Städt. Obdaches

70. Städt. Obdach nach der Aufstockung (Dachzone des heutigen Krankenhauses wegen Kriegszerstörung verändert)

71. Berlin-Pavillon auf der Gewerbeausstellung i. Jahre 1896 in Treptow (Entwurfsleitung H. Blankenstein)

Restaurierte Skulpturen der ehemaligen Schloßbrücke in Berlin

Peter Goralczyk

1

2

3

1. Die Skulpturengruppe „Auszug in den Kampf, Minerva neben dem Krieger" von dem Bildhauer Albert Wolff auf der Marx-Engels-Brücke, 1985

2. Die restaurierte Marx-Engels-Brücke mit den wiederaufgestellten Skulpturen, 1985

3. Blick auf die Schloßbrücke mit dem Berliner Stadtschloß vor der Zerstörung im zweiten Weltkrieg

4. Die Skulpturengruppe „Anstürmender Jüngling, dem Athena schützend zur Seite steht" von dem Bildhauer Gustav Bläser auf der ehemaligen Schloßbrücke

5. Die Skulpturengruppe „Iris, den gefallenen Helden zum Olymp emportragend" von dem Bildhauer August Wredow auf der ehemaligen Schloßbrücke

Das ehemalige Berliner Postfuhramt

Karl-Heinz Laubner

1. Posthalterei Berlin, Oranienburger Straße 35/36 (Aufnahme Winter 1876/77) vor dem Abriß
2. Reglement für das neu erbaute Königl. Postillionshaus und die darin Wohnenden, vom 14. Oktober 1713

REGLEMENT
Vor das neu-erbauete Königl. Postilion-Haus und die darinn Wohnende.

1.

Es sollen bloß allein in dieses Haus die Postilions und einige andere Post-Bediente/ welchen das General-Post-Ambt solches aus erheblichen Ursachen erlauben wird/ mit ihren Weibern und unverheyratheten Kindern einziehen/ keinesweges aber jemand verstattet seyn/ andere Persohnen bey sich einzunehmen und wohnen zu lassen/ vielweniger Frembde zu beherbergen/ oder einige Häckerey oder sonsten Bürgerliche Nahrung zu treiben.

2.

Ein jeder/ der in dieses Postilion-Haus einziehen will/ thut gleich anfangs zu Anschaffung der/ bey einem entstehenden Brand zu Löschung desselben erforderten Instrumenten folgenden Beytrag/ als nemlich/ dem eine Stube und 2. Cammern angewiesen werden/ 1½. Thal. wer nebst der Stube nur eine Cammer hat/ 1. Thal. und der unverheyrathet und sich mit einer Stube ohne Cammer behelffen muß/ 12. Gr.

3.

Einem jeden/ der einziehet/ werden die ihm angewiesene Logiamenter/ Stall/ Keller und Boden/ in gutem Stande geliefert/ und müssen also auch selbige ohne Schaden und in eben so gutem Stande künfftig/ wann der Postilion oder dessen Wittwe solche räumet/ übergeben werden.

4.

So lange ein Postilion in dem Hause wohnet/ muß Er die kleine reparationes der ihm eingegebenen Logiamenter/ Stallung/ Kellers und Boden auf seine Kosten besorgen; und daß solche reparation gleich Anfangs geschehe/ aber nicht durch Verschiebung derselben dem Gebäude Schaden zu gefüget werde/ soll derjenige/ welchem das General-Post-Ambt die Auffsicht darüber auftragen wird/ am ersten Tage eines jeden Monaths eine genaue Untersuchung anstellen/ und wann eine kleine reparation so dann nöthig gefunden wird/ den Einwohner dazu anhalten.

5.

Weiln aber mit der Zeit Haupt-reparationes an den Gebäuden erfodert werden dürfften/ und damit selbige nicht der Post-Casse zur Last fallen mögen/ so soll ein jeder/ der in diesem Hause wohnet/ alle Michaelis dazu einen solchen Beytrag thun/ wie bey dem Einzuge/ und damit auf Michaelis 1714. der Anfang gemacht/ solche Gelder auch dem General-Post-Ambt jedesmahl den 1. Octobr. nebst einer richtigen Specification von demjenigen/ der die Aufsicht über das Postilion-Haus hat/ ohnfehlbahr eingeliefert werden.

6.

Und damit desto weniger sowol kleine als Haupt-reparationes geschehen dürffen/ soll ein jeder Einwohner seine Wohnung und die dazu gehörige Stüke auf alle Weise schonen/ solche reinlich halten/ keine schwere Sachen als Holtz rc. in seine Logiamenter/ sondern unten in seinen Keller einlegen; niemahlen in seinen Zimmern/ sondern in dem dazu absonderlich erbautem Hause waschen; sein benöthigtes Holtz nicht in dem Keller/ sondern entweder auf dem Hofe oder unter dem Wagen-Schauer hauen/ und so bald ein Schaden an den Gebäuden bemercket würde/ solchen durch den Auffseher dem General-Post-Ambt alsofort anzeigen/ damit demselben bey Zeiten vorgebauet werden könne.

7.

Auf Feuer und Licht muß ein jeder wohl acht haben und damit behutsam umgehen/ insonderheit soll gegen 10. Uhr Abends beydes ausgelöschet seyn. Heu/ Stroh/ und anderes Futter soll keiner in dem Hause/ sondern im Stall und auf dem dazu gehörigen Boden halten; in den Ställen kein Toback geraucht/ und weder in selbige noch in die Keller oder auf die Boden mit einem blossen Lichte/ sondern allezeit mit einer tüchtigen Laterne gegangen werden.

8.

Niemand soll sich unterstehen Wasser/ viel weniger Unsauberkeit in den Zimmern oder aus den Fenstern auszugiessen oder auszuschütten/ sondern ein jeder muß dergleichen herunter und auf den Hoff tragen/ auch nichts aus den Fenstern hängen und trucken/ sondern sich dazu seines Bodens gebrauchen.

9.

Alles Sauffen/ Lärmen und Zancken wird hiedurch ernstlich verbothen/ und da jemand vermeynet/ daß ihm oder den Seinigen von einem andern zu nahe getreten werde/ hat er/ ohne sich in Streit einzulassen/ sofort den Auffseher des Postilion-Hauses nebst andern zu Zeugen zu ruffen/ da dann der Erstere die Sache dem General-Post-Ambt anzeigen soll/ damit derjenige/ der zum Zanck Anlaß gegeben/ zum ersten mahl nach Befinden mit einer Geld- oder Gefängniß-Straffe angesehen/ da es aber öffters geschehe/ aus dem Postilion-Hause geschaffet werden könne. Wie dann auch

10.

Dergleichen Straffen diejenige unterworffen seyn sollen/ welche ingemein diesem Reglement zu wider zu handeln sich unterstehen werden/ als vor dessen genaue Beobachtung der mehr gemeldte Auffseher mit allem Fleiß und ohne Ansehen einiger Feind- oder Freundschafft Sorge zu tragen hat.

11.

Das Postilion-Haus wird des Morgens um 6. Uhr geöffnet/ und um 10. Uhr Abends geschlossen; Nach selbiger Zeit wird keiner von denen darin wohnenden eingelassen/ es wäre dann daß einige Posten später allhier einkämen/ oder auch ein und der andere vorher dem Auffseher/ der die Schlüssel zum Thore hat/ erhebliche Ursachen anzeigte/ warum er nicht gegen 10. Uhr Abends zu Hause seyn könne oder auch früher heraus müste.

12.

Schließlich solte/ welches GOtt gnädiglich verhüten wolle/ einige verdächtige oder ansteckende Kranckheit an einem Postilion oder den Seinigen sich äussern/ muß solches dem Auffseher ohne Zeit-Verlust offenbahret/ und durch diesen dem General-Post-Amt angezeiget werden/ damit dasselbe die Nothdurfft deshalb verfügen könne. Signatum Berlin/ den 14. Octobr. 1713.

Königl. Preußisches General-Post-Amt.

3   4

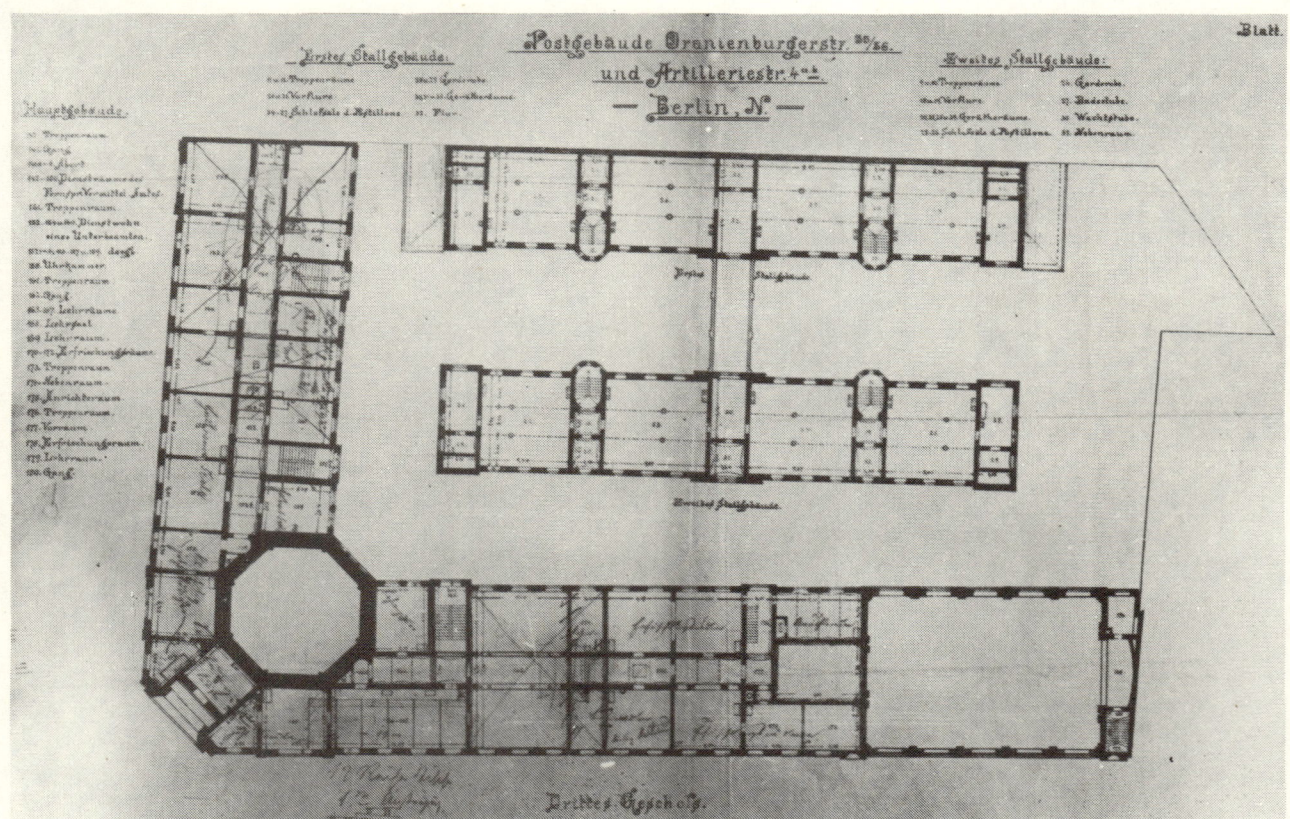

3. Das Postfuhramt an der Oranienburger Straße Ecke Artilleriestraße, um 1881

4. Postgebäude Oranienburger Straße 35/36 und Artilleriestraße 4a u. b, um 1885, 3. Geschoß

5. Pausbackige Putte als blasender Postillion mit einem versiegelten Brief

6. Pausbackige Putte, den Handel mit der Ware und dem Geldbeutel in der Hand darstellend, darüber der Merkurstab (Wahrzeichen des Handels)

7. Schnellpost (Wandrelief von H. Steinemann, 1878)

Wohnhäuser und Wohnverhältnisse der Rosenthaler Vorstadt von Berlin

Rudolf Skoda

BERLIN ACKERSTR. 6
ANSICHT UND SCHNITT DES 2. VORDERGEBÄUDES M 1:200

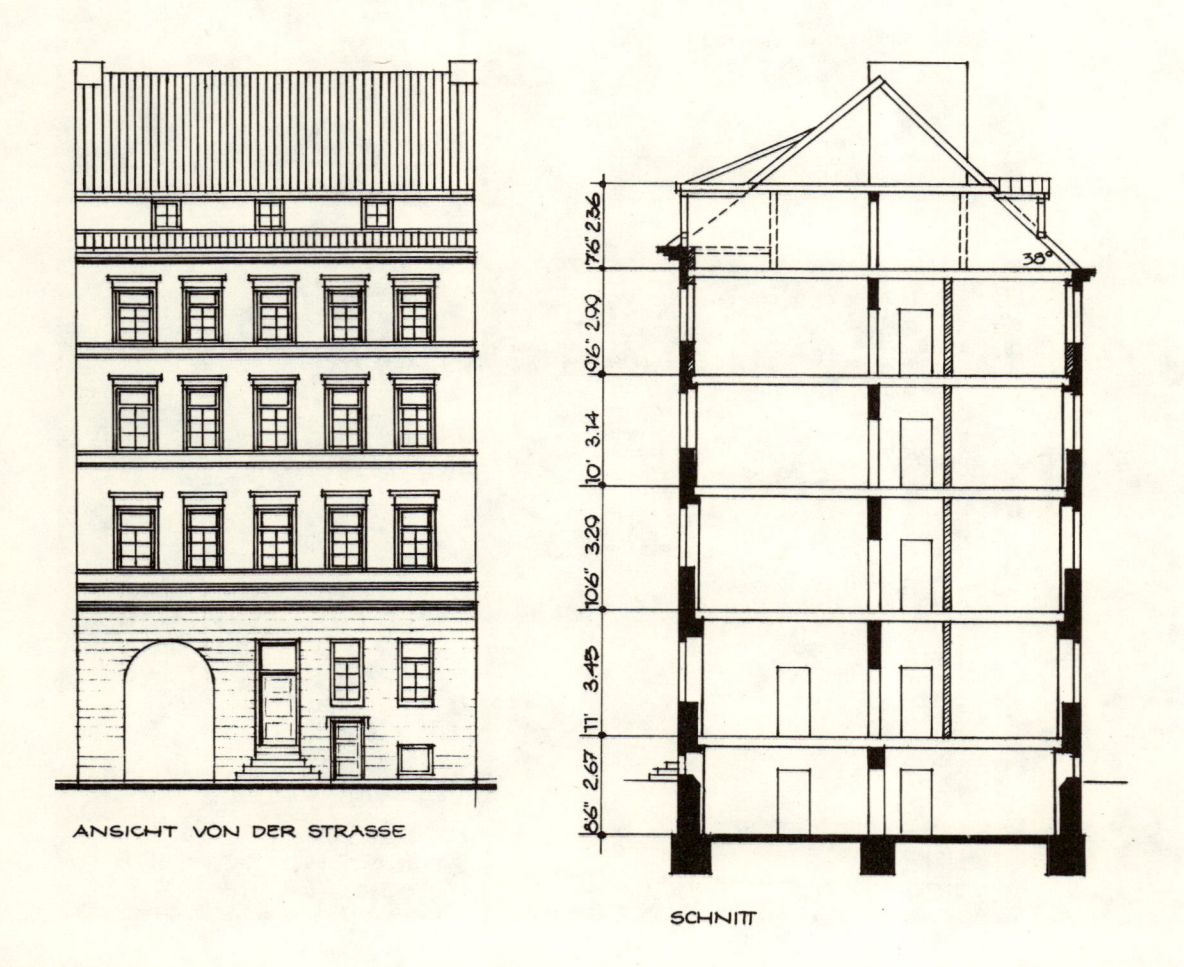

ANSICHT VON DER STRASSE

SCHNITT

BERLIN ACKERSTR. 6
GRUNDRISSE DES 2. VORDERGEBÄUDES M 1:200

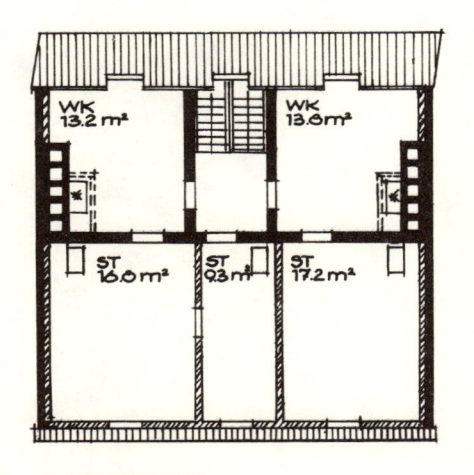

DACHGESCHOSS

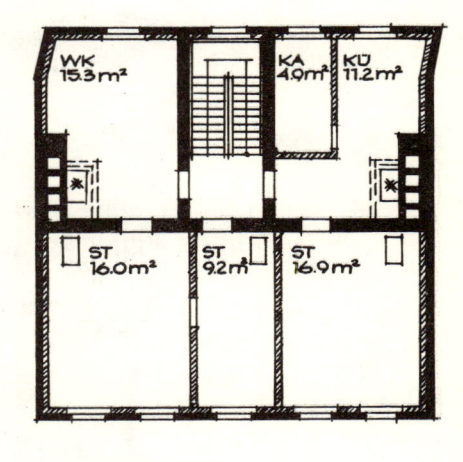

3. OBERGESCHOSS

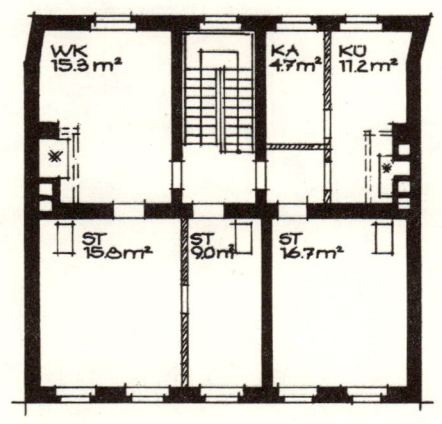

2. OBERGESCHOSS

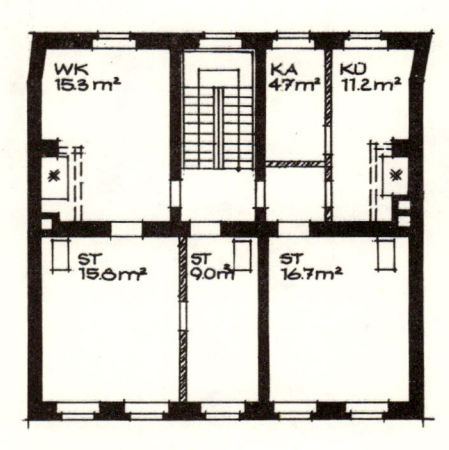

1. OBERGESCHOSS

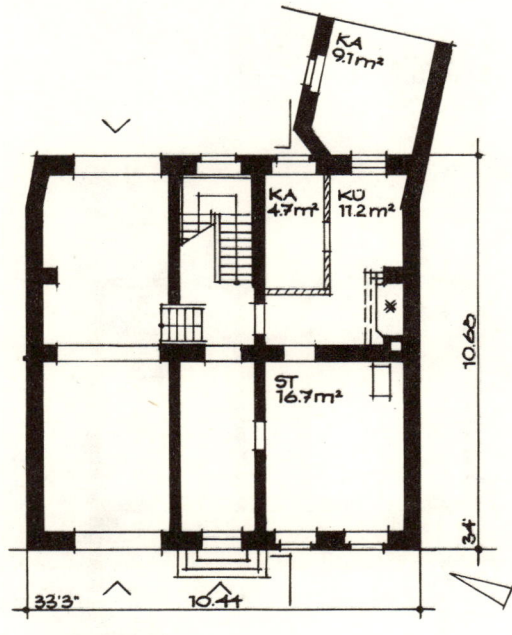

ERDGESCHOSS

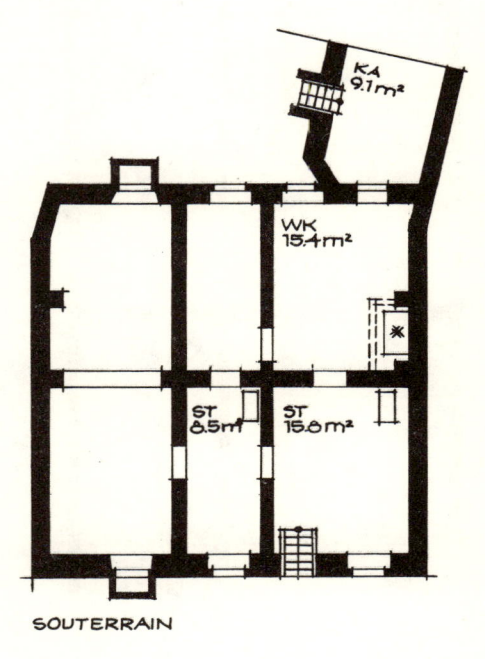

SOUTERRAIN

BERLIN ACKERSTR. 6

GRUNDRISSE, SCHNITT UND ANSICHT DES QUERGEBÄUDES M 1:200, ANSICHT REKONSTRUIERT

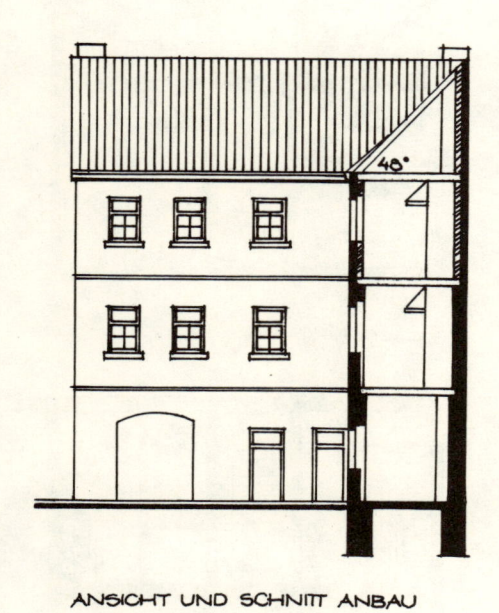

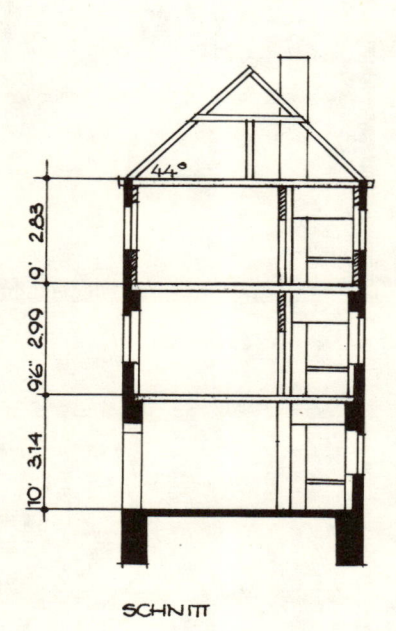

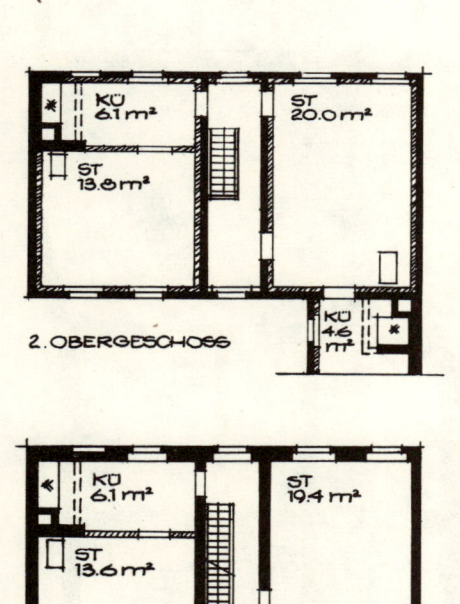

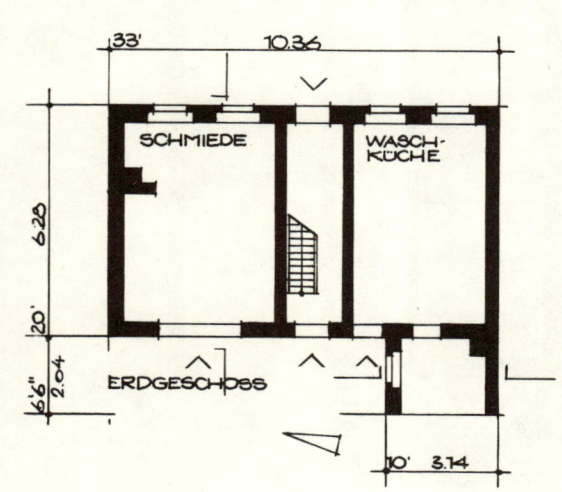

ANSICHT UND SCHNITT ANBAU

SCHNITT

2. OBERGESCHOSS
- KÜ 6.1 m²
- ST 13.8 m²
- ST 20.0 m²
- KÜ 4.6 m²

1. OBERGESCHOSS
- KÜ 6.1 m²
- ST 13.6 m²
- ST 19.4 m²
- KÜ 4.6 m²

ERDGESCHOSS
- SCHMIEDE
- WASCHKÜCHE

BERLIN   **ACKERSTR. 6**

GRUNDRISSE, SCHNITT UND ANSICHT DES SEITENGEBÄUDES M 1:200, ANSICHT REKONSTRUIERT

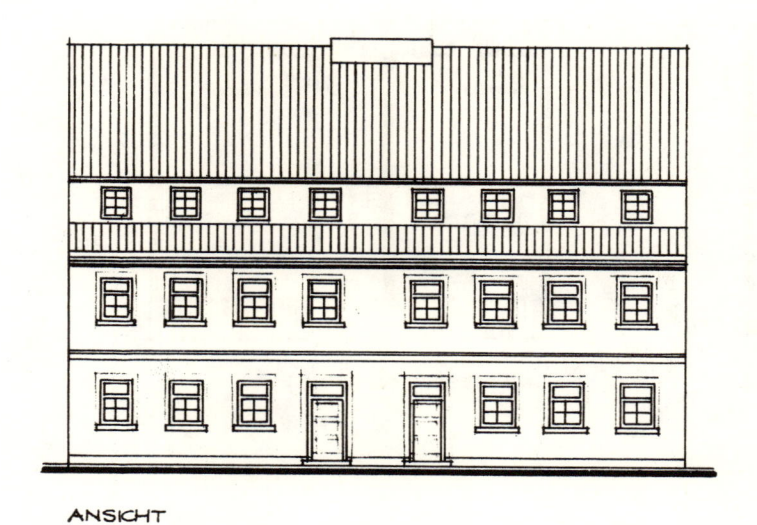

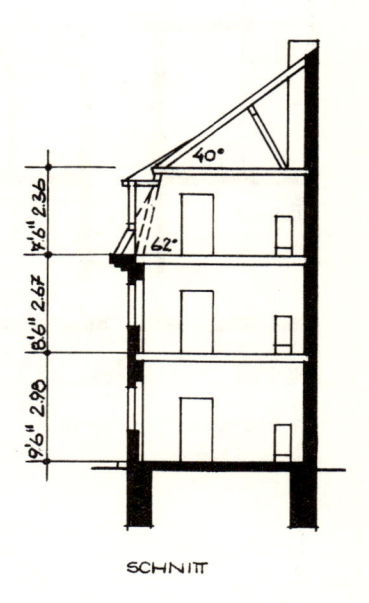

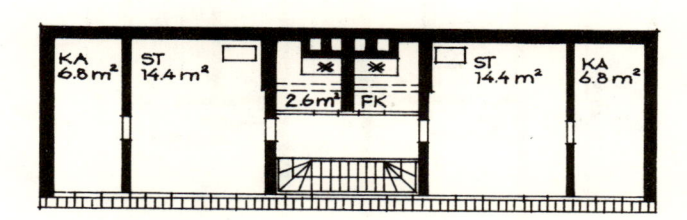

ANSICHT

SCHNITT

DACHGESCHOSS

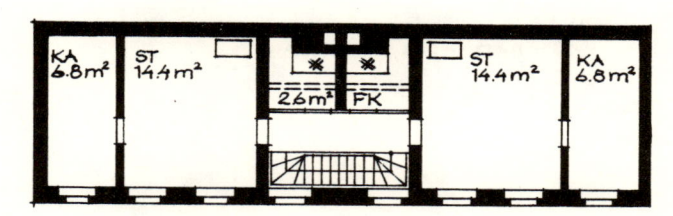

1. OBERGESCHOSS

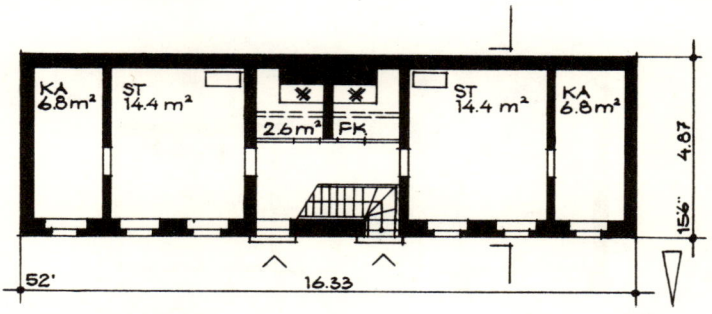

ERDGESCHOSS

BERLIN ACKERSTR. 8
GRUNDRISSE DES VORDERGEBÄUDES M 1:200. REKONSTRUIERT

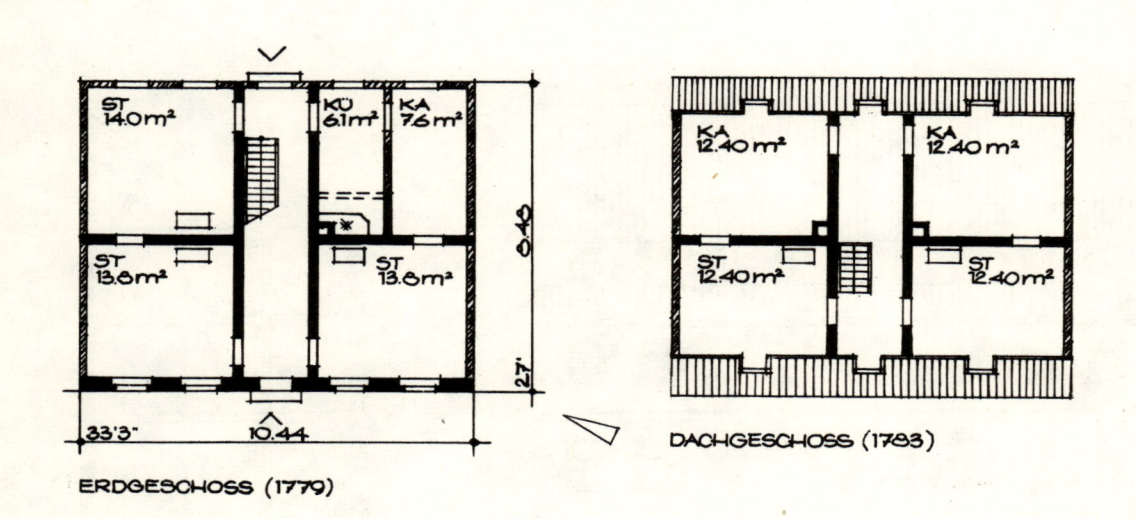

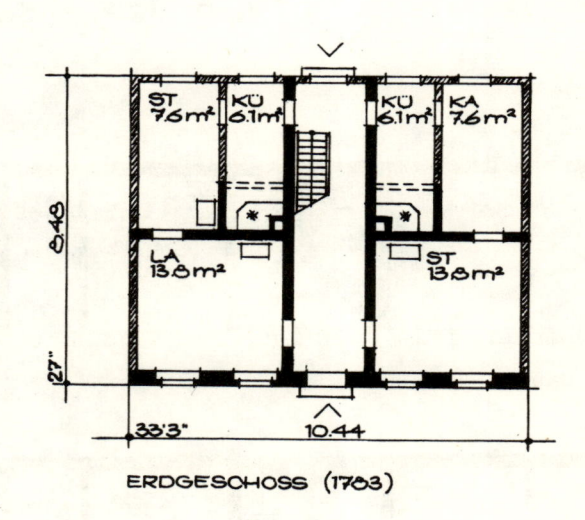

ERDGESCHOSS (1779)

DACHGESCHOSS (1783)

ERDGESCHOSS (1783)

GRUNDRISS, SCHNITT UND ANSICHT EINES SEITENGEBÄUDES (UMBAU EINER ROLLKAMMER ZU EINER STUBE)

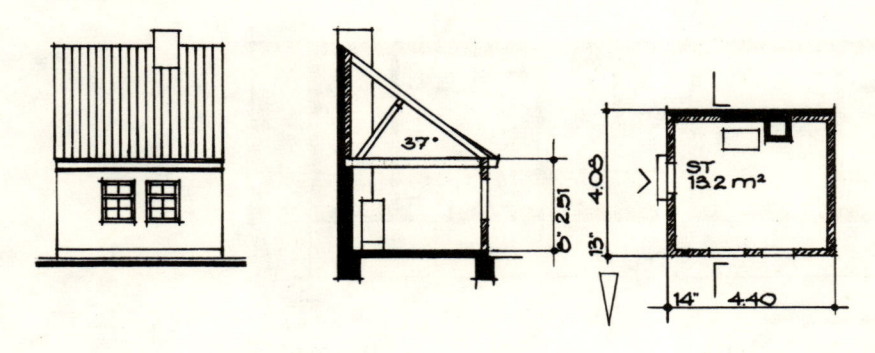

BERLIN ACKERSTR. 57

GRUNDRISS DES VORDERGEBÄUDES (SCHUL- UND WOHNHAUS) M 1:200

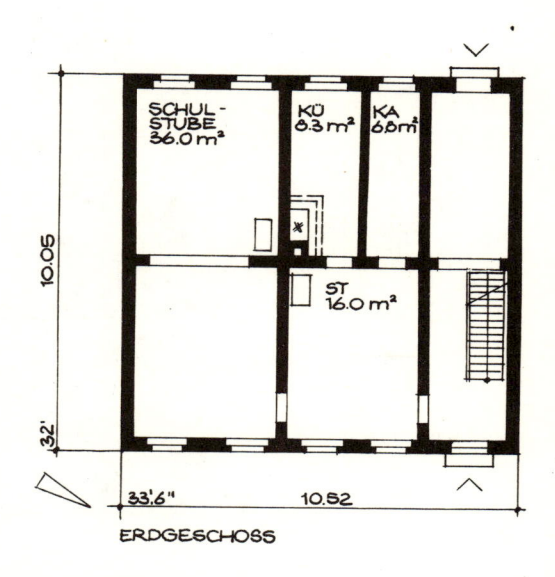

ERDGESCHOSS

ANSICHT, SCHNITT UND GRUNDRISSE DES 1. UND 2. SEITENGEBÄUDES M 1:200

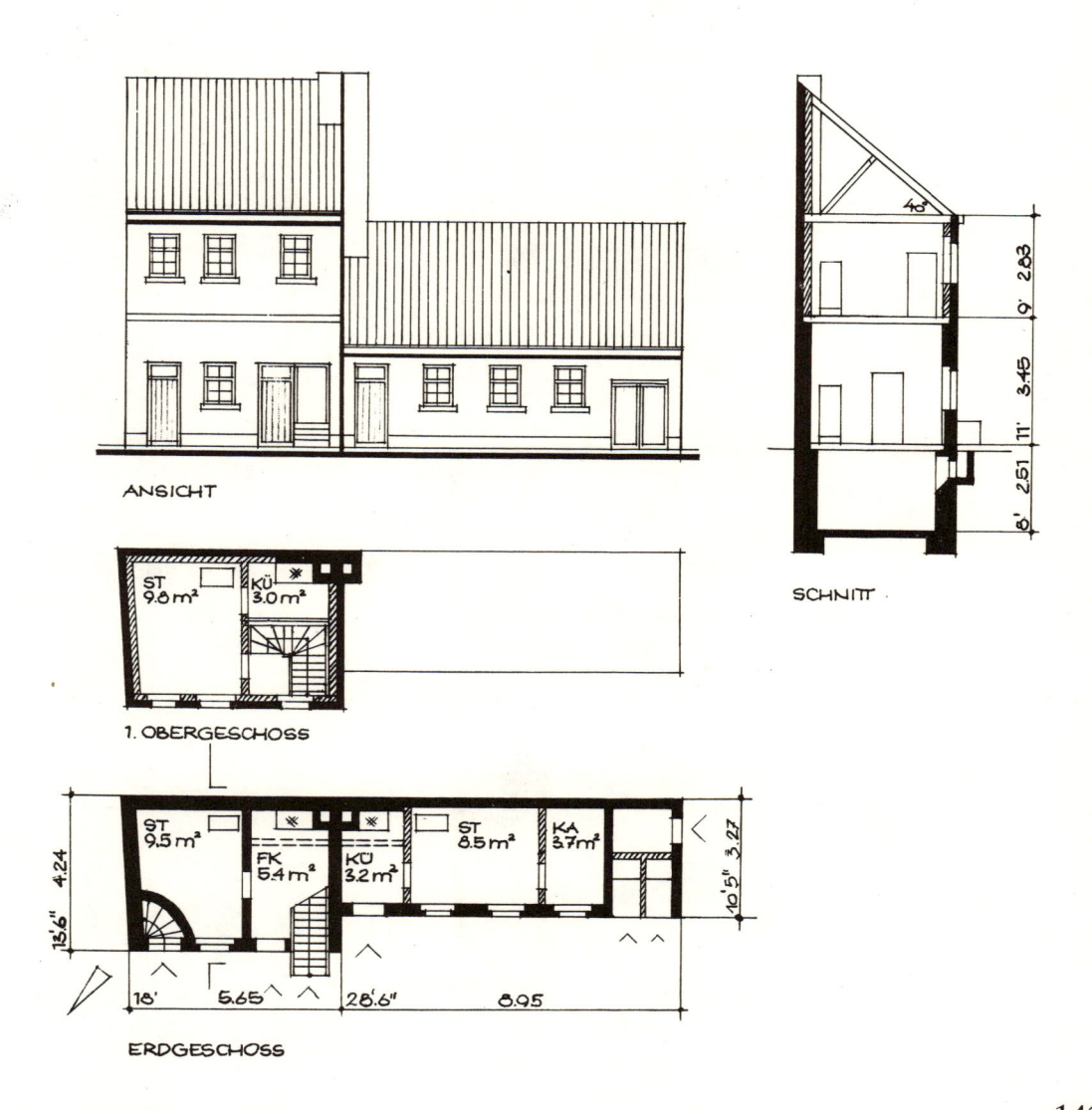

ANSICHT

SCHNITT

1. OBERGESCHOSS

ERDGESCHOSS

143

BERLIN ACKERSTR. 57
ANSICHT, SCHNITT UND GRUNDRISSE DES 3. SEITENGEBÄUDES M 1:200

ANSICHT

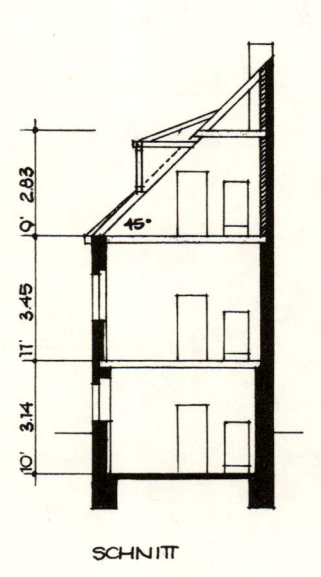

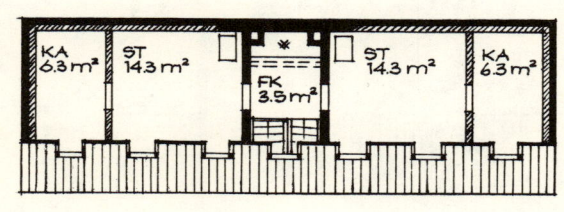

SCHNITT

DACHGESCHOSS

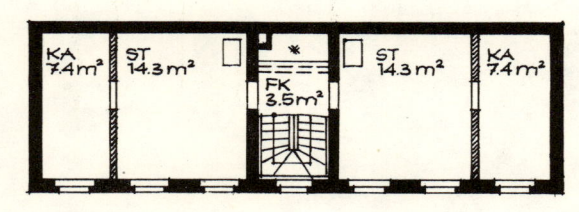

ERDGESCHOSS

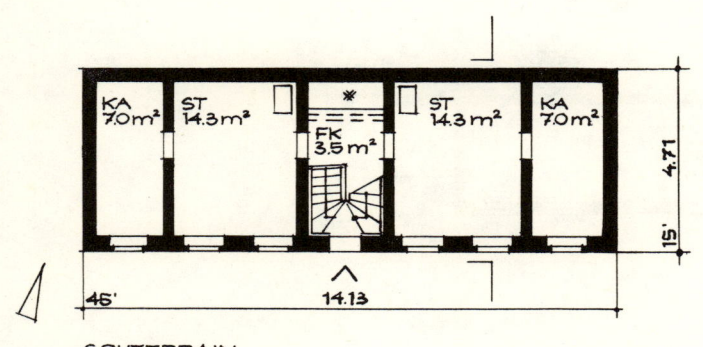

SOUTERRAIN

BERLIN BRUNNENSTR. 44 UND 45
ANSICHTEN UND GRUNDRISSE DER VORDERGEBÄUDE M 1:200 REKONSTRUIERT

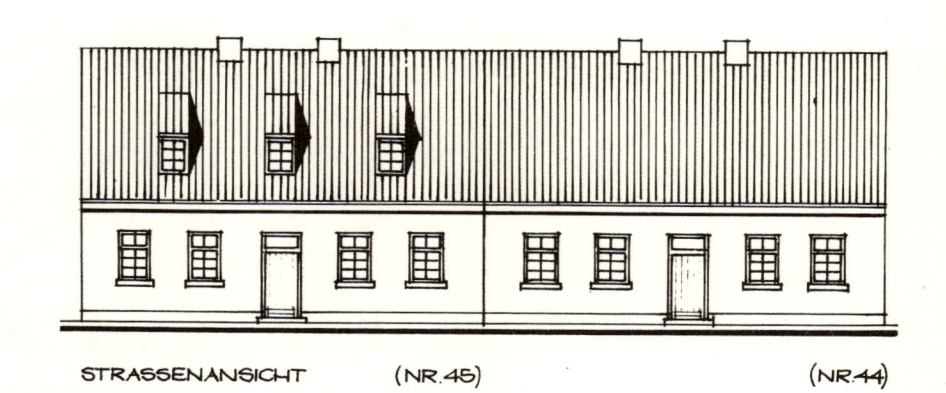

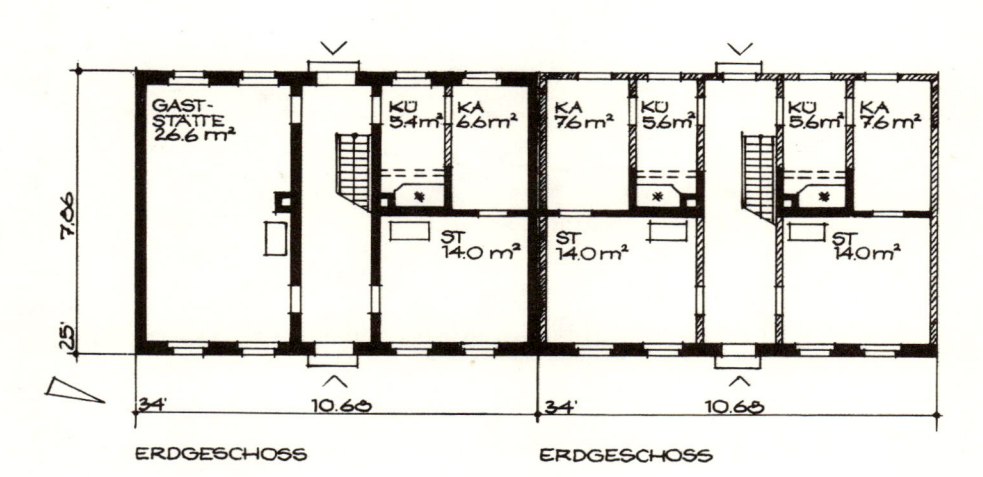

STRASSENANSICHT (NR. 45) (NR. 44)

ERDGESCHOSS ERDGESCHOSS

GRUNDRISSE DES SEITENGEBÄUDES (NR. 45) M 1:200 REKONSTRUIERT

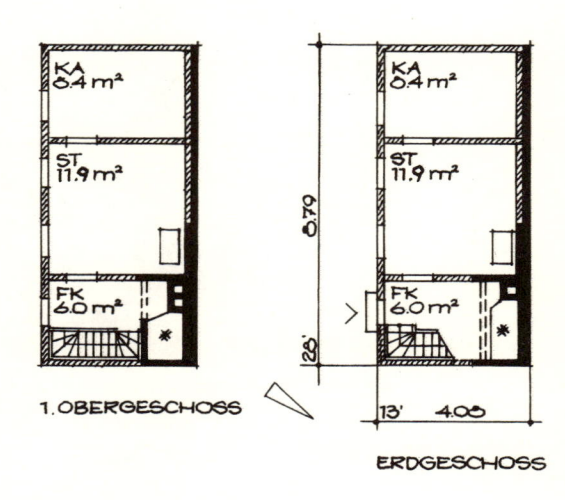

1. OBERGESCHOSS ERDGESCHOSS

BERLIN ROSENTHALER VORSTADT
ENTWICKLUNG DES KOLONISTENHAUSES ZUM MEHRGESCHOSSIGEN MIETHAUS. SCHEMA-
ANSICHTEN M 1:250

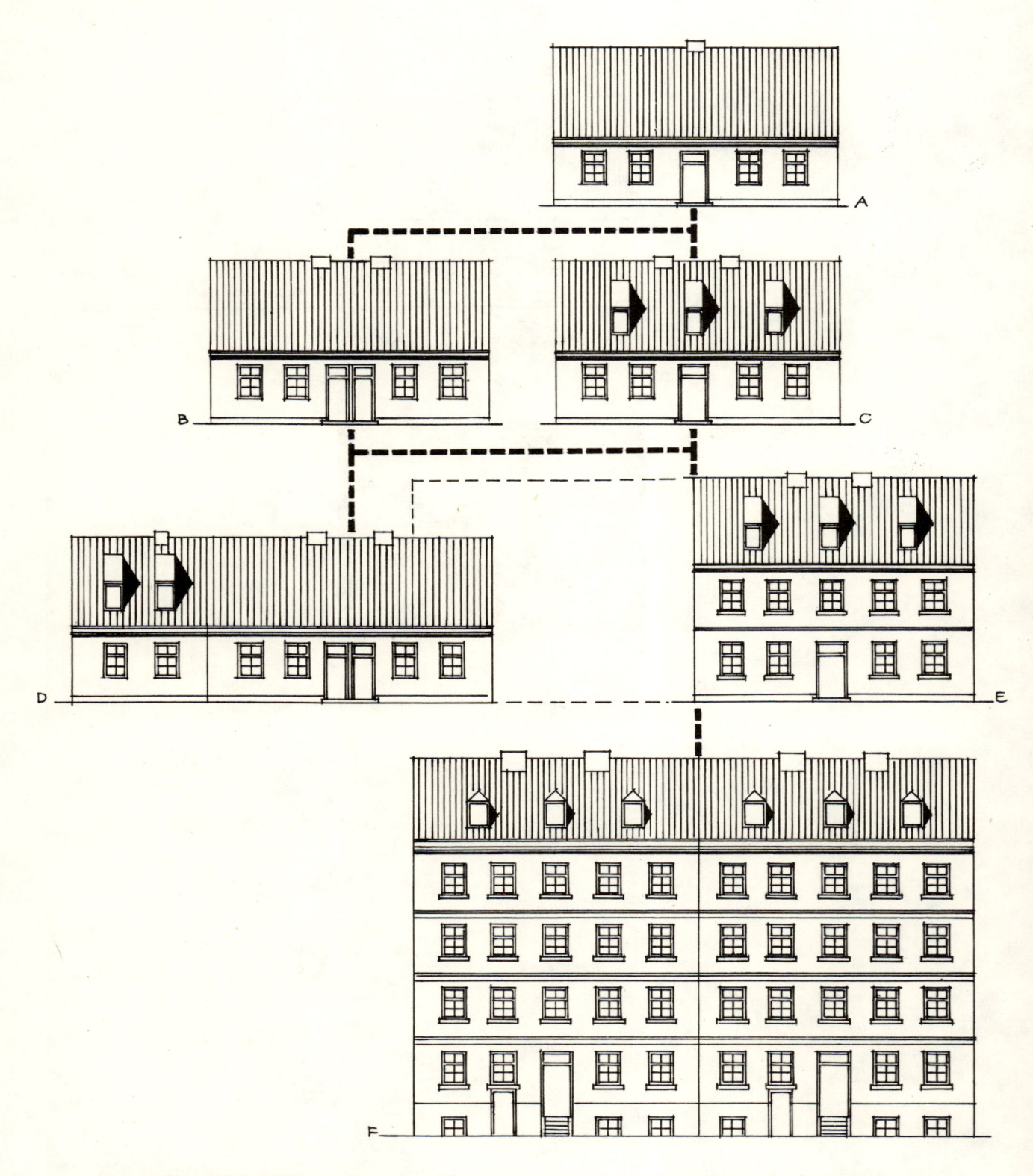

A - KOLONISTENHAUS, GRUNDFORM: FACHWERK. B - EINGEBAUTE TRENNWAND (BILDUNG VON
2 'HALBEN' HÄUSERN). C - A MIT AUSGEBAUTEM DACHGESCHOSS, VORDERE LÄNGSWAND MASSIV.
D - HORIZONTALE ERWEITERUNG VON B, MEIST MIT AUSGEBAUTEM DACHGESCHOSS. E - VERTIKALE
ERWEITERUNG, AUFSTOCKUNG UND AUSGEBAUTES DACHGESCHOSS. F - NACH ABRISS VON
D UND E, NEUBAU (MASSIV), MEHRGESCHOSSIG MIT SOUTERRAIN.

BERLIN   ROSENTHALER VORSTADT
ENTWICKLUNG DES KOLONISTENHAUSES ZUM MEHRGESCHOSSIGEN MIETHAUS. SCHEMA-
GRUNDRISSE M. 1:250

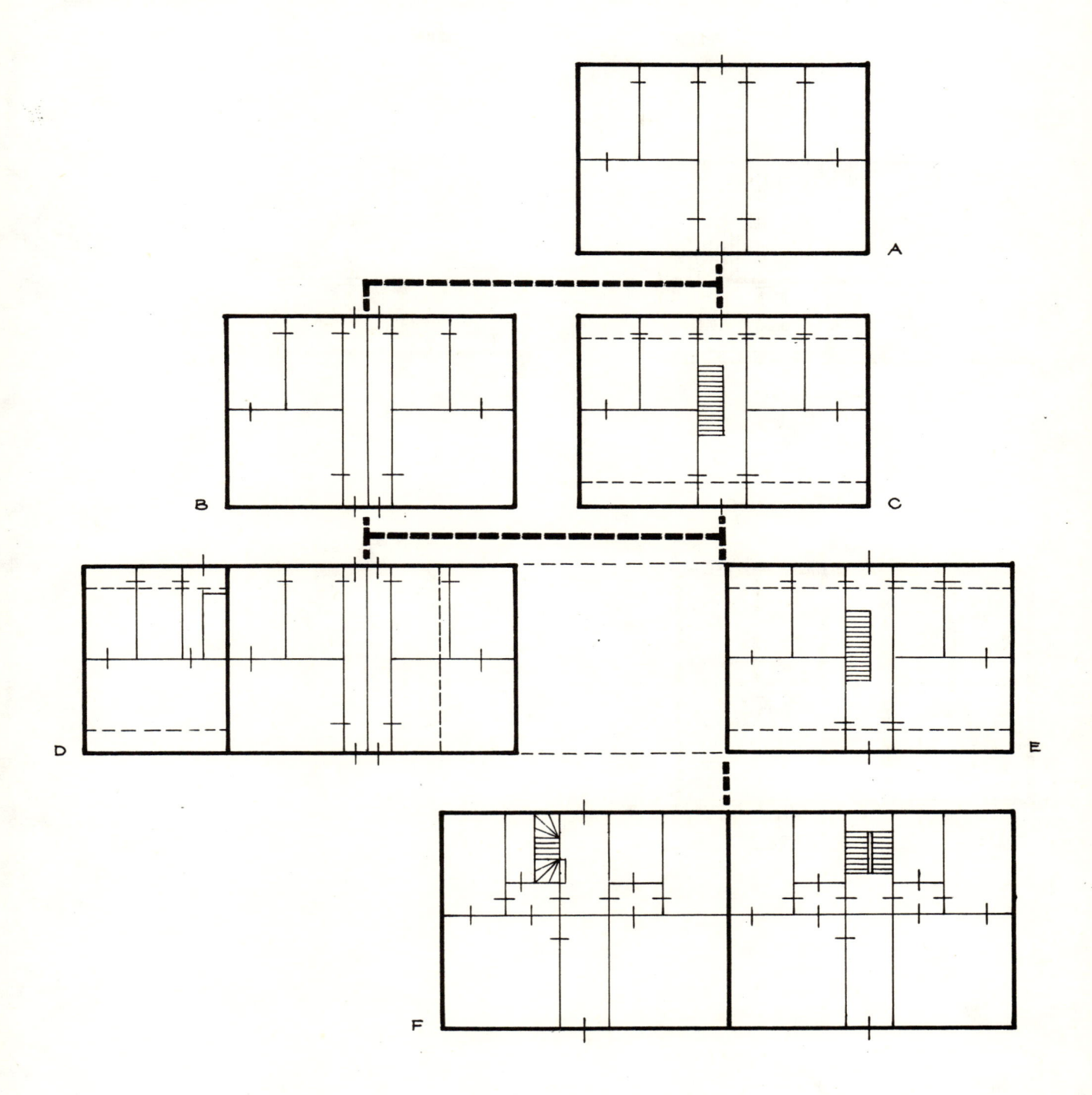

A - KOLONISTENHAUS, GRUNDFORM: FACHWERK. B - EINGEBAUTE TRENNWAND (BILDUNG VON 2 'HALBEN' HÄUSERN). C - A MIT AUSGEBAUTEM DACHGESCHOSS, VORDERE LÄNGSWAND MASSIV. D - HORIZONTALE ERWEITERUNG VON B, MEIST MIT AUSGEBAUTEM DACHGESCHOSS. E - VERTIKALE ERWEITERUNG, AUFSTOCKUNG UND AUSGEBAUTES DACHGESCHOSS. F - NACH ABRISS VON D UND E NEUBAU (MASSIV), MEHRGESCHOSSIG MIT SOUTERRAIN.

BERLIN ROSENTHALER VORSTADT

ANSICHTEN, GRUNDRISS UND SCHNITT EINES KOLONISTENHAUSES, REKONSTRUIERT IM M 1:200 NACH GRUNDSTÜCKSAKTEN DES STADTARCHIVS BERLIN. REP. 18739, 18740, 18743, 18745, 20730, 20732 UND 20733.

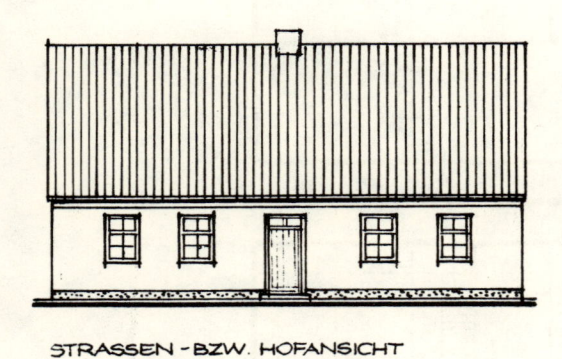

STRASSEN- BZW. HOFANSICHT

SCHNITT

GRUNDRISS

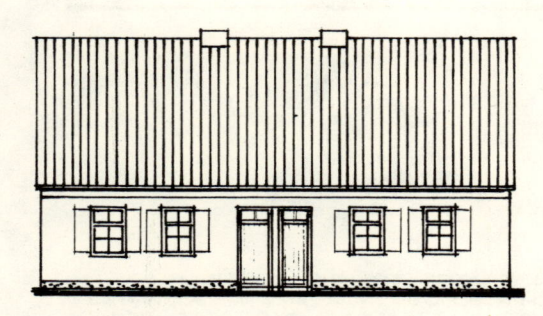

STRASSEN- BZW. HOFANSICHT
NACH DER TEILUNG IN 2 'HALBE HÄUSER'

BERLIN
SCHEMAANSICHTEN DER SEITENGEBÄUDE

ROSENTHALER VORSTADT
M 1:250

BERLIN   ROSENTHALER VORSTADT
SCHEMAGRUNDRISSE DER SEITENGEBÄUDE M 1:250

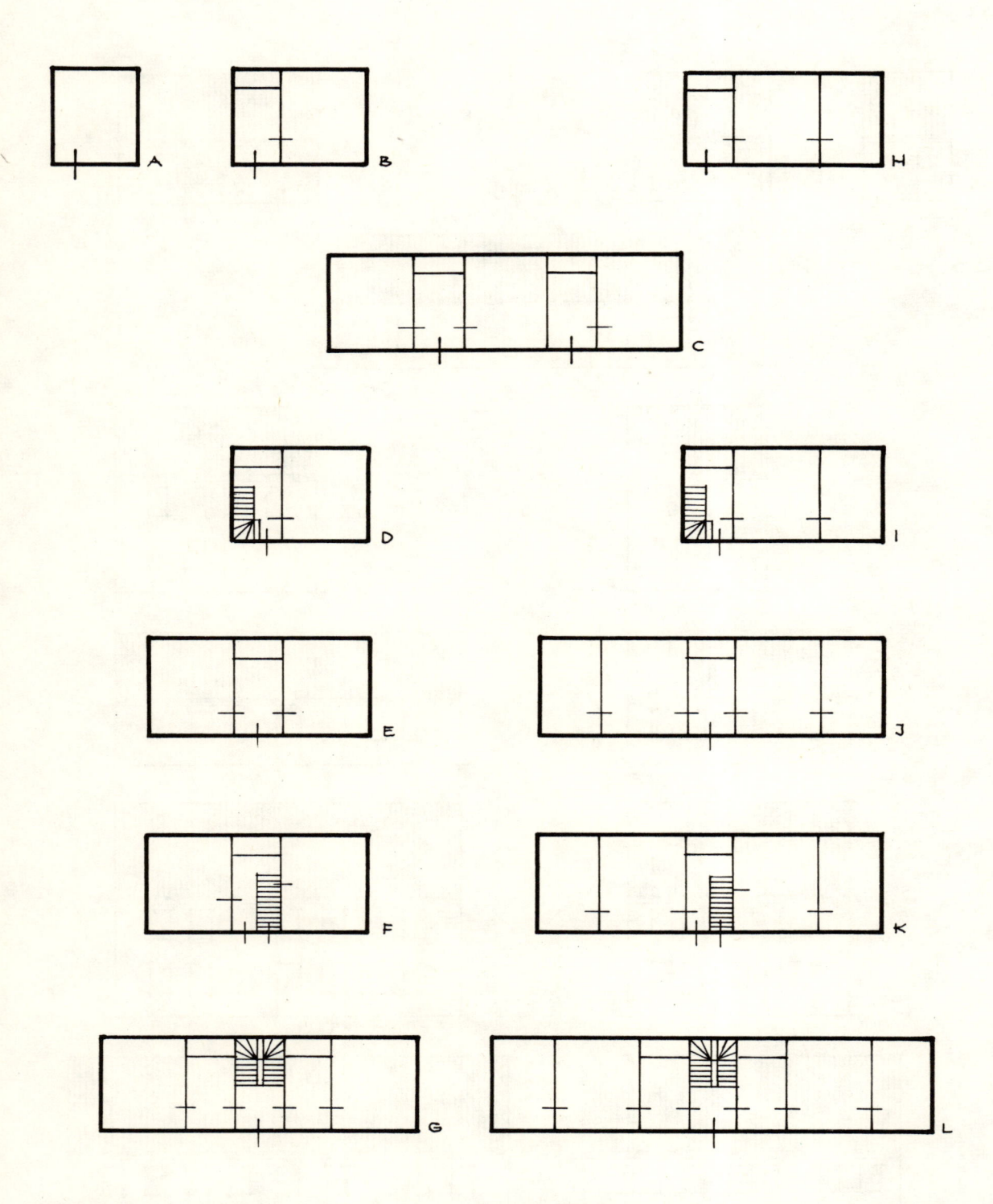

A - EINRAUMGEBÄUDE . B - FLURKÜCHE UND STUBE, EINGESCHOSSIG. C - REIHUNG FLURKÜCHEN UND STUBEN, EINGESCHOSSIG . D - FLURKÜCHE UND STUBE, ZWEIGESCHOSSIG. E - FLURKÜCHE UND STUBEN, EINGESCHOSSIG, SYMMETRISCHE ANORDNUNG. F - FLURKÜCHE UND STUBEN, ZWEIGESCHOSSIG, SYMMETRISCHE ANORDNUNG, 2 EINGÄNGE. G - SEPARATES TREPPENHAUS, KÜCHEN, STUBEN, MEHRGESCHOSSIG, SYMMETRISCHE ANORDNUNG. H - FLURKÜCHE, STUBE UND KAMMER, EINGESCHOSSIG. I - WIE H, JEDOCH ZWEIGESCHOSSIG. J - FLURKÜCHE, STUBEN, KAMMERN, EINGESCHOSSIG, SYMMETRISCHE ANORDNUNG. K - WIE J, JEDOCH ZWEI-ODER MEHRGESCHOSSIG, 2 EINGÄNGE. L - SEPARATES TREPPENHAUS, KÜCHEN, STUBEN UND KAMMERN, ZWEI-ODER MEHRGESCHOSSIG, SYMMETRISCHE ANORDNUNG

GARTENSTR. 92

BERLIN
ANSICHT UND SCHNITT EINES WOHNHAUSES (2. FAMILIENHAUS) M 1:200 ANSICHT REKONSTRUIERT

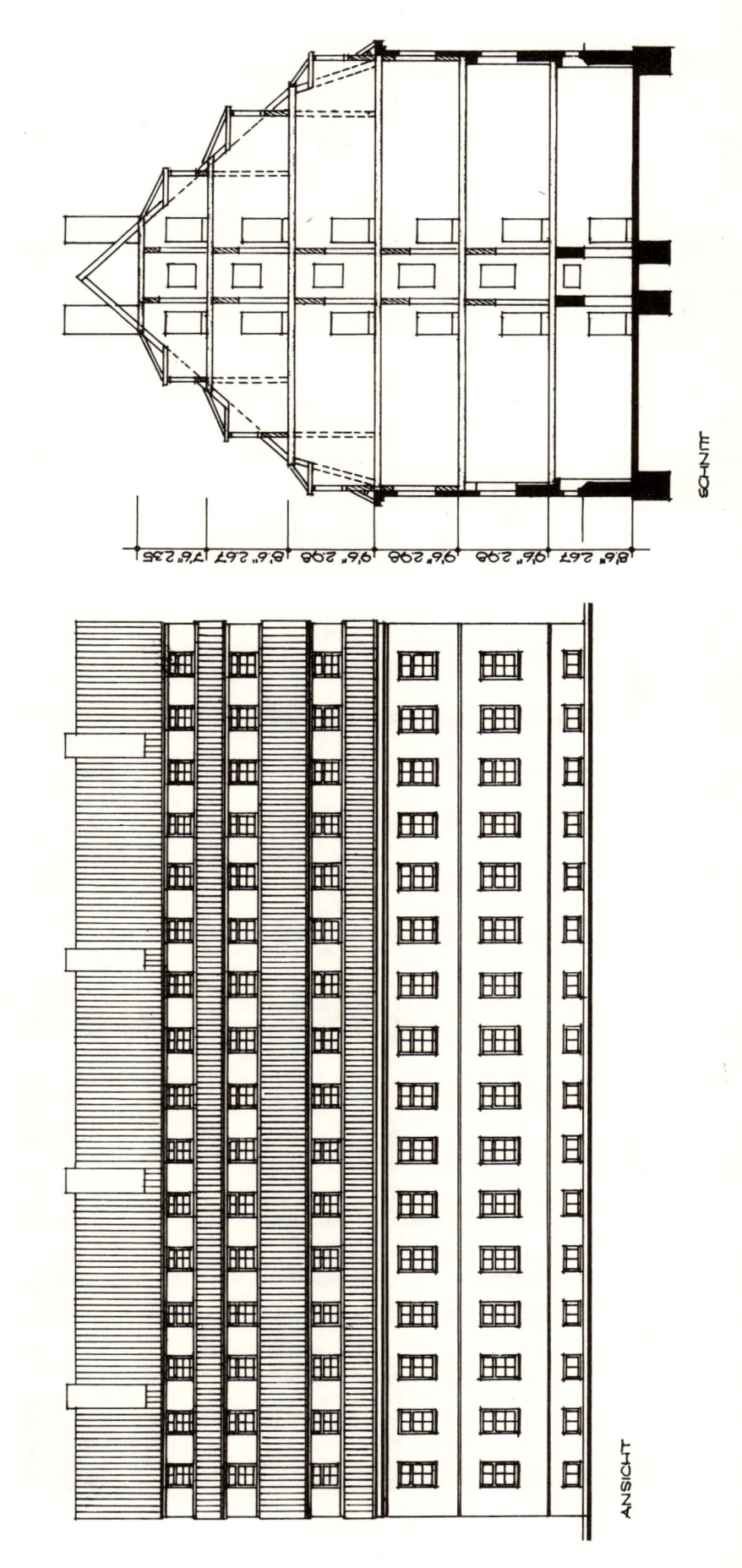

SCHNITT

ANSICHT

BERLIN
GRUNDRISSE EINES WOHNHAUSES (2. FAMILIENHAUS) M 1:200

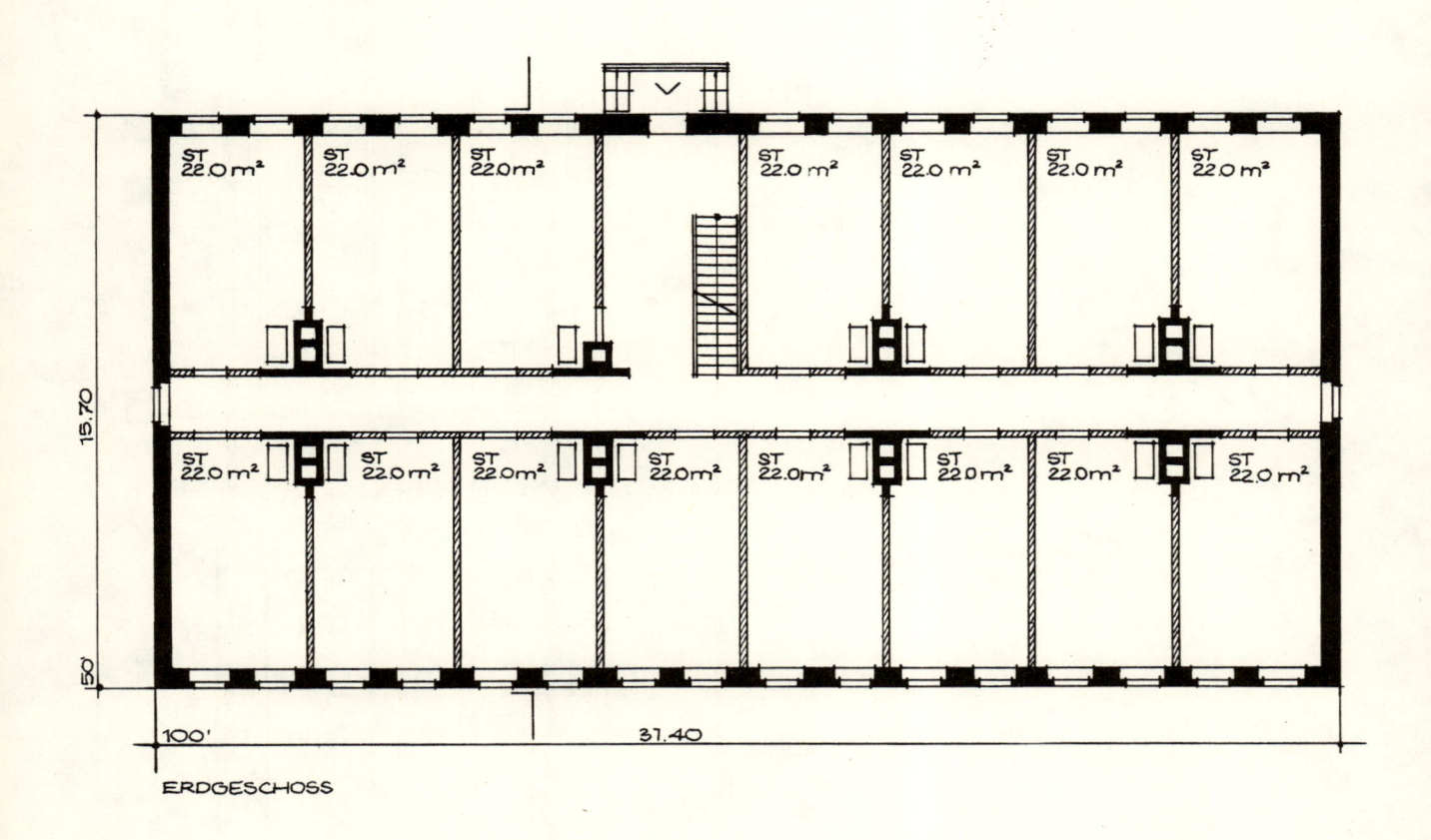

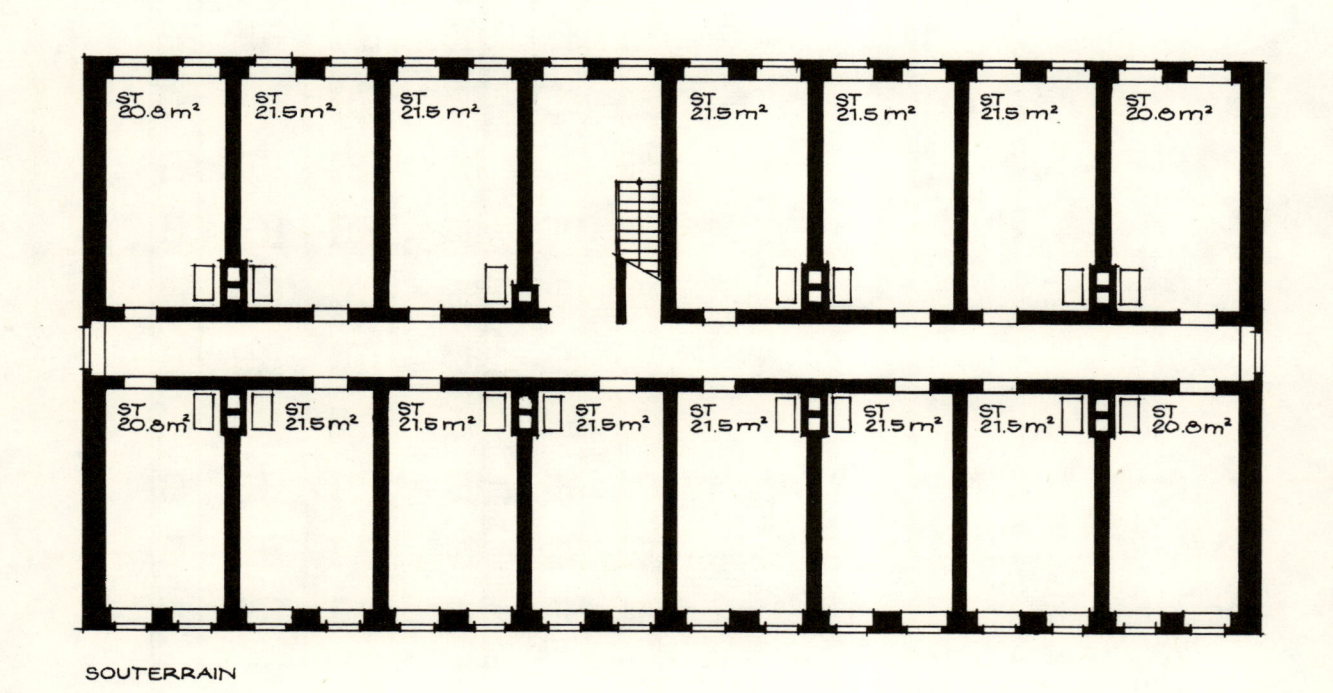

GARTENSTR. 92

ERDGESCHOSS

SOUTERRAIN

BERLIN GARTENSTR. 92
GRUNDRISSE EINES WOHNHAUSES (2. FAMILIENHAUS) M 1:200

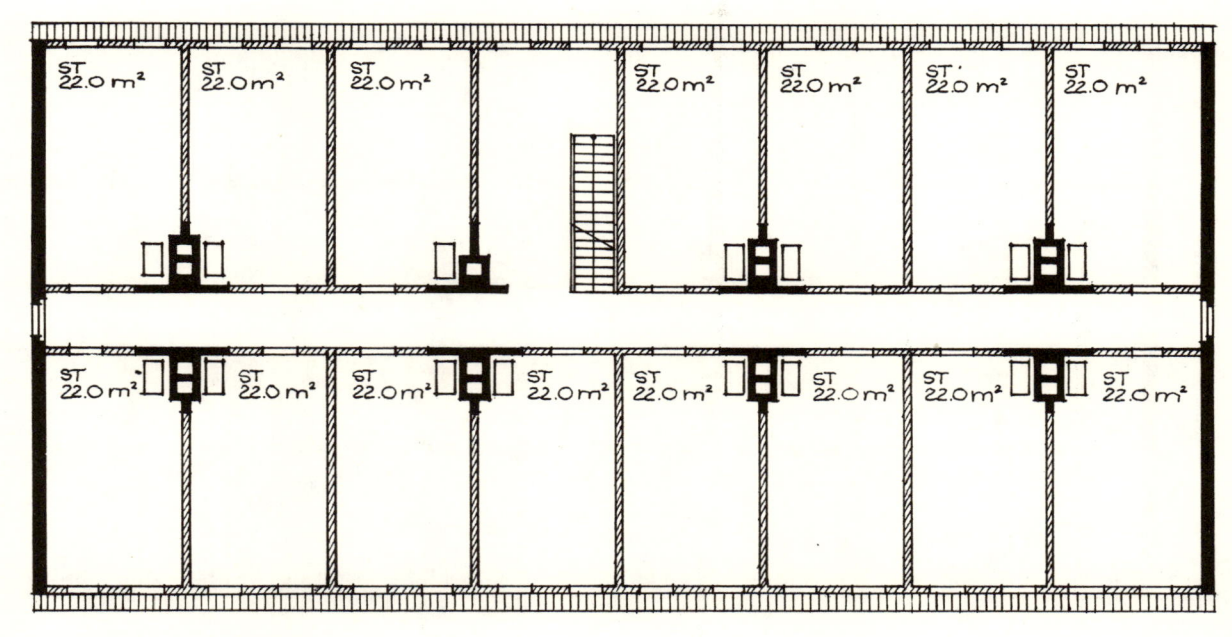

ST 22.0 m² (×16, Mansardengeschoss)

MANSARDENGESCHOSS

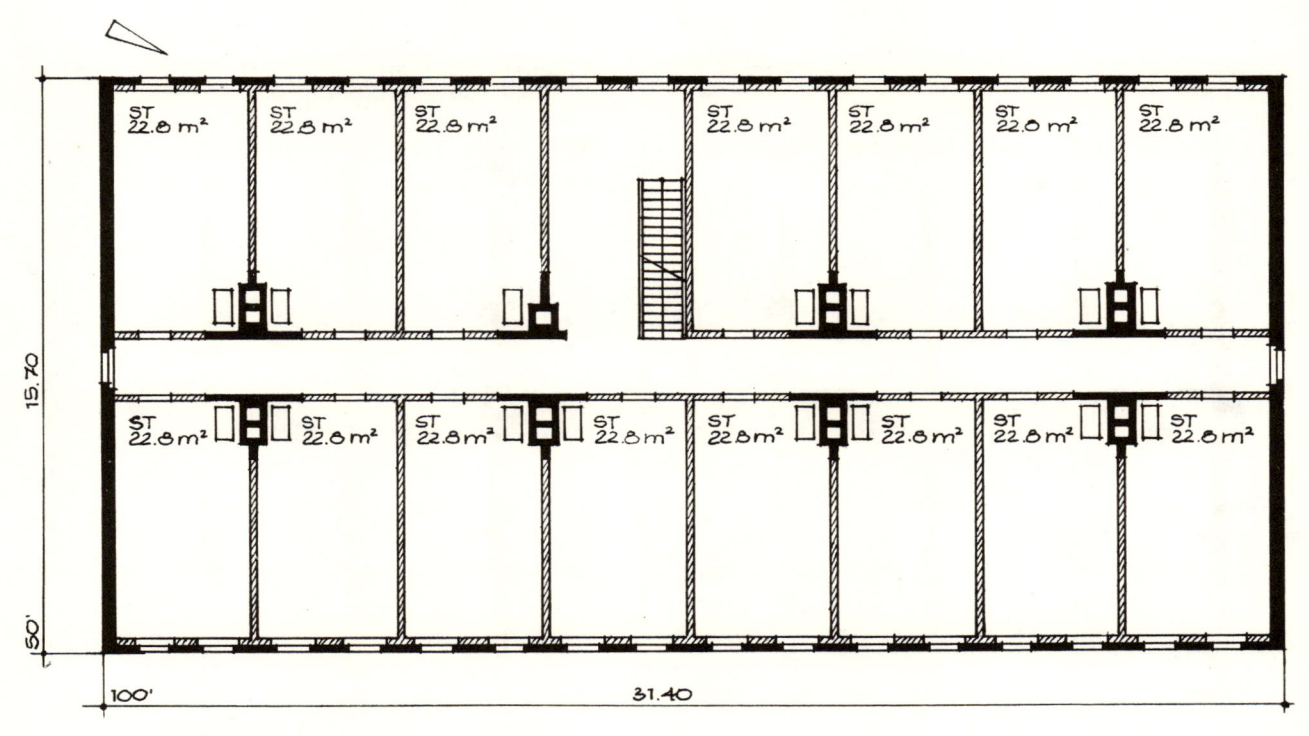

ST 22.8 m² (×14) / ST 22.0 m² (×2)

15.70
50'
100'   31.40

1. OBERGESCHOSS

BERLIN   **GARTENSTR. 92**
GRUNDRISSE EINES WOHNHAUSES (2. FAMILIENHAUS) M 1:200

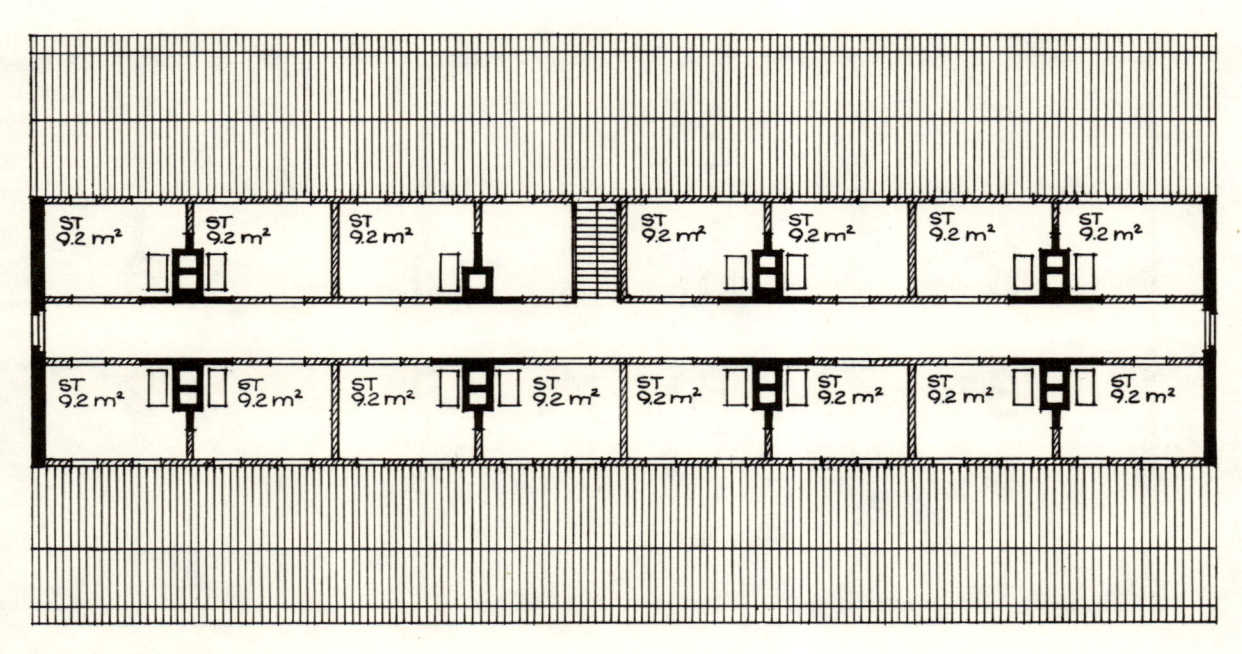

2. DACHGESCHOSS

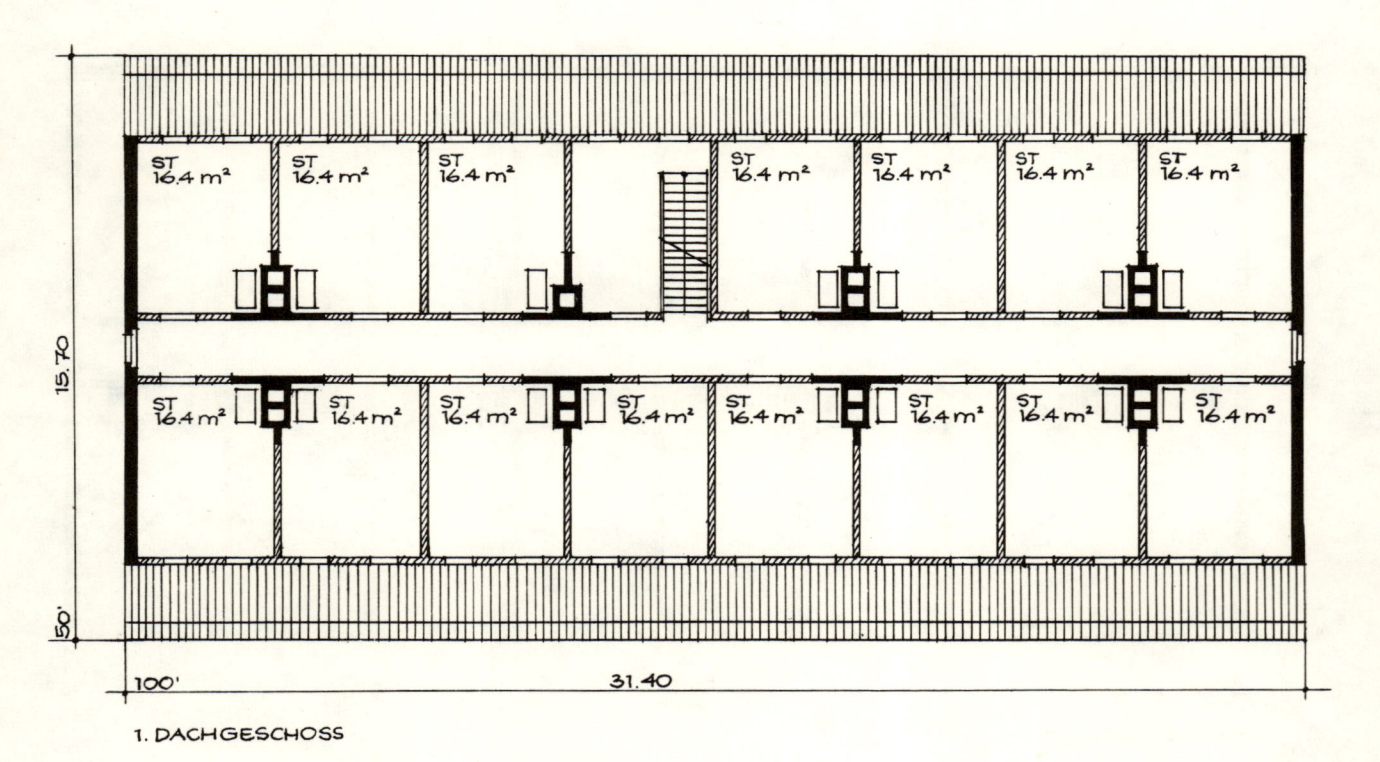

1. DACHGESCHOSS

BERLIN

ANSICHT, SCHNITT UND GRUNDRISSE DES VORDERGEBÄUDES, M 1:200

BERGSTR. 2

, ANSICHT REKONSTRUIERT.

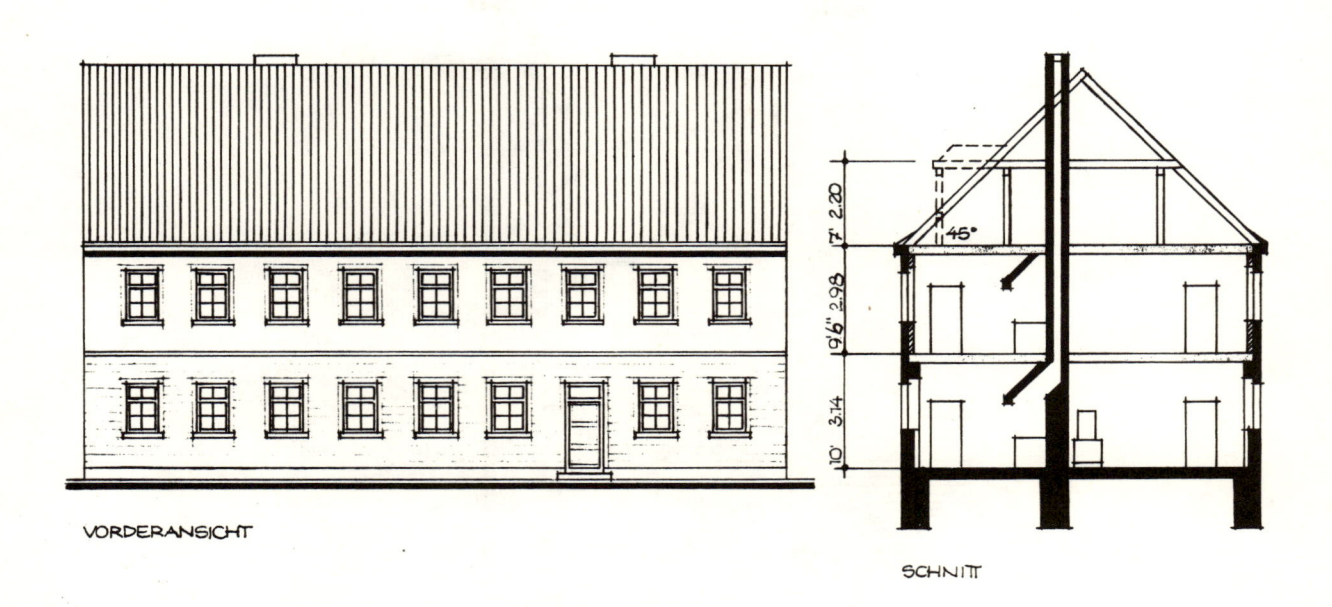

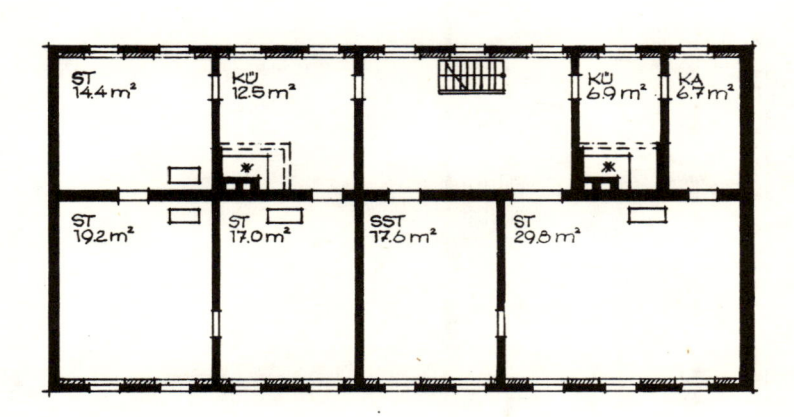

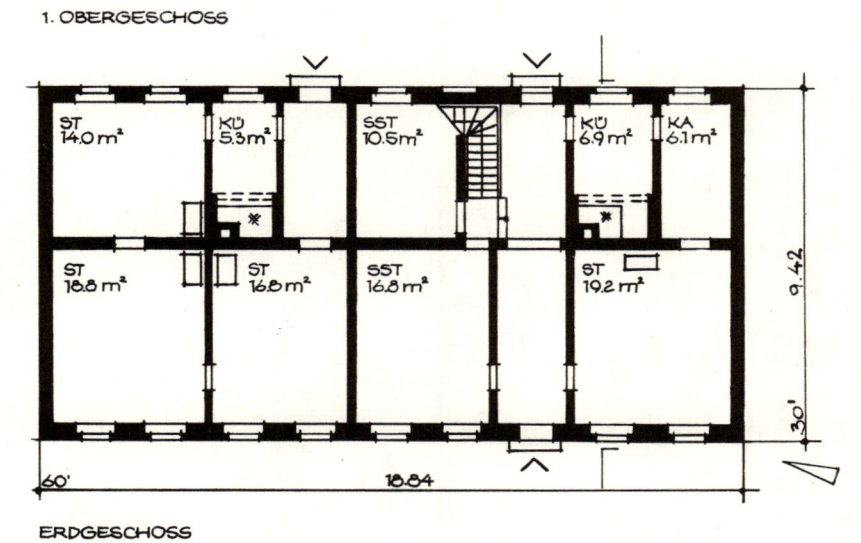

VORDERANSICHT

SCHNITT

1. OBERGESCHOSS

ERDGESCHOSS

BERLIN
ANSICHT UND SCHNITT DES SEITENGEBÄUDES M 1:200, ANSICHT REKONSTRUIERT

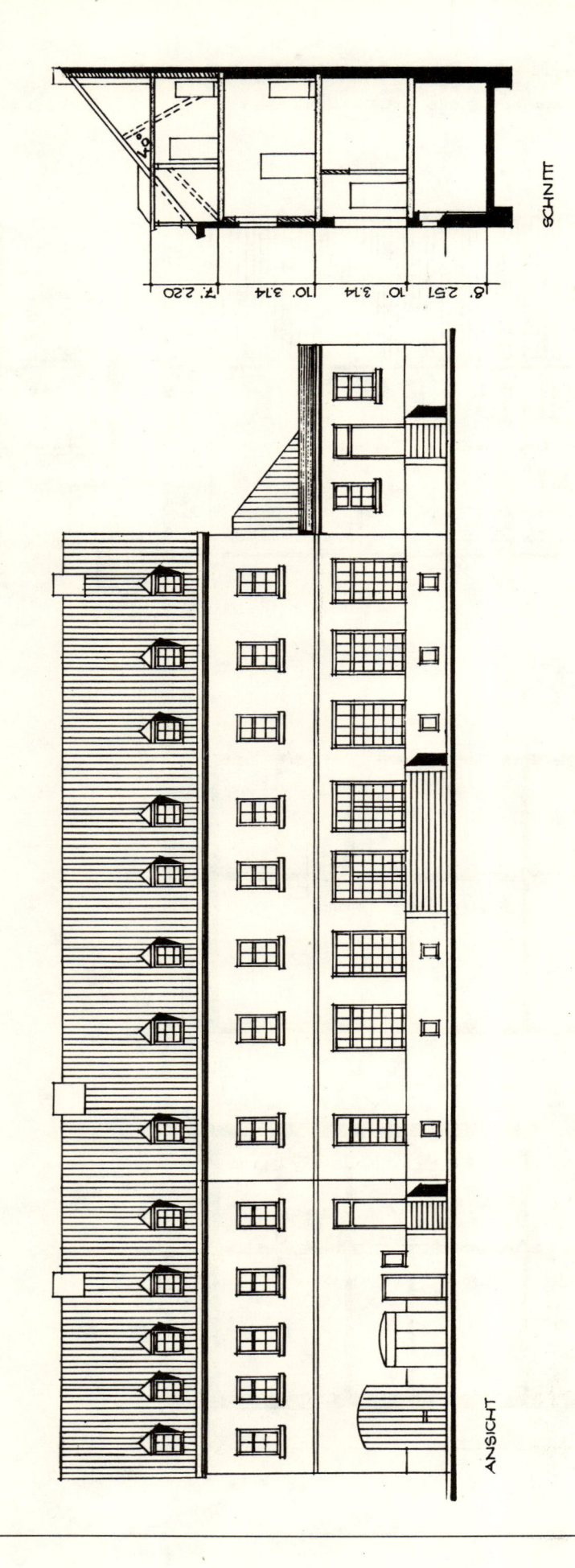

BERGSTR. 2

BERLIN
GRUNDRISSE DES SEITENGEBÄUDES M 1:200

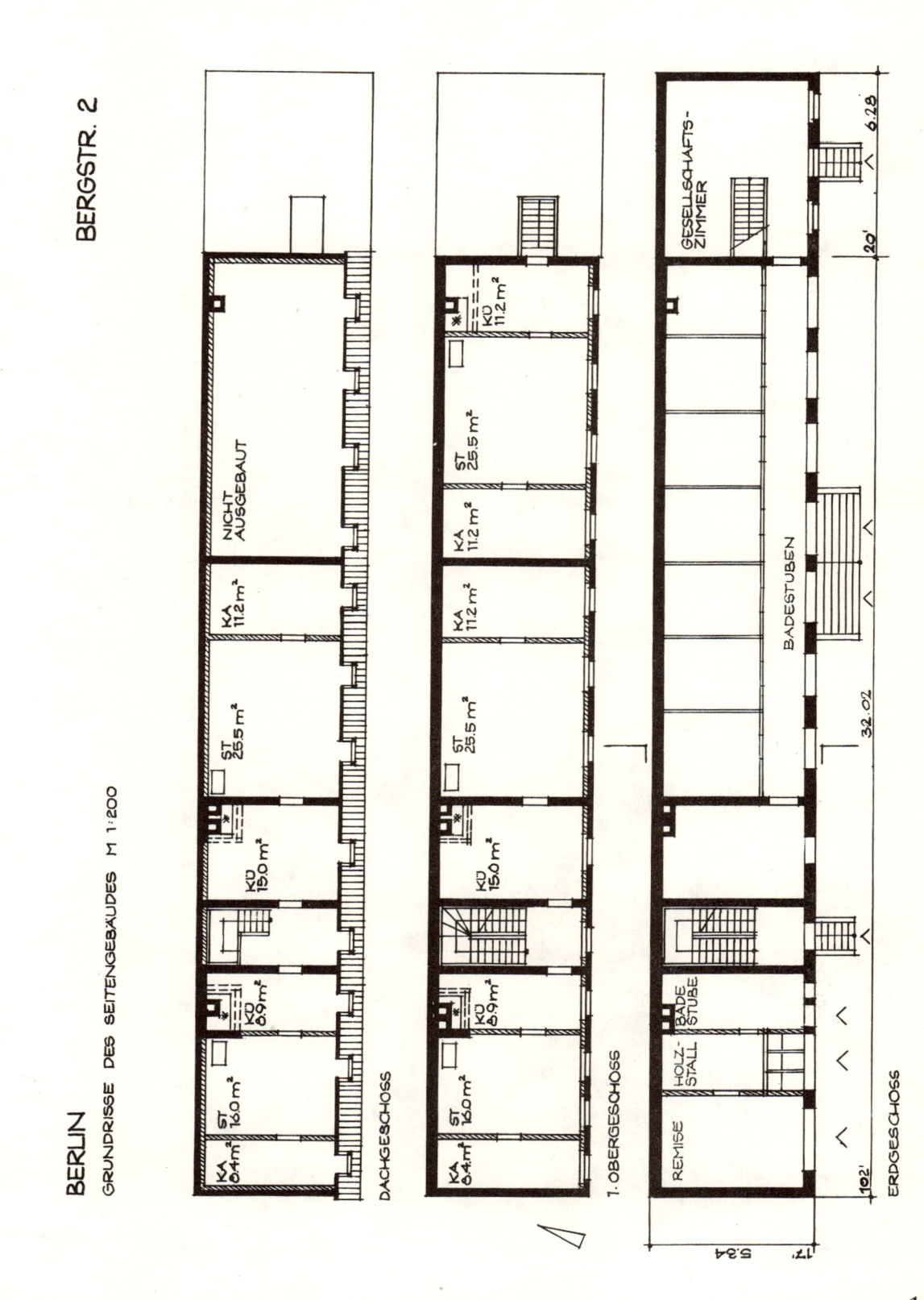

BERGSTR. 2

Der gemeinnützige Wohnungsbau für Beamte und die Entstehung der Wohnanlage Niederschönhausen von P. Mebes

Renate Sachse

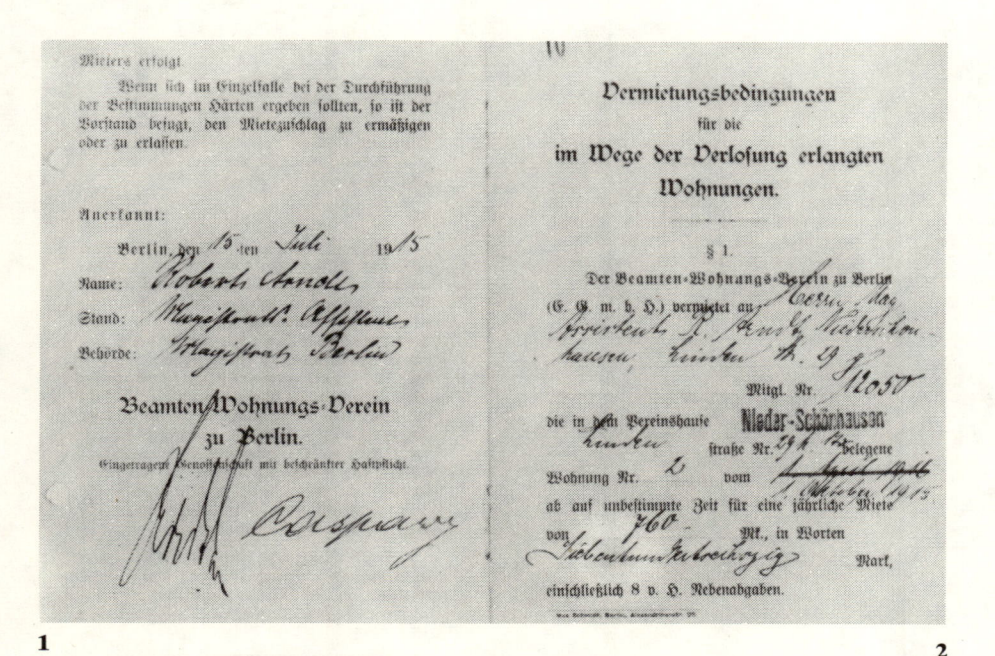

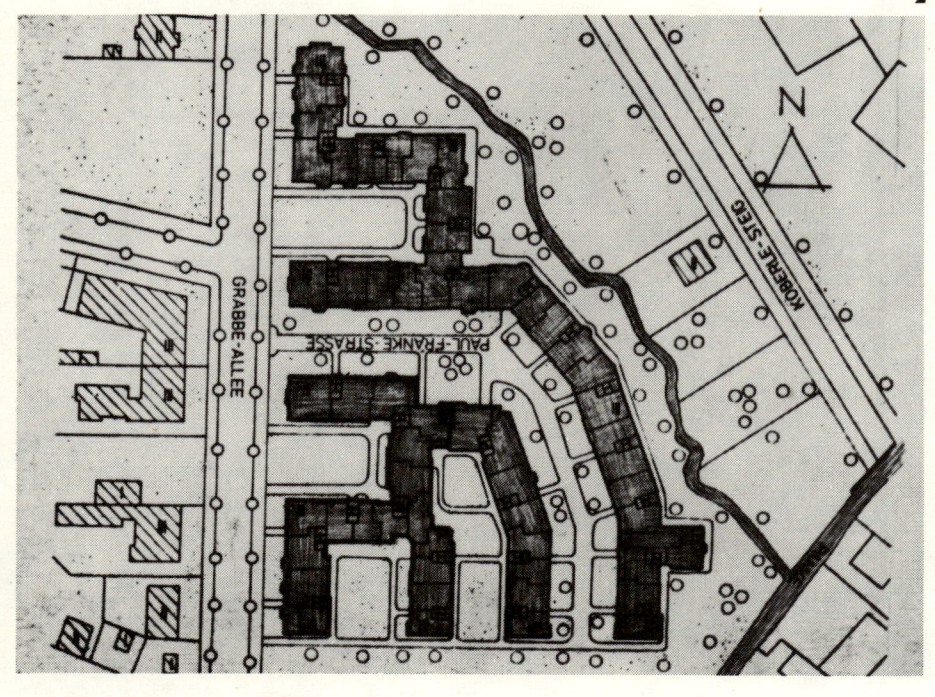

1. Vorder- und Rückseite eines Mietvertrages von 1915

2. Lageplan der Wohnanlage M 1 : 1000

3. Übersichtsplan zu den Grundrissen der Wohnanlage

4. Giebelgestaltung der Kopfbauten an der Verkehrsstraße

5. Turmartiges Eckgebäude an der Wohnstraße

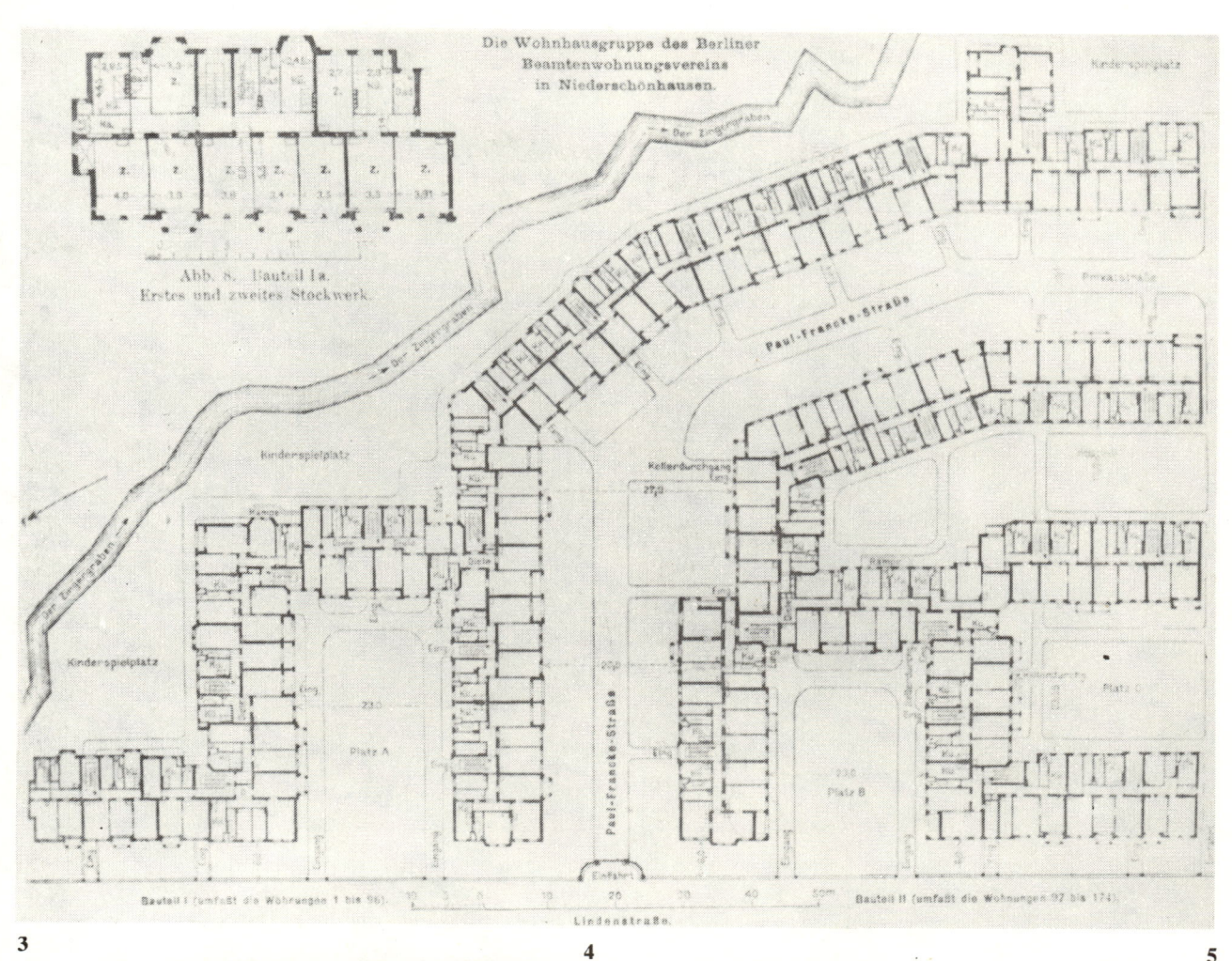

Die Wohnhausgruppe des Berliner
Beamtenwohnungsvereins
in Niederschönhausen.

Abb. 8. Bauteil Ia.
Erstes und zweites Stockwerk.

Bauteil I (umfaßt die Wohnungen 1 bis 96).   Bauteil II (umfaßt die Wohnungen 97 bis 174).

6

7

8

9

6; 7; 8; 9; Architektonische Variierung der Hauseingänge

10. Vertikale Betonung durch Loggien und Balkone am straßenseitigen Wohnhof

11; 12; 13; 14; Schmuckornamente an der Fassade

15; 16; Begrünung der Wohnstraße

17. Einfriedung der Anlage zur öffentlichen Wohnstraße

Bethel Henry Strousberg – Aufstieg und Fall des „Eisenbahnkönigs"

Horst Mauter

1. Plan von Berlin und seiner nächsten Umgebung, um 1860

2. Maschinenfabrik, aus dem Zyklus „Geschichte einer Lokomotive" für die Villa Borsig
(heute im Märkischen Museum)
(Gemälde von Meyerheim, 1873)

3. Die nach Plänen von Friedrich Hitzig erbaute Berliner Börse in der Burgstraße
kurz vor ihrer Einweihung
(Foto von Carl Suck, 1863)

4. Blick auf Berlin zur Zeit der Übersiedlung Strousbergs, im Vordergrund die Waisenbrücke, rechts das Spreeufer hinter der Stralauer Straße
(Foto von Leopold Ahrendts, 1855)

5. Lokomotivfabrik Borsig, Chausseestraße 1 vor dem Oranienburger Tor – lange Zeit einer der wichtigsten Zulieferbetriebe
für Eisenbahnbauten Strousbergs
(Foto von F. Albert Schwartz, 1888)

6. 1861–1871 unter Leitung Strousbergs im preußisch-deutschen Staatsgebiet entstandene Eisenbahnlinien:

1 Tilsit—Insterburg
2 Ostpreußische Südbahn
3 Berlin—Görlitz (über Cottbus)
4 Rechte Oderuferbahn (Breslau—Oppeln—Dzieditz)
5 Märkisch—Posener Bahn
6 Halle—Sorau
7 Hannover—Altenbecken

Nach Bethel Henry Strousberg: Dr. Strousberg und sein Wirken, Berlin 1876, Anhang

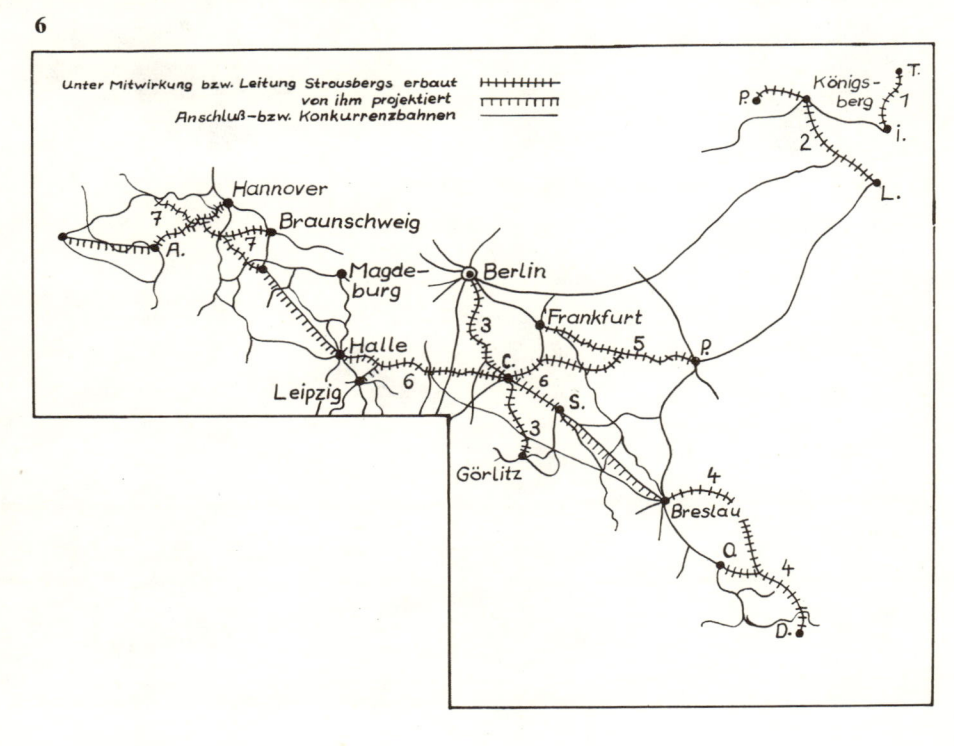

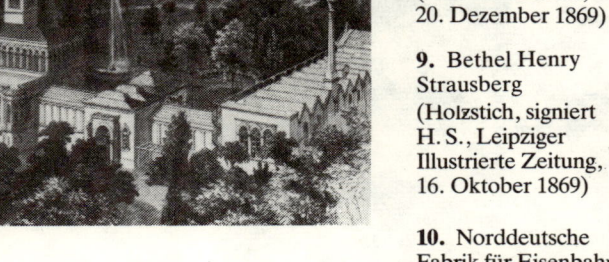

7. Eisenhüttenwerk Borsig in Moabit an der Spree, im Vordergrund die Villa des Unternehmers mit Gewächshäusern und Park (Holzstich von C. Eltzner, 1865)

8. Karikatur auf den Handel mit ausländischen Aktien an der Berliner Börse (Kladderradatsch, 20. Dezember 1869)

9. Bethel Henry Strausberg (Holzstich, signiert H. S., Leipziger Illustrierte Zeitung, 16. Oktober 1869)

10. Norddeutsche Fabrik für Eisenbahnbetriebsmaterial in Berlin-Moabit, Nordufer 3 (am Spandauer Schiffahrtskanal). Für einige Zeit war sie die größte Waggonfabrik in Deutschland. (Nach einer zeitgenössischen Originalzeichnung, um 1870)

11. Welthandel, aus dem Zyklus „Geschichte einer Lokomotive" für die Villa Borsig (heute im Märkischen Museum). Im Hintergrund wird eine Borsig-Lokomotive verladen. (Gemälde von Paul Meyerheim, 1876)

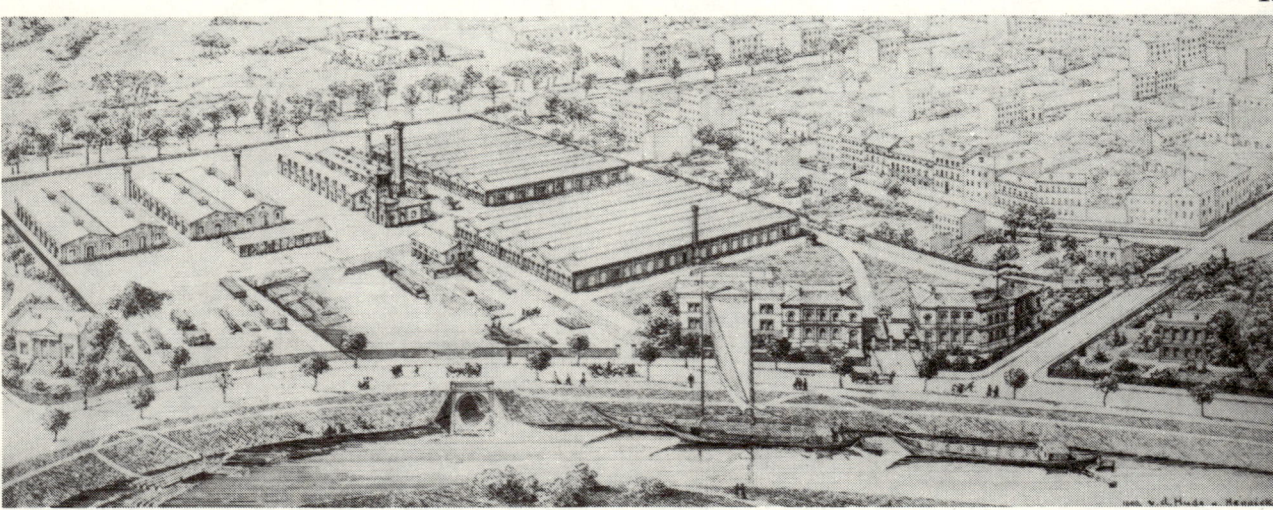

11 12

13 14

12. Markthalle am Schiffbauerdamm, Architekt Friedrich Hitzig (Aquarellierte Zeichnung von Carl Graeb, um 1872)

13. Görlitzer Bahnhof in Berlin, erbaut nach Plänen von August Orth für den Generalunternehmer Strousberg (Foto von 1868)

14. Hauptgebäude der Viehmarkt- und Schlachthofanlagen Brunnenstraße, Architekt August Orth (Foto von Hermann Günther, um 1870)

15. Palais Strousberg, Wilhelmstraße 70, erbaut 1867/68 von August Orth (Zeitgenössisches Foto, um 1870)

16. Hof des Palais Strousberg, Wilhelmstraße 70 (Zeitgenössisches Foto, um 1870)

17. Vestibül im Palais Strousberg, Wilhelmstraße 70 (Zeitgenössisches Foto, um 1870)

18. Der „Eisenbahnkönig" verteilt Suppe und Brennholz an die Armen. Rechts unten die Symbolfigur des „Kladderadatsch", die Bürgerkrone für Strousberg windend. (Kladderadatsch, 20. Februar 1870)

19. Blick auf den Gendarmenmarkt und das alte Berlin um 1860. Im zweiten Haus auf der rechten Seite der rechts einmündenden Jägerstraße (Nr. 22) befand sich eins der Strousberg-Büros. (Lithographie von Borchel, um 1860)

20. Salonwagen für Strousberg, den er im März 1870 zur silbernen Hochzeit geschenkt erhielt, links livrierter Diener (Aquarell von Ende & Böckmann, 1870)

21. Gießereiarbeiter des von dem Berliner Weinhändler, Fabrikbesitzer und Bankier Friedrich Wilhelm Krause betriebenen Neusalzer Eisen- und Hüttenwerkes. Auch sie stellten zeitweise Waren für den Eisenbahnneubau her. (Foto, 1865)

22. Gedenkblatt zur silbernen Hochzeit des Ehepaars Strousberg im März 1870 mit Symbolfiguren der Künste und Gewerke (Aquarellierte Zeichnung von Theodor Hosemann, 1870)

23. Die rumänischen Eisenbahnen im Jahre 1870 (Nach zeitgenössischen Unterlagen im Zentralen Staatsarchiv Merseburg)

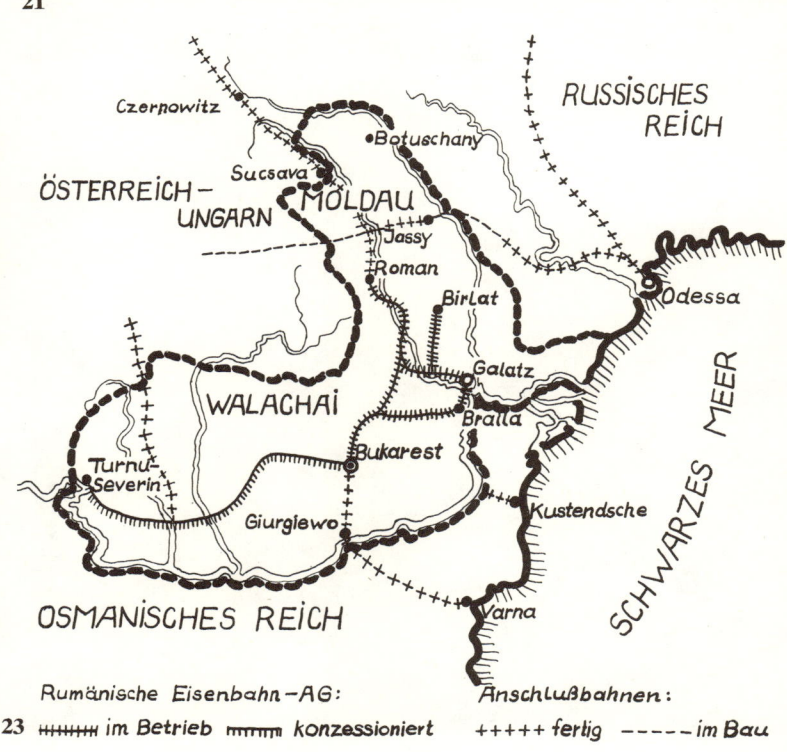

24. Bethel Henry Strousberg in seinem Salon- Eisenbahnwagen (Aquarell von Ende & Böckmann, 1870)

25. Karikatur auf den Zusammenbruch des Strousbergschen Eisenbahnunternehmens in Rumänien, Mitte: Dr. Strousberg; Links: Herzog von Ratibor; Rechts: Herzog von Ujest (Kladderadatsch, 29. Oktober 1871)

26. Am Görlitzer Bahnhof in Berlin während des Bahnbaus (Foto von F. Albert Schwartz, um 1866)

27. Görlitzer Bahnhof, Architekt August Orth. Die ehemals Strousbergschen Grundstücke sind mit Mietskasernen bebaut. (Foto von Max Missmann, 1907)

28. Zbirow, links im Hintergrund das kunsthistorisch nicht unbedeutende Schloß, im Vordergrund die Wirtschaftsgebäude; nach der Rekonstruktion durch August Orth 1869/71 (Zeitgenössisches Foto, 1873)

29. Gebäude der Berliner Handelsgesellschaft, Französische Straße 42 (Foto von F. Albert Schwartz, um 1870)

30. Berlin im Jahre 1877 mit allen Bahnlinien und Bahnhöfen (Plan der geogr.-lithogr. Anstalt von C. L. Keller)

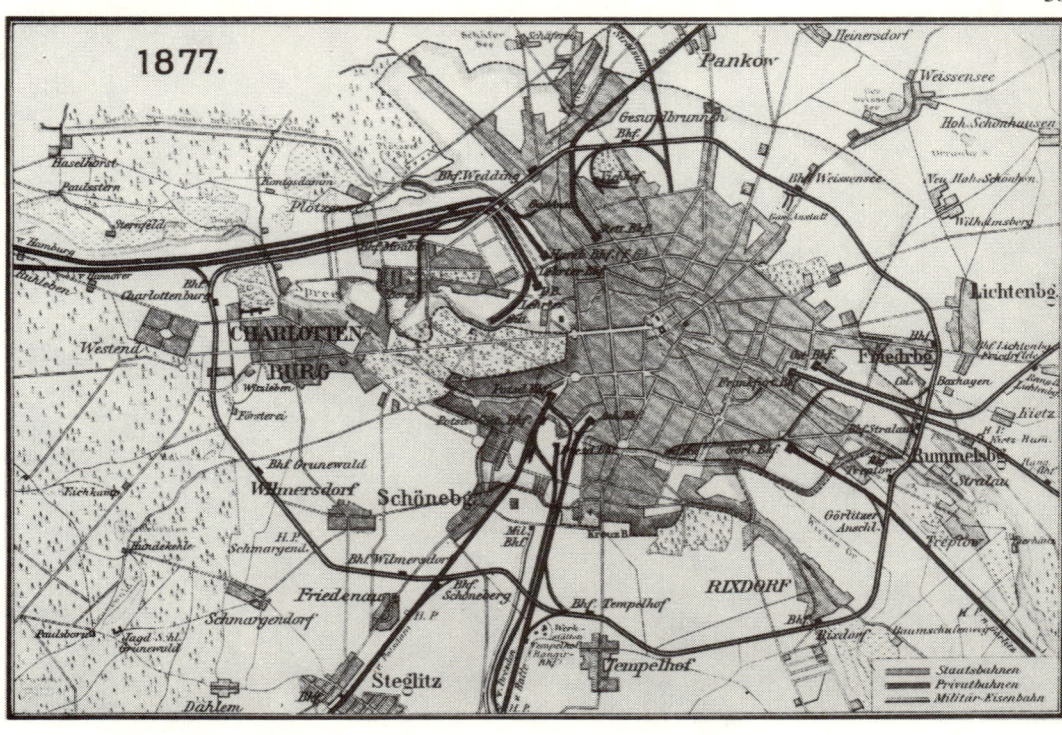

Fotonachweis

Märkisches Museum (40), Institut für Denkmalpflege in der DDR, Meßbildarchiv (7), Institut für Denkmalpflege in der DDR, Arbeitsstelle Berlin (2), Deutsche Staatsbibliothek Berlin, Kartenabteilung (1), Ralf U. Heinrich (60), Uwe Kieling (11), Petra Morawe (4), Joachim Fritz (2), Karl-Heinz Laubner (7), Renate Sachse (2), Berlin und seine Bauten. Berlin 1896/Bd. 4 (2), Zentralverwaltung der Bauverwaltung, 32. Jg., 1912